OUR KIDS
The American Dream in Crisis

雅理译丛

编委会

（按汉语拼音排序）

雅理译丛

田雷　主编

雅理

其理正，其言雅

理正言雅

即将至正之理以至雅之言所表达

是谓，雅理译丛

雅理译丛

田雷 主编

我们的孩子

[美] 罗伯特·帕特南 - 著

田雷 宋昕 - 译

中国政法大学出版社

2017·北京

OUR KIDS: The American Dream in Crisis
by Robert D. Putnam
Copyright © 2015 by Robert D. Putnam
All rights reserved.
Chinese (Simplified Characters) copyright © 2017
by China University of Political Science and Law Press Co., Ltd.
Published by arrangement with ICM/Sagalyn acting in association with ICM Partners
through Bardon-Chinese Media Agency
版权登记号：图字 01-2016-4390 号

本书翻译得到中山大学人文高等研究院资深驻院学人项目的支持

图书在版编目（ＣＩＰ）数据

我们的孩子：危机中的美国梦/（美）罗伯特·D. 帕特南著；田雷，宋昕译.
北京：中国政法大学出版社，2017.5（2023.4重印）
　ISBN 978-7-5620-7014-6

　Ⅰ.①我⋯ Ⅱ.①罗⋯ ②田⋯ ③宋⋯ Ⅲ.①收入差距－研究－美国
Ⅳ.①F171.247

中国版本图书馆CIP数据核字(2017)第080085号

出　版　者	中国政法大学出版社	
地　　　址	北京市海淀区西土城路 25 号	
邮寄地址	北京 100088 信箱 8034 分箱　　邮编 100088	
网　　　址	http://www.cuplpress.com（网络实名：中国政法大学出版社）	
电　　　话	010-58908524（编辑部）　58908334（邮购部）	
承　　　印	北京中科印刷有限公司	
开　　　本	650mm×960mm　　1/16	
印　　　张	25.75	
字　　　数	330 千字	
版　　　次	2017 年 5 月第 1 版	
印　　　次	2023 年 4 月第 11 次印刷	
定　　　价	79.00 元	

罗斯玛丽，追忆似水年华

（*Rosemary，for remembrance*）

目 录

1

第一章
美国梦：幻象与现实

我回到了俄亥俄州，但记忆中的故土已然消逝。[1]

如果我能真正理解都柏林，那我也能
理解这世界上的所有城市。
在一粒沙中，我们看到整个世界。[2]

　　我的故乡，回到 20 世纪的 50 年代，正是美国梦的一处梦乡，在那个名为俄亥俄州克林顿港的市镇上，所有的孩子无论出身，都能获得体面的人生机遇。但半个世纪过去后，克林顿港的生活却已成为一场美国噩梦，整个社区被划分成泾渭分明的两部分，两边的孩子各自驶向彼此不可想象的人生。早在出生的那一刻，孩子们的命运就已经被决定。不幸的是，克林顿港上演的悲剧只是美国社会现状的一个缩影。这种转变是如何发生的，它为何与我们息息相关，我们又应如何行动起来，改变我们社会被诅咒的命运——这就是这本书将要讨论的问题。

　　从现有最严谨的经济和社会史研究中，我们可以看到 20 世纪 50 年代的美国景况，当时，小到克林顿港，大到整个美国，社会经济壁垒处在一个多世纪以来的历史最低点，具体表现为：经济和教育高速发展；收入平等程度较高；邻里和学校内的阶级隔离维持在低水平上；

2　　种族间通婚和社会交往的阶级壁垒也可以轻易打破；公民参与度高，社会凝聚力强；出身社会下层的孩子们有着充足的机会去攀登社会经济的上行阶梯。

克林顿港是个小地方，种族构成也谈不上多元，但从其他各个方面来看，克林顿港确是一个可以代表20世纪50年代美国的微观缩影，从人口、经济到教育、社会，乃至于政治，都是如此。（克林顿港是渥太华县的县府所在地，而渥太华县则是美国风向州中的风向县——也就是说，渥太华县的选举结果在历史上总是最接近全国范围内的结果。[3]）我高中同学的人生故事向我们展示出，无论贫穷富有，甚至无论肤色黑白，所有的孩子都有机会走向成功。在我的班级上，贫穷的白人小孩唐和莉比，贫苦的黑人小孩杰西和谢丽尔，还有弗兰克这位我们班级内唯一真正的富家子弟，他们的人生能走多远，首先取决于他们自己的才华和进取心。

美国之大，没有哪一个市镇或城市可能完美展现国家的全貌，况且50年代的克林顿港也并非人间天堂。这里的少数群体遭受着严重的歧视，女性甚至经常为社会所边缘化。正如我们在本章接下来会进一步讨论的，当时美国的社会问题在克林顿港亦无从回避。如果不经大规模的社会变革，现如今恐怕没什么人愿意重回20世纪50年代的克林顿港，我也是如此。但，社会阶级在当时并不是决定人生机会的主要因素。

但是，当我们的目光投向21世纪的克林顿港时，现如今富家子弟和穷苦孩子所面临的人生机会已经有了天差地别，从我们接下来将会读到的切尔西和大卫的人生故事中，即可见一斑。今天的克林顿港，随处可见壁垒森严的阶级隔离，按照学校官员的说法，校园内停泊着阔绰富家子弟的敞篷宝马车，与之一步之遥的是他们贫穷同学的破烂老爷车，有些人无家可归，每晚把车开走后就睡在车里。发生在克林顿港的种种变化，涉及经济环境、家庭结构和父母管教、学校和邻里社区，而克林顿港的新故事又是整个美国的一个缩影，现在，这些已经导致越来越多的孩子们，无论种族，也无论性别，正在被拒之于美国梦的大门外。既然我们要探讨机会平等，1959 年的克林顿港就是开启我们本书旅程的绝好起点，因为它总是可以让我们警醒，美国梦已经同今天的社会渐行渐远了。

* * *

1959 年 6 月 1 日，镇中心的克林顿港高中。暮色降临时，白昼的骄阳暑热渐已散去，夜晚的空气清凉如水。150 名新科高中毕业生走下学校的阶梯，手中紧握着我们崭新的毕业证，毕业典礼刚过，大家同学少年，风华正茂。在这个伊利湖畔欢乐友好的市镇（人口 6500，大多数是白人），我们度过了美好的少年时光，虽然还对过去的生活眷恋不舍，但我们更对未来的前途信心百倍。一如既往，这是一场全镇范围内的庆典，1150 人参加了我们的毕业礼。[4]无论是否血脉相连，镇民们都把这群毕业生视作"我们的孩子"（our kids）。

唐

唐说起话来柔声细语，是一个来自工人阶级家庭的白人孩子，但我们班级中从来没人会在意他的家庭，因为唐是我们最闪耀的四分卫明星。[5]唐的爸爸只受过初中教育。为了维持家庭的生计，这位父亲不得不起早贪黑，打两份工——第一份工作是在克林顿港制造工厂的流水线上，从早晨七点开始，到下午三点结束；第二份工作是步行至不远处的一家当地罐头厂，工作从三点半开始，一直要干到晚上十一点。唐的妈妈念到了高中二年级，用唐的话来说，她就"活在厨房之中"，整日操心着全家人的一日三餐。每天晚上，这位妈妈都会和唐以及他的两个兄弟坐下来一起吃饭。他们吃的通常是零碎食物，把厨房里所有能吃的东西配上土豆一起油炸。等到他们的父亲下班回到家时，男孩们早已进入梦乡。

唐这一家人住在镇上较穷的区，一直到唐离家上大学时，他们家都没有汽车，连电视也没有。要知道，当时美国80%的家庭都有一部汽车，90%的家庭有一台电视。每周去教堂的时候，他们的邻居会将唐家人带上。他们没有钱外出休假旅游。不过，他们住在父母有其产权的房屋里，因此感觉到经济上尚且安全。唐回忆道："我从来不知道自己是个穷孩子，直到我上了大学，修了《经济学入门》这门课，我才发现自己一直是'被剥夺的'（deprived）。"

虽然家境平平，唐的父母还是敦促他一定要上大学，如同我们班里许多工人阶级家庭的孩子，唐选修了克林顿港高中的大学预科课程。他的母亲逼着他练了六年的钢琴，但他的真爱却是体育运动。唐是篮球和橄榄球赛场上的健将，即便工作再忙，他的父亲也绝不会错过他的每一场比赛。在接受我们的访谈时，唐轻描淡写地带过了克林顿港的阶级差异，他说道："我家住在镇东边，有钱人住在镇西边。但大家相逢在运动场上，每个人都是平等的。"

尽管唐的高中好友无一人进入大学，但唐自己的学习表现却十分优秀，毕业时成绩位列我们全班的前四分之一。据他所言，他的父母对大学"一无所知"，不过幸运的是，他在教会里有熟人。"镇上有位牧师一直很关照我"，唐说道，"他还向我最终就读的大学推荐了我。"不止如此，在申请助学金以及整个录取过程中，这位牧师也对唐多有指点。

从克林顿港高中毕业后，唐升入俄亥俄州南部的一所教会附属大学，在这里，他仍活跃在橄榄球赛场上，随后进入神学院。据唐所言，在读神学院时，他曾一度怀疑，他能否"如赛场上那般游刃有余地"

做个牧师，于是他回到镇上，准备告诉父母他要退学。回家那天，唐路过镇上的台球房，顺道跟老板打声招呼。这家店的老板是他父亲的老朋友，见他前来，便把他隆重引见给店里的客人，称唐是"咱们未来的牧师"，还有一位客人请唐为他祈祷——他不由感到，这些迹象表明，自己应当继续牧师的人生之路。

大学毕业后不久，唐就和一位名叫琼的高中老师结婚了，他们婚后育有一子，这个孩子后来成为一所高中的图书管理员。在度过了多年成功的牧师生涯后，唐最近才刚退休。但他仍不时到镇上的教堂帮个人手，而且多年来一直执教高中的橄榄球队。回顾往事，他说自己这辈子得到了上天的眷顾。唐出身于一个贫穷但却友睦的家庭，却能成为一名成功的职业牧师，这反映出他与生俱来的才能和球场上的不屈勇气。但也正如我们所能看到的，唐所取得的这种社会上行流动（upward mobility），在我们那个班级中并不是个案。

弗兰克

弗兰克来自克林顿港少有的富庶家族。自 19 世纪末，他的外曾祖父就开始经营渔业生意，到弗兰克出生时，他的家族企业已经是多元经营，不但进入房地产业，还将触手伸入当地多家商业机构。早在 20 世纪 30 年代，弗兰克的母亲就从大学毕业，紧接着还在芝加哥大学取得了硕士学位。弗兰克的父亲是一位受过大学教育的牧师之子，就是在芝加哥，两人相遇，很快结为夫妇。弗兰克出生后，他的父亲开始接管家族的生意——渔业、农场、一家购物中心，还有镇上的餐厅等——而他的母亲则投身慈善事业。[6]

克林顿港有一家游艇俱乐部，向来都是当地社会精英的会所。在弗兰克还是个孩子时，他的外祖父、父亲和舅父就已先后担任过游艇俱乐部的"会长",而他的母亲和姨母则被选为"船长"——已然臻至当地社会的金字塔顶峰。一言以蔽之,在克林顿港高中1959届同学的家长中,弗兰克的父母最有钱,受教育程度最高,社会声望也最为卓著。

同弗兰克的家庭相比,那些处在社会经济底层的家庭差的可不是一点半点,但即便如此,如果较之于今日美国(甚至是克林顿港)普通存在的两极分化,50年代的社会差距还是要缓和得多。弗兰克的家,同唐的家相距只有四个街区,在他的记忆中,邻里可以说是"各色人等的美妙杂居"——卡车司机、杂货店店主、环洋超市的收银员、本地公司的员工、消防队长、加油站老板、护猎员。"我们不是一起在后院打棒球,就是在街角踢足球,"弗兰克回忆起往事,"人与人之间相处,和谐融洽。"

尽管家世殷富,但从15岁那年开始,弗兰克就在家族经营的餐厅里打暑期工。同他的高中伙伴们一起清除涂鸦,打扫卫生。他的家族谨慎低调地处理他们的社会地位。"当你身在克林顿港,周围的孩子们都只买得起一罐可乐,那你也只能买可乐,"记忆中,弗兰克的外祖父就曾这样训斥过他的舅父,"如果我们到了克利夫兰或纽约,你想买什么,就买什么,但是当你和克林顿港的孩子们生活在一起,你就绝对不能出格。"

读高中时,弗兰克完全融入到班集体,和同学们打成一片——他行事低调,这让很多同学以为他就是一个寻常百姓家的孩子。不过,蛛丝马迹仍有显现。弗兰克是我们班第一个带牙箍的孩子。上小学时,每到冬季,他就有几个月在位于佛罗里达的家族别墅里度过,在那里上学。他的外祖父是我们学校的校董。曾有一次,弗兰克的父母邀请了一位老师来家共进晚餐。事后,弗兰克还责怪他的母亲,"你这么做,分明是要让我在全班同学面前难堪!"还有一次,父母有意出面干预他一门课的成绩,这让弗兰克感觉岂有此理:"你们是在开玩笑吗？天呐，在我们孩子眼里，老师永远都是对的。"

论学习，弗兰克资质平平，但这并不意味着父母会放松对他的教育。"从出生那一刻直到进入大学，我的人生早已被规划好了，"弗兰克告诉我们，"我知道自己得上大学，最好还要坚持到毕业。"在父母的经济资助下，他进入了本州的一所小学院，主修新闻专业。大学毕业后，他参加了海军，入伍七年的时间，他驾驶着海军运输机在全世界环游。"我爱那段日子，"弗兰克回忆道。

海军退役后，弗兰克在《哥伦布邮讯报》做编辑，一干就是25年，最终却因为反对社里一些人事变动而被炒了鱿鱼。从那以后，他重回克林顿港，半退休地在家族企业里做事，先后做过鱼类清洁、码头租赁，还经营过时装店。世事艰难时，靠着外祖父在他出生时就设立的一份信托基金，弗兰克还可以安然度日。"不是什么大钱，"他说，"但至少我不会挨饿受冻。"弗兰克的家族财富就这样保护着他，使他不致因生活的碰壁而伤痕累累，但这份财富又绝非那种可以助他一飞冲天的跳板，让他可以遥遥领先于唐以及普通人家的同龄人。

50 年代克林顿港的阶级差异

回到 20 世纪 50 年代的克林顿港，阶级差异并不是消失不见，但如果说弗兰克和唐的人生故事告诉我们什么，那就是这种阶级差异还是隐而不彰的。体力劳动者的孩子，同职业人士的孩子生活在相似的家庭环境中，从校园和邻里社区，到童子军和教会团体，两类家庭的孩子们自然而然地打成一片。现如今，无论是经济安全、家庭结构和养儿育女，还是在学校教育和邻里社区内，阶级差异都表现得壁垒分明（正如我们很快就可发现，即便在克林顿港也是如此），而回到 50 年代，阶级差异如果说有的话，也是微不足道的。如果我们看克林顿

7

港高中 1959 届的毕业生，无论家庭背景如何，几乎每一个孩子都成长于完整的家庭中，生活在自家拥有的房产里，邻里之间友爱团结。[7]

我们的父母文化水平都不高，通常是母亲居内持家，父亲在外赚钱养家。事实上，在我们的父母中，大学毕业的比例尚且不到 5%，1/3 的父母甚至连高中也不曾读完。（在高中教育普及之前，他们中的大多数就已经结束了自己的学业。）但是，镇上每个人都得益于二战后美国普遍的经济繁荣，只有屈指可数的家庭才受过贫困之苦。而如弗兰克这样来自富裕家族的孩子在镇上可谓是凤毛麟角，而即便是他们，也在尽己所能地隐藏着这个事实。

有些人的父亲干体力活，忙碌在当地汽车零件厂的流水线、市镇周边的石膏矿场、本地的陆军基地或者小型家庭农场。还有些父亲是小生意人，比如我的父亲，财富随着商业周期的波动而起起落落。那个年代，一个勤劳的人不愁没工作，工会组织也强健有力，很少有家庭会遭遇失业或严重的经济困境。同学们无论社会出身，大都热情地参与运动、音乐、戏剧，以及各类的课外活动。每逢周五晚的橄榄球比赛，镇上的人们总是如潮涌到球场。

半个世纪后，回首过去，我这一届同学（多数现已退休）活出了精彩的人生故事。在我们中间，近 3/4 的同学的受教育程度要高于他们的父母，绝大多数在社会经济的阶梯上攀登得比父辈更高。事实上，那个时代出身平平的孩子，时常反而比家境优渥、父母受过高水平教育的孩子取得更高的社会经济成就。若是以当代的标准来看，我们班同学在教育上的流动程度尤其引人注目，这当然折射出 20 世纪高中和大学教育革命的杰出成就。当年高中辍学的父母们，他们的子女过半数上了大学。在这些孩子中，很多不但是家庭里的第一位大学毕业生，甚至还是完成高中学业的第一人——短短一代人的时间就完成了如此进步，实在是非凡的成就。更令人鼓舞的是我们班上两位仅有的黑人孩子的人生故事，如下文所见，虽然他们要同种族偏见做斗争，虽然他们的父母无一从小学毕业，但这两个孩子还是获得了硕士学位。

回到 50 年代的克林顿港，无论何种肤色或种族的孩子，社会经济意义上的阶级都没有构成如此不可逾越的障碍，但到了 21 世纪，阶级就成为了一座新的大山。如果平均而言，1959 年那一届学生的孩子并没有取得超越他们父辈的**任何**教育进步。[8]这就好像曾有一道自动扶梯带着 1959 届的大多数学生向高处走，但就在我们自己的子女行将踏上之际，这扶梯却戛然而止。

就我所在的 1959 届毕业生而言，如果每个人前进的步伐一致，就会出现绝对社会流动高，但相对社会流动低的情况。但实际上，在我的同学中间，即便是相对社会流动也是很高的。如果我们考察来自社会经济下层家庭的孩子，就会发现，他们所取得的上升流动并不亚于那些出身最优越的孩子。简言之，为数众多的底层孩子大踏步地向高处走，而顶层的孩子则有少数不进则退，甚至是退步。

诚然，父母若是教育程度低，则他们的文化视野会更狭窄，对高等教育也所知甚少，对孩子教育的期望值经常也更低。然而，在 50 年代，只要有人鼓励我们读大学，我们就总是会读，无论这样的鼓励来自我们的父母，还是我们的老师、邻里社区的长者（比如唐所遇到的那位牧师），或者我们的朋友——在我们这代人读大学这件事上，经济条件、财务状况和居住社区环境并没有产生什么可见的影响。[9]在当时俄亥俄州的全境内，公私学校收费皆低廉，而且学生也能得到大量取自于地方，也用之于地方的奖学金——扶轮社（Rotary Club）、汽车工人联合工会、青年妇女俱乐部等。如果统计克林顿港高中 1959 届学生中的全部大学毕业生，其中 2/3 是其家庭中第一个读大学的，1/3 甚至是家庭中首位完成高中学业的。当 60 年代的序幕在克林顿港缓缓拉开之时，一项温和的教育改革也随之到来，新举措针对来自贫困家庭的优异学生，旨在为他们提供更好的学业指导。种种迹象表明，机会平等时代的钟声已经敲响，但正如我们在本书中所能读到的，也正是在

9

那个时刻，美国的社会历史发生了路线的逆转。

有些出身中下层阶级的孩子，高中毕业后并未立即进入大学，他们中间约有1/3的最终曲线救国，通过诸如社区大学这类机构完成了高等教育，而且在这部分同学中间，更卑微的家庭出身并未造成进一步求学的逆境。他们的成功或许姗姗来迟，但只要是成功，还是更进一步地弱化了在家庭出身和最终教育水平之间的关联度。

统计我在克林顿港高中的同学，相关证据可以毫无疑义地表明，克林顿港在50年代是一块社会流动取得超凡表现的乐土。经济贫困、家庭破碎、邻里淡漠、贫富两极分化，以及社会组织涣散，在今天看来，上述因素强有力地决定了社会经济地位的代际延续，但在20世纪50年代，它们都是微不足道的，上一代的社会经济地位并不会直接传递给下一代，也正是因此，社会流动远高于今天。一次又一次地，1959届的同学们会用一样的话来形容我们青年时的物质生活条件："我们很穷，但是我们并不知道什么是穷。"事实上，如果要看我们那代人所曾享有的宽广而深厚的社区支持，我们是富有的，但同样是我们并未意识到这一点罢了。

但是，性别和种族又将会如何影响我们那代人的人生？在展开我们对这些关键问题的讨论之前，还是先来倾听我以下三位同学的故事。

莉比

莉比的父亲是一位农民，也是美标公司工厂的一名熟练技工，而莉比的母亲则是一位全职主妇。父母都只念到高中一年级。全家人住在市镇以外一个破落的空旷农舍里。莉比，在家里十个孩子中排行第六，常常只能穿上面五个哥哥姐姐的旧衣服。有这么多张嘴嗷嗷待哺，家里的钱很是紧张。莉比从来没有过自行车，也没有学过滑冰。"那

些东西，"莉比说，"可不在我家的预算之列。"但所幸，莉比家有 30
英亩良田，父母勤劳，哥哥姐姐吃苦能干，一家人种植蔬菜，养鸡饲
牛，倒是从来不知挨冻受饿是什么滋味。

莉比的父母是孩子们的好榜样，支撑着一个可以同甘共苦的和睦
家庭。全家人总是共进晚餐，饭前还要一起祈祷。父母坚持让孩子们
在家里也要说"请"和"谢谢"，直到最后一人用餐完毕，全家人方
能离开餐桌。这种凝聚的精神承袭至今：莉比和她的兄弟姐妹如今均
已人到古稀，但每当逆境袭来时，她们仍然"胼手胝足，患难与共"。

这个模范家庭的社会生活主要围绕着学校和教堂。莉比的父母都
参与了家长—教师联合会（PTA），关注孩子们在课业以外的追求；每
到周末，全家人会一起前往教堂。机缘巧合时，教会中的年轻学生要
承担起成年信徒的工作，一次完成布道后，莉比收到了来自教友们的
卡片，表扬她出色地完成了布道的任务。莉比的第一份工作也得益于
此，当时镇中心的商铺老板认出她就是布道坛上的女孩，当场就雇用
了她。

在学业方面，莉比的父母对子女们期望很高。而莉比也不负所望：
她是大学预科班内的优等生。同样重要的是，莉比人缘很好，朋友们
都相信她的做事为人。"广结善缘，"记忆中母亲曾这样告诉她，"才
能马到成功。"莉比是天生的政治家，曾当选过德语俱乐部、美国预
备教师组织、荣誉学会及低年级协会的主席。六十年弹指一挥间，高
中仍是莉比记忆中最引以为豪的阶段。"我那时真是如鱼得水，"莉比
如是说。

高中毕业后，在一位英语老师的帮助下，莉比拿到了托莱多大学
的奖学金。按照一开始的规划，莉比想要当个老师，但在她进入大学
校园后，却发现自己和高中恋人完全无法承受彼此间的相思之苦。¹¹
接下来，和为数众多的同龄女孩子一样，莉比放弃学业，返回家乡，
结婚成家，专心做一位热心公益的家庭主妇。

但是，当这段婚姻在二十年后结束时，莉比失去了依靠。恍然之间，莉比发现自己既没有大学文凭，也缺乏工作经验，再加上无所不在的性别偏见，使得她在社会上寸步难行。有生以来头一遭，莉比因前途不明而心生恐惧。

但莉比展现出了她的坚韧。数十年来，她在这个小镇上生活，生于斯长于斯，素有为人真诚和办事认真的美誉。莉比起初在一家储木场做店员，很快就成了当地报纸的一位写手，接下来又担任了一家非营利性组织的负责人。莉比的父亲向来全力支持她，鼓励她参加当地的政治选举，仅仅十年之间，莉比就成功当选为一名县级官员，现在近三十年过去了，她仍在这一职位上为全县人民服务。正如莉比当年在克林顿港高中的优异表现，她有着不俗的情商和公民精神，似乎冥冥之中要进入公共生活。

莉比现已年届七十，现在的她，不仅是一位政府官员，还是地方政党政治中的一股清流，在俄亥俄全州境内都广受尊重。但内心深处，她仍感受到服务公众的召唤，于是莉比开始学习做一位牧师。时至今日她还在数家地区教堂做兼职牧师。

当年那个穿着破旧衣服的农家女孩，是如何走到了今天。莉比拥有出众的人际交往能力，这是与生俱来的，但毫无疑问，她还是受到了50年代的文化规范的束缚，在她高中毕业后的这段时间内，这种束缚尤其绑住了她的手脚。设想莉比若晚生几十年，她大有机会完成高等职业教育，完全可能在俄亥俄州的政治中登顶。在莉比的人生道路上，性别是她向上流动的一堵高墙，但她卑微的阶级出身却并没有阻挡她。

莉比的经历是克林顿港高中1959届女生的典型。在我们这辈人中间，男生和女生一度是齐头并进的，大家同样有可能进入高中，同样投身到学业内外的各种活动，课堂内外也有同等程度的表现，同样怀抱着进入大学的渴望，最终也同样可能地进入了大学。在我们离开克林顿港高中之前，男生和女生就进步机会而言并没有表现出任何性别差异。

但是，性别因素极大地影响到哪些人**最终完成**了大学学业，正如 12
莉比的人生故事，我高中班上的女同学没有拿到一纸大学文凭，也因此被剥夺了在社会上向上流动的最重要凭证。统计 1959 届的同学，进入大学的男女生人数不相上下，但有 88% 的男生最终拿到了学位，相比之下，拿到学位的女生只有 22%！简言之，在读大学之前，没有任何性别筛选，但在读大学后，则有极为严重的性别筛选。

正如莉比的故事所揭示的，性别差异之所以会发生，绝大多数都是因为女孩子为了结婚而放弃了大学学业。在我们班上读大学的同学中，女生在读期间结婚的可能性是男生的三倍，因结婚而辍学的，女生甚至是男生的六倍之多。相比之下，男生不太可能在读大学时结婚，而且即便结婚，他们也不会辍学。半个世纪过去后，我班上的女同学对此解释道，无论她们在学业和职业上有何种志向，她们还是要服从那个时代的社会规范——女人就应该结婚成家，相夫教子。当然，女性世界在接下来的数十年中发生了翻天覆地的变化，但正如莉比回首过往，大多数女性（包括莉比在内）并没有因成家过日子而放弃大学学业而追悔不已。[10]但话虽如此说，无论这种选择是否心甘情愿，女性要舍事业才能顾家庭，这会导致个人和社会资源的巨大浪费。

以上所述，同 21 世纪美国的教育筛选机制形成了极为鲜明的对比。现如今，女生的大学毕业率较男性反而更**高**。五十年前，学生的家庭出身并不会影响到他们能否完成大学学业，但现在，家庭背景却是至关重要的因素，对此，我们在第四章中将进行相关的讨论。

那么，种族作为一种因素呢？昔日如何，现如今又有何变化？

杰西和谢丽尔

"你的过去并非我的过去，你的现在甚至也不是我的现在。"

虽然在1959届这个集体中，人人都活出了不平凡的人生故事，但我们班上仍有两位同学在其中脱颖而出——他们是我们这一届仅有的两名黑人同学，杰西和谢丽尔。他们的经历在很多方面是相似的。

两人都是在孩提时代来到克林顿港，他们的家庭为了逃离南方的种族暴力，在历史学界所称的"大迁徙"（Great Migration）[11]潮流中举家搬迁至此。杰西的家庭原居密西西比州，在他的姐姐被无辜杀害后，举家迁至俄亥俄州；而谢丽尔家原在田纳西州，在父亲同一名白人发生口角冲突后，全家不得不离开故土。

在吉姆·克罗制的南方，他们两人的父母只有小学教育水平，但这两个家庭都是团结友爱、吃苦耐劳、虔信宗教、父母感情融洽的，也正因如此，杰西和谢丽尔都从他们的家庭中受益良多。

两人都住在镇里比较贫穷的地区。杰西的父亲在当地一家制造公司装卸货物。旅游旺季时，他的母亲会到附近的一家宾馆做服务员。谢丽尔的父亲同时打两份工，一份在石膏矿场，另一份在一家水果包装厂，她的母亲则在家操持家务。虽然这样，两个人都不认为自己家很穷。"在我们来到俄亥俄后，"杰西回忆道，"我爸总有工作做，所以我们既没有挨过饿，也从未受过冻。"

两人都是出类拔萃的高中生。杰西可以说是全校最出色的全能运动员，曾被提名为橄榄球队的最有价值球员，还曾当选为学生会的主席。谢丽尔在高年级时被选为班干部，学习成绩在全年级也是名列前茅。

高中毕业后，两人都拿到半额奖学金，进入邻近的好大学，最终取得了硕士学位，投身于公共教育领域，在度过了漫长的成功职业生涯后，他们最近刚退休。他们的父母都是只有小学教育程度的体力劳动者，而他们却成为了受过研究生教育的职业人士，在仅仅一代人之间完成了这种社会流动，这固然反映出了他们与生俱来的天赋和勤奋，但也证明了阶级壁垒在当时并非个人进步路上不可逾越的大山。

以上只是纲要式的个人小传，但从中也可看出，杰西和谢丽尔在克林顿港度过了无忧无虑的童年，相对轻松地取得了他们人生的成功。但也不要忘记，他们终归是黑孩子，在民权运动尚未到来的20世纪50年代，生活在一个以白人居民为主的小镇上，社会大环境使然，人们一眼望去首先看到的就是他们的肤色，种族也因此成为了贴在他们身上最显眼的标签。 14

初到克林顿港时，杰西在班上非常扎眼，他的同学从来没有和黑人孩子一起上过学，当然，杰西自己此前也没同白人孩子同过窗。但是，杰西很快就有了朋友，尤其是他在体育运动上展现出骄人的天赋之后。受一位白人同学的帮助，杰西加入了少年棒球联盟队，这位同学的父亲不仅是棒球联盟队的教练，而且恰好也是杰西父亲所在公司的主管。"自从我加入棒球队后，"杰西告诉我们，"我的朋友就多了起来。球场上不分肤色，全看个人表现，只要你证明了自己对球队有价值，大家自然会喜欢你。我在自己的队伍里很受欢迎，但其他的球队可就不这么想了。"

杰西是四项全能的天才运动员，读高中时，他在运动场上全神贯注。父母以外，对杰西人生影响最深的就是他的橄榄球队教练——但这倒不是因为这位教练特别爱护或同情杰西。"他就是那种人，"杰西回忆道，"你会不由自主地仿效他的价值观——能吃苦，守纪律，有冲劲，重合作，渴望成功。这伙计可是个白人，因此在打交道时并没有特别关照过我，他喜欢我，只是因为我球打得好。他会给我布置任务，而我就按照他要求的完成。"

杰西性格平和，处处与人为善。"你若想在密西西比州活下去，那你就只能这么做，"他说，"如果当年在密西西比州时，我但凡回应了白人的挑衅，大概今天就不能在这里同你说话了。"杰西回忆起自己的高中时代，"我很有人格魅力，所以大家选我做了学生会的主席。"回忆起这件事时，杰西非常开心，因为他所击败的候选人正是本书的作者。

读高中时，杰西从未想过自己要上大学，因为家里没钱，负担不起大学的费用。但在杰西读高三那年，一位来自附近大学的橄榄球教练登门拜访，为他提供了一笔可观的奖学金。当杰西同父母商议这件事时，他的父亲告诉他，"儿子，要是你不读大学，就得跟老爸一样出苦力。"父亲同意借给他 500 美元，用以支付奖学金没有负担的各种杂费开支，就这样，杰西离开了家，走进了大学校园。

15　　　大学毕业后，杰西原本希望去读法学院，但问题还是出在他没有钱。于是，他搭便车去往加利福尼亚州，在那里，他只能在一家电子设备公司找到一份工作，终日劳作在流水线上。有位朋友建议杰西可以找一份教职，一边教书，一边申请教师资格。最终，杰西取得了硕士学位，四十多年如一日投身于教育，他从一名普通教师做起，历任院长、副校长、校长，最后担任了洛杉矶地区教育系统的主管。

回忆起在克林顿港的少年时代，杰西告诉我，虽然他在进入某些商业区时会感到浑身不自在，但他在镇上度过的时光大都是温暖的记忆。"克林顿港到处都是善良的人儿，"杰西说，"在这里，我遇到了这一生所曾遇到的最可爱、最包容、也最宽容的人。有时候我们去钓鱼，他们还会大方地让我们借走他们的小船。"

杰西的家庭住在一个种族杂居的贫穷社区。"我们有很多白人邻居，每天我都和他们的孩子一起去学校，"他回忆道，"我们大家都是朋友，彼此间从没有发生过不愉快。每个人都在讨生活，你是什么肤色，真的无关紧要。"橄榄球队里有个白人队友，在他得知杰西家境不好后，还邀请杰西到他家吃午饭。

杰西和他的朋友们关系融洽，但不要忘记，这种关系还是存在于更普遍的种族偏见和对抗的社会风气中。"最让人难过的是，有些人就是不把你当作正常人来看待。有些人喜欢你，但就是另有一些人要排斥你，即便你和这些人毫不相干。"

杰西回想起来，他生活在"两个世界"的夹缝中。"一个是黑人的世界，另一个是白人的世界。黑人孩子无法理解，为什么我要同白人孩子交朋友，而当我同黑人小孩打成一片时，我的白人朋友也会生气。我夹在两方之间，如履薄冰，但求自己能做到双方不得罪，尝试着让他们明白我们都是一样的人。我的白人朋友带我去参加邻镇的白人派对，但那里的孩子还有他们的父母可能就不是那么宽容了。在一片欢声笑语之中，我就是一个不受欢迎的不速之客，而这一切只因我是黑人。"

谢丽尔的人生故事有所不同。谢丽尔的母亲精明能干而且通情达理，是女儿眼中的榜样。母亲要求谢丽尔面对任何事，都绝不说"做不到"三个字。"从妈妈身上我学会了一点，"她说，"那就是没什么是做不到的。有些事情，与其言传，不如身教。" 16

谢丽尔全家刚搬迁至克林顿港时，住在石膏矿场附近的村子里，全家人挤在公司的宿舍——没有室内厕所的那种房子。没过多久，公司的宿舍因卫生不达标而被强制关闭，于是谢丽尔的父母在克林顿港一个黑人街区的边缘地带买下了一块土地，迁来一所老旧房屋，但由于邻居的抗议，他们不得不沿着地基调整了整栋房子的朝向，背对着周边的白人社区。此后不久，在谢丽尔母亲家政服务客户的安排下，他们打算在附近的白人区买一栋更好的房子，但是这场买卖很快就告吹，有人在那栋房子的庭院里竖起了驱邪的十字架。

谢丽尔回忆道，在她的成长过程中，她很少遭遇公然的种族主义，也不记得有人用种族主义的污名词来称呼她。"你想去哪儿，就去哪儿，不会有人来干预你，"她说。谢丽尔可以骑着自行车，穿行于整个镇上，并独自一人到公立图书馆借书。

真正困扰谢丽尔的是她很难拥有跨越种族界线的朋友圈。"克林顿港的教育系统很发达，可以为学生读大学打下坚实的基础（她特别补充，包括她在内），但你知道，高中的另一半作用在于社交，"谢丽尔对我说，"而这就是我们所缺失的一部分。当我在学校时，我和白人同学在一起，谈天说地。然而一旦放学，就到此为止。我不会同她们一道回家，她们也不会来我家。无论我做什么，我都要自己完成。"有一次，谢丽尔在街上遇见了她的一位小学同学和她的母亲，但这个白人女孩却装作不认识她。"我当时很高兴遇见她，"谢丽尔回忆道，"但她那样的举止，就仿佛不知道我是谁。我真的很受伤。"

谢丽尔和她的姐姐曾想加入女生军乐队，但她们很清楚自己没有机会，因为军乐团会到各地巡回演出，那些地方对黑人可不比克林顿港这般宽容。"我们甚至试都没试，"谢丽尔告诉我，"因为有些事情大家心知肚明，那是我们可望而不可即的世界。"有一次，谢丽尔和杰西同一对白人情侣一起约会，四人路过镇上溜冰场的门口，却没有进去，因为这俩黑人孩子预计到会被拒绝入场——正如一位白人同学后来所确证的，他们的担忧完全在情理之中。"倒不是说有人守在门口，告诉你黑人不得入内，"谢丽尔说，"你就是知道，根本没必要做无谓的尝试。"

谢丽尔是个早慧的孩子，勤学好问的她在班上成绩一直名列前茅，最后在克林顿港高中修完了大学预科课程，她这样告诉我，为什么要这么做，"因为我的白人朋友都要上大学"。但是，谢丽尔的父母并不鼓励她追求高等教育的理想。"这种事情，是他们想都不敢去想的，我们在家里甚至不会谈论学校这回事。"曾有一度，她写信咨询一家位于克利夫兰的商学院，但她的母亲让她打消这个念头，"我们可没钱让你上什么大学"——这个回答，深深刺痛了谢丽尔。

高三那年，谢丽尔的人生迎来了一次转机。谢丽尔和她的母亲都曾为一位白人女士做过家政清洁，而这位女士是克林顿港那家最大公司总裁的太太，她很欣赏谢丽尔做事时的专注力，也知道这个女孩的学习成绩出类拔萃，但偌大的学校却无人关心谢丽尔去哪儿读大学。惊讶之余，她满怀热忱地接管了这件事。"若没有那位好心女士为我不遗余力地奔走，我会一无所成，"谢丽尔回忆道，"她披上那件皮草，径直走向校长办公室，为我奔波。一次不行，就两次！"在那位女士的争取下，校长终于勉为其难，答应带谢丽尔去访问一所邻近的州立大学。

最终，谢丽尔成功进入了那所州立大学，还拿到了半额奖学金。为了支付余下的费用，整整四年的暑假，谢丽尔都在打零工挣钱。她告诉我，如果同高中时代相比，她更喜欢大学的生活，因为校园里有更多的黑人同学。"在高中时所缺失的社会交往，在大学校园里是随处可得的。"回首自己的大学时光，谢丽尔还是抱有缺憾，目光所及，她能看到的未来只有做老师或社工，而未能摸索其他任何人生道路。"有些同学说，'我以后要当律师，因为我爸也是律师'，"谢丽尔告诉我，"如果我能对外面的世界多些了解，我可能不会选择做教师，因为世界如此广阔，人生无不可能。当然，60 年代还不是这般格局。"

谈到谢丽尔的兄弟们，他们在克林顿港的生活就曾遭遇了更多的成长烦恼。"我总是个循规蹈矩的人，如果你自己不越界，不做出格的事，"谢丽尔说，"麻烦就不会找上门来。但假如你非要越过那条线，就难免惹出事情。"在谢丽尔的回忆中，她的一个弟弟就这样闯过祸。事情发生在一堂历史课上，授课老师在讲到奴隶制时宣称黑人都没有灵魂，"他当时就火冒三丈，闯下了大祸"。谢丽尔此前也上过这门课，同样听到过这位老师的这一番话，但是她强压住了满腔怒火，直至愤怒在沉默中消亡。谢丽尔的一个哥哥从朝鲜战场上归来，打算在镇上买一栋房子，但就是这一单纯的举动也越过界。"我不管你有多少钱，"镇上最大的房产经纪告诉他，"在这地界，你就是不可能买到房子。"

当谢丽尔回首她在克林顿港的生活时，虽然她特别强调，市镇上的白人都友好地对她伸出过援手，但她那种无归属感仍在心头萦绕不去。"拉尔夫·埃里森有本书，《看不见的人》，写的就好像是我在克林顿港的生活，"谢丽尔说，"我是个非裔美国人，作为 1959 届高中毕业班的一员，我虽身在其中，但却从未感到自己是这个集体的一分子。"对于谢丽尔来说，美国始终存在着一个根深蒂固的种族主义体制，无论是她个人，还是她的家庭，都难以完全融入其中的经济和社会生活，过去是这样，现在仍是如此。对于白人孩子而言，50 年代的克林顿港是一个美好的成长家园，但谢丽尔告诉我这样一句话，语气温和，却一针见血，"你的过去并非我的过去，你的现在甚至也不是我的现在。"

在 20 世纪 50 年代的克林顿港，种族主义随处可见，只不过同当时美国的其他地区相比较，不那么暴力和赤裸，更为隐蔽和柔和。但即便如此，正如杰西和谢丽尔的人生故事所展示的，它还是给黑人孩子带来了挥之不去的痛苦伤害。半个世纪以来，小到一个克林顿港，大到整个美国，我们已经在通向种族平等的道路上取得了来之不易的进步，因此我们不应该掩盖 50 年代种族关系的真相。但也不要忘记，正如杰西和谢丽尔所同样强调的，回到 50 年代的克林顿港，他们出身于低微的阶级，但阶级出身并没有限制他们充分发挥天赋和进取心，正如同样卑微的家庭条件也没有成为唐和莉比的人生路障一样，他们实现了可观的社会流动。

自莉比、谢丽尔和杰西三人长大成人，五十年已经过去了，半个世纪以来，种族、阶级和性别会在何种程度上塑造人生机遇，前述三元素之间的权力图景已经发生了重构。[12] 现如今，教育愈加成为了导致美国不平等的中介因素——在我们的知识经济中，教育是一类稀缺的资源，也是一种基本上取决于父母之社会经济地位的手段。性别不平等在 20 世纪 50 年代曾是美国社会的顽疾，但自此后，女性权利运动已取得了长足的进步，到了今天，女生的大学毕业率反而较男性为高，同时，性别之间的薪酬差距虽然继续存在，但正在日渐缩小。

种族平等的进步之路并没有这么令人欢欣鼓舞。诚然，如果我们比较同等教育程度的劳动者，则不同种族之间的收入差异并没有拉开，与此同时，在家庭结构和学生考试成绩方面，黑人和白人之间虽然仍有较大的差距，但差距本身是在逐渐缩小的。但不容否认，在学校教育以及涉嫌犯罪的问题上，种族差距在统计上仍是触目惊心的。时至今日，如果同全体人口结构相比，美国的黑人父母仍大多是经济贫穷、教育水平低下的家长，也正是因此，黑人的孩子从生下来就被束缚住了手脚。无论父母富有还是贫困，较之于同等收入水平家庭的白人孩子，黑人儿童生活在更贫困的邻里社区内；同样，较之于出身同等收入家庭的白人孩子，黑人孩子则获得了更少的上行社会流动，承受了更多的下行社会流动。[13]

如此说来，在现如今的美国，性别和种族的偏见仍有强大的势力，但作为成功的拦路虎，对于 21 世纪的莉比、杰西和谢丽尔而言，它们并不像 50 年代那样难以逾越。相比之下，在当代美国，一道社会藩篱正在成为 50 年代不可想象的新顽疾：孩子们的**阶级出身**（Class origins）。而本书所要讨论的，正是美国全国范围内早已分化的阶级不平

19

等——我将展示，过去数十年间，这种基于阶级的机会不平等在青少年中是如何恶化的。

21 世纪克林顿港的阶级差异

回到 1959 年，当我和我的同学们在毕业典礼上畅想未来时，没有人会有一丝忧虑，感受到变化即将到来。在我们这届毕业生中，近半数的同学直接上了大学，而对于留在克林顿港这个小镇上的同学来说，他们有理由相信自己可以找到一份工作（仅适用男性），结婚成家，自此之后过上安逸的生活。他们的父辈不就是这么过的吗？而在从 1959 年起的十年间，他们的这些期待也都在幸福生活中得到了满足。

但就在此时，一种隐藏的趋势正在整个美国不断积蓄力量，一旦发力，它将如旋风般席卷美国的社会、经济和文化，从根本上改变我们下一代人，乃至下下一代人的生活机遇。对于我们很多人来说，这场变革将带来切肤之痛，因为克林顿港又一次成为了风向标，解剖这只麻雀，我们可以看到过去数十年间席卷整个美国的种种变动。

克林顿港在 20 世纪五六十年代的经济繁荣，是以制造业为基础的，然而自 70 年代开始，制造业作为经济支柱，其根基已经开始动摇。回想 50 年代，美标公司在市镇东头的大型工厂，为近一千名蓝领工人提供了稳定的就业岗位、优厚的劳动收入，但到了 70 年代，工厂所能容纳的劳动者人数就缩减至不到原来的一半，接下来，又经过二十多年的裁员和减薪，位于枫树街上的工厂大门终于在 1993 年轰然关闭。又是二十年过去了，现如今此地只余昔日工厂庞大的废墟，铁丝栅栏上仍然悬挂着联邦环境保护署的告示——"环境危险！"。从美标工厂、陆军基地，到石膏矿场，镇民们眼见着它们一一关闭，然而这只不过是克林顿港经济崩溃的冰山一角而已。

在渥太华县境内，迄今为止克林顿港仍是最大的市镇，如果统计制造业对渥太华全县的就业贡献率，亦即制造业容纳的工人占全部工作岗位的比例，则这一数字从 1965 年的 55%，在 1995 年跌落到 25%，而且还在持续下滑。[14]随着整个国家经济浪潮的起落，失业率难免上下波动，但问题在于，地方的经济繁荣总是难以同全国性的繁荣相提并论，而地方的经济低潮却要更惨淡许多。直至 20 世纪 70 年代，渥太华县的实际工资还稍高过全国平均水平，但在接下来的 40 年中，工资一跌再跌，降到最低点时，甚至比全国平均水平要低 25 个百分点。按照 2012 年的统计数据，近半个世纪以来，渥太华县普通工人的实际工资并没有增长，而在考虑到通货膨胀造成实际购买力下降后，工人当下的收入甚至要比他们祖父母在 70 年代早期的收入下降了 16 个百分点。

经济的盛衰也会造成人口的波动。自 1940 年至 1970 年，克林顿港的总人口在 30 年中就增长了 53%，然而在七八十年代，人口增长突然间陷入停滞，而自 1990 年开始，人口出现负增长，到了 2010 年前后，20 年中人口总数下降了 17%。绝望的本地工人不得不到外地寻找工作机会，上下班的路程也因此越变越长。当我在克林顿港读书时，市镇中心有很多商铺，而现在大都已经人去楼空，它们之所以关门歇业，一方面是因为它们完全不是位于郊区的沃尔玛或家乐多（Family Dollar）连锁超市的对手，另一方面也是因为克林顿港居民的消费钱包在日渐缩水。

经济上的沉重打击突如其来，但一开始并未导致社会的败坏，这要归功于我们年轻时代仍然强韧的家庭和社区纽带，它们缓冲了经济崩溃的社会破坏力。但随着地方经济状况持续恶化，一届又一届高中生进入社会，那曾在五六十年代支撑起克林顿港这个小小共同体的社会规范，也在日复一日地受到侵蚀。20 世纪 80 年代，克林顿港的青少年犯罪率尚处在全国平均水平线上，但自此后就开始陡然攀升，

21

2010 年时，已经是全国同比数据的三倍之多。终有一天人们发现，任何一位克林顿港高中的毕业生，只要能逃离此地的，都不会选择留下来。统计渥太华县 30 岁以上、40 岁以下人口的净流失率，则从 70 年代的 13% 上升至本世纪前 10 年的 27%，翻了一番还要多。

经济陷入困局，生活压力与日俱增，家庭结构也因此发生了变化。从 1970 年到 2010 年，渥太华县单亲家庭的比例从 10% 上升至 20%，增加了 1 倍，与此同时，离婚率则增加了 4 倍。从 1990 年到 2010 年，全县非婚生子女的比例从不到 20%，急速增长到近 40%，其增速不但超过了同期全国白人的同比数据，同时还意味着，单亲家庭的数量未来还会持续增长。而克林顿港可以说是当地经济在 80 年代崩溃的震中地带，在克林顿港这个社区内，非婚生子女的比例在短短十年间就出现了爆炸式增长，1978 年，非婚生子女的比例只是 9%（大约为全国平均数的一半），而到了 1990 年，同比数据就激增至约 40%（超出全国平均数一倍之多）。而在自 1990 年后的二十多年来，儿童贫困率更是一路飙升，1999 年时尚且只有 10%，2013 年就已经增至近 40%。[15]

但是，克林顿港在过去半个世纪的故事，也正如整个美国在这些年间的这段历史一样，并不仅仅是关于工人阶级崩溃的一曲哀歌。历史告诉我们，它还关系到一个新上层阶级的诞生。

克林顿港位于伊利湖畔一处风光秀丽的湖岸旁。在我小时候，这片湖岸对我们所有人都开放，夏日度假小屋、平民游乐场、钓鱼宿营地，沿着湖岸线星罗棋布，掩映在一处处怡人的果园之间。但是，过去二十年来，当克林顿港的传统经济陷入崩溃之际，从克利夫兰市、哥伦布市以及中西部地区的其他大城市来了一伙出手阔绰的律师、医生和生意人，这些有钱人发现了这片湖岸以及近岸岛屿的魅力，于是出手买下了这一地带——作为他们的别墅、退休后的休养之地，甚或只是为了追求更好的生活品质，尽管住在这里也有代价，每天在居所和城市里的工作场所之间往返，也是耗时耗力的事儿。

当地有些幸运的开发商抓住商机，很快，伊利湖岸边一座座豪华公馆和有门卫看守的社区拔地而起。在克林顿港的东西两个侧翼，这些富人的物业沿着湖岸线绵亘了20英里。一户户奢华的公寓环绕着高尔夫球场，环礁湖内停满了豪华游艇。位于伊利湖沿岸的卡托巴高级住宅区，有一座湖畔豪宅甚至附带室内剧院和运动场。现如今，当你拿起《克林顿港先驱新闻报》，翻到房产广告版，左栏是百万豪宅的广告，右栏就是残破平板房的信息；而你从湖滨的富人区向镇中心走，不到十分钟就可以看到凋敝的穷人社区，那里的人们穷困潦倒，以拖车为家。

渥太华县一度曾是全美收入分配最平等的地区之一，但过去数十年来，这里的收入分配状况也开始发生扭曲。在渥太华县的居民中，最富有的和最贫穷的人数都在增加，而与此同时，中产阶级的人数却大幅减少。根据2010年的人口普查数据，卡托巴岛地区的中等家庭收入高出毗邻地区的同比数据一倍还要多。不仅如此，观察图1-1和

图1-1　俄亥俄州克林顿港的儿童贫困率（1990年）

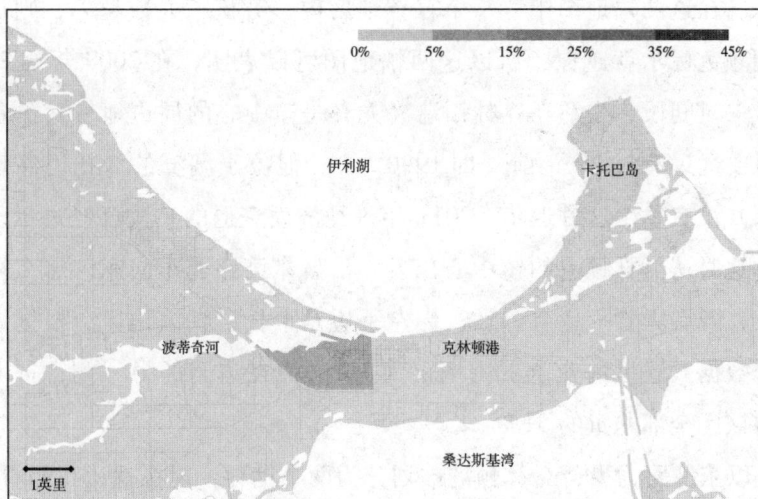

数据来源：由社会调查者网站（Social Explorer）汇编的1990年人口普查数据，哈佛大学图书馆

图1-2　俄亥俄州克林顿港的儿童贫困率（2008-2012年）

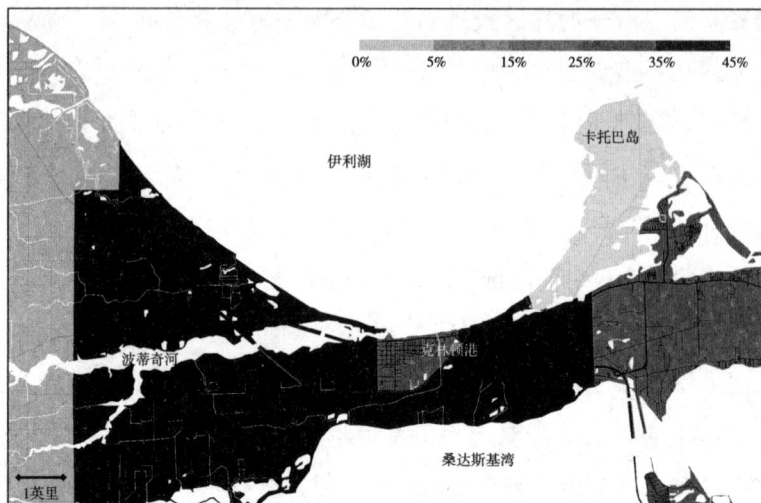

数据来源：由社会调查者网站汇编的美国社区调查（ACS）（2008至2012年的五年评估）的数据，哈佛大学图书馆

图1-2内的填色地图，我们可以发现，上述转变的速度和密度都令人震惊。在这两幅地图中，一个普查地区内，穷孩子人数越多，则该地区的颜色标示就越深，所以这两幅地图可以表明，在2008年至2012年这一时间段，生活在克林顿港（尤其是镇中心的周边地带）的贫困儿童要远远超过20年前（即1990年），但位于湖滨的卡托巴岛地区同期并没有发生这种退步。2011年，经济大衰退的余波已经过尽，如果你这时从克林顿港的镇中心出发，沿着东湾路驱车向东，那么视线所及，既有天堂，也有炼狱，你左手边是卡托巴湖滨地区，根据人口普查数据，这里的儿童贫困率仅为1%；而在道路的另一侧，贫困儿童占该区全部儿童的51%。

　　以东湾路为界，克林顿港被划分为两个世界，现在就让我们看看，生活对于两个世界的孩子究竟意味着什么。

切尔西

切尔西一家人住在一幢白色豪宅里，家里就有一个视野开阔的阳 24
台，俯瞰着伊利湖的风光。切尔西和她的哥哥在邻近小镇读书，他们
家在那里也有一栋价值不菲的房产。温蒂，他们的母亲，来自密歇根
的一个富裕家庭，外公是当地一名颇有声望的律师。温蒂拥有硕士学
位，但现在她并没有全职出外工作，只是在一家私人教育机构兼职做
指导老师。对温蒂来说，自由安排时间非常重要，因为养育两个孩子
（兄妹两人现在皆已读大学）是她的头等大事。迪克，切尔西的父亲，
在一家大型国有公司做销售经理，因公务的缘故常常在外奔波。"在
孩子们还小的时候，他这个做父亲的真是可有可无，"温蒂告诉我们。

温蒂自己全身心地投入到两个孩子的成长过程中。"我从不间断对
两个孩子的督促，这很可能远远超过了我父母当年给我的压力，"温
蒂说，"面对孩子时，我是一个真正的分数狂。在他们读高中时，我
对他们真可以说是步步紧逼，甚至到了大学时我也不敢放松。当兄妹
俩还是婴儿时，我就读书给他们听。这可是头等大事——读，读，再
读，从小抓起，到他们上幼儿园时，这俩孩子自己都能读书了。"温
蒂还批评了那些对孩子疏于管教的母亲。"我见过那么多孩子就这样迷
失了方向，"温蒂如是说，"都是因为当妈的太不负责任。"

每天，切尔西从学校回到家时，父母至少有一人已经在家等待。
在宽敞明亮的开放式厨房中，切尔西的母亲在做晚餐，她和哥哥就在
厨房的中岛上做家庭作业。全家人每天都会围坐一起，共进晚餐，当
然有些时候，切尔西的哥哥会外出打橄榄球。"全家人共进晚餐是家
里的大事，"温蒂说，"因为这是孩子们学会与人交流的时候。"

每年生日时，父母都会为切尔西精心准备别致的主题派对——5

岁那年是午后茶会，6 岁那年是芭比公主之夜，11 岁时是学术颁奖礼（租用豪华轿车接送来宾），16 岁是拉斯维加斯赌场夜。担心镇上的孩子们没什么可玩的地方，切尔西的父母就在家里地下室里装修出一个 50 年代风格的欢乐餐厅。"我就是这家怀旧餐厅的大厨，"温蒂说，"我觉得挺好的，因为他们都在家里玩，切尔西的所有朋友也都愿意同我谈天说地，而且他们也不会离开我的视线。"

温蒂在学校里会为孩子挺身而出，为此她深感自豪。切尔西的哥哥读初中时，曾有一位老师声称他没有完成作业，温蒂当即向那位老师证明，她的儿子确实完成了作业——但即便如此，该老师还是拒绝修改分数。于是温蒂就先到校长那里投诉，紧接着又上诉至当地的教育委员会。最终，教育委员会做出决定，修改分数，同时将该老师调职。温蒂为子女抗争还有一例：高中时，切尔西入选了学校的《年鉴》编辑部，整整四年她都勤勤恳恳，毕业那年还担任了《年鉴》的主编，满心期待，她可以拿到每年一度的《年鉴》大学奖学金。但最终，主管此事的老师却拒绝提名切尔西为该项奖学金得主，温蒂又一次径直奔到校长办公室，不待多言，校长也当即明白了她的来意。"你了解我的，"温蒂对校长说，"我会一直找到教育委员会的……现在请转告那位老师，让他填好奖学金的支票，这件事就到此为止。"不出所料，第二天支票就寄到了。

切尔西称她自己是所在高中"最活跃的人"——学生团体的负责人、《年鉴》编辑、书虫俱乐部会长，入选了全美高中荣誉生协会，"还有许许多多其他的活儿要做"。她的父母齐心投身到学校事务中，热心程度远非其他家长所能及。有一次，孩子们要在学校的铁丝围栏外竖起一个大型的金刚浮雕，而对此他们毫无经验，束手无措，全靠温蒂和迪克及时出手相助。还有一次，切尔西负责组织学校的学年舞会，但在搭设舞台布景时其他同学都未赶来，温蒂又现身了，热火朝天地忙到深夜。

尽管全家人在经济上无忧无虑，但在温蒂眼中，她和迪克以及周边的富裕邻居们可不是什么"含着金汤匙出生"的上等人。"这地区的大多数父母都是典型**中西部**家长，我们挣钱要靠自己的双手，"温蒂说，"不要把这里当做比弗利山庄或者汉普顿。"温蒂鼓励她的子女平时做兼职，暑假做暑期工。"一分耕耘，才能有一分收获，"她向来都如是说。谈到那种为帮助贫困学生而设置的专项教育基金，温蒂并不以为然。"将来要是我的孩子成功了，我可不认为他们应该把钱送给那些终日无所事事的家伙，他们可没有为我孩子的成功付出过什么啊。"

当被问及生活中是否遇到难过的关卡时，切尔西不假思索地回答道，"我们从未因金钱问题而犯愁。"温蒂家曾有一位朋友不幸自杀身亡，全家人也因此经历过一段情绪上的低潮，但所幸的是，切尔西愿意敞开胸怀，同父母交流她的情感，在切尔西眼中，父母就是她的人生榜样。"我身边的人总是在尽力帮我，总是让我走在正确的人生道路上，"她说，"我对生活的一切都很满意。" 　26

读大学从来都是切尔西的既定目标。为了鼓励兄妹两人取得优异成绩，温蒂和迪克允诺，只要高中毕业时能排名全年级的前10%，就为切尔西和她的哥哥支付全部的大学费用。兄妹俩都做到了，现在就读于美国"十大盟校"（Big Ten）中的同一所大学。现在，切尔西把目光投向了法学院，希望追随外公的脚步，成为一名律师。

大卫

第一次见到大卫还是2012年，在克林顿港的一个停车场，我们遇到了一个18岁的男孩，穿着牛仔，头戴棒球帽，整个人瘦得皮包骨头。大卫的父亲没有读完高中，辍学后原本打算子承父业，当个卡车司机讨生活，但也没有机会，没能找到固定的工作，大卫的父亲有活就干，经常受雇做些对大男生来说很奇怪的工作，比如修剪草坪。大卫向我们致歉，关于他的父亲，他知道的也就是这些。"他现在还在牢里，"大卫解释道，"我也没办法去问他。"在大卫很小的时候，父母就离婚了，紧接着母亲搬离了这个家。因此，关于他的母亲，大卫也是所知无几，只知道她仍住在克林顿港地区。"她找的男朋友全都是疯子，"大卫说，"我一直都没怎么见过她。'妈妈'这个词，在我的生活中就不存在。"

大卫的生活就是在折腾。父母离婚后，大卫主要是在父亲的监护下长大，虽然这位父亲自己还时不时要去监狱走走。在大卫的童年记忆里，父亲身边从来少不了女人，毒品经常是他们的媒人。大卫的祖母住在东湾路旁的贫民区，父子俩经常会在这里住一段时间；接下来，父亲会想要自力更生，带着儿子搬出去，然后就又有一个女人闯入父亲的生活。但最终，要么是因为父亲无力支付房租，要么是父亲又开启了"派对生活"，于是他们不得不再次搬回祖母的家。大卫有九个同父异母的兄弟姐妹，但却没有一个可以安居的家。

大卫 10 岁（也许是 11 岁）那年，他的父亲和一个女人同居了数年之久，虽然这个女人从来没有嫁给过父亲，但大卫已经将她视作继母。在大卫的回忆中，这位继母是一个"疯子……酗酒，嗑药，吸毒"，现在她又同另一个男人同居，又生下了好几个孩子。这个女人离开父亲后，大卫说，父亲"彻底失去了理智"，好长一段日子都沉迷于毒品和女人。父亲的生活一团混乱，大人们在大卫的生活中来来去去，从来不曾关心对孩子们会造成什么影响，这让大卫觉得，"从来没人在乎过"他和他的兄弟姐妹。

最近，因为牵连到多起抢劫案，大卫的父亲又被送进了监狱。大卫不能去探监，因为他自己也在缓刑期内。由于父亲是他生活中唯一不曾离开的成年人，大卫觉得，他们父子之间并不疏远，不过他还是担心父亲反复无常的精神状态。"有时候他会冲我冒火，"大卫告诉我们，"有时候又很和善。全看他当天的心情。"

大卫的家庭生活是破碎而混乱的。他应对压力的方式就是逃避，逃离这个家，和朋友们一起吸食大麻。"我想要有个家，"大卫告诉我们，"我知道我想要一个完整的家庭，就是因为我从来没有过。"他还补充道，"告诉你吧，我从来没有体验过全家人围坐一圈，共进晚餐，所以我也断了这念想。"

因为父亲居无定所，大卫仅小学就上了七处不同的地方。在他的回忆中，学校总是麻烦不断。"我平常不学习，都是到学期末再来用功，"大卫说，"但我每年都能过，也没留过级。初中时，我跟人打了一架，他们就这样把我赶走了，送我到一所'教管学校'。"大卫憎恨这个地方。最终在高中毕业那年，所幸得到当地一位老师的帮助，大卫转到了一所附近高中的"职业培训班"，他在这里拿到了高中毕业证，但主要是因为他在大家乐餐厅打工能挣到学分。刚一毕业，大家乐就解雇了大卫。

大卫自己也惹下不少事端，部分原因是他交友不慎。13岁那年，[28]他非法闯入多家商铺，被判在家中监禁5个月。在小半年的监禁期内，大卫可以继续上学，但他还是选择了一个人待在家里，昏天暗地地玩电子游戏。"我能做的也就是这些，"大卫告诉我们。缓刑期刚满，他又因未成年饮酒惹上了更大的麻烦，这次他被关进少年管教所。大卫实在没有任何能施以援手的社会网络。我们可以看到，他在入狱前不慎结交的狐朋狗友，让他惹上是非，而监牢里他遇到的家伙就更非良善之辈了。"要是你在牢里交上朋友，"大卫说，"那你八成还是会和这些狱友们重回监狱，继续做朋友的。"

离开学校后，大卫四处打零工，从快餐店到塑料厂，还做过街头绿化。因为他之前有过少年犯罪记录，而且也付不起"区区几百美元"的法律费用来删除他的档案，所以找工作对于大卫来说是个难题。他曾积极表现，想要成为街头绿化这行的工头，但最终还是事与愿违，从前超速驾驶在驾照上留下的记录，让他和这次机会擦肩而过。

尽管在学校的时光总是麻烦不断，但大卫显然怀有接受更多教育的渴望。"讲真，我特别想获得更高些的教育，"他说，"我需要文凭。现在这个社会，没有文凭很难找到工作。"但大卫完全不知道怎么做才能达成愿望。在他的回忆中，在学校这么多年，从来没有老师和辅导员给过他有用的指导，至于他的父母更是爱莫能助。大卫满怀苦涩地告诉我们，在他的少年时代，整个克林顿港从未有人对他施以援手。在大卫看来，克林顿港的镇民们知道他家的状况，但是没有人真正探下身来，帮他一把。大卫相信，他的父母"在镇上声名狼藉"，导致了镇上的人对他不愿报以任何同情。归根到底，大卫这一生都不得不自谋生路。

访谈过程中，有一件事出乎我们的意料。虽然年纪轻轻就经历了这一切，但大卫对他那些异母的弟弟和妹妹反而怀有强烈的责任感，他感到没有成年人真正关心这些孩子。"我是唯一可以照顾他们的人，"大卫说。对于他的异母兄弟姐妹，大卫怀有深挚和真诚的责任感。"就好像每一双眼睛都在看着我，指望着我维系这个家，"他说，"我为此也背负着很大的压力。"事实上，当我们 2012 年第一次在停车场遇见大卫时，他正在细心照看一个 8 岁大的异母弟弟。那天早上，大卫还去参加了这个弟弟参赛的校园运动会，他是惟一在场的家人。在两年之后的一次对话中，大卫告诉我们，就是这个小弟弟，现在已经开始独立照顾另一个更小的、为吸毒继母所生的男孩。

2012 年，大卫的女朋友怀孕了。"这完全不在计划内，"大卫说，"但就这样发生了。"我们第一次访谈时，大卫正满心期盼，孩子的出生能让他的人生变得完整些，但他也承认，他不确定自己的女朋友是否忠诚。令人遗憾的是，大卫的直觉被证实是准确的：两年后，女朋友和其他男人同居了，他们人以群分，同是瘾君子，而大卫还是承担起照顾女儿的监护责任。靠着微薄的薪水，大卫艰难度日，好在女儿让他有了人生的动力。"我享受这种做父亲的感觉，"他说，"她就这样看着我，好像我是无所不能的上帝。"

2012 年时，我们曾问过大卫，他是否曾经想到就这样放弃人生。"好吧，"他回答道，"有时候，我的确觉得生活已经没什么意义，但我会马上跳出这种念头。这种念头有时纠缠着我，让我心情低落，但我会努力控制自己不要去想那么多。"2014 年，女朋友离他而去，工作也是毫无盼头，大卫心烦意乱，曾在 Facebook 上发过状态更新。"我总是人生输家，"大卫这样写，"我只想再感受下完整的生活，为什么却一错再错！我对生活竭尽全力，但却一无所获。完了……**我他妈的真完了！**"

抚今追昔，我们可以发现，克林顿港从 20 世纪 50 年代到今天，不同阶级孩子的人生机会差距在急剧拉大。一部分原因是，较之于 50 年代的富家子弟，今天的上层阶级孩子享受着更多的特权，但更主要的原因还在于，今天的穷孩子身处当年的工人阶级子弟想都想不到的恶劣境地。50 年代时，弗兰克在学校表现平平，但他的父母并不以为意，与之形成强烈对比的是温蒂为人父母的作风，从她"读，读，再读，从小抓起"的模式，到为切尔西准备舞会而忙碌至深夜的身影，都体现出温蒂事不分巨细的家庭教育。弗兰克的家人鼓励他和普通家庭的孩子一道玩耍，而现在，温蒂却为奢华的生日派对租来豪车。切尔西所居住的社区是封闭的，而弗兰克的成长环境则是混杂的。切尔西非要成为她高中活动的主宰者，弗兰克却不会也无意这么做。温蒂作为家长强势干预孩子在学校内的事务，切尔西母女为之感到自豪，相反，弗兰克却因父母冒出这样的念头而感到羞愧。

如果同 1959 年工人阶级的孩子相比，像大卫这样的穷孩子在今天过的是焦虑、孤独、毫无希望的生活。50 年代，唐、莉比、谢丽尔和

30

杰西都生活在稳定、完整、充满爱的家庭中。而在今天的克林顿港，大卫却连家庭是什么都没有体验过。唐的父亲，尽管要忙两份工作，却从不错过他的任何一场比赛。莉比和谢丽尔的母亲更是女孩们的人生榜样，反观大卫的父亲、母亲和继母，充其量只能充当失败人生的反面教材。在日复一日的家庭晚餐中，莉比学到了待人以礼、诚实守信的处世之道，而大卫却连家庭晚餐长什么样子也不知道。这四位成长于 50 年代的工人阶级孩子，求学路上从不缺乏来自家庭或校方的鼓励，最后都上了大学，而大卫就这么"游荡着"，没有任何人施以援手。当莉比、杰西、谢丽尔和唐回首自己的人生时，他们没有忘记学校老师、球队教练、教堂里遇到的长者、身披皮草的贵妇，关键时刻正是他们挺身而出；而现如今，镇上的人们却对大卫悲惨的生活安之若素。在我父母那一代，从桌球店老板到教会牧师，每一个人都会把唐和莉比视为"我们的孩子"，但在今天的克林顿港，却几乎没人正眼瞧过大卫，当然就更别提把他视为"我们的孩子"了。[16]

当然，克林顿港，只不过是美国千千万万个市镇中的一个小镇而已——但正如我们所将要读到的，克林顿港在过去半个世纪内所走过的道路，以及生活在同一个小镇上的孩子却有着迥异的命运，并不是特例。虽然克林顿港上演着一场工业衰败地带的故事，但它却**不仅仅**只是这个故事。在接下来的章节中，我们可以读到，从俄勒冈州的本德镇到亚特兰大，从加利福尼亚州的橘子郡到费城，这个悲凉的故事正在美国各地的社区内到处上演。但首先，让我们跳出对克林顿港的聚焦和深描，转向广角镜以观察当代美国社会，检讨一下平等原则，以及平等对今天的美国人来说究竟意味着什么。

美国的不平等：广角镜

我们当下讨论美国社会的不平等，经常会将两个议题混为一谈，它们虽然有所关联，但却应当区别开来，也可以区别开来。

收入和财富的平等。近年来，美国社会的收入和财富分配问题，已经激发起广泛且激烈的辩论——占领华尔街运动中的积极分子更是把分配问题表述成"1%对抗99%"的矛盾。但回首历史，美国人大多数时间并没有因这种类型的不平等而感到忧心忡忡：我们通常不会嫉妒他人的成功，只要拥有平等天资的人都有平等的机会为人生而奋斗，可以平等地攀登社会经济的上行阶梯，那么我们并不在意这个阶梯究竟有多高，路有多长。

机会平等和社会流动。下一代的前景问题，具体是指，出身不等的年轻人事实上能否自大致相等的起点踏入社会经济的阶梯，而生来能力相同的年轻人是否可以平等地攀登这阶梯，所呈现出的就是在美国民族文化中重如泰山的问题了。从美利坚民族诞生那一刻起，我们的独立就建立在"所有人生而平等"的基础之上，美国人可能在政治立场上千差万别，但两百多年来始终都注视着机会平等和社会流动的问题。

显然，上述两种类型的平等是关联在一起的，因为这一代人的收入分配可以影响到下一代人的机会分配——但是，财富平等和机会平等毕竟不是同一件事，不能一概而论。在今日的美国，父母之间的收入和财富分配决定了切尔西和大卫天差地别的人生，也构成了我们所讲述故事的关键背景。但是，本书主要关注第二种平等，亦即孩子们中间的机会分配，我在全书中将致力于回答如下问题：**现如今，来自于不同社会经济背景的青少年，他们是否还能获得大致相等的人生机会，而机会平等的状况在过去数十年中是否发生了改变?**[17]前文的案例已然揭示出，回到50年代，弗兰克和唐的人生起点存在着不容否认的差距，但若是和今天的切尔西和大卫之间的鸿沟相比，那可真是相形见绌了，但从这些个案出发，我们能否以及在多大程度上可以推导出普遍的结论？在美国历史的整个进程中，围绕着上述两种类型的不平等出现了各种迷思、现实和理想，我们的讨论不妨由此开始。

收入和财富是否应当进行再分配，如果是的话，又应该做何种程度的再分配，就好像罗宾汉那般劫富济贫，这在今天的美国是一个高度分裂的问题。超过三分之二的美国人，都倾向于一种比现状更平等的收入和财富分配，这些人主要集中在民主党、少数群体和贫困阶层，但也不限于此，还包括了各党派以及各界别中的多数人。但问题在于，虽然绝大多数美国人都希望通过实用主义的措施来限制不平等的现状，但我们在哲学上往往是保守分子，不仅怀疑政府是否有能力去纠正现有的不平等，而且深信，幸福生活的根本在于个人的自我奋斗。[18]

但如果转到机会平等的问题，当谈到无论何种家庭出身，一个人都应当有向上走的社会流动机会时，我们美国人就不那么分裂了。大约95%的美国人都同意如下原则："在美国每个人都应当有获得成功的平等机会"，自民意调查在半个多世纪前出现后，这一普遍的共识就从来没有动摇过。[19] [如果问题变为，我们的社会"是否应采用各种必要手段，确保每个人都有平等的成功机会"，上述共识就出现了一点儿动摇，90%的美国人同意（agree）这一原则。但有意思的是，如果分析那些回答为"**完全同意**"（agree *strongly*）的人群，则在处于社会经济地位前20%的子集中，只有48%的回答完全同意，而在社会经济底层20%的子集中，持相同态度的人数上升至70%。[20]]虽然政见五花八门，但大约90%的美国人都认为，他们支持在公共教育上投入更多的财政资源，以此推进每个美国人都能获得公平的人生起点。如果必须要做出二选一的选择，则近 3/4 的美国人都同意，"对于这个国家而言，更重要的是……确保每一个人都有公平的机会来提升他们的经济地位，而不是减少美国社会中的不平等。"[21]这正如美联储前任主席本·伯南克所言，"勤奋、才智和创造力，每个人都应该有机会凭这些能力来获得成功。这就是美国奠基于其上的根本原则。"[22]

美国人对机会平等的信念，有着深刻而且多元的社会基础。早在北美殖民时代，本杰明·富兰克林的《自传》就已奠定下这种"生于忧患而终成安乐"（rags‐to‐riches）的经典叙事。从一开始，美国就没有经历过封建社会的历史阶段——也应当指出，内战前南方的蓄奴贵族制是一个例外——这一特殊的国情有助于一种平等政治结构的创建和维系，在此过程中，需要大书特书的是在杰克逊总统执政期间，大众民主在 19 世纪 30 年代的兴起。美国广袤的边疆地带有着取之不尽的土地，近乎免费，至少对于当时的新定居者来说是免费的，这让白手起家的创业梦想变得触手可及。正如著名的边疆学派史学家弗里德里克·杰克逊·特纳所言，"西部，就是机会的另一个名字。"[23]美国历史上曾出现过数次宗教大觉醒运动，比如 19 世纪 30 年代由废奴主义者领导的第二次大觉醒，进步主义时代的"社会福音"运动，在历次运动中喷涌而出的宗教热情从道德上进一步强化了美国立国的根本信念：上帝面前，人人平等。

经济的蓬勃发展最终也鼓舞着美国人的期待，只要努力，每个人都可能往高处走。20 世纪 50 年代的大繁荣，不但成就了克林顿港的平等主义文化，而且催生了历史学家大卫·波特出版于 1954 年的畅销书《国富民丰》（People of Plenty），在这本风行一时的书中，作者写道，美国的富足造就了史无前例的机会平等，"此前任何社会以及任何历史时代，都不能与之比肩"。[24]波特还进一步指出，即便美国民众对机会平等的信念有言过其实的成分，但这种信念还是让美国人相信，成

33

败取决于自己，如果我们自己未能成功，那就怪不得别人。波特还写道，平等在美国并不意味着欧洲式的"结果的平等"，而"主要是指竞争时的平等"。即便是到了今天，大西洋两岸这种平等观的差异仍继续存在，丝毫没有减弱。[25]同当今的欧洲人相比，我们美国人更加怀疑再分配政策，同时也更重视社会流动。

事实上，"**美国梦**"（the American Dream）并不是一个源远流长的概念（这个词首次以其现代意义出现并得到运用，只能追溯至 20 世纪 30 年代），但即便如此，霍雷肖·阿尔杰笔下人物的文化形象，以及人往高处走的社会流动前景，都早已深深扎根于我们美国人的心智中。出版于 1843 年的《麦格菲读本》是美国第一本全国通行的中小学教科书，作者在书中就这样告诉学生，"通向财富、荣誉和幸福的道路，向所有人都开放，每个人都可以成为对社会有用的人，只要愿意为之努力，每个人都可以踏上成功之路，成功可以说是唾手可得的。"[26]

34 二战结束后的半个世纪，在接受民意调查时，大约有 2/3 的美国民众（来自于各行各业）都这样认为，任何人只要努力，就可以成功，这是美国社会生活的一种事实。[27]但到了 21 世纪，民调数据已经悄然显示出悲观的心态，人们开始怀疑下一代人是否还有机会成功地向高处走，怀疑努力工作是否真能得到回报。但即便如此，总的说来，大多数美国人至少到最近仍然相信，机会平等依旧是我们这个社会的基调——换言之，美国梦仍存。[28]

走向两个美国？

行文至今，我们已经探讨了美国人关于平等和社会流动的信念。但社会现实究竟如何？当我们谈到美国的阶级差异时，历史和现实又能告诉我们什么？

如果我们绘制一幅社会平等在 20 世纪美国的曲线图，那么不平等的起落就大致呈现为一个巨大的 U 型，起始于一个镀金时代，而终结于另一个镀金时代，夹在其中的则是世纪中叶的一段相对平等的漫长时期。经济史学家克劳迪娅·高登（Claudia Goldin）和劳伦斯·卡茨（Lawrence Katz）曾经把这一模型概括为"一段历史，两个五十年"。[29] 当 20 世纪拉开帷幕时，美国社会存在着严峻的经济不平等，但从 1910 年至 1970 年这多半个世纪，收入分配逐渐趋向于平等。由于两次世界大战以及发生于其间的经济大萧条的冲击，经济金字塔被夷为平地，但是在二战结束后的三十年间，这种平等化的势头仍不减当年，也就是在这段平等主义的周期内，我和班上的同学们在克林顿港长大。社会学家道格拉斯·马瑟（Douglas Massey）在总结这个时代时曾写道，"从 1945 年到 1975 年，新政期间所执行的结构调整已然生效，贫穷率稳步下落，社会成员的收入整体呈持续上升的态势，不平等也在逐渐回落，这就好像一场经济大涨潮到来，所有的船只都因水涨而船高。"[30] 事实上，在这一历史阶段，穷人要比富人跑步前进得还快一些，根据统计数据显示，当时收入位于前 1/5 的富豪们，其年度收入的增长率大约为 2.5%，而对于最后 1/5 的穷人来说，他们的收入增长速度为每年 3%。

但好景不常在，自 70 年代初起，维持了数十年之久的平等化趋势 35 开始逆转，刚开始时是缓慢的，但随后就以残酷的加速度继续进行。首当其冲的是处于收入金字塔之最底层的穷人，这场分化从一开始就表现为下层阶级被中产阶级和上层阶级甩开了距离，但是到了 80 年代，新趋势是经济金字塔内的上层阶级开始遥遥领先，拉开了同所有其他人的距离，而自进入新世纪后，金字塔内的上层阶级再次出现分化，具体表现为最顶端的凤毛麟角又更上一层楼，在上层阶级内部也是一马当先。[31] 即便是考察美国社会主要种族之**内部**，从 1967 年到 2011 年，收入不平等也在以相同的加速度越演越烈，导致了种族内的两极分化，具体表现为有钱的白人、黑人和拉美人更有钱，而他们同族的穷人却每况愈下。[32]统计自 1979 年至 2005 年这 1/4 个世纪，在调整了通货膨胀因素后，处在金字塔最底层 1/5 的美国家庭，其平均税后收入每年增长约 900 美元，而处于中间 1/5 的美国家庭，其年度增长为 8700 美元，至于金字塔最顶端 1% 的家庭，其税后年收入每年飙升达 745 000 美元。[33]

受教育水平的高低也对经济收入的增减产生了显著的影响。经济学家大卫·奥特尔（David Autor）曾经指出，"从 1980 年至 2012 年，如果我们统计拥有大学学历的全职工作男性，这一群体的每小时工作所得，视乎所居住的地域，增长幅度从 20% 到 56% 不等，而其中受益最大的子集是那些拥有研究生学历的高才生。与此同期，统计仅高中毕业或者受教育程度最低的男性劳动者，他们的实际收入出现了大幅度的下降，在这一群体中间，高中毕业的男性下降了 11%，而高中都没有读完的甚至下降了 22%。"[34]

当经济大衰退在 2008 年至 2009 年突如其来时，经济收入不平等的势头曾在短期内受到抑制，但好景不常，大衰退一过，贫富两极分化的趋势就重新抬头，甚至可以说是变本加厉，具体表现为：位于财富金字塔最顶层的富豪们越赚越多，与此同时，整个社会在收入上却停滞不前，甚至是每况愈下。从 2009 年至 2012 年，按照实际购买力来计算，位于金字塔最顶端的前 1% 的美国家庭，其收入增加了 31%，而与此同时，对于余下 99% 的美国家庭来说，他们的收入几乎没有变动（增加不超过 0.5 个百分点）。[35]

为什么在过去四十年间，不平等在美国社会如此一路高歌猛进，原因目前多有争议，但主流观点通常归结为以下因素——全球化、技术革命以及随之高涨的"教育红利"、工会的衰退、绩效收入、社会规范的变动，以及后里根时代的公共政策（当然，不平等加剧的基本趋势始终处于进行时，共和党执政时是这样，民主党执政时亦复如

36

此）。任何一位严肃的观察者都不会质疑，美国社会在过去四十年间经历了大概史无前例的不平等激化。[36]事实上，美国的普通民众已然逐渐意识到不平等日渐加剧的问题，只是他们尚未能充分估量这一转变的程度和影响。

收入不平等的加剧——尤其是超级富豪和整个社会之间的收入鸿沟——近年来已经在公共领域引发了广泛的讨论。日益扩大的贫富差距，不止体现在经济收入上，还反映在许多衡量福利的指标中，包括家庭财富、幸福指数，甚至是预期寿命。

若是以白人女性的死亡率为例，我们可以发现，自上世纪 80 年代起，受过大学教育的白人女性的死亡率在持续下降，与此同期，那些连高中都不曾读完的白人女性，其死亡率却在上升，究其原因，还是在于两个群体在经济福利上日渐扩大的差距。社会学家迈克尔·豪特（Michael Hout）曾得出如下研究结论，"有钱人的幸福总是相似的，无论是生活在 70 年代，还是现在（2012 年），但现如今的穷人却要不幸得多。正因此，2012 年的社会收入总体差距，要比 20 世纪 70 年代拉大了 30%，这差距也就反映在幸福指数上。"[37]

如图 1–3 所示，家庭财富也呈现出越拉越大的不平等。如果统计父母受过高等教育的美国家庭，即便是考虑到在大衰退中遭受的经济损失，这些家庭的资产净值自 1989 年至 2013 年还是增长了 47%；与此同期，在仅有高中教育程度的家庭中，其资产净值在四分之一个世纪内实际上**缩水**了 17%。父母的财富对社会流动的意义是不言而喻的，因为这笔财富相当于非正式的保险，允许孩子们承担起更多的生活风险，有机会寻求更丰厚的回报。例如，子女如果能从父母那里借到生活费用，那么他在找工作时就更有精挑细选的余地；反之，如果没有父母所提供的经济缓冲机制，他就必须抓住摆在面前的第一份工作。同样地，有钱人的家庭可以为孩子提供读大学的巨额费用，而穷人家的孩子则要背负起沉重的学生贷款，债务又会进一步限制大学毕业生所能做出的人生选择。

图1-3　不断加剧的财富鸿沟（以2013年的美元比值来计算）

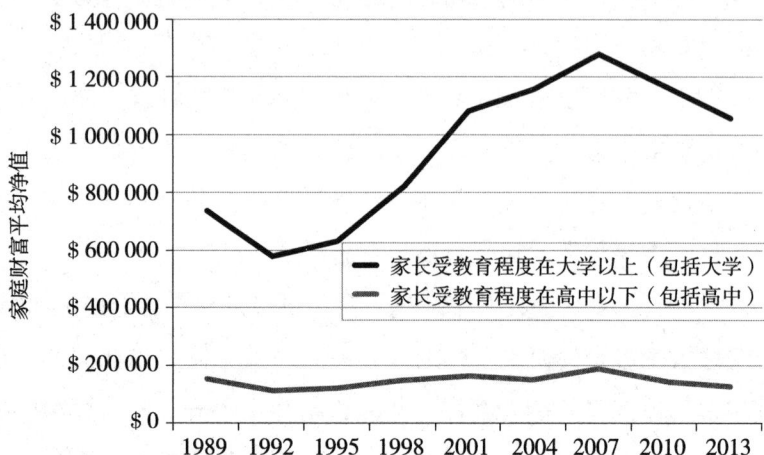

家长受教育程度在大学以上（包括大学）
家长受教育程度在高中以下（包括高中）

数据来源：消费者财务报告，美联储银行，http://www.federalreserve.gov/
econresdata/scf/scfindex.htm.

37　　　如果说美国社会的贫富两极分化已经成为了焦点议题，那么与之相伴而生、但却鲜有人提及的还有一个社会现实：随着经济鸿沟不断拉大，美国社会出现了壁垒越来越森严的阶级隔离。[38]

　　回到20世纪50年代的克林顿港，富家子和穷孩子毗邻而居。他们一道上学校，放学后在一起玩耍，周末还要到教堂一起做礼拜，暗生情愫时甚至会彼此约会。当然，克林顿港并不是一个公社，孩子们还是各自继承了自家父母不同的经济资源和文化资本。但是，无论小孩子，还是他们的父母，都有跨越阶级界线的朋友，有时候甚至是无话不谈的好友。但现如今的美国社会已经大异于前，无论是在克林顿港，还是其他地方，我们的日常生活基本上都局限在自身的社会经济圈子，很少可以接触到非我族类者。我们接下来将讨论阶级隔离在三个不同维度上的展开，由此可以看出，在过去四十年间，美国社会已经出现了基于阶级隔离的普遍分裂。

邻里隔离

作为主要的生活场域，邻里社区已经出现了越来越严重的阶级隔离。在当下的美国，不同的家庭，按照经济收入的不等，居住在互不往来的邻里社区内，居住维度内的阶级隔离在 2010 年要比 1970 年时更为森严。[39]正如图 1 - 4 所示，越来越多的家庭住在清一色的富人社区，或者清一色的穷人社区，相应地，住在贫富杂居社区或者中产社区的美国人越来越少。这种地理空间上的两极分化之所以可能出现，

图 1 - 4　高收入、中等收入和低收入社区内的家庭

（人口少于 50 万的都会地区，1970 至 2009 年）

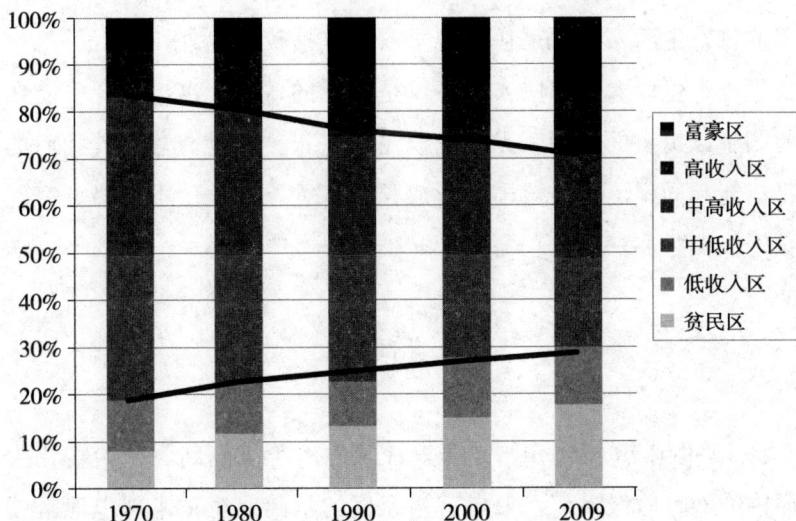

数据来源：联邦人口调查局普查数据，相关分析可参见 Kendra Bischoff and Sean F. Reardon, "Residential Segregation by Income, 1970 - 2009," in *Diversity and Disparities*: *America Enters a New Century*, ed. John Logan (New York: Russell Sage Foundation, 2014)

首先是因为城郊区域的开发以及高速公路系统的四通八达，高收入的家庭因此得以搬离低收入的邻居，到城郊享有更开阔的生活空间、不被打扰的隐私、停车场和购物中心。与此同时，收入差距的持续扩大进一步推动了这种基于阶级的居住分裂，而房管立法的变革也造成了非预期的结果，让越来越多富裕的少数种族家庭可以搬至城市的郊区。

正因此，虽然种族隔离在缓慢地衰落，但阶级隔离却日渐森严。事实上，即便是在同一种族的**内部**，阶级隔离也成了不可避免的大趋势。四十年前，富裕的和贫穷的黑人（或拉美裔）家庭大都居住在一起，而现如今，同一种族的富人和穷人就不太可能比邻而居了。

在前文中，我们曾以克林顿港的东湾路为界，绘制出道路两侧森严的阶级隔离图景，而在接下来的章节内，我们将会看到，这种阶级隔离的悲剧是如何在美国各地的城市和小镇上不断上演的。在本书第五章中，我们将会探讨，居住上的阶级隔离会在多大程度上塑造我们孩子的日常生活，不仅是在学校里，也包括校园以外，决定了他们在成长过程中可以遇到哪些人，不仅是同辈的益友，也包括有可能在关键时刻施以援手的良师。无论我们是富爸爸，还是穷爸爸，我们的孩子都只能和同样出身的孩子一起成长，富爸爸的孩子不会遇见穷爸爸的孩子，反之亦然。

教育隔离

自 20 世纪 70 年代开始，邻里社区内的阶级隔离就开始转化为在校园内的教育阶级隔离。来自富裕家庭的学龄儿童越来越多地就读于私立学校，或者居住在更好的学区内。有时候，即便穷人家和富人家的学童居住在同一个学区内，他们也会择校而读，有钱的孩子读学区内的好学校，而穷孩子只能读学区内的差学校。即便是在同一所学校内，快班和其他进阶课程也往往可以将家庭出身不同的孩子区别开来。

就这样一路下来，不同阶级出身的孩子就会进入不同类型的大学：例如，根据 2014 年的数据显示，一个高中生，如果他来自在经济收入和父母教育程度排前 1/4 的家庭，则较之于后 1/4 家庭的孩子，前者进入一所卓越大学的可能性是后者的 17 倍之多。[40]

同样，教育隔离所造成的苦果远不限于课堂内，而是会影响孩子们的朋友网络与其他社会资源。正如前文所见，生活在 50 年代的克林顿港，孩子们虽然出身各有不同，但他们在同一个班级内读书，在同一个球队打球，在共同参加的派对上狂欢。但现如今，即便切尔西和大卫只不过是咫尺之遥，他们的生活却没有任何交集。教育隔离是一个大问题，我们将用一整章（亦即第四章）的篇幅来对此加以探讨。 40

婚姻

婚姻通常要求夫妻之间门当户对，但即便如此，打破阶级壁垒的跨阶级婚姻（intermarriage）在历史上始终是存在的。在一个社会中，跨阶级婚姻的比例是非常有价值的指标，可用以测度阶级壁垒在社会生活中到底有多森严，这么说是有两个理由。首先，通常情况下，我们只能同那些在生活中遇见的人结婚。正是因此，社会壁垒（比如在邻里社区或学校内）越是松散，年轻人就越容易遇见来自非我族类的伴侣。其次，如果社会可以维持较高比例的跨阶级婚姻，也就意味着跨越阶级壁垒的交流在未来会更频繁，至少在大家庭内会发生更多的阶级间的互动。简言之，如果今天的社会存在着较高比例的跨阶级婚姻，则它不仅意味着该社会的阶级隔离在此前并非密不透风，同时更意味着阶级隔离在未来会更进一步瓦解。例如，最近数十年以来，美国社会出现了越来越多的跨种族和跨宗教教派的通婚，这一方面既反映了种族和宗教壁垒在美国社会的逐步动摇，另一方面也会在未来进一步瓦解这些身份壁垒。那么跨越阶级身份的婚姻在美国社会又是何种状况呢？

纵贯 20 世纪全程，跨阶级的婚姻曲线呈现出一个巨大的 U 型，基本上对应着收入不平等的 U 型曲线。[41]在 20 世纪前半叶，打破阶级身份而寻觅伴侣，变得越来越普遍。但自世纪中期后，跨阶级婚姻的趋势开始逆转。到了 20 世纪的后半叶，美国人越来越倾向于选择教育背景相当的伴侣组建家庭，其中受教育程度最高的人尤其会在自己的圈子里选择婚姻对象。[42]换言之，在 20 世纪的前半叶，随着贫富两极分化的鸿沟逐渐收缩，我们见证了越来越多的罗密欧和朱丽叶，跳出阶级圈子寻求真爱，但是当经济和教育的鸿沟在近数十年内一再扩张，越来越少的年轻人跨越阶级界线来组建家庭。

跨阶级婚姻在美国社会的衰落，也会导致大家庭（extended families）的人员结构随之变化。两代人之前，在大家庭的聚会中，小商人和体力劳动者可以欢聚一堂，大学教授和建筑工人也会谈笑风生，但是随着阶级内婚姻成为社会的常态，美国人只在自己所处的社会阶级内组建家庭，势必会造成一种连锁反应：每个人的亲戚都出身于同自己相同的阶级，这就进一步减少了不同阶级之间的交流，这种趋势现如今已经显现出来，未来只会更严重。长此以往，工人阶级的孩子就不会再有白领叔叔或高知阿姨，想当初，在穷孩子的人生道路上，是他们在关键时刻指点迷津，帮助孩子们攀越社会经济的阶梯。

最终，无论是在邻里社区、学校，还是在婚姻关系中（很可能还包括社团、工作场所与朋友圈[43]），美国社会的阶级隔离越来越森严，这也意味着美国的富人和穷人正在渐行渐远，在日益隔绝并且越来越不平等的两个世界内，他们各自生活，学习，养育下一代，穷人的孩子在他们的生活世界里再也找不到进身之阶——若是有读大学的同学或表亲，或者同处一个社区内的中产阶级邻居，在他们的关怀下，工人阶级的孩子也有可能走向更广阔的天地。不仅如此，阶级隔离还会遮蔽中上层阶级的视野，让他们无法切身感受穷孩子的生活，因此甚至意识不到日渐扩张的机会鸿沟。事实上，我在本书里之所以讲述这些年轻人的人生故事，就是为了缩小这种认知差距——如果用美国历史中上一次镀金时代的社会改革家雅各布·里斯的话来说，就是要为我们的社会打开一扇窗，让我们所有人都看到，"社会的另一半是如何生活的"。[44]

机会平等

每一个人都公平地站在人生起跑线上，这是美国梦的理念，那么在历史的长河中，这种美国梦在多大程度上是美国的**现实**呢？如何回答这个问题，首先取决于比较的对象和标准——是完全开放的社会流动的神话，是美国过去的历史，还是同类国家的现状。同时，回答这个问题，也要求我们务必要区分**绝对的**社会流动和**相对的**社会流动。

如果国家经济平稳增长，教育水平不断提升，理论上每一个人都会比他的父母更优秀，这是绝对意义上的代际进步，但即便如此，每一个家庭的相对位置还是保持不变的——例如，父母目不识丁，孩子却能从小学毕业，但与此同时，那些大学毕业的父母，他们的孩子也取得了研究生学位。因此，在这样的一个世界内，社会经济的繁荣让所有人都从中得益，若是没有人从一贫如洗到一夜暴富，那么社会的相对流动性仍然为零。

与之相反，即便经济在总体上已陷入停滞，只要社会流动系统保持充分的开放，出身下层阶级的孩子，凭借他们的聪明才智，只要努力奋斗，还是可以在社会经济阶梯上赶超上层阶级不成器的败家子。在这样的社会里，机会面前人人平等，因为人的一生并不由他的出身来决定。由此看来，一个绝对流动性很低的社会，其相对流动也可以

47

很高；反之亦然。

在大历史的视野中，如果考察人类所曾实现的跨越代际的社会流动，则主要是绝对（或者说结构性的）社会流动，相对流动只占了很小一部分。在经济和教育高速发展的历史时期，社会所需的体力劳动逐渐减少，许多出身下层阶级的人就会经历绝对的社会流动，而此时并不必然出现相对的社会流动。

从理论上看，一个社会当然可以同时兼容高度的绝对流动和高度的相对流动，一方面，经济繁荣的浪潮推动所有船只都水涨船高，另一方面，社会流动渠道保持高度开放，因此小船也可以开得比游艇快，两方面可以做到并行不悖。我在克林顿港的高中同学生活在美好的五六十年代，我们的成功受益于我们遇到了这个幸运的时代，而且克林顿港并不是一个特例，根据现有学者的研究，整个美国都出现了大致相同的模式。[45]而本书所提出的根本问题就在于，是否今天的美国青年正面对着两个世界**最残酷的**叠加——低度的绝对流动和低度的相对流动。

早在 20 世纪之前，学者就对美国的社会流动做了大量的研究，其中大多数的经验研究都聚焦于白人男性的绝对上行流动，而在做比较时，所用标准则是我们这个民族关于完全社会流动的神话。换言之，研究者所提出的问题通常是，上层阶级的男性到底有多少可以说是靠自己双手取得成功的——而答案则是"寥寥无几"。在此意义上，这些早期的研究最终打破了美利坚民族关于机会平等的迷思，因为"生于忧患而终成安乐"这种叙事只不过是神话，真正世界从来没有存在过如这种叙事所设想的社会流动。

当然，经过严谨的数据比较，历史学家业已证明，经济发展和教育系统的持续扩张确实可以带来显著的绝对流动，20 世纪前半叶就是一例。[46]而在第二次世界大战结束后的数十年中，正如我此前指出的，绝对的社会流动看起来达到了非常高的水平（甚至相对社会流动在一

定程度上也如此），原因就在于经济发展和教育的普及使得超常的上
行流动得以可能。

但是，现有的证据表明，自70年代开始，因为美国的经济发展和
教育进步陷入停顿，绝对流动也随之停滞不前。[47]而更为晚近的公共讨
论也在主张，过去四分之一世纪以来，美国社会的相对流动也同样陷
入停滞甚至在倒退，当然相关的硬性证据还有所欠缺。[48]换言之，收入
不平等近年来一直在加剧，这是美国人眼见为实的，而且也有详细数
据来支持。但是，至于机会平等（或者说上行流动）是否也在大幅向
后退，美国人尚且没有板上钉钉的判断，而迄今为止，即便美国人夸
大了从底层上升至顶层的机会，他们关于机会平等在后退的判断看起
来也是对的。但是，**测度社会流动的常规指标，不可避免地都存在30
年甚至40年的滞后期**，而对于本书来说，这个"但是"是尤其关键
的。

如何评估社会流动，常规的方法就是做比较，在天平的一端，是
子女在他们**人到30岁或40岁时**的收入或教育程度，而另一端则是他
们的父母**在30岁或40岁时**的收入或教育程度。为什么要这么比呢？
原因很简单，只有某一代人已经人到中年，我们才能比较确定地判断，
他们最终将走到社会经济阶梯的哪个档位。但是，这种方法也存在难
以克服的方法问题，因为据此常规指标的最新数据也只能针对生于30～
40年前的那代人，那么常规的社会流动指标就只能是测度社会变迁的
"滞后指标"。正是因此，当政策制定者和学者们依靠传统的方法来评
估社会流动时，他们就陷入了天文学家在研究星象时无法摆脱的尴尬：
他们都必须苦于应付信息时差的难题，天文学家仰望星空，所看到的
只能是数年前或很久很久以前的星象，而不是现在的星空。同样，至
少要等到2020年之后，大卫和切尔西才可能出现在关于社会流动的统
计数据中。只有到那时，我们才能将大卫和切尔西的青少年时期经历，
同我们1959届同学的经验加以比较，由此才能得出结论，我们在过去

数十年来都在和机会平等渐行渐远——但若然真是如此的话，依靠我们的常规测量方法，我们还要再等待十年之久才能检测出社会流动在
44 放缓。同理，假如半人马座的阿尔法星（距离我们最近的一颗恒星）昨晚突然爆炸，那我们要等到四年后才会观测到这个现象。

本书采取了一种不同的研究进路，避开了传统的"后视镜"（rear-view mirror）的研究方法，而直接观察过去 30 年来在孩子们身上所发生的一切——他们出生于其中的家庭，他们所接受的家长教育和学校教育，他们成长于其中的邻里社区。[49]我之所以选择以上社会领域作为考察对象，是因为这些经验必定会在很大程度上影响他们未来的人生。只要我们检测到发生在这些领域内的变化，就预示着社会流动的变化——令人悲伤的是，根据我在本书中所展示出的证据，社会流动看起来注定要陷入停顿，美国梦终将成为泡影。

关于概念的说明

如果本书要做一项社会学领域的专业研究，那么我们首先必须区分社会阶级的各种概念和指标，比如职业、财富、收入、教育、文化、社会地位、自我认同等，不仅如此，我们还要解决不同指标之间的不相容问题——比如，图书管理员可能受过非常良好的教育，但却只能拿微薄的薪水，而百万富翁也可能一字不识。[50]但是就本书的目的而言，就我们所研究的社会整体来说，这些不同的指标是紧密关联在一起的，本书的核心命题并不取决于我们选择的具体指标。虽然教育和收入正变得高度相关，但我主要还是选用教育作为本书衡量社会阶级的指标，首先是因为在大多数调查中的收入计量都会掺入很多"杂音"（容易出错，甚至是完全缺失），而且还因为，即便教育和收入两类数据均可得，教育通常说来也能更准确地预测出孩子的未来。在本

书中，我仿效经济学家道格拉斯·马瑟的做法，他用教育来模拟社会阶级，因为在他看来，"教育，是当下知识经济时代的最重要资源"。[51]   45
还有一个现实的原因，本书的观察要依靠现有的长时段研究，但在这类研究中，几乎没有做出对家庭收入的理想测量。

为了行文的言简意赅，我在本书做阶级分层时通常有两种标准，要么是完全基于教育（大学学历及以上，还是高中文凭及以下），要么就是基于一种社会经济地位的复合指标（综合考虑收入、教育和职业地位），至于具体用哪种标准，取决于就某个主题或调查而言，哪些指标是可以拿到数据的。简要地说，美国人的教育程度可以分为三个层次：最上层三分之一是大学毕业生，最底层三分之一则是高中及以下，而中间的三分之一则接受过某种高中后的成人教育。因此，当我在书中说某个孩子来自"上层阶级"的家庭时，我所指的就是父母中至少有一方（通常是双方）是大学毕业生；当我说某个孩子来自"下层阶级"的家庭时，我所指的是父母双方都止步于高中。而其他的阶级分层方式也会形成相同的模式。而为了文字表达的多样，我在行文中经常会用"上过高中"或更简单的"贫穷的"来指称那些止步于高中的家长，而用"读过大学"或"富裕的"来指称拥有大学学位的父母。

第二章
家庭结构

46　　俄勒冈州的德舒特河畔四季风光如画，喀斯喀特山脉向东缘伸，在德舒特河的拐弯处停下脚步，当高原沙漠干旱区的灌木丛逐渐稀疏，举目可见变成参差错落的美国黄松时，我们就来到了本德镇。坐落在周边疏落的农场之间，20 世纪大部分时间内，本德镇都是一个以伐木业为经济之本的小镇。20 世纪 50 年代中期，本德镇的人口勉强到达11 000 人，但自此后，伐木业便开始了一段漫长的衰落过程，直至镇上最后一家工场在 1994 年关门歇业，伐木业曲终人散。[1]

　　但是，不同于美国西北地区的许多市镇，早在 20 世纪 70 年代，本德镇就开始开发它的自然资源，主打此地的优美风光以及阳光充裕的怡人气候，以此吸引度假者和提前退休的成功人士，特别是距离此地不远的加利福尼亚人。[2]本德镇是德舒特县的政府所在地，而该县已经成为了美国经济发展最快的地区之一：从 1970 年至 2013 年，该县人口从 30 442 人飙升至 165 954 人。同俄勒冈州其他地区相比，该县的建筑业和房地产业的从业者是全州境内平均数的两倍之多。仅在 20世纪 90 年代的十年间，本德镇的人口就有接近两倍的增幅，从 20 469人增加到 52 029 人。[3]

47　　外来者如潮水般涌入本德镇，一方面带来了人均收入和财产价值的大幅度增长；另一方面也造成了快速发展不可避免的种种症结——交通堵塞、基建热潮，以及围绕着"发展"的利与弊出现的种种争议。发展型的市镇通常会出现外来者和原居民以及挺增长和反增长阵营之间的分裂，但多亏了此地市民的公共友善传统以及丰饶的新财富，这种在别处常见的不和谐之音在本德镇并未形成气候。

但是，繁华的表象之下隐藏着更深层的社会断裂。经济的繁荣只惠及三种人：首先是从事房地产和建筑业的本德镇原居民，其次是那些阔绰的外来者，最后是为这些新富服务的股票经纪人和理财顾问。但是，那些来自奄奄一息的伐木业以及周边农业地区的体力劳动者却陷入切肤的困境。许多人只能在薪水少得可怜的行当中找到工作，比如在快餐店打杂或者在建筑工地上干体力活。还有许多人沦为无业游民。[4]根据统计数据，即便本德镇地区的人均收入在 90 年代增加了54%，但生活在贫困线以下的居民人数事实上却翻了一番，与此同时，低收入者与高收入者的比例也由 7∶1 上升至接近12∶1。[5]本德镇的经济繁荣浪潮显然没能让所有的船只随之涨高。

不同于美国其他区域的许多城市，本德镇的隔离主要是经济的，而不是种族的。至今为止，本德镇仍是一个白人占绝大多数（91%）的地方，并未接收太多的拉美裔移民（拉美裔人口只占8%）。镇上的穷人主要居住在镇东区。在 2008 年至 2012 年这一时间区间，东区某一人口普查地段的儿童贫困率高达43%，但与之隔河相望，西区某高档地段的同比数据却低于4%。[6]（参见图 2–1）

镇上的社工清楚地认识到无技术居民生活在贫困之中，但是，对于这种发生在经济繁荣中的贫困顽疾，高尚社区居民们虽然仅有一河之隔，却视而不见。某种程度上，这种视而不见要归因于日渐森严的居住隔离，在镇西区山麓上的高档社区内，豪华住宅有门卫看守，内有园林般的交通环道、小型啤酒厂和公共艺术馆；而在镇东区却是凋敝的荒凉地，只有路边摊、当铺和停车场，晚上很多穷人就在拖车中栖身。

48

图 2-1 俄勒冈州本德镇的儿童贫困（2008-2012 年）

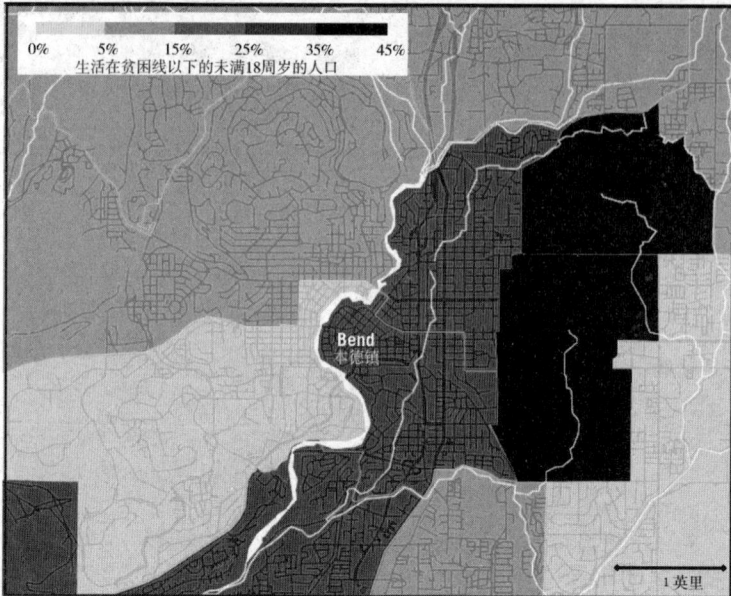

资料来源：ACS 2008 - 2012（5-year estimates）data as compiled by Social Explorer, accessed through Harvard University Library.

在迁入本德镇一段时日之后，一位外来者曾这样思索过居住隔离的意义：

> 我在美国东部地区长大。记得小时候，无论是有钱人，还是穷人或者中产阶级，大家都生活在同一个社区里。但在这里，富人就住在富人社区，中产阶级住在中产阶级社区，中产阶级以下，还有穷人的社区。现在尚且难以判断，这种分化接下来会走向何方。但这让我想到我在墨西哥时的所见所闻：有些房子被包围在高墙里，墙头上还插着玻璃，有些房子只有矮墙，但终究还是有门可关；还有些房子连墙都没有。

另一位居民则反思了本德镇的经济困境为什么总被视而不见：

49

　　许多人总是带着老眼光来理解什么是贫困。在他们的思维定式中，贫困就是他们在街角看到一位男子，手上举着一块写着"有吃的就干活"的牌子。而他们压根就没能想到，很多在我们眼皮子底下的人都在终日为生活而挣扎，那些在餐厅里招待我们的人，在银行为我们办理存款的人，在零售店打工的人，他们就在贫困线上下徘徊。

　　上述的经济鸿沟造成了本德镇家庭结构的差异，由此又进一步地影响到成长于这些家庭中的孩子们。在镇西区长大的孩子，同镇东区的孩子在生活机遇上可谓有着天壤之别。机会鸿沟之所以形成，一项极重要的因素就在于镇西区和镇东区的家庭往往有着迥异的构成方式，而这又是最近数十年兴起的经济不平等造成的结果。富家子和穷孩子成长于不同结构的家庭内，也站在差异极大的人生起跑线上——通过访谈来自本德镇白人家庭的两位新近高中毕业生，我们就能观察到这一点。安德鲁是一位性格外向的大学二年级学生，谈起话来就滔滔不绝，他家的房子位于镇西区的山麓地带，是一幢占地颇广的豪宅，两年前，安德鲁毕业于镇上的峰顶中学（该所中学从 2001 年开始招生，其退学率约在 15%）。凯拉则显得阴沉抑郁，佩戴着唇环，讲起话来总是小心翼翼，她平时住在镇东区的一个拖车里，距离安德鲁只有五英里之遥。她毕业于马歇尔高中（始建于 1948 年，退学率高达 50%）。[7]

　　在讲述两个孩子的故事时，我们首先回溯他们父母的成长经历，所有的信息都来自于我们对这两家父母和孩子的访谈，这样的话，我们就可以看清楚安德鲁和凯拉不同的家庭出身是如何影响他们在今天的生活前景的。

50

安德鲁和他的家庭

安德鲁的父亲厄尔和母亲帕蒂都是五十来岁，出身于本德镇周边的普通中产阶级家庭。厄尔的父亲是本德镇里的一位小商人，脾气暴躁，做事较真，他们夫妻俩生活在本德镇东区的一栋小房子里，养育着一个亲密友爱的家庭。据厄尔本人说，他在高中时是一位资质平庸的学生，课程成绩拿的不是 B 就是 C，但就是凭着这尚可的学业表现，他还是进入了一所四年制的州立大学。就在此时，他父母的婚姻走到了尽头，紧接着，父亲的生意也破产了，但是厄尔继承了父亲的那股干劲，通过学生贷款以及兼职推销人寿保险，厄尔最终完成了大学的学业。在厄尔大四那年，他遇见了当时还在读大二的帕蒂，两人约会不到一个月就订婚了。当厄尔毕业时，帕蒂为了同他长相厮守，选择了退学。

厄尔在生活中紧迫感十足，不但对生意精打细算，而且对家庭事务都有长远的规划。"当我们离开大学时，"厄尔回忆道，"我们都知道应该在某个合适的时间点上要孩子，这样才能组建一个完整的家庭。"但是，在迈出要孩子这一步之前，厄尔和帕蒂计划着首先要还清他们的大学贷款和婚礼账单，还要买下属于自家的房子。总之是先要让家庭财务走上正轨。夫妻俩曾在波特兰生活了数年，厄尔做股票经纪人，帕蒂热爱交际，在一家花店做助理。在这之后，他们回到了本德镇，投身建筑业。回头去看，厄尔赶上了一个堪称完美的创业时机，也因此收获了巨大的成功：20 世纪 90 年代，本德镇的建筑业繁荣正待起步，数年之后，厄尔的全部家庭财政计划一一得到实现。

厄尔自称为工作狂，结婚十年后，他赚到了人生的第一个一百万。此时，夫妻俩不仅还清了所有的债务，而且全额首付买下了他们的新家。甚至在第一个孩子出生之前，他们就已经开始为子女储蓄读大学的费用。为了一个完整的家，厄尔和帕蒂未雨绸缪多年。安德鲁接下来如期而至，在他出生时，这个家庭已经积累了相当可观的一笔财富。紧接着，女儿露西也出生在这个家庭。生活就按照这对夫妻最初的计划向前走着，有条不紊。自从有了孩子，帕蒂就辞掉工作，在两个孩子未上大学之前，她都决意要做一位全职妈妈，全身心照顾家庭。在⁵¹这之后，帕蒂打算着可以重返校园，完成自己未竟的大学学业。据最近传来的消息，帕蒂做到了。

厄尔觉得，自从为人父母后，他有了很大的改变。"讲真，自从有了孩子，我们就从一个'自我'的世界里走出来，走进一个全家人息息相关的新世界，"厄尔这么说，"做生意是一种以自我为中心的事，一切都要围绕着我和我的生意转。但你现在有了孩子，忽然之间你就意识到，不能再那么唯我独尊了。你开始将精力投放在孩子的身上。呃，所有那些关于如何为人父母的书啊，我们这一代人几乎都读过。至于比我们更年轻的新一代父母，他们甚至会为此准备得更多。孩子的事，都是天大的事。"为人父母后，厄尔和帕蒂还努力维持婚姻的幸福美满。"你也知道，"厄尔说，"帕蒂的父母离婚了，我的父母也离婚了。而我们的孩子绝不能看到我们离婚。"

安德鲁同意父母说的话，确实，他和妹妹露西是父母生命中的头等大事。"我们全家人总是一起吃晚餐，这是爸妈定下的规矩，"安德鲁告诉我们，"还记得上学时，全家人都很忙，晚餐是我们四口人唯一可以说说话的时间。"教育更是重中之重。"帕蒂和我都紧盯着孩子们的教育，"厄尔说，"'你的功课做完了吗?'我们会不厌其烦地督促安德鲁和露西，一周下来，我们对孩子们的督促也许超过了我父母在高中四年对我们的督促。"安德鲁，这位在高中时成绩稳定在 B 的男生，对父亲的话点头称是。即便现在已经读大学了，父母还是会时常检查他的成绩，而对于父母的关心，他也是由衷地欢迎。

高中时候，安德鲁踢足球，也玩极限飞盘，但并不是很在乎成败。"即使比赛输了，我也很少会觉得难过。"安德鲁讲到，"更多的时候，我就是想和朋友们在一起，找点乐子而已。"安德鲁的兴趣其实是音乐，热爱同伙伴们一起玩吉他，他们最终在一起组建了一支很成功的乐队，并且没有因上大学而偃旗息鼓。父母为安德鲁购置了吉他，还支付了六七年的培训费用。他说，音乐始终是他的"第一热爱，接下来就是做消防员了。"

财富让这个家庭有了更多的选择，厄尔和帕蒂帮助孩子的种种方式，对于本德镇的大多数家庭而言都是不可想象的，只不过是他们俩
52 身在其中，并没有自觉意识到而已。从幼儿园学前教育一直到初中毕业，安德鲁都就读于私立学校。"我父母想把最好的都给我，"他很明白父母的用心。后来，妹妹露西也进入了峰顶高中，但据安德鲁所言，这里的"高压氛围"让露西感到不适应，成绩也一落千丈，安德鲁和父母都为之忧心忡忡——于是，他们及时施以援手。

"我们做了各种尝试，"安德鲁回忆道，"最终，露西对骑马和动物表现出真切的兴趣。于是，我爸马上动起手来，在我们的农场上增建了一个谷仓，然后给露西买了一匹马，而这真是一次不折不扣的转折点。露西转学到了山景中学，我们这里的另一所高中，向来因农艺方向而著称。那里简直是露西的梦里天堂。不可思议吧。去年，她的绩点就提高到了4.2。"

厄尔和帕蒂有意识地创造出种种机会，磨练孩子们的工作精神和意志力，安德鲁就不无骄傲地回忆起，"我14岁的时候就开始打工了，就在我家所在街道尽头处的市场。我爸比较老派，所以小孩子到14岁的时候一定要去打工。老实讲，要不是家长要求的话，我那时才不想这么做呢。但这么做确实很有意义，我学会了什么是工作精神。还记得，找工作时是我爸还是我妈陪我去的，具体是谁现在忘记了。我身着正装，走进办公室，要了一份工作申请表。因为我从小就认识

这一片的店主，所以还是非常淡定的。然后我把申请表拿回家，当晚就和我爸一起把表格填好，最后带上所有申请材料，还有推荐信之类的交回去，当场就得到了那份工作。那家店距离我家大概也就1/4英里的路程，但我妈不想让我走路去上班，总是要开车送我，不过真的是太近了，如果我想的话，完全可以走路上下班。"

安德鲁还开心地回忆起父母为他庆祝生日的家庭传统，在本德镇北边的河滨地带，他家有一处木屋别墅，安德鲁每年都在这里过生日。"从我很小的时候起，"安德鲁说，"我爸就开始这个家庭传统，每一年，我都可以带着两位最好的朋友一起到木屋来庆生。年年如此，从未错过。"

如今，安德鲁已经是一名就读于邻近州立大学的大二学生了，并期待着可以在这里拿到商学院的学位。厄尔曾希望安德鲁在毕业后可以加入日益兴盛的家庭企业，但安德鲁却更愿意做一名消防员。"我可不想一辈子都盯着设计图纸看，"安德鲁告诉我们，"我知道自己爱这行（消防员）。大学第一个学期结束后，我在寒假中遇见了镇上的消防队长。我告诉他，我想着从学校出来后可以加入消防队，我还问他，想要成为一名消防员，我在接下来的四年中要做些什么？"

当厄尔发现安德鲁并不打算追随自己的脚步时，这位父亲表现出了难得的支持。在得知安德鲁放暑假时想要到消防队实习后，厄尔就把消防队长的电话给了安德鲁（他和消防队长是儿时的玩伴）。即便如此，厄尔还是要求安德鲁亲自拨打这一通电话。安德鲁顺利地获得了实习的机会，由于这份实习工只能是义务劳动，厄尔又为儿子支付了他在家庭企业内做暑期工所能拿到的等量报酬。高中毕业时，父母还送给安德鲁一辆皮卡货车，但要求安德鲁支付这辆车的费用。"他们的理念是，先要有双手所劳，然后才能有所得，"安德鲁这样说，"只有通过偿还货车的债务，我才能学会如何建立信用。我挺喜欢这样子的，因为我可以掌管我自己的钱，而且我也正在学会如何平衡收支。"

正是因为成长于这种宽裕的家庭环境，安德鲁才得以如此放松的态度面对他的未来，只是他自己可能都没有意识到这其中的缘由。"我宁愿没有这么多钱，只要活得开心就好。做这个工作（消防员），同样可以有很好的收入。做自己喜欢的事，还能有钱拿，你明白吗，这才是美妙的生活啊。"当然，安德鲁不时也会提到，他也会像父母那样"兼职做些房地产生意"。在这之后，想到自己最近在大学里对辩论和公共事务产生了兴趣，安德鲁说他最终也有可能会从政。总之，他从容且自信地面对着自己的未来，有着多种多样的选择。

当然，安德鲁也意识到，无论是物质还是精神生活，他都从自己的家庭财富中受益良多。但即便如此，他对镇东区穷人所过的贫穷生活也没有什么概念："本德镇是个小地方，你看不到太多的穷人。"当然，安德鲁也告诉我们："我从来没担心过钱的事情。我爸爸在工作上是一位好手。我在经济上从未有过不安全之感。有这么好的家境，我确实很幸运。"这家人经常一起外出旅游，到夏威夷、旧金山、美国东海岸，有时还会去欧洲。

54　　安德鲁成长于本德镇这块土地。生活让他懂得，他成长的环境是多么的安定和友善。这里的邻居值得信任，这里的朋友亲密而友好，自孩提时代起，安德鲁就和他们共居一乡，朝夕相处。"再没有什么地方会比本德镇的家更美好了，"他这样告诉我们，"这里的一切我都了如指掌。这里的人们如此友善。我热爱这种社区生活。本德镇让我感到安定。在这里，我遇见的是可以信任的好人。"

当然，父母所过的生活，也正是安德鲁为自己所憧憬的未来。"我首先要做的事，"他说，"应该是买一栋房子，然后组建自己的家庭。我希望可以遇到一个真正相知相爱的女孩，然后让我的孩子们过上幸福的生活，就好像我所拥有的那样。如果生活都如我所愿，我想要在25岁时结婚。我打算在30岁时要第一个孩子。我希望能有两个孩子。

我告诉自己，我要尽我所能，带给孩子我曾有过的美满生活。"

　　谈到安德鲁的家庭观，最发人深思的地方还在于，虽然还是一位青春期的大男孩，他却对自己的家庭始终感受着异乎寻常的温暖。"我的朋友都喜欢我的父母，也信任他们。朋友们对他们敞开心扉，有些不愿意告知自己父母的事情，他们也愿意同我的父母谈。我喜欢这样子。我乐于把有些事告诉父母，因为他们总是如此善解人意。我常常听到朋友们说，'要是我爸妈也这样开明就好了，我希望能和他们坐下来谈天说地，希望他们能够理解我'。每次听到这些话，我都为他们感到难过。我爸每天都能让我感受到，他和妈妈是多么地爱我，"安德鲁说，"你知道吗？这是一种美妙的感觉。有时候我的朋友会调侃我，'安德鲁的爸妈又说爱他了。'但是，好吧，我打心底里喜欢这样的生活。"

凯拉和她的家庭

　　凯拉的生活同安德鲁大有不同，若是要寻根追源，差异还要上溯至凯拉父母——乔和达琳——的人生故事。

　　生活总是在作弄达琳，无论是物质还是精神上，人生似乎从未顺利过。虽然不过 45 岁，达琳看起来却苍老得多。童年时，达琳居住在一个偏远的农场，距离本德镇还有数小时的车程，家庭生活倒也平静安稳，一直到现在，她仍同自己年迈的母亲关系密切。如同厄尔一般，达琳也认为自己在高中时成绩平平。高中毕业后，她曾在快餐店和加油站做过收银员。20 岁那年，她结婚了，婚后生下了两个孩子。但她的丈夫随后却变得暴躁易怒，常常出手伤人，达琳最终离开了这个男人。然而，前夫拿到了孩子的监护权，大概是因为他有一份稳定的工作，而达琳却没有。这段婚姻让琳达伤痕累累，事到如今，谈及这段

55

婚姻，达琳所说的就是"走错了一步"。

离婚后，达琳在必胜客找到了一份工作，就是在那里，她同工作中的上司乔开始了一段非正式的关系。两个月不到，达琳就怀孕了。"这个孩子可不在计划中啊，"达琳告诉我们，"这孩子就这样到来了。有点计划之中，又有点计划之外。"十月怀胎后，凯拉出生了。

乔来自于一个极其贫困和扭曲的家庭。虽然实际年龄比厄尔要小七岁，但乔却显得更苍老，看起来比厄尔老了十多岁。因为抢劫银行和其他种种罪行，乔的父亲在德克萨斯州的监狱里度过了自己的大半生，乔的出生完全没有让他弃恶从善。父子两人基本上没有过接触。

乔的母亲在成年后就酗酒成瘾。在乔出生后，她同许多男人都有过关系，但无一例外，都是短暂的露水情缘。从很小的时候开始，乔反而成了母亲的看护者。"那些男人平时看不见踪影的，"乔这么形容母亲的男朋友们，"他们在一起时就知道喝酒，所以基本上是我在照顾我妈，而不是我妈照顾我。"乔的母亲没有再婚，也始终没有一份稳定的工作，母子俩同乔年迈多病的外祖母住在一起。由于经济拮据，这家人居无定所，经常在西部的乡下漂泊无踪。

八岁那年，乔被寄养到了一个新家庭，从此开始了在不同家庭之间轮换的流浪。在内心深处，乔感到自己是一个无家可归的弃儿，但最后一个供他容身的家庭却让他生命中第一次也是唯一一次感受到父母的温暖，乔称呼那对夫妻为"爸爸"和"妈妈"。同他们一起，乔度过了几年的幸福时光——终于能穿上新衣服，而不是二手的旧衣服，为他庆祝生日，同"爸爸"一起到附近的小溪去钓鱼，现在回忆起
56 来，这是乔童年时唯一一段美好的生活。当地学校还有一位好心的图书馆员，午餐休息时间就教乔阅读。乔还时常怀念他的"爸爸"。他这样告诉我们："他教会我很多事情——此前从未有人教给我的那些事。"

但14岁那年，乔离开了"爸爸"和"妈妈"，回到了原来的家

里，打算照顾他的亲生母亲。现在说起来，这真是一个错误，因为"我妈无心过家庭生活。从晚上 9 点到凌晨 2 点半，我都要待在酒吧等她，酒过三巡后，我带她回家"。有天晚上，警察在街上发现了乔的母亲，烂醉如泥，蜷缩在街角，他们打电话给乔把她带走。"我用我的一切去爱她，"乔说，"我用尽心思去表明对她的爱，但她却无动于衷。我真希望当初没有离开'爸爸'和'妈妈'就好了。"

初中毕业后，乔就离开了校园。他和母亲四处为家，搬来搬去，一面照顾着他的母亲，一面做过各种各样的临时工——打扫庭院，砍伐木材，"别人让我做什么，我就可以做什么"。18 岁那年，乔结识了一个女孩，很快女孩就怀孕了。因为这女孩还未成年，所以乔如果不结婚的话就要去坐牢。因为相信自己就是女友肚子里孩子的父亲，乔感到有责任娶她。但婚后乔才发现，这女孩原来是一名瘾君子，而且在他们第二个孩子出生后，乔才知道一段更虐的往事，妻子曾和她的继父有过一段暴力胁迫下的不伦关系，这位继父实际上才是他们第一个孩子的生身之父。乔感到这场婚姻就是个骗局，作为伤痕累累的受害者，他离开了妻子，但并没有放弃对两个孩子的责任。乔心灰意冷，生活中看不到任何出路，只有搬回来同母亲一起住，于是他来到了本德镇北面的雷蒙德地区，他的母亲此时正和其新男友住在当地郊外的一辆拖车内。安顿好后，乔找到了一份临时工作，在必胜客做厨师——就是在这里，他遇见了达琳。

相遇之时，乔和达琳都是脆弱的可怜人，经济上一无所有，感情上不堪回首，都是刚结束首段灾难性婚姻的逃兵。"我们当时可能都还算不上了解对方，"达琳回忆道。乔也附和："我们当时的生活完全谈不上安定。我那时总在想，'这下好了，咱们俩还在勉强糊口，现在天上又掉下个孩子。'而且，达琳也没准备好再当妈妈，她那时还在挣扎着让生活重回正轨，想要搞清楚她何去何从。所以我们确实斗争了好久，到底要不要凯拉。"

57　　全家一贫如洗，住在拖车上艰难度日，生存就靠着乔打临时工挣到的那一丁点可怜的工资：先是在当地一家工厂上夜班，做的是全无技术含量可言的体力活；工厂取消夜班后，就去做快餐店的厨师和加油站的服务员。襁褓中的女儿让乔有着继续走下去的动力。"凯拉让我的生活有了更多的意义，"乔告诉我们，"现在不论做什么事，我都有了一个理由。生活有了更多的希望。从那时起，我要照顾好这个孩子。"

　　凯拉生活在五个兄弟姐妹组成的拼盘家庭中——首先是凯拉自己，然后是达琳同前夫生的两个孩子，再有乔同前妻的两个孩子。兄弟姐妹之间的关系可以说是异常复杂，凯拉这样告诉我们："我们要么就是同母异父，要么就是同父异母。哥哥比尔和姐姐克莱拉：他们俩是我妈妈生的。我们仨是同一个妈妈。而哥哥马修，我和他是同一个爸爸。然后是卢克：他有那么一点像是过继来的孩子，是我爸前妻的孩子。（卢克的生父实际上是乔之前妻的继父。）每到夏天，他们都会过来，大家就挤在一起。我们家就只是一个两居室的房子，爸爸妈妈住其中一间卧室，我就得和克莱拉挤在另一间卧室，三个男孩就睡楼下。刚开始还能相安无事，时间稍长就难免磕磕碰碰，最终就会大干一架而收场。"在这种氛围里，家庭晚餐可是件稀罕事。"我们也曾尝试过依葫芦画瓢，"达琳说，"但结果却总不是那么回事。你知道，家庭晚餐总要父母两位都在场。不过呢，我们还是会全家人一起看电视。"

　　凯拉小时候，家里的财务状况时常会紧张到破产的边缘。时至今日，凯拉还若有所失地回忆起她十岁的生日："我没有蛋糕，也收不到礼物，就是因为我们太穷了，挣扎着过日子。我爸对我说，'我们现在确实没钱买蛋糕了，到了5月或6月，再补偿给你吧。'我只能说，'好啊，没事的。'其实我很伤心，只是装作不在乎罢了。"

　　经过长达七年的感情纠葛和经济窘境，达琳也是身心俱疲，她在回必胜客上班后认识了查理（她对我们笑着解释道，"我上司的上司"），终于和新男友一起离开了这个家。查理和达琳又过了多年居无定所的生活，漂泊在西部的内陆地区，但最终仍是无家可归，只能住在查理的那辆福特皮卡车上。凯拉的青少年时期基本上是同乔生活在一起的，十多岁后，她也曾同达琳和查理在西部乡间游荡过几年，寓居于汽车旅馆，有段时间还住在乔口中所说的"哥特区"（据我们所知，很可能是某种公社）。 ⁵⁸

乔终于又结婚了，他的第三任妻子带着前一段婚姻的三个孩子，搬到了凯拉的家。这次家庭变化对凯拉来说可不是什么好事，她并不喜欢这位继母。"她对自己的儿女就像王子和公主，"凯拉这么说，"而我就像他们所有人的农夫。"即便如此，凯拉还是没有搬去达琳那里住，因为她和查理的拖车难有第三个人的立足之地。最终，乔的第三段婚姻也以失败收场。离婚后，乔保有对凯拉的监护权，即便他自己都是在挣扎着艰难度日，乔仍是凯拉生命中唯一一位自始至终都关爱着她的大人。

不出所料，对于这段家庭关系，达琳、凯拉和乔三人的看法各有所异，但有一个事实是他们共同承认的：虽然乔和达琳的婚姻一直很脆弱，但父母的离婚还是给凯拉造成了深深的创伤。事实上，这件事在很大程度上改变了凯拉的人生。我们现在来看看三位当事人是如何认识这件事的。

凯拉的出生本身就是一次意外，出生时又赶上母亲生活的一段创痛期，很可能正是因此，在我们整个访谈的过程中，达琳在讲述女儿的人生故事时始终带着一种奇怪的漠然和宿命，这让她听起来更像是旁观者，而不是一位母亲。"总牵挂着孩子，其实也没什么用，"达琳说道，"到头来他们还是要自过自的生活。"即便如此，达琳也承认，她从家庭的离开伤害了凯拉。"我们的分手对凯拉影响很大，"她说，"这是她经历过的最残酷的事。"在一位学校社工的强烈建议下，凯拉开始接受专业心理老师的指导，但她很快放弃了治疗，凯拉告诉我们，这是因为她发现心理指导完全不奏效。达琳也同意这一点。"我想那只会让她更抑郁，"达琳说，"所以我和她爸爸就陪着她，一直陪着她。"

但根据乔的回忆，达琳在那段时间的表现可不像她嘴里说的那样。"那时真的很难挨，"乔告诉我们，"因为她妈妈实在不想花太多时间陪伴她。所以，最终只能我来照顾她。对我来说，最大的挑战就是让她继续在学校读书。刚上初中，她就开始想辍学。不过我说，'这可不行，你可不能辍学。你千万不能走我的老路。'"

凯拉也断然否认了达琳在离家后还"陪着她"的说法。母亲的离去是她生命中最难过的经历，这种被遗弃的感觉自此之后总是挥之不去，渗透在她的人生态度里。"那段日子，真是暗无天光。我非常沮丧，也非常愤怒，"凯拉说，"我总在想，'好吧，我知道他们俩在一起过不来，但我还是希望父母能一起陪着我长大。'现在呢，她要离开这个城市，在西部各州居无定所，我要很长一段时间才能见她一面。"

后来，我们曾问过凯拉，如果她将来有了自己的孩子，那么怎么才能成为一位好母亲。"我想我会努力关心他们，要比我的父母做得更多，"凯拉这样回答我们，"我觉得，好的父母应该是那种生活稳定的人，可以陪伴在孩子身边，思想成熟，明辨是非……我也许出生得太早了，父母都没有做好准备。"

凯拉讨厌学校，父母离婚后，她完全没有了课外的活动。"她不怎么和别的孩子往来，"一位学校社工告诉乔，"总是独来独往，坐着发呆。"放学后，凯拉躲在自己的卧室里，关起门来读些幻想小说或者动漫。凯拉告诉我们，每天早上，"我压根儿就不想起床"。后来，凯拉被送往马歇尔高中专为问题少年开设的一个课程项目，之后又转至一家求职训练营的项目。但凯拉发现，求职训练营的限制太多，而且与社会隔绝，于是她重新回到了马歇尔高中，那里的校领导同情她的遭遇，破例让她重新入学。

马歇尔高中的老师们纷纷向凯拉施以援手。有些帮助甚至让乔倍感意外，曾有指导老师自掏腰包，让凯拉去矫正她的牙齿，但前提是，凯拉必须保证不得错过任何一次牙医预约。"一次不去，"他们告诉凯拉，"你以后就要自己掏钱了。"在那之后，学校的一位图书馆员也伸出了援手，帮她在当地的社区大学找到了一个学习的机会，甚至协助她申请了助学金。

在求职训练营的几个月中，凯拉开始和一个男孩交往，现在俩人都同乔住在一起。对于女儿的这个男友，达琳和乔都不满意。达琳直呼他"就是个没用的废物"，甚至连凯拉自己也觉得这个男友靠不住。虽然他一直声称自己正在找工作，但却始终如凯拉和乔一样，是个无业之人，现如今，三个人的全部生活都仰仗着乔的那点伤残救济金，还有根据政府立法所领取的房屋补贴。祸不单行，乔最近又患上了无法通过手术治愈的脑瘤，因此现在凯拉担负起照料父亲的重任，而这让她的生活雪上加霜。"因为脑子里长了瘤，他有时候会行事古怪，比如会无缘无故地大发雷霆，或者就是呆坐一处，自言自语，"凯拉为此苦恼不堪，"我真的很担心他。"

谈到未来，凯拉的期望也和安德鲁有着大不同，她的所思所想，并不是现实生活中唾手可及的规划。"我的一个最大的梦想，"她告诉我们，"就是去环游世界，体验不同的事物，比如世界各地的美食。我希望以后能在伦敦生活，听说那里很漂亮。我正在找工作，不过看起来不容易，因为我没什么工作经验。那些老板们可不想花时间来培训他们的员工。"

凯拉仍未克服她的心理问题，在生活中表现出抑郁症的典型症状。她打心底深处怀疑生活，不信任他人。考虑到她的人生经历，这也在情理之中，对凯拉来说，这个世界变幻莫测，难以驾驭，充满着恶意。

凯拉有很多事要担忧——父亲的病、她的财务状况、她能否从社区大学毕业、她的男友、她的未来。说到底，在她的人生中从来没有

过稳重可靠的长辈。当她面对自己成年后的现实处境时，凯拉有一个
非常大的恐惧——"好像我的人生一直在走下坡路，"她告诉我们，
"生活中的一切都在瓦解，崩溃。"

> 访谈者：你是否觉得这真的会发生？
>
> 凯拉：是的，我的确有这样的感觉。
>
> 访谈者：那么你认为到底会发生什么样的事情呢？
>
> 凯拉：这样说吧，我的大学也许会读不下去，或者助学
> 金会出问题……然后我爸的病情会越来越重，有一天会离我
> 而去。
>
> 访谈者：当你感觉被生活压垮时，你会做什么？
>
> 凯拉：我可能就一个人待会儿。
>
> 访谈者：你有没有过这种感觉，自己已经撑不下去了？
>
> 凯拉：常有的事。

61

美国家庭结构的变迁

列夫·托尔斯泰曾说过："幸福的家庭都是相似的，不幸的家庭却
各有各的不幸。"但在我们的调研中，构成研究范本的众多家庭，无
论幸福与否，却看起来各有不同。很少有孩子可以像安德鲁那样幸运，
生活在一个充满着爱的富裕之家，父母为孩子的未来殚精竭虑。当然，
如凯拉这样生活的要稍微多一些，自幼生存在赤贫的边缘，家庭支离
破碎，前途一片黯淡。而无论如何，安德鲁和凯拉都并非来自"典型
的美国家庭"。然而，这两个家庭在许多方面都构成了一种缩影。一
叶知秋，我们可以从中发现美国家庭在过去半个世纪是如何发生阶级
分化的。[8]

50 年前，美国家庭大多是奥兹和哈莉特模式的（Ozzie – and – Harriet – style）：父亲主外，赚钱养家，母亲主内，操持家务，共同养育几个孩子。夫妻关系稳定，离婚并不常见，非婚生子女在各个社会阶层都是罕见的——1950 年，非婚生子女只占 4%，当然，这一数据在穷人群体内略有增加。[9]虽然这种家庭结构在今天经常被认为是"传统的"，但美国的家庭史学家早已证明，这种家庭结构在美国更早先的时代也并非主导模式。[10]

这种奥兹和哈莉特模式的家庭之所以存在，两种社会规范可以说是居功至伟：其一，家庭内部父权制的劳动分工，加以战后普遍的经济繁荣，大多数情况下，一位成年男性的经济收入就可以养活整个家庭；其二，反对婚姻外生育的主流社会规范，在那个时候，婚前怀孕通常会继以"奉子成婚"。[11]正是因此，婴儿潮一代大多数都成长在完整的家庭内，由亲生父亲抚养长大。

62

但到了 70 年代，当婴儿潮这代长大成人之际，战后稳定的家庭结构突然之间就土崩瓦解了，人口统计学家目前已经达成共识，这次变动是美国历史中家庭结构最剧烈的一次转型。几乎是一夜之间，婚前性行为摆脱了它的恶名；奉子成婚不再理所当然，随后更是消失不见；离婚变得司空见惯；生活在单亲家庭中的孩子越来越多，几十年来人数一直在稳步增长。[12]

到底是什么因素导致了家庭结构的上述变化，即便是专门研究这一课题的学者目前也并无定论，但大多数人都同意如下因素对之起到了推动作用：

避孕药普及后，性和婚姻开始脱钩。[13]

女权主义运动改造了性别和婚姻规范。

数以百万计的的女性走出家庭，走入了工作岗位，造成这种女性工作潮的原因有三点：一是摆脱了家庭内的夫权制规范而得到解放，二是经济生活的压力，三是回应社会中出现的新机会。

文化的钟摆转向个人主义，"自我满足"得到了更多的强调。[14]

传统家庭模式的崩溃，首当其冲而且受打击最重的要数黑人社区，部分原因在于黑人家庭原本就集中在社会经济的底层。但也正因如此，早期观察者最初都是用种族话语来讨论这一现象，例如，丹尼尔·帕特里克·莫伊尼汉在 1956 年曾发表其备受争议的报告：《黑人家庭：为全国上下的行动而鼓与呼》。[15]但是，后续的发展表明，白人家庭也无法幸免于这场变动，现在我们回头去看，就可以发现，从大约 1965 年到 1980 年，美国人的家庭生活经历了一场大规模的转型。

63　　在这段看起来混乱无序的变革期，悲观者甚至预言，婚姻和家庭正走向灭绝。但没有人想到，家庭结构在 70 年代的剧变造成一种不同的结果——整个美国社会分化为两种截然不同的家庭模式。回到 50 年代，所有的社会阶级都大致呈现为奥兹和哈莉特的家庭模式，但是，70 年代后出现的两种家庭类型就同阶级身份连带在了一起。由此造成的结果就是一种全新的"两阶家庭结构"的模式，而且时至今日仍和我们同在。[16]

在当下的美国社会，如果观察受过大学教育、经济收入在前三分之一的上层阶级家庭，一种所谓的"新传统"婚姻的模式已经出现。在许多方面，这种新传统婚姻同 50 年代的家庭并无二致，只是现在夫妻双方通常都要外出工作，也因此他们比较平均地分担起家务职责，而且往往要等到事业走上正轨，他们才考虑结婚和生养之事。简言之，新传统婚姻所形成的就是奥兹和哈莉特模式的家庭，只不过有一点不同：现如今的哈莉特还是一位律师或社会工作者，而奥兹则要付出更多的时间照顾孩子，当然有了夫妻双方的两份收入，新传统家庭就能负担起更昂贵的花销。这种新传统的婚姻在性别分工方面更为平等，自上层阶级家庭的离婚率在 70 年代达到峰值后开始下降，这种婚姻变得同 50 年代的婚姻一样有持久力。[17]正如我们很快可以看到的，成长在这种家庭内的孩子是幸运的：父母抚养他们的方式会带来许多积极的成效。[18]

但如果将目光转向仅受过高中教育、经济收入落在后三分之一的下层家庭，我们可以发现，一种新的、更杂乱多变的家庭模式已然出现：性伴侣之间的关系变得越来越短暂，孩子的养育也逐渐同婚姻脱钩。社会学家萨拉·麦克拉纳罕（Sara McLanahan）和她的合作研究者将这种模式命名为"脆弱的家庭"（fragile families），在这种家庭中，孩子的父母可能并没有结过婚，甚至连稳定的关系都谈不上。[19]即便在孩子出生时父母处在婚姻关系中，但随着中下社会阶层的离婚率持续上升，这种婚姻也是脆弱的。因为父母双方都可能另寻伴侣，新配偶也会带来自己的孩子，所以即便有些家庭父亲和母亲双全，但具体地看也有继父母和继子女。当然，更常见的是单亲家庭，父母中有一方主动或被动脱离了一段不稳定的婚姻。[20]

安德鲁和凯拉的家庭可谓是上述两种模式的典范。当然，在安德 64鲁的家庭中，母亲帕蒂并没有外出工作，这多少是新传统模式的一种变异，而乔作为一名单身父亲也是非典型的，因为通常来说，单亲母亲要远远多于单亲父亲。但我们确实可以认为，在前文中深描的两个本德镇家庭，代表着美国社会新出现的两阶分化的家庭结构。接下来，让我们从各个维度来审视这一同阶级相联的大变动——当然，也请记住，上述在社会阶级和家庭架构之间的关系，虽然表现出越来越强的正相关，但也并非是牢不可破的，因为有些贫穷的家庭可能就其结构和稳定性来说是传统的或新传统的，而有些富裕的家庭也可能是杂乱多变的。

母亲的生育年龄

现如今的大学毕业女性通常都会推迟自己的婚育年龄，要等到30岁左右才结婚和生育，如果同半个世纪前的大学毕业女性相比，她们的生育年龄平均延后了大约6年。与之形成鲜明对比的是，现如今的高中毕业女性通常在20岁左右就有了第一个孩子，比起20世纪60年代的中学毕业女性还要略微早些，如果同现今受过大学教育的母亲相比，更是早了10年之久。（参见图2-2。[21]自图2-2起，本书接下来将会出现一系列的"剪刀差图表"，而"剪刀差"就在告诉我们，上层阶级和下层阶级的家庭在发展趋势上存在着统计意义上重大的分化。）晚婚晚育对孩子是有益的，因为通常来说，年长一些的父母会更成熟，无论是在物质上还是精神上，他们都为养育孩子做了更充分的准备。安德鲁的父母就认识到了这一点，并且据此做了家庭的生活规划。而凯拉的父母从一开始就稀里糊涂，由此带来的生活苦果现在让乔、达琳和凯拉都深受其害。

计划外生育

这并不是说，高中毕业的女性要比大学毕业的女性想要更多的孩子，但现有的研究可以表明，前者通常更早发生性行为，而且更少使用避孕手段或堕胎，因此会更经常出现完全计划外或半计划外的怀孕和生育。[22]（正如达琳在讲述凯拉出生时所言，"有点计划之中，又有点计划之外"。）这些同阶级挂钩的差异正在越拉越大。社会学家凯丽·缪齐克（Kelly Musick）和她的合作者在研究中指出，如何理解这种

65

阶级分化，最合理的解释还是要归结到：其一，社会底层的母亲对怀孕持模棱两可的矛盾态度。其二，因为教育水平低下而且经济生活窘迫，底层女性的行动力也受到束缚。其三，不同阶级对待堕胎的态度不同，获得堕胎的渠道也有差异。由于避孕工具早已普及，这一因素看起来并不能解释育龄的阶级差异。[23]

图 2－2　女性首次生育的年龄中值（1960－2010 年）

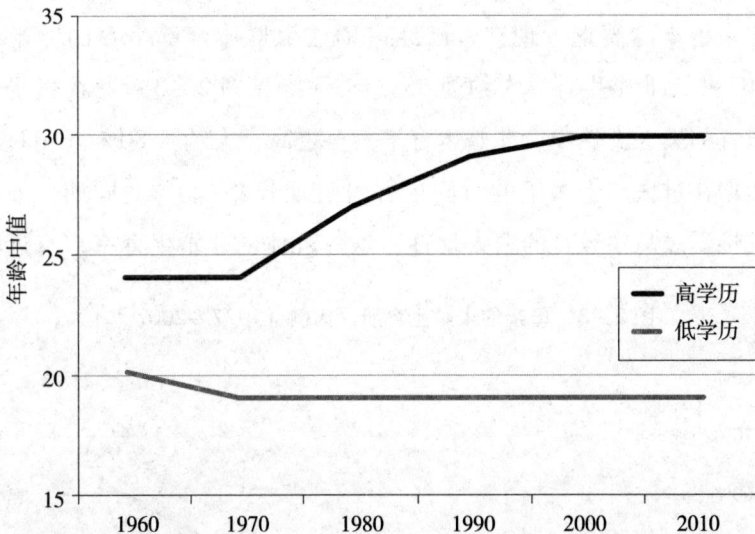

数据来源：美国社区调查（ACS）数据，参见 McLanahan and Jacobsen，"Diverging Destinies Revisited."

无论原因在何处，现状是显而易见的：在父母教育水平低的家庭中，孩子的到来日渐成为一种计划外的事件（无论是否全然的计划外，也无论到底是惊，还是喜），相比之下，对于受过高等教育的父母而言，孩子的出生则越来越成为长期规划的目标。这种差别当然会影响到父母养育孩子时可支配的资源，对于这一点，我们在安德鲁和凯拉有着天壤之别的生活中就可见一斑。

非婚生育

66　　现在，我们看一下不同阶级女性的非婚生育情况。大学毕业女性
的非婚生育率始终很低（小于10%），而且自20世纪70年代以来仅
有略微增长。但如果统计仅受过高中教育的女性，非婚生育在过去三
十年中越来越普遍，现在，已经占到这个群体全部生育的一半以上
（2007年，非婚生育率大约为65%）。（参见图2-3）而在仅受过高
中教育的黑人女性中，非婚生育率甚至更高，大约为80%（不过，这
一数据在过去二十多年的时间内并没有增长），但与此同期，如果统
计仅接受过高中教育的白人女性，这一群体的非婚生育率却有近四倍

图2-3　母亲的未婚生育所占比例（1977-2007年）

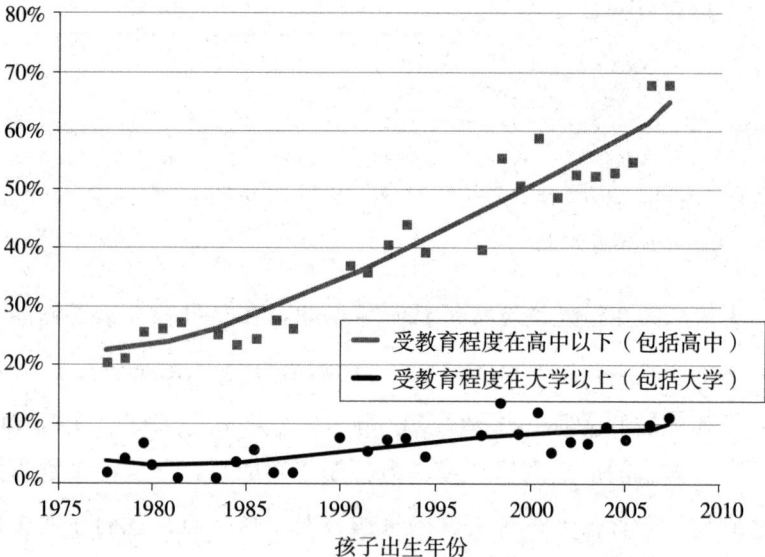

数据来源：美国疾病控制中心，家庭发展全国调查

的增幅，目前大约为 50%。同样是在过去二十年间，在大学毕业的黑人女性中间，非婚生育的比例从 25% 开始，下降了 1/3，而大学毕业的白人女性的同比数据则由 3% 下降至 2%。也就是说，一方面，同一阶级内的种族差距在缩小；但另一方面，同一种族内的阶级差距却在扩大。

离婚率

离婚率在美国，经历了 20 世纪 60 年代和 70 年代的一路攀升，增加了一倍之多，在 1980 年前后达到峰值，自此后开始缓慢回落。但是，这一轨迹描绘的只是全国范围内泛泛而谈的状况，其掩盖了另一项重大的阶级差异。因为自 1980 年起，只是在受过大学教育的美国人中间，离婚率才出现大幅下降，而如果统计高中教育程度的美国人，首先是婚姻本身在这个社会阶层中越来越少见，其次是（即便结婚率更低）离婚率仍在继续攀升。[24]根据 2000 年的统计数据，在美国的已婚人士中，高中教育程度者每 100 人中有 24 人离婚，而大学毕业者每 100 人仅有 14 人离婚。就离婚率而言，前一群体几乎是后一群体的一倍之多，而到了 2008 年至 2010 年，离婚率的差异进一步拉大，前一群体增加至每 100 人约 28 人离婚，后一群体则维持在 14 人未变。[25]一次又一次地，安德鲁和凯拉的家庭完美地阐释出这一阶级分化的对比。

同居现象

在当代美国社会的各个阶层，同居（未婚伴侣共居一室，在一起生活）早已是司空见惯。但对于更年轻一代的美国人而言，同居并不等同于老一辈人所谓的"只差一张证件的婚姻"。虽然在现如今的美国，大约三分之二的婚姻都发生在伴侣同居一段时期过后，但同居在美国平均只持续 14 个月左右，而且同居男女通常都不会步入婚姻。[26]阶级不同，同居的模式也有不同。如果观察自 1987 年开始的二十年间，在高中教育程度的女性群体中，有过同居经历者从约 35% 上升到约 70%，比例翻了一番；而与此同期，在大学毕业的女性群体中，有过同居经历的只有较小规模的增幅，从 31% 上升至 47%。[27]

大学毕业的伴侣即便同居，也很少会生育，通常只有在伴侣关系稳定而且准备结婚的情况下，女方才会怀孕。[28]相比之下，在仅有高中教育程度的群体中，同居关系通常不会是走向终生伴侣的过渡站。下层阶级的同居伴侣经常会生下孩子，但是他们的同居通常不会走向婚姻，甚至即便是同居关系也都难以持久。如果观察低收入的青年男女，他们的孩子往往就出生在父母尚在寻觅人生伴侣的过程中，而不是在找到终身伴侣后才生育。简言之，在今天的美国，在仅有高中教育程度的女性中，大多数都有同居经历；而大多数接受大学教育的女性则没有同居经验，而且即便有过同居，她们也很少会非婚生育。

应当指出，即便是在下层社会，非婚生育通常也不是一夜情的结果。大多数非婚生育都发生在同居关系中，就好像乔和达琳一样，在他们的孩子出生时，同居的伴侣都期望着他们可以共同生活下去。但问题是，下层社会的同居关系通常维持不了多少年。诚然，父母双方都想着要一个孩子，但是面对着动荡的工作、脆弱的家庭以及危险的邻里社区，养育一个孩子就意味着接受重重的考验，而头脑中的想法难以承受起生活的重负。麦克拉纳汉和她的合作者在研究中发现，在孩子出生五年后，超过 2/3 的非婚生母亲已经同孩子的生父断绝了关系；即便孩子出生时，父母双方还处在同居关系中，五年后，大约一半的未婚父母也已经分道扬镳。[29]如果用人口统计学家弗兰克·弗斯特伯格的话来说，未婚父母所预期的婚姻其实"早已流产"。[30]在这之后，通常又会有另一轮的同居、怀孕和分手，凯瑟琳·埃丁和蒂莫西·尼尔森将这种现象概括为"救赎和绝望的轮回"。[31]事实上，大多数未婚父母都会另寻伴侣，同其他未婚父母再组家庭。而这，不正是凯拉的父母乔和达琳的人生故事么？

多伴侣生育

现在，人口统计学家开始越来越多地使用"多伴侣生育"（*multi-partner fertility*）这个概念，用以描述美国低教育程度家庭中所出现的复杂的、不稳定的结构——用家庭顾问的话来说，它们是"组合家庭"（blended families）。[32]我们在前文中看到，凯拉成长于其中的"家庭"涉及5段成年人的伴侣关系，更有8位异父或异母的兄弟姐妹；至于那位我们在克林顿港所遇到的大卫，他的所谓"家庭"更包括了难以计数的成人关系以及9个异父或异母的兄弟姐妹。这两个家庭在许多方面都代表着这种新模式。

许多孩子在成长过程中都没有父亲，而如果出生在更贫穷、父母受教育程度更低的家庭中，没有父亲陪伴的可能性甚至会大增。图2-4描述的就是两阶家庭体制在这一维度上的表现，我们在该图中可以看到，统计处于为人父年龄段（15至44岁）的美国男子，到底有多少父亲并不同亲生孩子住在一起，而在这类不和孩子一起生活的父亲中，又有多少同他们的孩子完全没有接触。（有些时候，在组合家庭中，父亲选择了同某一位母亲的孩子生活在一起，就势必要放弃其他伴侣所生育的孩子。）根据图2-4，大学毕业的男性不同自己孩子一起生活的比例是4%，而高中教育程度的父亲的同比数据则是16%，而在后一类缺席子女生活的父亲中，只有略微过半数的父亲会探访他们的孩子。[33]

图2-4 教育水平低的男性更易缺席孩子的成长

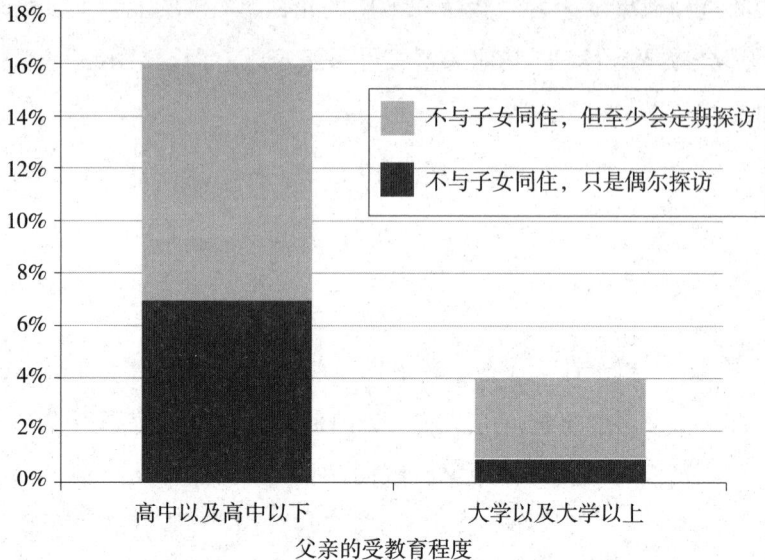

数据来源：National Survey of Family Growth, 2006 - 2010, men aged 15 - 44（NCFMR FP12 - 02 and NCFMR FP12 - 08）。

由于美国家庭结构的上述种种变动，在过去大约半个世纪中，成长于双亲家庭孩子的数量正在大规模减少，而至于减少了多少，则要具体阶级具体分析。萨拉·麦克拉纳汉和克莉丝汀·佩切斯克对此总结道："1960年，美国生活在单亲家庭内的孩子只有6%。而如今，超过半数的孩子在他们成年之前都有在单亲家庭中生活的经历，时间有长有短……如果母亲的受教育程度处于全社会最底层的四分之一，则同教育水平最高的四分之一相比，孩子在童年某阶段同单亲妈妈一起生活的概率是其两倍之多。"[34]图2-5就生动地概括出这一阶级差距在过去大半个世纪内的不断扩张。[35]

图2-5 父母受教育程度不同，孩子（0－7岁）生活在单亲家庭的比例

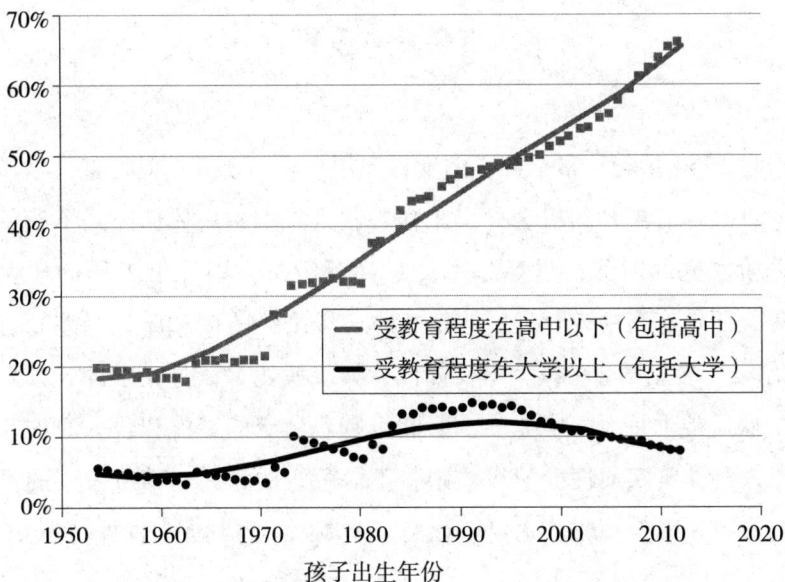

数据来源：IPUMS（Census 1970，1980，1990，2000）and ACS 2001－2012.

　　同当下种种流俗的评论正相反，单亲家庭近年来的潮流同青少年怀孕现象鲜有关联，甚至可以说毫不相干。事实上，过去二十多年，未成年人怀孕在整个美国社会都呈现出稳步且大幅度地减少，各个种族均是如此，因此它完全无力影响非婚生育、儿童贫困和社会流动。我在前文中提到计划外怀孕和非婚生育不断增长，但增长点主要集中在从 25 岁至 34 岁的成年女性中间。[36]统计美国社会现今的非婚生育，超过四分之三的非婚生育发生在成年人身上，而且比例还在不断增加。[37]"未成年人低龄生育"（children having children）确实是一个严重的社会问题，但**并不是**美国工人阶级家庭当下面临的最核心挑战。

女性外出工作

自 1960 年起，整个社会的女性雇用率全面上升，但受过大学教育的女性当然有更多的机会外出工作，收入报酬也更体面。到了我们这个两阶家庭的时代，母亲如果受过高等教育，则外出工作的比例是70%，而仅有高中教育程度的母亲的工作比例只有32%，相差超过了一倍。[38]（参见图 2-6）。不仅如此，如果妈妈是读过大学的，则她们的配偶通常也是大学毕业的，因此也有着稳定的工作和收入。这就导致了一种非常实质性的阶级差距：不同阶级的家庭在其所占用的可用以养育孩子的经济收入上可以说是天差地别。若其他条件保持不变，

图 2-6　母亲外出工作的趋势（1960-2010 年）

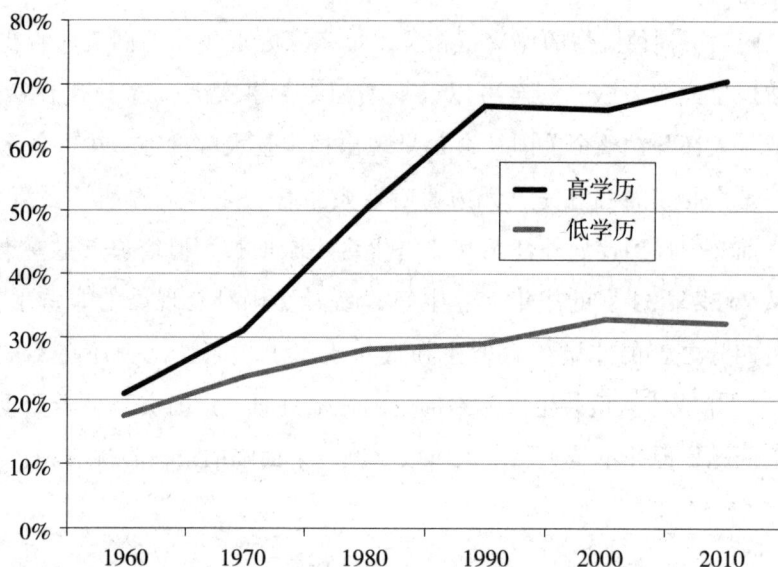

数据来源：美国社区调查（ACS）数据，转引自 McLanahan and Jacobsen, "Diverging Destinies Revisited."

如今的职业女性陪伴孩子的时间当然较居家妈妈更少一些，但是如果同 20 世纪 70 年代只做家庭主妇的妈妈相比，今天的职业女性陪伴孩子的时间并没有减少，这是因为她们减少了在其他方面消耗的时间。[39]

种族和阶级

在 20 世纪 70 年代，两阶的家庭结构若存在，首先是由种族身份决定的。但自从那时起，种族的效力在逐渐消退，阶级日益成为两阶结构的决定因素。而现如今，基于阶级的两阶家庭模式正无差别地出现在黑人和白人中间。现在，读过大学的黑人看起来活得越来越像读过大学的白人，反过来，止步于高中的白人则过得越来越像止步于高中的黑人。工人阶级家庭的崩溃，虽然在 20 世纪 60 年代首先发生在黑人种族中间，但到了八九十年代，也不可避免地扩散至白人。[40]

拉美裔和亚裔占据美国总人口的比例不断增加。通常来说，如果按照传统的指标来观察，无论是结婚率和离婚率，还是非婚生育和双亲家庭，这些晚近移民社区内的家庭都要坚固得多。尽管大多数移民群体教育程度不高，经济地位低下，但他们家庭的后院却很少起火。从这个意义上讲，晚近的移民群体反而成了"传统"美国婚姻的最后典范。但不得不指出的是，有些证据也已表明，第二代移民目前正在陷入我们熟悉的两阶家庭的模式。换言之，移民家庭虽然构成了美国家庭之阶级对立的重要例外，但这例外被证明不过是一时的，基于阶级的分化迟早要到来。[41]

两阶家庭结构是如何出现的？

婚姻并没有失去它的魅力。无论出身哪个阶级，绝大多数美国人都想要结婚，而且大多数美国人都对婚姻怀着一份期待，当然即便是在此处，阶级差距就已经开始暴露出来：回到 20 世纪 70 年代末，生活在父母只有高中教育程度的家庭中，孩子希望结婚的比例为 76%，较之于那些父母读过大学的同龄孩子的 78% 的同比数据相差无几，但到了 2012 年，上层阶级家庭的孩子想要结婚的比例上升至 86%，而下层阶级家庭的孩子却依然如故。[42] 但问题在于，大量研究已经发现，无论教育程度高低，在其他生活条件等同的情况下，已婚人士对生活满意程度总是要高于单身狗。那么问题就来了，为什么在 20 世纪的大部分时间里，这种基于阶级的两阶家庭结构从来都没有这般触目惊心地存在，但到了最近三十年左右的时间里，两阶结构却变得如此泾渭分明呢？

73 经济问题当然是故事的主旋律之一。"自 70 年代初开始，没有大学文凭的男性就开始收入缩水了，"人口统计学家安德鲁·切林（Andrew Cherlin）指出，"而女性如果没有一纸大学文凭，她们的收入也是停滞不前。"[43] 自此后四十年间的美国社会，受教育程度低的下层阶级越来越贫困，其所看到的经济前景也越来越黯淡——工作不稳定，相对收入也在一路下滑，这让他们越来越难以获得并且维持传统的婚姻模式。失业率居高不下、就业不充分，经济前景一片黯淡，所有这些都破坏着稳定的家庭关系，甚至让年轻人从一开始就心灰意冷——无论是定性还是定量研究，这是大量研究近乎异口同声的结论。[44] 经济状况不佳的女性开始自危，在这个社会经济阶层内，越来越多的女性不愿意同那些无法提供经济保障的男性结婚。正如我们在乔和达琳的案例中可以发现的，贫贱夫妻百事哀，生活中挥之不去的经济压力，正是导致贫穷伴侣难以长久的重要原因，即便双方结为夫妻，他们也难以成为靠谱的终身伴侣和父母。

在第一章中，我们已经看到，经济困境可以说是工人阶级家庭崩溃的先声：回到克林顿港，在地方经济崩溃之后，紧接着就是离婚率和非婚生育率双双飙升的十年。而且我们必须意识到，美国家庭危机的真正根源，并不是 20 世纪 60 年代的文化动乱，而是发生在 80 年代的工厂歇业破产。这一现象也并非仅发生在工业衰败区（Rust Belt），而是蔓延至整个美国。

但是，文化因素也是故事至为关键的一部分。性别意识和性规范都已发生变化，社会价值观不复如前，特别会影响到教育程度低的男性和教育水平高的女性的行为方式。[45]对于位于社会底层的男性来说，婚前性行为和非婚生育的污名已经消失，奉子成婚的社会规范也随之成为老黄历，因此，曾在生育和婚姻之间牢不可破的关联现在已经瓦解。而对于受过高等教育的女性而言，避孕手段便捷可靠，职业机会也唾手可得，推迟生育不仅可行，也是何乐而不为的人生规划。

人类学家凯瑟琳·埃丁（Kathryn Edin）和玛丽亚·凯弗拉斯（Maria Kefalas）已经发现：女性，无论贫穷还是富裕，都非常珍视婚姻；不仅如此，无论身处社会经济的哪个位阶，女性同样都相信：晚婚，只有在伴侣已经取得稳定的经济保障后才结婚，是婚姻成功的必由之路。[46]但对于贫穷的女性而言，问题就是，经济安全似乎永远是可望而不可即的。而无论是否结婚，只要是女性就可以生儿育女；做母亲并不当即要求充沛的经济资源，但却能为女性的生活提供意义。如同达琳所想，她们经常认为做母亲基本上就是"陪"孩子。琳达·伯顿（Linda Burton）的一项研究关注了城市和农村地区的贫穷单亲母亲，基于长期的民族志证据，她得出结论，"身处这种环境中，母亲所要的是浪漫，而不是婚姻，以此来暂时摆脱她们日常生活的穷苦和动荡。"[47]

在解释上述两阶家庭体制为何出现时，"结构"说（强调经济因素）和"文化"说孰轻孰重，长期以来学者们莫衷一是。最合理的回答是——两者都重要。不仅如此，在这个问题上，原因和结果常常是交织在一起，难分难解的：贫穷导致家无宁日，而家庭的不稳定又会加重贫困；反过来说，富裕可以让家庭更和睦，而和睦的家庭也更易生财。在前述安德鲁和凯拉的家庭生活中，这种复杂的因果机制和互动全然清晰可见。

如要解开这一谜团，我们可以考察一下大萧条——美国历史上最严重的经济危机——对家庭组建和家庭生活所造成的冲击。而来自大萧条时期的证据也无法回答经济因素和文化因素到底孰轻孰重。大萧条造成了史无前例的男性失业和经济乱象，由此也导致结婚率不断下跌，这就显示出在盘算婚姻大计时，经济稳定始终都是重要因素。（"那些男的连工作都没有，"当时一位芝加哥的女士这么说；"我想找个有工作的男人，"另一位女士则如是说。）[48]不仅如此，根据1940年的一项调查，当时有150万的已婚妇女被自己的丈夫抛弃，因此造成超过20万的流浪儿童在全美各地游荡。[49]在另一项里程碑式的研究中，格伦·爱尔登追踪了167名在大萧条期间长大的白人儿童，他最终发现，当父亲失业同时也丧失经济收入时，父亲同家庭的关系纽带就会因之被削弱，这导致了家长控制能力在此时期的大幅下降。八十多年后，在美国社会又经历了多次文化革命后，经济上的艰难时世会劝阻和破坏婚姻，这仍是不争的事实。[50]

而另一方面，20世纪30年代，美国的生育率也在急剧下降，而在从1920年至1940年这段时期内，非婚生育始终维持在非常低的水平上。[51]在大萧条时代，适龄男女迫于经济压力，连婚姻带生育一起推迟了。"不领证，不生子"，是当时的文化规范。不同于今天，回到20世纪30年代，一个男人没有工作，一贫如洗，就不太可能在婚姻外生下自己不管不问的孩子。而现如今，是否要做父亲越来越是一种自愿行为，正如玛西亚·卡尔森（Marcia Carlson）和宝拉·英格兰（Paula England）指出的，这就意味着"只有那些情感坚定、财务稳定的男性，才选择担当起父亲的角色"。[52]文化的移风易俗大大地影响到穷孩子成长于其中的家庭。[53]

那么公共政策和政治意识形态呢？它们的变化会不会造成破坏传统双亲家庭的恶果？迄今为止，最常被讨论的就是社会福利政策会破坏家庭，这是因为救济金拯救贫穷的单身母亲于水火，但也让她们有了要孩子的驱动。根据有些精细的案例研究，福利救济金会让单身母亲更愿意要孩子，这一命题在统计学上已经得到了一定程度的确证。但是，在过去半个世纪内，单亲家庭的数量始终呈现为稳定的加速增长，而领取福利救济的母亲人数却时涨时落，两者之间并没有严格对应起来。福利综援领受者的人数，在 60 年代末、70 年代初不断增加，但自 1972 年至 1992 年却逐年减少，而在整个 90 年代更是急剧下跌。不仅如此，考虑到许多经历传统家庭解体的母亲并不靠福利救济而活，福利政策因此不可能是这次大变动的主因。甚至在福利政策于 1996 年紧缩之后，传统家庭之崩溃也丝毫没有放缓脚步。[54]

保守派信仰"家庭价值"，他们时常鼓吹，自由主义和世俗主义是导致家庭解体于我们这个时代的罪魁祸首。但是，非婚生育和单亲家庭在美国各地都广泛存在，并非为世俗化地区或"蓝色"州所特有，这些地区通常会实施更进步的社会政策，照理说，家庭碎片化会更严重。但真实情况看起来却正好相反：在共和党统治的东南地区，社会保守者心中的圣经地带，离婚和单亲家庭反而尤其普遍。[55]只是基于这些单纯的相关性，我们尚且无法做出任何关于因果关系的推论，但上述事实也足以教导我们，切勿将工人阶级家庭（白人的抑或有色人种的）的崩溃归因为有组织宗教或任何政治意识形态的衰落。个人价值观的变化诚然重要，但只有在与经济低潮同时出现时，才能成为美国家庭衰落故事的线索，而政治意识形态看起来则只是局外因素。

76

但20世纪80年代出台了一系列的政策，从向毒品宣战（War on Drugs）、"三振出局"（three strikes）的刑事政策，到由此所导致的被监禁人数的飙升，这些都很有可能加速了家庭的瓦解。从图2－7中就可以看到，尽管自1980年起美国的暴力犯罪一直在下降，但这些年来却见证了监禁率的爆炸式增长。更重要的是，为这一数据飙升做贡献的，主要是那些未受过高等教育的男青年，尤其是（但也并不仅限于）黑人男青年——其中有非常大的比例竟然都是年轻的为人父者。[56]

现在，我们来对比两组孩子的数据，第一组孩子出生于1978年（1978年组），第二组出生于1990年（1990年组），如果统计在孩子年满14周岁时父母中间是否有人坐牢，那么无论是黑人孩子还是白人孩子，后一组父母被监禁的风险要远远高于前一组，而且父母教育程度越低，则风险就越大。统计出生于1990年的孩子，若是他们的父母是高中辍学生，那么对比同年出生，但父母为大学毕业生的孩子，则前一组孩子的父母入狱率是后一组的四倍还要多。而在1990年出生的黑人孩子中间，如果只统计父母最多读到高中的孩子，则过半数以上的都曾经历过父母入狱的悲剧。[57]

这段美国监狱人口爆炸式增长的时期，也正是单亲家庭在美国底层社会越来越普遍的时期。当然，相关性并不能证明存在因果关系，但是严打监禁（mass incarceration）将相当多年轻的为人父者带出了穷困社区，这是毋庸置疑的，而且父亲的缺席对于孩子的成长而言当然是一种悲剧，会留下难以弥补的创伤。从俄亥俄州的大卫，到俄勒冈州的乔，这样的例子可以说比比皆是。

只要父母中间有人入狱，则不论这个孩子的其他背景，比如父母的种族、教育水平和经济收入，我们基本可以预判他在学校的表现会是一团糟，学习成绩经常一落千丈，有时甚至直接辍学。事实上，父母入狱还会有恶性的"溢出"效应，也就是说，只要班级内有同学的父亲在蹲监狱，那些父母没有入狱的孩子也会受到"感染"。虽然坐牢在少数种族中间更为普遍，入狱好比家常便饭，但只要发生在白人家庭头上，也会对孩子造成难以避免的创痛。[58]在接下来的章节中，我们可以看到，碰上一个吃牢饭的父亲，是穷孩子人生中最常见的事情。

图 2－7 美国的监禁率（1925－2010 年）

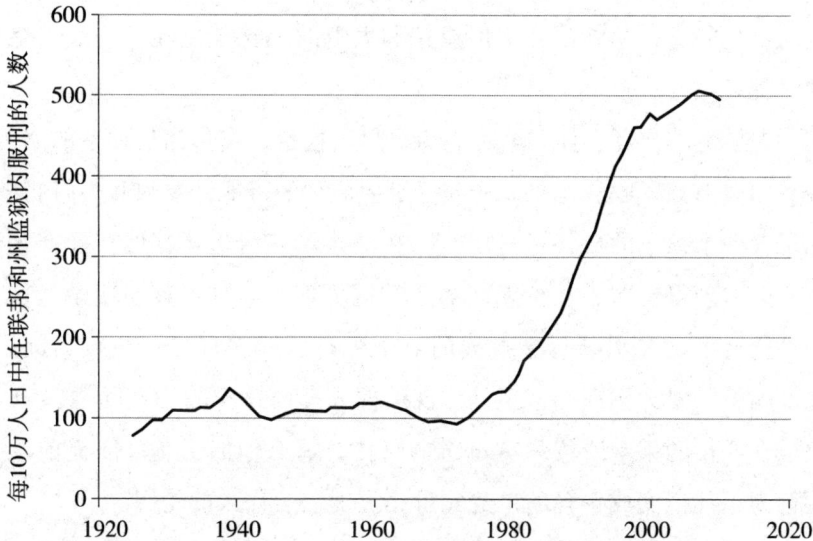

数据来源：IPUMS／ACS data, as reported by McLanahan and Jacobsen, "Diverging Destinies Revisited."

两阶家庭的恶果

无论原因何在，两阶家庭模式已是美国社会的基本事实，对美国孩子的生活有着无可置疑的影响。现如今，在受过高等教育的上层美国社会，大多数孩子都同双亲幸福地生活在一起，这样的家庭通常都有两份经济收入。但在家长教育止步于高中的底层家庭中，大多数孩子在成长过程中最多只能生活在单亲家庭里。事实上，许多孩子都成

78

长于一种混乱、多伴侣的拼盘家庭，虽然家庭成员杂多，但能打工挣钱的往往却只有一位。大量的研究已经证明，孩子的许多不良表现都可以追根溯源至下层社会家庭所特有的模式，反过来，上层社会家庭的环境和氛围也造就了孩子的许多优异表现。[59]如要理解两阶家庭之间的天壤之别，只需对比一下：在安德鲁和切尔西的生活中，来自父母坚定不移的支持始终都在，但凯拉和大卫的成长环境却只是令人绝望的混乱。

太早生养或者多伴侣家庭难免要付出代价，父母当年种下的恶因，现在却要由孩子收获恶果——人生走向成功的可能性要因此大打折扣。如果在一个孩子的成长过程中其亲生父亲不在身边，其他在标准化测试中会表现得更差，在校期间的成绩也更低，而且更容易辍学。这无关种族或家庭。[60]单亲母亲抚养的孩子更有可能表现出一些行为问题，比如腼腆、暴力倾向，甚至是深度焦虑或抑郁这样的心理问题。[61]如果孩子在成长的某个阶段只有母亲的陪伴，那么他们更有可能提前发生性行为，甚至变成年轻的单身父母，重复上一代人的轮回。[62]

生活在离婚或再婚家庭的孩子面对着特有的难题，首先是此类家庭的经济资源原本就有限，现在还必须要在不止一个家庭之间平摊；其次是因为父母无法克服的感情创伤，彼此之间的距离感，凡此种种都会妨碍新家庭内的沟通和合作。而在多伴侣生养的家庭内，常见的就是更少的父母关爱、更少的亲戚介入，同时却有更多的摩擦、嫉妒和竞争，特别是如我们在凯拉生活中反复看到的，当来自同父异母或同母异父的孩子们生活在同一个屋檐下时，情况会变得尤其糟糕。若是这种拼盘家庭的多对伴侣在当初生育孩子时并未步入婚姻殿堂，那么上述所有问题更是会雪上加霜。[63]

当然，对于成年的家长来说，家庭的破裂常常更有好处，有些时候甚至对子女们也有好处，尤其是父亲有暴力倾向，虐待成瘾，或者因为入狱而时常缺席。不仅如此，在探讨家庭结构和孩子幸福之间的

79

关系时，许多研究只是关注两者之间的相关性，所以我们仍无法确定，是否确实是家庭的脆弱**导致**了坏的结果。某种程度上，单亲家庭和孩子糟糕表现之间的相关性只是表层的，只不过是反映了低收入和家庭失序所形成的综合症状。（比如，凯拉的家庭可以说是诸事不顺，因此我们很难确定乔和达琳的离婚就是其中的关键因素，虽然这家三口人都这么说。）但是，晚近的研究证据比较坚实地表明，因果关系确实存在。[64]正如家庭研究专家伊莎贝尔·索希尔（Isabel Sawhill）所言，"从个案推出一般结论是危险的。在极困难的环境内，很多单亲父母也出色地完成了为人父母的角色。但普遍看来，来自单亲家庭的孩子都要表现得更差，无论是在学校读书时，还是在生活中。"[65]

单亲家庭问题丛生，最近的研究也已证明，在美国，单亲家庭比例最高的地区，同时也是社会流动最缓慢无力的地区。[66]当然，家庭结构并不是"绝对的第一推动力"。它同一系列因素交织在一起，包括种族、居住隔离、社区活力，以及学校教育等。既然如我们所见，家庭的破碎在很大程度上根源于经济困境，那么在某种意义上，家庭结构就可以被视为只是一种中介变量，事实上是上一代人的贫穷造成了家庭的解体，而家庭解体又造成了下一代人的贫穷。但无论如何，家庭都是事关全局的重要因素。单亲父母越多，也就意味着社会流动性越低，这其中的相关性虽然不是绝对无例外的，但也是非常坚实的。

在下一章中，我们将转向观察不同阶级的家长在为人父母时的行为差异，尤其关注那些表明早教会如何影响儿童发展的最近研究。我们会看到，父母来自不同阶级，他们教育孩子的方式也不尽相同，而且差距越来越大，当然，孩子的未来也会因之而变。

第三章
为人父母

80   遥遥望去，亚特兰大似乎是美国新南方崛起的窗口，阳光地带的冠冕之地。这里曾是小说《飘》中白瑞德和郝思嘉的故乡，但沧海桑田，现如今的亚特兰大已经摇身变为一个繁华喧嚣、人稠物穰的国际都市区。自 1970 年以来，尚且没有哪个美国城市发展得如亚特兰大这般迅猛。目前，亚特兰大是美国第九大都会区，不仅拥有多样化、活力充沛的 21 世纪经济体系，而且是多家世界级企业和机构的总部所在地，诸如可口可乐公司、联合包裹速递公司（UPS）、家得宝公司（Home Depot）、美国有线电视新闻网（CNN）、达美航空（Delta Air Lines）以及全美疾病控制中心。

      巴克黑德位于亚特兰大城区的北面，是一处高档的住宅兼商业区，亚特兰大地区的富足从此地即可见一斑。在这里，在周边摩天大楼、高尔夫球场和百万美元豪宅的包围掩映下，是位于该区核心地带的高档公寓、购物区和餐厅。巴克黑德区 95% 的人口是白人，家庭年收入的中值高达 15 万美元，儿童贫困率几乎为零。这里总能召唤出当代南方的贵族气度，这边在古典的罗马柱建筑内喝着柠檬汁饮料，另一边在装修奢华的办公场所足踏周仰杰（Jimmy Choo）设计的女鞋，竟然看不出一丝的违和感。

81   但荣枯不过咫尺之间，沿桃林路往南不过 15 分钟，就在亚特兰大市中区摩天大楼的阴影下，却已改换了天地，这里是美国毒品最泛滥、犯罪最猖獗的贫民区。目光所及，只看到临时搭建的木板房、紧紧关闭的窗户、水泥裸地的运动场，还有游手好闲的男人三五成群，在街角晃来晃去。在这里，95%的人口是黑人，家庭年度收入的中值只有1.5万美元，儿童贫困率高达75%。

亚特兰大的种族问题由来已久，历史上就始终受困于黑白种族的对立。[1]到了1970年，法定的种族隔离已经不复存在，但白人开始大规模地逃离市中心，络绎不绝地举家搬迁至郊区，由此造成事实上的种族隔离，黑白之间仍然泾渭分明。从1960年至1980年，在内城人口中，白人居民的比例从62%陡降至33%。与此同时，如果统计居住在市区的亚特兰大人口的比例，则其市区人口由1960年的37%，跌落到2000年的9%——在美国各大都会地区，这么高的离心率也是绝无仅有的。早在1970年，整个亚特兰大城区就好像是白色甜圈圈里的黑色空洞，在学校、社区以及社会生活的大多数领域内，事实上的种族隔离仍是社会常态。

贫富差距问题在这里触目惊心，到了21世纪初，亚特兰大的贫富差距在美国各大城市中不仅是最严重的，而且也是增速最快的。[2]当然，贫富差距同种族问题难脱干系，但即便是在黑人社区内部，阶级和收入差异也在悄然滋长。长期以来，亚特兰大都保有一种黑人的精英文化，这里生活着一支根基深厚且受过良好教育的中上层阶级黑人，此外还遗留着一种丰厚的黑人文化遗产。即便是在旧时的种族隔离体制下，一支黑人精英还是可以从教堂、大学以及他们自营的企业中脱颖而出。到了民权运动时代，亚特兰大的黑人政治家更是在全国范围内一马当先，如果看过去的四十年间，该市市长无一例外都是黑人。现如今，亚特兰大市是美国最成功黑人企业家的白手起家之地、黑人学术研究最生机勃勃的地区，（据报道）还是黑人百万富翁最多的城市。[3]黑人评论员在提到这座城市时，经常冠以"黑人的麦加"这种美誉。

近年来，亚特兰大地区的黑人人口呈现爆炸式的增长。从 2000 年到 2010 年，该地区一共涌入了近 50 万的黑人新居民，黑人人口增速位居全美第一。到了 2008 年，亚特兰大地区的黑人总数就超过了芝加哥地区，目前仅次于纽约市，位居全国第二。[4] 在亚特兰大地区的成年黑人中，26% 的人拿到了大学学位，这个比例也高于美国其他十大城市区。事实上，如果统计这些受过良好教育的黑人新居民，相当一部分都是来自美国北方的移民，在这批新居民中，目前越来越多地居住在多种族共处的城郊。而居住在亚特兰大内城的黑人也在急剧减少，其占地区黑人总人口的比例从 1970 年时的 79%，已经一路下滑至 2010 年的 15%。究其原因，主要是眼见市中心犯罪猖獗、凋敝破落，中产阶级和工人阶级的黑人家庭不得不逃往郊区。[5] 而在郊区的黑人新居民中，更有钱的家庭安居于安静舒适、多种族共处的社区内，而经济收入拮据一些的家庭则不得不选择满是保释广告和当铺的地段。

至于那些仍留在内城的黑人，基本上都是一贫如洗的。事实上，如果以美国前十大都市地区为样本来统计贫穷人口中的种族比例，则亚特兰大城区穷人的种族集中度也是全美最高的。[6] 进入亚特兰大内城的南区和西区，那里 95% 以上的居民是黑人，其儿童贫困率最高可达 80%，最低也要到 50%。整个地区的暴力犯罪就集中在内城，罪犯肆无忌惮，在美国前十大都会地区中，亚特兰大城区的犯罪率持续居高不下，从来都是位列三甲的（2005 年第一位，2008 年第三位，2009 年第二位，2012 年第二位）。

在整个亚特兰大地区，事实上的种族隔离要比经济隔离更为普遍，同时也更为剧烈。肤色不同，孩子们的人生机遇当然也会因之不同。但即便如此，黑人社区本身也开始出现基于经济的撕裂，两极分化日益加剧的情况。[7] 种族隔离事实上从未离去，经济隔离又日渐严峻，由此造成的共同结果便是，生活在亚特兰大的上层和中产阶级黑人已经自成一体了，他们既无法融入中上层白人的生活，同时也日渐脱离贫穷的黑人同胞。相对而言，同美国其他十大都市地区相比，亚特兰大不仅拥有人数更多的黑人大学毕业生，**同时**还存在着更为集中的黑人贫困状况。就此而言，亚特兰大地区看起来已经日渐分裂为三个城市：一个属于富裕的白人，一个属于富裕的黑人，还有一个属于贫穷的黑人。

论及跨代际的社会流动，整个亚特兰大地区的表现更是糟糕，在全美主要城市中位列倒数第二，仅仅好过北卡罗来纳州的夏洛特市。[8]至于原因，种族差距当然是答案之一，但种族内部的阶级分化亦为祸不小。我们接下来就会遇见生活在亚特兰大的三个黑人家庭——他们处于社会经济体系内的不同阶级，每个家庭都完美地阐释出一种不同的为人父母的类型。从这三个家庭故事中，我们就好像打开了一扇窗，观察在为人父母和儿童发展问题上的阶级差异。总而言之，接下来的三个故事证明了经济条件、家庭结构和教育方式之间的相互作用，它们会影响到我们下一代的未来，但这首先是阶级问题，而无关种族出身。

首先来认识一下德斯蒙德，还有他的两个弟弟妹妹，他们成长在一个中上阶级的黑人家庭中，表现得从容且自信。这个家庭大约十年前从美国东北地区迁居至此，现居于亚特兰大西南部的一个多种族共居的安逸郊区。[9]身为美国南方最顶尖私立大学新近毕业的高材生，德斯蒙德有着似锦的前程，而这首先要归功于他的父母卡尔和西蒙娜，双亲给予德斯蒙德的充满爱与关怀的教养，是他成长路上的支柱。

接下来，我们会遇见米歇尔和劳伦，还有她们的单亲母亲斯特芬妮，在一个又一个以贫穷黑人为主体的郊区内，这位严厉的妈妈含辛茹苦，把她们俩（还有两位年龄更大些的兄长）抚养长大。为了寻找更好的学校和更安全的邻里社区，斯特芬妮多次搬家，每次搬家后都距离市中心更远些。事实上，斯特芬妮如孟母三迁的故事，也汇入了21世纪初黑人中产阶级和工人阶级逃离贫民区的历史浪潮。[10]斯特芬妮教育孩子的方式完全不同于卡尔和西蒙娜，由此折射出的是两个家庭之间经济状况的差异。

最后的故事主角是伊利亚，这是一个为人友善、柔声细语的年轻人。他成长于新奥尔良和亚特兰大的黑人贫民窟，放眼望去全是一贫如洗的可怜人。伊利亚生活在难以想象的暴力中，成长过程基本上谈不上教养和监护。[11] 在 13 岁之前，伊利亚基本上为他的生身父母所抛弃（两人至今仍处于失联状态）。阅读伊利亚的人生故事，我们就可以看到，在"街头"长大的孩子是如何被生活残忍剥夺了人生希望的。

西蒙娜、卡尔和德斯蒙德

84　　西蒙娜、卡尔和他们的儿子德斯蒙德在门边欢迎我们的到来。这家人居住在一座占地颇广的豪宅内，位于亚特兰大一处惹人喜爱的城郊社区，处处可见修剪整齐的草坪以及大型的砖房建筑。在他们的私家车道上停着三辆新款时髦的小车，紧邻一个篮球架。西蒙娜是一名教师，这时的她刚下班归来，还没有来得及换下花呢质地的职业套装；卡尔和德斯蒙德则穿着休闲的网球短装，安逸地倚在沙发上。这一家三口都生得身形矫健。他们对我们的来访很是欢迎，言谈举止间从容得体（在我们访谈时，德斯蒙德的弟弟妹妹外出未归）。

母亲西蒙娜成长于纽约市的一个中产阶级家庭，青少年时代见证了家庭在社会经济阶梯上的不断攀升。从最初的哈林区开始，这家人不断地迁居至更优渥的市内社区，最终，他们跨越了哈德逊河，定居于曼哈顿对岸的新泽西州郊区。西蒙娜的父亲求学于纽约大学，走出校园后就受聘于美林公司，做了一名财务经理；她的母亲则是一家诊所的秘书。"我想我小时候从来没有缺过什么"，西蒙娜回忆道。现如今，这老两口已经在一起幸福生活了50年，并早已升格为西蒙娜口中所说的"了不起的外祖父母"。这是一个其乐融融的大家庭。（即便已是二十多岁的青年，德斯蒙德仍然每周同外祖父通话，而他年幼一些的弟弟则几乎天天如此。）西蒙娜读的是私立的天主教学校，高中毕业后进入纽约城市大学，拿到了工业心理学的学士学位。

卡尔出生在苏里南，父亲是黑人，母亲是荷兰人。少年时代，卡尔就随父母移民至纽约。他的父亲当初在美国铝业公司打工，在卡尔的回忆中，如同大多数移民一样，他的父母"必须从零开始"。生活在纽约市，卡尔的母亲最终在联合国总部找到了一份工作，而父亲也开始经营自己的仓库生意。结婚33年后，这对老夫老妻选择了和平分手。成长于这个家庭"真是棒极了，"卡尔回忆道，"没有他们，（今天我所拥有的）一切基本不可能实现"。卡尔一家人总是共进晚餐，晚餐桌旁总能听到"欢声笑语"，关于学校或者时事新闻，全家人在一起谈天说地。在卡尔家的生活中，宗教是重头戏。"我们家从来缺少做客的朋友，"卡尔告诉我们，"在他们眼中，我们就是一个完美家庭。有这样的父母，我是个幸运儿。"谈到中学，卡尔说他的高中是"布鲁克林区最差劲的中学"，但他的父母仍希望他上大学。"我不太能有别的选择，"卡尔说道，"'你一定得上大学'——这是我家的基本政策，不可动摇。" ₈₅

西蒙娜和卡尔相遇于纽约城市大学。相遇时，她年方二十，而他二十一岁，两年后，他们结为夫妻。西蒙娜想要一个能养家也顾家的丈夫，因此她和卡尔简直是天作之合。结婚前，这对小情侣曾拜访过一位来自教会的良师，正是这位老师建议他们婚后5年再要孩子。西蒙娜和卡尔在婚后牢牢记取了这个人生建议。西蒙娜在纽约市的一家律师事务所工作了9年，职位节节高升，从前台接待员做到了律师特别助理。但就在德斯蒙德出生后不久，她辞去了工作，成为一位居家的全职母亲。[12] "这么漂亮的男孩，简直是上天对我们的恩赐！"西蒙娜说，"他的出生让我们的生活有了章法。你不会凡事总想着自己了。"

也是在德斯蒙德出生时，卡尔在华尔街的一家大公司谋得了 IT 部门主管的职位。谈到他的事业时，卡尔谦虚地说："算得上体面。当然，我工作起来也总是得心应手的。"卡尔从来都为自己的工作感到自豪，还特别提到了他带孩子参观办公室的往事。"每隔几个月，"德斯蒙德也回忆道，"我爸就带我们中的一个到他工作的地方。他总是坐在自己那台电脑前，为我展示那满屏的"1"和"0"的代码。我当然是一窍不通，但也为之深深着迷，每到这时，他就在那里为我讲解。"参观办公室的安排体现了卡尔把孩子摆在第一位的教育理念："让他们学会自学，发挥出自身的最大潜能，"卡尔对我们讲，"要让孩子生活在正能量的环境中，否则就是近墨者黑。"

在德斯蒙德的回忆中，妈妈也是把教育视为当务之急。"她总是让我做练习册，像《爱上拼音》那种，"德斯蒙德说，"晚饭前后，我总要在饭桌边上做题。"父母如此重视教育，德斯蒙德也就自然而然地认为自己将来必定是要读大学的，要成为一名专业人士。"我从来都觉得自己会做医生，也许是科学家，"他说，"我也很清楚，上大学是实现人生理想的必经之路，所以我一定要上大学。"

在教育孩子这件事上，西蒙娜始终带有很强的目的性。"我想要我的孩子赢在起跑线上，"西蒙娜说，"我绝不会把孩子的教育假手他人。我们一起参加图书馆开办的'妈咪和我'的课程。一直以来，我都用各种办法让他接触到更广阔的世界。在距离我家社区的不远处，有一家很棒的可动手操作的博物馆，那是我们常去的地方。德斯蒙德小的时候，我经常为他安排那种团体玩耍的游戏。等长大一些后，他每个学年都会练习一种运动项目。读高中时，德斯蒙德一直在踢足球。他也打过篮球，还练过钢琴。我甚至想过让他去学踢踏舞，但我的丈夫否掉了我这个念头。我很在意他们的日常饮食。麦当劳里的肉制品，他们是不准吃的。我们也不允许他们喝苏打饮料。对那些会进入孩子体内的东西，我们都非常谨慎。"

西蒙娜和卡尔要保证他们的孩子能读好学校，甚至连幼儿园都是精挑细选出来的。在德斯蒙德小时候，全家人住在新泽西州的北部，隔着哈德逊河同曼哈顿相望；但等到德斯蒙德 9 岁那年，他们举家迁至新泽西州的南部地区，只是为了德斯蒙德可以进入更好的学校系统，即便这么做意味着卡尔要付出不小的代价，由于远离办公室，他每天都有两个小时要争分夺秒地奔走在家和公司之间。"也不是说我们之前的学校不好，"西蒙娜说，"但我就是不想让他去读当时学区内的公立学校。"

上下班的时间越长，同孩子们相处的时间就越短，卡尔也因之倍感烦恼，终于在 5 年后，他们决定搬往亚特兰大。西蒙娜为我们讲述了他们是如何为新家选址的。"我想要德斯蒙德去上这个地区的高中，因为这所学校确实很棒，而且很多元。我不希望孩子读那种全是白人的学校。我没有到现场实地看一番就买下了这栋房子，因为我所看重的只是学校的情况。我思量着，要是读一所好的高中，那么他们将来的大学也会不差。"

孩子们开始上学后，西蒙娜就全身心地投入子女的学业中。在她看来，她要比当年自己的父母付出了更多的精力。"我从不错过德斯蒙德的家长会，"西蒙娜现在还记得，"我要跟踪他们在学校的情况，这样才能告诉他们，'嗯，这里做得还不够好，那么就需要我们更加努力。'我甚至比孩子们更清楚他们在学校的进度。暑假的时候，我会把作业集中在一起，如果今天做数学，那么明天就是阅读。每次都是一个学习的过程。"

"孩子们都有那种印有总统头像的卡片，"西蒙娜回忆道，"每当我们去佛罗里达旅游时，我在旅途中就会让他们玩抽卡片认总统的游戏——我爱这个节目。我们有时会去某个地方，每当这时我就会问他

87

们，'你觉得我们为什么要来这里啊？'我们去过安妮·弗兰克的小屋。在我们出发之前，我事先为他们读过《安妮日记》，然后他们就会知道安妮·弗兰克是何许人。我还给他们读过一本书，主角是一个会打篮球的男孩子，生活在公租房的社区内，这可和他们的成长经验完全不同。我在晚间都会为他们读书，三个孩子一起听。"

回忆起这段时光，德斯蒙德既感到烦恼，也不忘感恩。"每到暑假，妈妈总会给我们布置课外的作业和阅读书目，"他告诉我们，"当我们去佛罗里达度假时，那里有环球影城乐园，室外是明媚的阳光，但我却要待在房间里看书。那简直是我生命中最残酷的时光。我要完成那些数学练习册，每隔几分钟就会偷看后面的答案，假装是自己做出来的。我妈看到我作弊就会说，'既然你做得这么快，那就再做一页吧。'那时的我就会一脸抱怨，'明明我都对了，为什么还要做？'我妈就会说，'因为我看到你作弊了。'妈妈曾推荐我去读《哈迪男孩》，我看完之后果然很喜欢。我爸要现实得多。他总是会让我看看报纸，读读新闻。然后他就问我，'你学到了什么？''呃，我说不出来，忘记了。'但即便如此，这也算是拯救我免受作业折磨的好时光了。嘿，过去真美好，不是吗？"

德斯蒙德现在很喜欢读书。"说来也奇怪，"他告诉我们，"我之前对阅读从来都提不起兴趣。不知何种缘故，我感觉在书中找不到自己感兴趣的东西。但现在我喜爱阅读了。阅读让我感到思维敏捷。"

西蒙娜还积极介入孩子们的学校生活。德斯蒙德就读的小学有个规定，只要学生放学离校，当天就不能再返回了。即便有物品落下，也不能回去拿。德斯蒙德曾有个坏习惯，总是忘记带作业回家，所以每天下午放学时，西蒙娜总是出现在校园里，要求德斯蒙德检查自己的书包，确保所需的东西全都带回家。如此折腾了好几周，德斯蒙德总算是学会了自己检查书包。西蒙娜还是学校事务的热心志愿者：在德斯蒙德读幼儿园时，她创建了幼儿园的家长教师联谊会，而等到他读小学时，又成了家长教师联谊会的会长。

德斯蒙德回忆起他的小学时光，全家人共进晚餐时，他总是有说不完的话。"我当然是认为，自己白天的一切见闻都是特别重要的，"他说，"通过这些发生在晚餐桌边的家人聊天，我真的学到了很多。"总的来说，西蒙娜和卡尔将交谈和倾听理解为教育下一代的重要方式。"父母应该把晚餐时间用来陪伴孩子，"西蒙娜向我们解释为人父母之道，"即便有些事情你并不乐意去做，也尽量同孩子们一起完成——事情也许很琐碎，就好像带他们一起去杂货店之类的。小孩子会记得这类事情。即便是现在，我女儿还是会给我说些她生活中的零碎琐事，老实说我并不想听下去，但我还是会尽可能地去倾听。"

卡尔对此深表赞同，接着就谈到了他们作为父母是如何介入子女的日常生活的，言谈举止之间流露出自豪。"现如今，"卡尔告诉我们，"你必须要时刻准备着同孩子们打交道。如果他们在音乐课上遇到了难关，你就要搞清楚是为什么。德斯蒙德现在已经22岁了，仍然每天都给家里打电话，不过他当然有自己的事要忙，所以做家长的有时还是要放点手。但是在我们和孩子们之间，确实存在着一种异常深厚的纽带。有时候我看看身边的父母，看看他们同子女打交道的方式，真的感到自己很幸运。"

当事关管教和惩罚时，西蒙娜和卡尔总是会相互配合。"为人父母者就好比一个团队，"西蒙娜说，"如果我想要德斯蒙德做某件事，或者不做某件事，我都会和卡尔一起决定——绝不能在孩子面前争吵，绝对不能。"每当出现问题时，他们就努力表现得既慈爱又严厉。"为人父母者，"卡尔说道，"也许这就是最难做的部分，因为管教孩子要求那种严厉的爱。很多时候，你必须要把某些东西灌输给孩子：'这个是你需要做的；这个是你必须得做的。'有些时候，做父母就要有做父母的样子，必须拉下脸来告诉孩子，'就是这样，没有为什么！'当然，随着孩子们年龄渐长，父母也不能始终居高临下地对待他们。

所以现在如果孩子们做了不该做的事，我只会很平静地对他说，'你竟然会这样做。给我说说看你为什么会这样做。你有想过这样做的理由吗？'"

89　　在管教孩子的问题上，西蒙娜的方式有所不同，如果说卡尔是严父，那么她就是慈母。"在我印象中，从来没有什么时候让我觉得必须要惩罚德斯蒙德，"她说，"既没有惩罚过他，也没有限制过他的什么自由，因为我总是希望让家成为一个温暖的地方、一个孩子们随时归来的避风港 。当然，如果孩子真的做错了什么事，那么他们必须得到惩罚。不过，我从来没有惩罚过他们或者限制他们的自由。'一周不准看电视'，这话我可从来没说过。"

卡尔还尽可能地培养孩子们的自主意识。尽管当孩子举棋不定时，卡尔总想给他们一些指点，但他极少直接出手干预。"要让他们自己做出选择，决定他们要怎么做，"卡尔这样解释他的育儿方式，"而我要做的只是，为他们展示出尽可能多方面的事实。"当德斯蒙德就未来是否从医而不能下定决心时，卡尔并没有替他拿主意，而是安排儿子同一些医学专家面谈，还为他报名参加了一个为期6周的研讨班。

西蒙娜这位慈母也有强势的一面，该出手时就出手。德斯蒙德在读高中时曾遇到过一次麻烦，西蒙娜处理这件事的片段既表明她为人父母的强势作风，同时也能看得出她游刃有余地处理种族这种棘手问题的能力。事情发生在一次经济学课的测验上，德斯蒙德不小心瞄了一眼放在地上的索引卡片。这些卡片原是他为下一节课做准备的笔记，但经济学老师却咬定他在作弊。德斯蒙德用手机从学校给母亲打了电话，西蒙娜马上赶到教室，问明了事情的前因后果。在同母子俩详加沟通之后，这位老师承认自己作出了误判。"我当然知道，为什么你会这么认为（他在作弊），"西蒙娜对老师直言不讳，"换作是我，同样会这么认为。如果你决定给他零分，那我也百分百地支持你，因为他在这件事上完全可以更聪明些。"老师婉拒了西蒙娜的建议，并称德斯蒙德"是个好学生"。事后，德斯蒙德曾向母亲抱怨，这原本就是老师带着有色眼镜。"不，他没有偏见，"西蒙娜回应道，"你要用常识来思考这件事。为什么你要把卡片放在地上，却偏偏还要往地上瞧？要放在书桌的文件夹里。无风不起浪，以后你要学得聪明点。"

在卡尔的生活中，宗教的影响可以说无处不在。他列出过生命中那些重要的事，首先就是宗教生活，然后才依次是工作、家庭和运动。德斯蒙德接着也谈到宗教社群和宗教信仰，讲述了宗教是如何渗透于他的生活中的。"我们是很虔诚的一家人，"德斯蒙德说，"用餐前，我们都会祈祷。每逢周日，全家人的头等大事就是去教堂做礼拜。在从教堂回家的路上，我爸就会问我：'德斯蒙德，今天你在教堂学到了什么？'我就会说：'当然是上帝啊。'然后他还会问：'还有别的吗？'我就会回答说：'那就是耶稣了。'三言两语后，我们陷入沉默。但当我回到家后，我就会问自己：'为什么你要祈祷？在你内心深处，你能说服你自己吗？'我有很深厚的宗教背景，我相信信仰决定着我的存在，有时我也会问自己，我是否同意父母灌输给我的一切。"

"我的多数朋友也会参加教会的活动。12 岁那年，我参加了一个名为快乐歌者的小团体，也是在那里，我结识了一些最好的朋友。每逢周三和周六晚上，我们就一起唱歌。我们要么到青年营去唱，要么就是去类似的地方。和团队相处在一起，让我自己的信仰更加坚定。正是因为这份自信心，当有人想要谈信仰时，我可以同他们谈笑风生，但要是无人对宗教感兴趣，我也非常自信，闭口不谈。"

谈到宗教在教育下一代时的作用，西蒙娜也特别有话说。"作为一个年轻人，德斯蒙德是一名坚定的基督教徒，"西蒙娜说，"我希望他可以成为一个信仰上帝的人，对任何有意义的事情都保持内心的敬畏。我曾经对我的两个儿子说，你们现在同女孩约会，你准备要同她'交往'，却完全没有与她长相厮守的打算，总有一天她会成为别人的妻子。所以你一定要举止守礼。如果你不是真的喜欢一个女孩，就不要

90

胡来。等到孩子真正明白这一点，他们已经到了危险的中学阶段，稍有不慎，就可能成为未婚爸爸。"

就在我们和德斯蒙德的谈话快结束时，他不经意间就聊起了一个父母并未提及的话题，这个故事生动地说明了这个家庭的团结：刚读初中那年，德斯蒙德患上了糖尿病。"仿佛天塌下来了，"他说，"这件事改变了我们家的饮食习惯，改变了我们整个生活方式。全家人都为我做出了牺牲，那段时间我每天都在挣扎度日，他们的支持对我而言意义重大。每一天都是一场战斗。就是从那时开始，我们养成了吃鱼的习惯。黑人的菜式多糖多脂，现在我们只是在特殊场合才吃这些食物。我们一家人同舟共济，反而更加凝聚在一起了。"

就许多方面而言，卡尔和西蒙娜就是那种有教养、负责任的父母，可怜天下父母心。但是，种族问题无可回避，他们的肤色也是日常生活中必须面对的内容，做父母的更要考虑到这一点。"我们都是黑人，"西蒙娜说，"我总感觉到黑人孩子要经历得更多，所以我总要求他们可以先人一步。因此我就会告诉德斯蒙德：'亲爱的，如果你想拿 A，90 分还是不够的。你想拿 A 的话，就要做到 95 分。'"

"种族歧视当然发生过——虽不频繁，但时有发生。德斯蒙德高中时的平均绩点有 4.0，班级排名也在八九名上下，即便这么优秀，有位指导老师还是认为他只能上职业技校或两年制的大学。还有一次，德斯蒙德向一位新任化学老师请教课程的指导意见，那位老师不问缘由就说了些刺耳的评论。当我同学校的辅导老师谈及此事时，他说道，'噢，是吗？那家伙确实是会说出这种话的人。他大概就看了德斯蒙德一眼，话就脱口而出了，他根本不知道这孩子有多聪明。'"

"社会看待黑人男孩的眼光是挑剔的……"西蒙娜顿了一下，但接着又开始说，"前不久，我的小儿子从大学回来，他出门时外面正下着雨，于是就顺手戴上了外套的兜帽。我马上问他，'你戴着兜帽是准备去哪儿？换顶棒球帽。'我是很现实的人：'你很聪明，你能让所有事都围着你转，但你还是必须加倍努力，格外小心。'"

离开家上大学让德斯蒙德更加意识到家庭的意义。"对我来说，大一新生那年真是度日如年，"他说，"在此之前，我从未真正觉察到家庭是这么重要。在我第一天上课结束后，我就想着能和父母谈谈我的大学生活。我当时的想法就是：'天呐，我想现在就回家。'我父母彼此之间是如何交流的，是我学习的榜样，尤其是他们争吵时，或者讨论电视新闻而发生意见分歧时。每次当我静下来反思自己的生活时，我都会想，要是他们会怎么做？他们又会希望我怎么做？生活不如意时常会发生，但只要想到父母，我都权当吃一堑长一智。"

在一次访谈即将结束、我们准备告辞之际，西蒙娜概括了自己为人父母的生活。"一路走来，我很幸运，要感谢很多的人、很多的事，"西蒙娜说，"但我还是得告诉你，为人父母，是一辈子的事。"就在这时，德斯蒙德的电话打来了，问西蒙娜车钥匙去哪儿了，现在，德斯蒙德已经是佛罗里达州疾控中心的一名实习生了。挂掉电话后，西蒙娜指着她的手机说，"说什么就来什么，不是吗？父母必须时刻准备着，为子女提供支持，给出建议，传达理智的答案。做父母，真是没有终止的一天。"

行文到此，我们已经遇见了西蒙娜和卡尔、本德镇的厄尔和帕蒂，还有生活在克林顿港的温蒂和迪克。这三对夫妇，来自不同的种族，居所也是相隔千里。但是，他们都属于美国中产阶级的上层家庭，而且他们教育子女的方式又是惊人的相似。在抚养下一代时，他们事无巨细，不计时间和金钱，无微不至地关心。就父母教育方式而言，这三个家庭是一样的，而他们与同一种族的工人或下层阶级家庭，即便彼此的社区只是咫尺之遥，但教育子女的手段和资源却是天差地别。现在，我们来看一看亚特兰大的一个工人阶级家庭。

斯特芬妮、劳伦和米歇尔

斯特芬妮和她的两个女儿在饭厅接待了我们，她们家是个面积不小的单元房，位于亚特兰大城郊的一处新开发区。房间给人一种大众化的、"楼盘样品"的感觉，到处摆着塑料假花，但女主人斯特芬妮笑容灿烂、开朗风趣，洋溢着母性的魅力，为整个家庭增色不少。她现在一家酒店做办公室的经理，此时仍然身着工装，上衣口袋上印着她的名字。劳伦是她的大女儿，今年21岁，身材高挑，举止得体，整个人显得自信优雅。小女儿米歇尔19岁，身材更玲珑有致，穿着一身粉色的棉绒运动装，在我们谈话期间，焦躁地查看她的手机。（斯特芬妮还有两个儿子，都已自立门户了。）斯特芬妮受教育程度不高，向我们致歉说她识字有限。"我有时会用高级点儿的词汇，但时常出错，然后就轮到女儿来纠正我。虽然我会因此很恼火，但总是改不了。"很快我们就了解到，尽管自感文化不高，斯特芬妮其实是一位心性坚韧的母亲，目光并不短浅。

93　　斯特芬妮在底特律长大。她的父母原先居住在佐治亚州，但父亲是个酒鬼，喝醉后只会挥舞自己的拳头，无法继续生活在一起，母亲于是带着斯特芬妮逃到底特律。母亲是一位护士，在底特律遇到了一个在克莱斯勒汽车生产线上工作的男人，用斯特芬妮的话来说，就同他"未婚而同居"，这就是斯特芬妮的继父。虽然他们住在一个不错的社区，但母亲和继父也同样嗜酒如命，生活在这样的家庭内，斯特芬妮难免交友不慎。初中的时候，她就同一群混混终日混在一起，热衷于打架斗殴。"有一次，我用刀刺伤了好几个人，"斯特芬妮回忆道，"那时候，因为不守规矩，打架伤人，我进过好几次少管所。如果我想要什么东西，爸妈又不给我买，我就去偷去抢，或者拿剪刀剪掉爸妈的头发。我不知道为什么我那么坏。回想起来真是不好受，但那时候我就是这么横行霸道。"

由于劣迹斑斑，斯特芬妮屡次被学校勒令休学，回家闭门思过。"父母会暴打我一顿，然后强制我读书。刚读初中时，我考试拿了个D，接着又是一顿暴打。有个学期，我得了两个 E、一个 D 和两个 C，整个暑假我都在遭罪。不准看电视，什么都不准。"

有一次，斯特芬妮想要一辆十速自行车，母亲因她还在受罚而拒绝了这个要求。于是斯特芬妮和她的朋友们自己动手，丰衣足食。"我们去偷了一辆，带回来漆成我喜欢的颜色，然后大模大样地停在巷口，"斯特芬妮说，"我们本来没必要偷车，但我们还是伸手了。就是为了寻开心！感谢上帝，我自己的孩子没走上这条路。当我成熟后，我尽力让自己的孩子远离这样的生活。"

斯特芬妮 15 岁那年，她的母亲去世了。于是，她搬到底特律一位姨母的家中。"从来没有谁像姨母那样对我严加管教，"她回忆道，"这也是我最尊敬她的原因。"话虽如此，但她的行为却未见收敛。18岁一过，姨母就把她扫地出门，斯特芬妮说，因为她"粗俗无礼，满口谎话，无证驾驶，还抽大麻"。离开姨母后，斯特芬妮就来到了亚特兰大，在一家成人教育机构拿到了高中同等学力的证书，很快就怀上了一个男孩——"人生就是一场赌博，"她笑着告诉我们。她和孩子的父亲奉子成婚，同他又生了一个男孩，然后是两个女儿：劳伦和米歇尔。

回想起过去，斯特芬妮认为，第一个孩子的到来改变了她的人生。[94]"人有了孩子，"她说，"就会变得更负责任，因为你得好好照顾这个孩子，也得好好照顾你自己。我可没有想过要成为什么职场达人，我只想赚点钱养家糊口。25 岁那年，我才有了人生的方向，才开始思考，'这辈子你到底想做点什么？'有了孩子，我才开始有了自己的人生目标。我想让自己成为一个把孩子时时放在心上的妈妈，所以我必须要知道孩子的老师姓甚名谁，我也必须让孩子过得衣食无忧。"

外面是茫茫未知的经济前景，家里还有一个三心二意的丈夫，斯特芬妮下定决心，势必要独自一人承担起孩子们的经济安全。而她的当务之急是要先找到一份工作，一开始她在派派思炸鸡店打工，后来又在哈迪连锁超市上班。但这两份工作报酬微薄，赚来的钱还不够缴一家人的电气费，于是她又在扎列珠宝的门市店找到了一份新工作。斯特芬妮对待顾客热情大方，工作时任劳任怨，有一位经理慧眼识珠，发现了她的才能，接下来，斯特芬妮一路晋升，从店员做到了收银员、部门经理、门店店长。到第四个孩子出生时，斯特芬妮每周工作40个小时，用她的话来说是"挣得不少"：大概每年35 000美元，超过她这一大家子人口的贫困线收入的一倍。

也是在这些年，她的丈夫开始和另一个女人鬼混，最终离开了这个家——这坐实了斯特芬妮当初的先见之明，要靠自己的双手养活孩子们。她后来再婚，和一个铲车司机组建了家庭，按照斯特芬妮现在的说法，这是"一段美满的婚姻"。当然，这位男士之前也有过婚姻，也和前妻生养了孩子，于是斯特芬妮一开始就同他有过约定，她的孩子由她一力负担。

后来，斯特芬妮受聘于新的雇主，15年来一直在这家公司工作，如今已经是其中一个主要部门的办公室经理了。"我爱我的顾客们，"她每每这样告诉我们。阳光开朗的性格，再加上极强的职业伦理，这让她可以仅凭一己之力就能保证整个家庭的财务稳定。"如果我们想要什么，妈妈总会满足我们，"劳伦说，"从笔记本电脑到 iPad 再到衣服，我们一样都不缺。"（但"衣服都不是名牌的！"斯特芬妮坚持道。）

米歇尔同样回忆起母亲是如何为自己提供富足生活的。"有我妈在，我不用为生活而发愁，一点儿也不用。但我爸有这么多孩子，要提要求就得赶紧了，不然他就会说：'现在买不了啦。'我妈说，她万事都不求人，因为她自己也可以支撑起这个家。她全靠自己打拼，也希望我们像她那样独立。"谈到这里时，米歇尔愉快地回忆起13岁生日的一段往事。"那真是美好的一天。妈妈给我买了一辆自行车，"她说，"我很高兴地骑着车，在街头巷尾转来转去。我们开了一个小小的泳池派对，还拉起了蹦床。现在想来都觉得开心。"米歇尔意识到她有这样的母亲实在是幸运儿。她们认识另一个黑人家庭，那家人住在贫民区，一贫如洗，支离破碎。两相比较，米歇尔告诉我们，"我不是说我们是有钱人，不过相对于他们家来说，我们算是富裕了。"

米歇尔也认识到，母亲之所以这么辛劳地工作，就是为了让全家人过上好的生活。"妈妈是我的英雄，我的依靠，"米歇尔说，"其他人都是饱食终日，而她每天都工作。她一步一个脚印地走到今天，虽然今天已经有了伴，但她还是自食其力。她总是说，就算不靠男人，她一个人也有能力还完房贷。我继父的大儿子生了三个小孩，然后就消失得无影无踪，把孩子们全部抛下。男人就是口头上的动物，一遇到自己要负担的责任，就会玩失踪。"

劳伦也得到了大致相同的教训。"别人都不能信任，"她说，"你得时刻保持百分百的警惕，因为你永远不会知道身边是什么样的人，他们会做出什么样的事——即便是家人，任何人，都是这样。"当然，斯特芬妮的感受同两个女儿如出一辙。"我百分百同意这一点，"她说，"生活教给我的是，你唯一可以托付的人就只有你自己。"

为人父母，斯特芬妮的头等大事就是让孩子们的生活衣食无忧，紧接着考虑的就是他们的人身安全。"在我们小的时候，"斯特芬妮回忆起自己的童年，"很晚也能在街上溜达。但现在，要在夜晚上街，你就得随身带把手枪或乌奇枪来防身。"她们目前的邻里社区还算安全，但在几个街区以外，斯特芬妮告诉我们，就"不怎么太平了。"[96]因此斯特芬妮给孩子们定下了铁的纪律，"晚上不准走来窜去，"劳伦回忆道，"我们必须留在自家附近的这条街上。"

"这都是规矩，"斯特芬妮给我们解释道，"待在我们这条街上，我就可以护着你。我们这个区往下走是条死胡同，如果你再往前走，那里住的人就晓得你是外来的闯入者。我们住在富尔顿县的时候（那时，两个女孩还没开始读书，两个男孩已经上了中学），我就小心翼翼地保护着我的孩子们。我可不想让他们同混混整日混在一起，所以我时刻对他们严加看管。但我那个小儿子还是溜出家门，从此之后不走正道。"提到这个儿子，斯特芬妮说他是"最不省心的孩子——四个子女中最难管教的"。当他在家里大发脾气时，甚至连斯特芬妮都束手无策，不得不"叫警察来修理他"。他轻而易举地就摆脱了斯特芬妮的掌控，开始了"混混生活"（直到15年后的今天，仍生活在此道中）。这又一次告诉我们，当为人父母者身处斯特芬妮的处境时，他们能为子女提供的安全网是何等的脆弱。

考虑到斯特芬妮成长在底特律的街头，青少年时期与暴力时常相伴，所以她的为母之道谈不上温情，而是严酷的爱。"父母对你们温柔吗？"我们问道，"常常给你们拥抱吗？还是说……"惊讶于我们提问者的天真，斯特芬妮当即打断了我们。"不，什么亲吻拥抱之类的，我们从来不会做，"她说，"这可不是我们黑人的方式。我不会亲我的孩子，也不会抱他们。我爱他们，用生命去爱，但我不是那种矫揉造作的人。就像电影《海狸先生》中的情节，在现实生活中根本不会发生。在底特律，你可不能多愁善感，你也不能软弱，你必须要成为一个狠角色，因为只要你软，别人就要骑到你头上。在这么个适者生存的地方，你要狠起来！"在这番不容置疑的警告过后，斯特芬妮缓和下来，大笑出声，还补充道，"请别见怪，这就是生活。工作时我可以整天笑容满面，但回到家要管教孩子时，我绝不心软。"

果不其然，斯特芬妮管教孩子的方式也迥异于卡尔和西蒙娜。所有的孩子都被"抽打"过。米歇尔刚上学时发生的一件事，说起来不太让人愉快，但也说明了斯特芬妮管教孩子的手段。斯特芬妮回忆道，米歇尔刚上幼儿园的头几周很不安分，只要把她放在学校，"她每天都撕心裂肺地哭闹，从早到晚，就这样折腾了一两个月"。最终，学校请来了政府家庭与儿童事务部门的人员，担心是小孩在家里遭到了虐待，一番调查过后，发现什么事都没有。米歇尔当时才 5 岁。哭闹着要和刚离开这个家的爸爸待在一起，斯特芬妮只有同意。但被她爸爸教训了两周后，斯特芬妮告诉我们，米歇尔"仍每天撕心裂肺地哭闹。于是我说：'这事不能再继续没完没了。'我走到学校，叫她出来，带进卫生间，光着屁股打一顿。放她回教室，自此之后再没哭闹过。"[13]

　　"成长就是摔打，"劳伦轻声补充道。

　　一位母亲要承担起 4 个子女的开销，斯特芬妮必须辛苦工作，没有闲暇和精力来应付其他，这就从方方面面影响到她教育子女的风格。比如，晚餐时父母和孩子的对话就很少发生。"我们可不是那种坐下来共进晚餐的家庭，"斯特芬妮说，"那种事在我们家不会有。谁想要吃饭，到桌边去吃就得了。""我们没有固定的晚餐时间，"劳伦补充道，"谁饿了谁就吃。不会像什么聚会似的，大家正襟围坐共进晚餐。""我们没时间做这种事，大家一起聊聊每日的见闻什么的，"斯特芬妮解释道。

　　一整天都要笑脸相迎刁钻的顾客，斯特芬妮回家后已是疲惫不堪，晚上一般睡得很早。劳伦承认，母亲睡去后，往往就是他们兄弟姐妹的开心时光，他们可以在此时熟悉伏特加的味道。但斯特芬妮并非不关心她们。高中时候，劳伦是全校篮球队的明星选手，每当劳伦有比赛，斯特芬妮就会赶到赛场，摇身变为"赛场边上的妈妈"。

　　斯特芬妮对孩子教育的关心，同西蒙娜没有区别，只不过她要面对现实生活的诸多制约。由于贫民区在不断地向四围蔓延，斯特芬妮曾两次搬家，就是为了让孩子能有更好的学校条件和更安全的居住社区。当劳伦谈到她成长过程中所居住的社区时，特别告诉我们，"环境是越变越好了"。当然，斯特芬妮为了孩子而两次迁居，完全离不开她的辛苦工作以及社会经济地位的不断改善。

斯特芬妮不太确定她以前是否为孩子读过书，但劳伦坚持说她读过。但无论如何，斯特芬妮还能记得，至少她为孩子们申请了图书馆的证件，正如她所言，"因为小孩子每天手里都要有本书才好"。总的来说，她为两个女儿的教育感到骄傲，虽然她衡量成功的标准当然不同于卡尔、西蒙娜和温蒂、迪克夫妇。随着经济处境的改善，她感觉自己有能力让女儿们读离家不远的社区大学。劳伦听从了母亲的建议。米歇尔读了一年，但还是退学了。"我确实不是读书的料，"米歇尔告诉我们。

从自己的人生经验出发，斯特芬妮形成了一种作风强硬的子女教育理念。"我的妈妈是个酒鬼，"她说，"我绝不会重蹈覆辙。我每天都要上班，我督促我的孩子，我还劝她们去读大学。我要时刻让她们感觉到，要是你需要个肩膀倚靠，老妈就在这儿呢。我就是她们的支柱。"

"我尽量为他们多提建设性的意见，引导他们走该走的道路。在教育孩子时，你所有能做的就是指引他们。就像教练把你带到运动场，他能告诉你的只有基本的规则，至于能走到哪一步，一垒，二垒，三垒，然后是全垒打，那就全看个人的造化了。我尽可能地要让他们认识到外面的生活并不容易。在家里，只是因为我让生活对你们来说变得容易，但生活可原本不是这个样子。外面很艰难，所以要是对孩子生而不养、养而不教，那还不如不要孩子。如果你要孩子，就得负责照顾好他们。"

"我从来不和孩子们交朋友！在孩子面前，我要做到百分百的父母。家长不需要成为孩子的朋友。做父母的就应该有做父母的样子，只有这样才能引导他们走上正确的方向。'闺蜜老妈，让我告诉你昨晚发生了什么，'我可不允许女儿这样同我说话。做父母的首先要像

父母，然后做子女的才能像子女。你们需要我的引导。这就是家长的
作用。"

"为人父母并不容易。养大四个孩子是人生的大工程。你简直一刻
不得安宁。你必须要确定他们洗澡了么？吃饭了么？按时坐上校车了
么？但所幸，她们做得都不错。我也为她们感到骄傲。"

为了让孩子们跟得上日新月异的时代，斯特芬妮付出了艰辛的努
力和牺牲，迄今为止可以说既有成功，也有失败。她的大儿子（女孩
们都称他为"大众白马王子"）为人正派，生活也很体面。他在一家
网上的成人教育学校修读课程，据斯特芬妮说，他"做得相当不错，
钞票挣得也不少"。相比之下，小儿子（"最不省心"的那位）就要逊
色很多，读高中时，他就休学了整整一年，但最后还是有惊无险地拿
到了毕业证，现在他和父亲一起，在一家回收中心打工。

劳伦，斯特芬妮的大女儿，一向都是循规蹈矩的乖孩子。"不像我
的哥哥和妹妹，我知道自己没有走过什么弯路，"劳伦说，"我不是那
种贫民窟里出来的孩子。"顶着来自教练和母亲的强大压力，劳伦婉
拒了一笔运动员奖学金，她不想到堪萨斯州打篮球。"对我来说，以
打篮球为生太过索然无味了，"她说，"我想做份跟未成年人相关的工
作。"目前，劳伦就读于附近一所社区大学，很快就要毕业，但眼下
正赶上当地政府大笔削减少年犯监管人员的预算，也算是她运气不好。
劳伦告诉我们，她没有别的办法，只能"哪儿有钱挣就去哪儿，这样
的话，就不得不和成年人一起做事"。她现在正和一个同区的男孩子
交往，斯特芬妮也夸赞女儿的男友是个"好孩子"。

在斯特芬妮的口中，米歇尔是另一个"不让人省心的孩子"。米
歇尔自己也承认，她小时候确实不服管教。"我不是最坏的小孩，"她
说，"但也不是那种好孩子。在学校读书时，我总是麻烦不断。我有
语言障碍，阅读理解的能力也比不上同龄人。我当时认为，读和说也
就是那种在学校学完就忘的东西——但是现在我意识到了这些技能的

作用。我在数学和社会课上吃过不少苦头。我在中学时也是问题学生，因为周围的同学都很用功。"

虽然对子女抱有很强的责任感，但有些时候，斯特芬妮却心有余而力不足，因为她自己也无力帮助孩子们迈过人生的坎。"做作业时，我遇到不会的题就会问她，"米歇尔说，"她也会尽全力帮我，但即便如此，还是于事无补，因为她自己也不会做。"为了拿到高中毕业证，米歇尔必须要通过社会课的考试。"我考了六次还是七次才及格，"她说，"真是压力山大，但所幸我最后一次考试终于勉强通过了。妈妈始终没有放弃对我的支持。""那么，她是如何支持你的?"我们紧接着问道。"我考试时，她会为我祈祷，"米歇尔说，"请求上帝保佑。"

对于米歇尔从社区大学辍学这件事，斯特芬妮一直耿耿于怀。"我一开始辍学那会儿，我妈简直受了大打击。"米歇尔找了一份临时工作，但很快就不干了，原因如她所言，"我得一动不动地在一个地方站10个小时，我的双脚都快要废了。"不过，她跟母亲解释时却没说实话。"我就给她说，老板不想要我了，"米歇尔私下对我们讲。

现在，米歇尔想要上当地的一所中专学校，按照她的规划，未来要做一名幼儿园的老师。最近，她认识了一个内城区的男孩，两人开始漫无目的地混日子。斯特芬妮很讨厌小女儿的男朋友，他高中没读完就辍学了。"他就是一个懒汉，"斯特芬妮告诉我们，"在天天有人打架斗殴的地方长大，自己也学得游手好闲。你们知道，我千叮咛万嘱咐，就是要她们远离那种生活。现在倒好，她居然找了这么个人做男朋友，真让我伤脑筋。这可不是我想要她过上的生活啊。"

经济资源难免捉襟见肘，成长环境又如此艰难乃至恶劣，在这种情况下，即便做父母的怀有强烈的爱心和责任感，有时候也无济于事。

不过，斯特芬妮这家人并不认为种族歧视曾经限制过她们的机会，这或许是因为她们在日常生活中要时时克服的是经济上的难关，而不是种族壁垒。有一次，由于违规停车事后又未缴罚单，米歇尔被警察勒令停靠路边，还被拘留了45分钟，但她并不认为种族主义是警察行为的动机。"或许他只是要完成他的罚款指标，"米歇尔这么说，"但我不认为那警察是个种族主义者。在我想来，没有谁是什么种族主义者。只不过是黑人会看不惯有些白人，而白人也并不喜欢有些黑人而已。"

劳伦也认为，在她的成长过程中，种族主义从来都不是问题。"拜托，我们生活在佐治亚州，你对此要有心理准备，"劳伦告诉我们，"但我从来没有亲身领教过种族主义，若是有的话，那也是黑人之间相互挑事。"劳伦还补充了一句，"在我们这儿（指斯特芬妮一家人目前所居住的小区，大多数居民是白人），没有谁曾体验过种族主义，所有人相互之间都处得来。即便是在克莱顿县，我都没见过什么种族主义。"

听到两个女儿的话，斯特芬妮深表赞同。"对我而言，"她说，"这并不是因为什么黑白种族之分。只不过是有些黑人非要和另一些黑人来事儿。但不过就是有些人做有些事。我可不关注他到底是什么肤色的。他们现在都谈什么'种族主义'，这只不过是一个现成的概念，被不明就里的人们拿来借题发挥罢了。"

斯特芬妮声称，她甚至从未告诫过她的子女，在她们成长过程中要特别警惕种族歧视。"我可没时间教这个，"她说道，"不喜欢非我族类者，这再常见不过了。谈什么种族歧视，不过是没事找事罢了。"

自从斯特芬妮开始为经济独立而打拼，许多年已经过去，时代也几经变革。我们看到她对自己所处的生存环境表现出令人钦佩的适应能力，但即便如此，她那严厉的为母之道——重服从而非自由成长、"抽打"而不是讲道理、关注人身安全而不是语言能力——若是和卡尔以及西蒙娜所身体力行的"精心栽培"相比，已经难以适应当下新经济的要求。[14]但是，回顾自己为子女们所打造的生活，斯特芬妮还是感到殊为来之不易的满足。"我觉得，我让她们今天成为了体面的人。

生活难免起起落落，但做人要做得体面。我知道她们都要离开这个家，要么继续上学，要么参加工作，挣钱养活自己。天上不会掉馅饼。我这辈子就没有吃过免费的午餐。我说过，只要过上现在这样的生活，我就不会走回头路。在我心头，上帝是第一位的，最重要的是上帝、我的丈夫，还有我的孩子们，其他的都可以靠边站了。这就是我的道路，我希望我是孩子们的好妈妈。"

伊利亚

在亚特兰大北城一座破败的购物中心里，我们遇见了伊利亚，他在这里干打包杂物的体力活，当时正好是午餐休息时间。举目望去，周围的员工无一例外，不是黑人就是拉美人。伊利亚体格瘦小，目测身高不到六英尺。他的衣服并不合体，看起来松松垮垮：牛仔裤的皮带耷拉在屁股上，脚上穿着一双乔丹鞋。伊利亚向后靠在椅背上，摊开手臂，一只手肘放在邻桌的椅子上。一开始他并不情愿接受访谈，只是勉强答应下来。但开始交流后，他的语气平静，态度轻松，举止也比较得体。说话时，伊利亚频繁地打着手势，同我们保持着眼神的交流，是一个会讲故事的小伙子。更难得的是，讲起那些过去的创痛，甚至是匪夷所思的经历，伊利亚仍能轻松且冷静，他只是在陈述事实，而不是用自己的故事来博取同情。最后访谈结束时，他告诉我们："我还真有点儿享受讲述自己故事的感觉。"

伊利亚 1991 年出生于德国的纽伦堡，当时他的父母随美军驻扎在此地。他的母亲是佐治亚人，父亲则来自新奥尔良。回忆起同父母在一起的日子，伊利亚所想到的只有"一天到晚的吵架"。当他还是个摇篮中的婴儿时，父母就已经双双出轨了。"他们已经无法继续生活在一起了，"伊利亚告诉我们。三四岁时，母亲抛下他，和新男友回

102

到了佐治亚，自此之后，伊利亚开始和祖父母一起生活。他们住在新奥尔良的贫民区，家徒四壁，周围环境极度危险。当他回忆起自己在新奥尔良和亚特兰大的童年时，在我们脑海中如同一幕幕荒诞的超现实剧。

"据说，我祖父有 36 个孩子，"伊利亚说，"小时候，我常听到隔壁卧室传来奇怪的声音，而且我听得出来不是在打架。然后就看到祖父穿着内裤走出来，我问：'嘿，爷爷，刚才是什么声音？'他就会说：'哦，是我和你奶奶，我们在打闹。'直到 11 岁时我才搞清楚，那其实是我爷爷在和他女朋友做爱。"

"我见过爷爷喝醉酒，失去理智后对奶奶就是一顿暴打。那场景，真不是小孩子应该看的。我也被他打过，但都是因为我自己做了傻事。我就在贫民窟内长大，从小就看着我堂兄抽大麻、卖大麻。有一次爷爷喝得烂醉如泥，裸着身子，被我看到了。我被那画面恶心惨了，一个星期都没回家。"

"我有一个堂兄詹姆斯，他就是个疯子。我曾亲眼见过他朝别人开枪，不过没看到过他真的打死谁。是他教我如何打劫。刚到这儿（亚特兰大）时，我犯过抢劫的事。我在公寓内打劫，下手的对象往往是印度和穆斯林小孩。从前，我还知道怎么爬到别人家的阳台，用衣架撬开人家的门。这些小偷小摸的技巧，也是堂兄詹姆斯教给我的。我现在也不知道他是生是死，当我离开新奥尔良时，他正关在号子里，因为一级谋杀被判刑 25 年。"

"他是我最亲近的人，甚至比我亲爹还要亲。他叫我去抢劫，我就去抢，事成后，我把抢来的钱交给他，他分给我 50 块钱。他叫我去偷鞋子，我上去就偷。要是有人追上来，他就会朝他们开枪，所以没人敢追我，也没人把我弄进少管所里。我那时也就六七岁，年少无知。我当时就想，'生在贫民窟，这正是我们要做的事儿。'做得越多，我也越顺手。生活在新奥尔良这个地方会逼着你胆子变大，性格变强。

你要靠自己的双手打拼，否则就只能任人宰割。"

伊利亚住在新奥尔良的社区，用他的话来说，"天天都能看到暴力
在上演"。"常常听到枪声，开枪杀人的也许就是我隔壁的老王。每天
都能看到尸体。绑架、强奸、死人、谋杀，家常便饭。谁想住在这种
地方？街上到处都是吸毒的瘾君子，他们没有家，也没有钱。我恨这
些。我讨厌我的出身。"

"我也羞耻于做我自己，我是个黑人，以前上学的时候，白人总是
会找茬。种族歧视，比比皆是。我只会跟白人打架，不跟黑人打。要
是我跟黑人干起来了，那肯定也是因为我的堂兄，他叫我打谁我就打
谁。而且，那个时候，谁要是先打我，我一定要还回去。肾上腺素一
爆发，再加上贫民窟的风气，就是这种打打杀杀的生活了。所以，每
天都活在刀光剑影中。我憎恨那个地方。"

什么是他口中的"贫民窟的风气"？伊利亚为我们做了些解释：
"就是那种，一帮地头蛇会跑到学校去，揪出几个学生，抢走他们的
午饭钱，'把你吃饭的钱交出来'。要是换作我，还在新奥尔良的时
候，我会说：'所有的钱都掏出来，你的新鞋子也脱下来，衣服我们
也要了。'我堂兄詹姆斯做事还要爽快。他不会拿拳头威胁人。他会
拿枪指着他们的脑袋：'听着，不把钱给我，我就一枪崩了你。'你别
说，我从没见过我家有人真的杀了人，也不想我堂兄变成第一个。"[15]

还未懂事时，伊利亚就懂得了血腥和暴力。"我那时候才4岁，"
他说，"有一天，我看见一个漂亮的小女孩正骑着她的滑板车。一辆
车驶过，车窗里飞出一颗流弹击中了她。完全突如其来。下一刻，我
就看到她血流满面，子弹穿过她的前额、鼻子，这里还有这里（做手
势），血从她嘴里涌出来。我当时就吓懵了，心惊胆颤，以前我从没
亲眼看到这种事。当时我就哭了。"

过了不久，伊利亚又听说有个男人在巷子里被枪杀了。"我被吓傻
了，"他说，"每次我爷爷带我去看恐怖片的时候，我在影院内一点儿

都不害怕，因为我见过更恐怖的。'走出家门，你就知道什么是心惊胆颤。'"

终于有一天，死亡来到了伊利亚家的门前。"我还记得，那天早上一觉醒来，我正准备去找我爷爷。我打开前门，看到爷爷就在门口 104 站在一具死尸旁。我目瞪口呆，不知道该说什么，只好跑回我的房间，继续睡觉。"[16]

直到现在，伊利亚也说不清楚，父母在他生活于新奥尔良这段时间里到底去了哪里。关于他的父亲这些年的去向，伊利亚所知的只是，父亲退役后，返回到美国。"我爸是个浪子，"他说，"在皈依上帝之前，没人知道他住在哪里。"在伊利亚的记忆中，第一次见到父亲时已经是十岁。"操，"伊利亚说起来那次父子见面，"第一次见他，感觉还不错。"关于那些被错过的岁月，伊利亚只能提供父亲只言片语的信息——蹲过大狱，在德克萨斯州和路易斯安那州抚养过别人的孩子，最终在亚特兰大市区的南部当了个街头传教士。

这段时期，伊利亚的母亲又找了新的男友，回到了南卡罗来纳州的查尔斯顿。十岁那年，伊利亚曾被送到母亲那里，同她们生活了一年。在他看来，如果同新奥尔良相比，查尔斯顿真是太平淡无奇了。"我在那地方实在是无所事事，"他告诉我们，"因为我习惯的生活就是暴力、毒品、枪声大作。我常常出门在街头溜达，期待着发生点什么，来点刺激的。"

在南卡罗来纳过了一年，伊利亚就回到了新奥尔良，回到了祖父母的家，在这里一住又是好几年。这段时间，他又见到过自己的亲生父亲。"这次是在监狱里，"伊利亚说道，"我去探监，他告诉我他是怎么进去的。我当时就很想哭，很难忍，但我还是忍住了，因为他就死盯着我的眼睛，告诉我：'一切都会好起来的。'父子之间的那种感情，你懂的：我相信我爸，因为当他在我身边时，我感觉很安全，没什么好担心的。一切真的会回到正轨的。"

伊利亚长到 13 岁时，在母亲的一再要求下，从新奥尔良搬到了亚特兰大，为的是照顾母亲和她与最新男友生下的孩子，一对刚满周岁的双胞胎——"据我听说，"伊利亚告诉我们，这就是"一场露水情缘"背下的债。妈妈的男友不愿意承担做父亲的责任。"我很讨厌那家伙，"伊利亚说，"这样说吧，'你上了我妈，搞大了她的肚子，现在你又说不管孩子，还要我来帮忙做保姆'。带小孩太麻烦了，我之前从没做过这样的事。不过，这也让我暂时远离了街头的那些祸事。"

但这只是暂时的。搬到亚特兰大还不到一年，伊利亚就闯了大祸——犯了故意纵火罪。"因为头脑发热做了蠢事，我被关进了少管所，"他说，"当然，事的确是我犯下的，好汉做事好汉当。看着那个女人的房子被一把火烧光，我当然拍手称快（边说边笑）。我为什么要烧她的房子？因为她叫我'黑鬼'。我当时就想，'好极了，你有种……'我那会儿年少轻狂，是个狠角色，随时准备惹事。那时的我，想想真的很可怕。"

不到一周，父亲将伊利亚保释出狱。回家后又是一番家长的管教。"我爸来缴了一大笔钱，"他说，"把我捞了出去。为了这件事，他把我打到不省人事。那大概是我今生被打得最惨的一次（大笑）。十天半月的时间，我连坐都不能坐，下手就是这么重。当时我就想：'老天，这辈子我再也不烧别人的房子了。'"

纵火事件过后，伊利亚的父母都开始对他严加管教。"我爸妈合起伙来整治我，"他告诉我们，"我感觉到苗头不对。我妈纯粹是在大惊小怪，我爸也是这样，在他眼里，'你简直是个恶魔，你必须要改邪归正'。我也只好服软，'好吧，我投降了'。我开始上学，也不敢逃课了。"

每天放学后，伊利亚乖乖回家看电视。"我从来没有过这么多的规矩，"他说，"因为——我觉得自己从前确实欠管教，因为之前我爸都不在我身边。我跟我爸讲电话的时候，他会鼓励我，给我讲上帝的福音。但我妈就只会骂我，各种粗言秽语，我以前总搞不明白她为什么会这样。"

"她骂人的话总是那一套，变都不变——'闭上你的嘴。老娘不想听你废话。'天呐，她可是亲生母亲，却胡乱咒骂我，骂我是个蠢蛋、傻瓜。'你以后绝逼跟你爸一样——没工作，跟着自己的妈吃软饭。'千万别误会我的意思，我妈也不是刻薄的人。只是她就是这样被养大的，这就是她的行事方式。要怪只能怪我外公，有其父必有其女。"

谈到母亲的粗暴作风，伊利亚还作出了另一种解释。"那时候我妈同时打着两份工，回到家已是筋疲力尽，这也是她对我没有耐心的原因吧。每次我妈下班回家，看到桌子上堆着账单，盘子也没人洗，儿子的房间像个狗窝，家里到处都乱成一团，生气也很正常。我妈经常对我发火，我也不怪她。但生气归生气，作为一个母亲，跟孩子说话还是要有底线。要是当妈的整天咒骂孩子，整天挥舞着大棒，那就真的会毁掉……真的会伤害到孩子。"

2006 年时，伊利亚年满 15 岁，此时距纵火事件过去已有两年。在他的描述中，这一年是"有生以来最糟糕的一年"——这话说得耐人寻味。当我们再做追问时，伊利亚开始闪烁其辞，但他说这一年是他们母子关系的"最低谷"。"我爸盯着我，眼神就好像是看《全美通缉犯》中的罪犯一样，"他说，"而我妈看着我，就好像我是一个从她肚子里掉出来的疯子。那段时间，我去我爸家总是免不了一顿暴打。"

随后，伊利亚谈到了他以后会如何教育自己的孩子。"我们首先教他们分清善恶，"他说，"要是我儿子也像我小时候那样惹事生非，甚至上街打劫，我就会好好跟他讲人生的道理。千万别误解，我不是说我不会动手。打，肯定还是要打的，我要教会他，对就是对、错就是错。但我会给他讲道理。如果你总是责骂孩子，抱怨他们一事无成，最后只能变成下三滥的混球，那么他以后就只能成为下三滥的混球。

做父母的，应该对孩子有信心，相信他可以成为一个优秀的人。"

伊利亚在校读书时可以说麻烦不断。因为逃课，他被开除过至少一次。翻看他的在校成绩，简直"不堪入目"。甚至连毕业有时也遥不可及。"我感觉自己就是个笨蛋，"他说，"毕业可不是闹着玩的。所以我收回心思，专心看书，希望可以顺利毕业，然后摆脱高中的生活。但我并没有考过。为了毕业，我甚至还上了暑期班，但依旧没考过。我总共考了 4 次毕业考，最后一次才通过。"

19 岁那年，伊利亚高中毕业，一进入社会，他很快找回了原来的吸毒和醉酒的生活，母亲最终也因此把他赶出了家门。"每晚，我都喝醉、嗑药，"他说，"和狐朋狗友们一起嗨翻天，从半夜一直鬼混到早上八点。我妈根本管不了我。不过在我因吸毒而被赶出家门之后，我终于恢复了理智。'我已经 19 岁了，不能再这么下去了，我不可能一辈子这样生活。'"

但两年之后，伊利亚还未找到自己未来的人生之路。自从高中毕业后，他有时会和母亲住在一起，偶尔会到佐治亚州南部同父亲生活一段时间，也时常挤在朋友的家里。"去年，"伊利亚告诉我们，"我被我妈赶出家门，只好搬去一个朋友那里住。那伙计不但吸毒、抽大麻、嗑药，还去俱乐部鬼混，生活放浪不羁。老兄，这太疯狂了。我待在他家，最后一点理智眼见着就要丧失。我不知道怎么办才好，我常常会想：'我到底是要成为圣徒，还是要做罪人？要做个 loser，还是要成为人生赢家？'我决心重新找回我的生活。所以我辞掉工作，搬去和我爸同住。我还常去教堂，想让自己有点信仰。但完全没用，我只在我爸那里待了五周，然后就回到了老地方，变回了老样子。我又开始满嘴粗话，胡作非为，我还是原来的我。我妈和我爸都对我施压，想让我参军，但我死活不干。'我参的哪门子军啊？那可不是我要做的事。军队里没什么好东西。'我爸就是在军队变得游手好闲的，只得退役。为什么还要我去？"

107

　　曾有几个月，伊利亚挨家挨户地上门推销刀具，打算以此谋生——但成功的销售员需要人脉，还需要一辆车，伊利亚什么都没有。[17]"这种事情我之前一窍不通，"伊利亚为我们讲述推销的工作，"操！我从贫民窟来，完全不知道该怎么推销。要想做好这份工作，你每天都必须穿得人模狗样的。我也许可以做好这行，但也不愿意多待。"最终，伊利亚还是回到了克罗格超市，做起了打包杂货的老本行。

　　谈到他的未来，伊利亚有两个相距甚远的梦想。第一个梦想是成为一名福音派教会的传教士，和他父亲一道工作。"我们能挣很多很多的钱，"他向我们解释第一个梦，"我将来会有自己的教堂。因为我爸，他是个传教士，他给人传授上帝的福音。我们俩在一起也经常谈论上帝的福音。上阵父子兵吧！"

　　伊利亚为自己设想的第二个未来，说起来也更世俗一些，但最终也更为远大。"我有说唱的天赋，"他这样说，"所以我想写歌。做个DJ，这就是我的梦想。我想出自己的唱片。我对眼下的生活并不在乎。我计划着向前走，多存点钱，买个自己的公寓，然后再去读书。现在我正在找另一份工作，我在追逐着自己的梦想——成为有史以来最伟大的说唱歌手。我一般从不跟别人说这个，但我一直在写歌、听歌。这是我想象的未来：做个说唱歌手，迈向人生巅峰。"

　　经历了21年充满暴力、动荡不安的生活，伊利亚还能毫发无损地活到现在，甚至做到勉强地自给自足。当他还是生活在新奥尔良街头的一位6岁儿童时，就人生第一次体验过那种赤裸裸的暴力，而时至今日，伊利亚似乎仍然沉迷于这种肾上腺素狂飙的快感。"我就喜欢打人，"他说，"打到他们鼻子流血，受伤求饶，打到他们在地上爬不起来。"同时他也意识到，他必须抑制住自己的暴力倾向。"我要学会控制自己，"他说，"因为别人会觉得动不动就挥舞拳头很奇怪，会躲得远远的。现在，我可不想再这样下去了，因为我现在更成熟了。我一直都在对自己说，我再也不能这样活了。我要有工作，去教堂，回

108

家。上帝也不想看到我再打人了。我很确定这一点。"

显而易见，伊利亚生活中遭遇的种种困境，追根溯源都可归因于他在新奥尔良的童年——没有父母陪伴，成长于祖父母在贫民窟内的家中；不仅如此，伊利亚口中"那些我一再经历的变故，种种我难以适应的经验"，又进一步恶化了这种生活的动荡。但诚然如此，伊利亚想要改善自身处境的心意，看起来还是认真的。正如他所言："希望我的努力都能得到回报，所有的问题最终都能得到解决。只要克服困难，解决问题，我相信我最终无所不能。"

伊利亚承认，他和父母之间还是"有些个人问题未能解决"，即便如此，他看起来还是满怀希望。"我常去教堂，"他告诉我们，"在那里分享朋友们的开心和忧愁，我在努力让自己做得更好，成为一个良好的美国公民。"

* * *

上述三个家庭显然都是非典型的美国家庭。（由于经济收入和监禁率上的种族不平等，在黑人青年这个群体中，我们看到的更多的是伊利亚，而不是德斯蒙德，这也难免让我们悲从中来。）但是，通过比较这三个家庭之间的差异，我们可以发现不同阶级在父母教育方式上表现出来的差异，在过去数十年中，这种基于阶级的差异越拉越大。本章所选的三个案例正好都是黑人家庭，但由它们所展示出的阶级不平等却在白人家庭内同样显著，也在同样急速增长。

为人父母者的教育模式在发生变化，这对孩子的人生前途自然会产生巨大的影响。接下来，我将从最新的科学研究成果入手，这些研究关注的是儿童的大脑发育，它们已经非常准确地展示出何种教育方式最有助于儿童的认知和社会情感能力的发育；反之，何种教育最为破坏这种能力的发展。在这之后，我们的视角会转向社会的广角镜，考察过去数十年中美国父母养儿育女实践中的阶级差异。最终，我们要讨论这种阶级差异是如何以及为何越来越严重的，穷孩子的人生也因此愈加看不到翻身的希望。

儿童发育： 我们最新的认识

近年来的相关研究已经极大地丰富了我们的认知，我们从中可以了解到，儿童的早期经历和社会经济环境是如何影响他们的生物神经发展，而这种早期的生物神经发展又是如何影响他们的未来人生的。研究表明，这种影响的效力不但是强有力的，而且是持续的。国家科学院在一份重大研究课题的报告中就这样写道："儿童成长的环境及其生活经验，会影响儿童早期发育的各个方面，从大脑结构的发育，到孩童的同情能力，都会受到影响。这种影响是潜移默化、不断叠加的，从胎儿时期就已经开始，一直持续到童年的早期。"[18]最重要的是：早期的人生经验会进入我们的身体，深入我们的行动基因中。

儿童在青少年阶段会显现出许多认知和行为差异，如果追根溯源，这些差异早在他们18个月的时候就已经初现端倪，甚至可以追溯至更早的襁褓时期。神经学的研究已经证明，婴儿的大脑天生具有从经验中学习的能力，因此，他们的成长环境从一开始就会直接影响到他们大脑组织的发育。而对于婴儿来说，最原始的生活经验就是同成年人回应的互动——一般而言，该角色主要是父母。

婴儿的大脑如要得到健全的发育，就需要成年人耐心和细致的关照。在儿童成长专家的研究中，这种在双向互动中学习的主要机制被称为"有条件的互动学习（contingent reciprocity）"（如果说得再直白些，就是"接发球"式的互动）。[19]比如，好比在网球比赛中发出一个球，婴儿也会发送出某种信号（如在摇篮里咿咿呀呀），而假如成年人在

110

此时做出了回应（如父母以呢喃小曲回应孩子的咿呀），则婴儿发育中的大脑就会因此留下印象。当然，这种方式的学习大部分都发生在小孩子还不会说话的阶段。但研究者近期还是发现，儿童的数学和语言能力早在学龄前就已经打下了基础，其更多地取决于同包括父母在内的成年人之间的非正式互动，而不是正式的训练。[20]让我们的头脑中闪现出这幅画面：父母正在为孩子读书，一边讲着书内图画中的故事，一边鼓励孩子做出回应，这正是互动学习的经典场景。

来自父母的认知刺激，是孩子们最有效的学习手段。如果父母一直都倾听孩子的声音，经常同他们交流，就好像西蒙娜和卡尔的为人父母之道，那么孩子们成长在这种环境中，就会发展出更高级的语言技巧；相形之下，父母若是很少同孩子们进行语言交流，比如斯特芬妮便是如此，她曾经解释过，"我们没时间做这种事，大家一起聊聊每日的见闻什么的"，那么这种环境中长大的孩子，语言能力就要相形见绌。简言之，儿童的大脑并不是一台可孤立运转的计算机，而是一种社会性的器官和机制。

神经科学家和发展心理学家在新近的研究中已经发现，我们大脑有一系列尤其重要的技能，他们称之为"执行功能（executive functions）"，比如注意力集中、冲动控制、心理韧性、短期记忆等。这些功能由我们现在所说的大脑前额皮层所控制。电话一响，你就知道放下这本书去接电话；你在心里默记在孩子踢完球后要去接他们；下次翻开这本书时，你可以从上次未看完的页码开始读。如果大脑的执行功能存在缺失，那么就会表现出学习障碍或少儿多动症这类问题。

在正常情况下，只要照料者尽到自己的责任，那么孩子的大脑执行能力在其 3 ~ 5 岁之间就会有特别迅速的发展。但是，如果孩子在此期间受到虐待，长时间面临高度的精神压力，那么他们的大脑执行功能就有可能受到损伤。我们可以想想，伊利亚在这个阶段和毫无关爱之心的爷爷住在一起，时时要直面新奥尔良贫民区内的暴力和鲜血，而面对着一上学就嚎啕大哭的米歇尔，斯特芬妮也是束手无策，她能想到的唯一办法就是"抽打"。而一旦大脑的执行能力有所欠缺，那么这样的孩子也就没有能力解决问题，应对逆境，组织好他们的生活。

这项研究也给出了一个非常重要的结论：孩童在其成长初期所获得的能力是基础性的，这些能力越发达，他们今后的学习就越是高效。正是因此，孩童时代的成长经验是至关重要的。随着孩子年龄渐长，他们的大脑也越来越定型，要改变也就越来越难。这一事实就告诉我们，与其等到青少年时代再严加管束，不如在学龄前就介入，这时的教育可以说是事半功倍。

在儿童发育之初，智商和情商的发展必定是相辅相成的。科学研究已经表明：勇敢、敏锐、乐观、自控力、责任心、心理稳定，凡此种种被称为非认知性技艺的能力，对个人成功所起到的作用都是不容小觑的。非认知性能力越强，则在身体健康、学校成绩、大学入学、工作就业以及家庭收入上的表现就越好，而且情商高的人不太会惹麻烦，更不会沦落到监狱里。总之，在预测一个人能否取得成功时，非认知性的能力同认知性的能力至少是同样重要的，而且在我们这个后工业社会中，较之于前工业化和工业化的时期，非认知性的情商只可能会越来越重要。[21]

既然父母的早教是如此重要，我们首先可以看到积极的一面，孩子如果幸运地遇到了负责任的爱心家长，那么他们就更有机会走上人生的成功之路。同时也千万不要忘记消极的一面，家长疏于管教，任由孩子暴露在压力（包括我们目前所说的"恶性压力（toxic stress）"）之下，就会堵塞孩子的成功之路。事实上，如果观察儿童的发展，长时间的不管不问，要比公然的家暴更能成为造就问题青少年的罪魁祸首。[22]动手打孩子当然不应该，但完全忽视他们可能会对孩子造成更大的伤害。

从生活的直觉上，我们就知道对孩子疏于照顾会造成不良的影响，112

但到底原因何在，神经科学通过大量的证据做出了关键的解释：假如孩子在幼年时缺乏来自父母的关爱，则他们同成年人之间亲密互动的频度也就会降低，由此造成的大脑发育欠缺在日后是很难弥补的。一项里程碑式的儿童发展研究关注了罗马尼亚的孤儿，该项研究就表明，如果婴儿出生后不久即被孤儿院收养，则严重的缺乏关爱会导致这些孩子在各项指标上都表现不佳，比如智商、心理健康、社会调适能力，甚至连大脑构造都不同于正常的儿童。当然，如果孩子在 2 岁前就被收养，自此之后生活在健全的家庭内，则此前的创伤大部分都是可以修复的，但是随着他们年龄渐长，收养越晚，则抚平童年的创痛也变得越来越难。[23]

恶性压力对大脑发育会造成负面影响，损害程度同样是骇人听闻的。面对压力时，人会做出反应，比如肾上腺素、血压、心率、血糖、应激激素会在短时间内飙升，这本身代表着一种高效运转的人体防御机制，它由漫长的生物进化所形成，所有的动物物种都通过这一机制来应对突如其来的危险。适度的压力并不必然是有害的，在父母的关照之下，压力甚至可能是有益的，因为压力有助于培养孩子的应对能力。但是，长时期的高压，特别是没有辅之以关爱孩子的家长，就会干扰大脑最基本的执行功能。但麻烦的是，大脑的各个部分之所以可以协调运转，应对挑战并且解决问题，靠的就是大脑的执行功能。正是因此，儿童如果成长在恶性压力之中，则他们就很难集中自己的精力并控制冲动的行为，也不太服从管教。

极端的高压还会造成一系列的心理和生理变化，从深层破坏大脑发育，改变大脑的结构组织。[24]长期缺乏父母的关爱，遭受肉体或精神上的暴力虐待以及父母滥用精神药物，凡此种种都会让孩子承受恶性压力，由此让孩子的身心发生看得见的病变，导致他们在学习、行为以及身体和心智健康方面的终身困难，具体表现为抑郁症、酗酒成瘾、肥胖症和心脏病。

科学家们已经构建起了"恶性童年经验指标库"（Adverse Childhood Experiences Scale），以此测度那些会造成恶性压力的事件清单。[25]（参见 表 3 – 1）如果在童年时仅经历过其中一两件事，则通常并不会导致成 年后的恶果。但是，恶性事件经历得越多，则造成终生伤害的可能性 也就越大。诺贝尔经济学奖得主詹姆斯·赫克曼教授（James Heckman） 对此进行了多项研究，在概括自己的研究成果时，他指出："如果成 长于充斥着恶性经验的环境内，则孩子长大后更可能出现健康状况不 佳、医疗成本昂贵、滥用精神药物、工作和社会交往糟糕、残疾、抑 郁和自杀，甚至会造成更下一代的失败。总之，两者之间存在着正相 关。"[26]

表 3 – 1　恶性童年经验指标库

1. 蒙受家中成年人的肉体虐待或威胁
2. 遭受家中成年人的虐打、掌掴或其他伤害
3. 遭遇过成年人的性侵
4. 从未感受到家庭内的关爱和支持
5. 父母分居/离婚
6. 缺衣少食，或父母酗酒吸毒，无暇照顾子女
7. 母亲/继母遭遇家庭暴力
8. 家中有人酗酒或吸毒
9. 家中有人患抑郁症或曾经自杀
10. 家中有人身陷囹圄

在上述 10 种童年恶性压力事项中，伊利亚在他的孩童时期经历了 至少 8 种，就此而言，他能活到今天都实属不易。诚然，有些像伊利 亚这样的孩子也因此锻炼出强韧的抗击打能力，即便面对着长期的高 压生活，也能泪中有笑地活下去。但是，我们大概是高估了这种内心

深处的坚韧，因为即便对那些在逆境中奋力向上的孩子们而言，长期的高压生活也难免会造成负面的心理影响。[27]这就是我们有时所说的"约翰·亨利效应（John Henry effect）"：打桩工人约翰·亨利要同蒸汽机比赛打桩的效率，他卖力地挥舞着锤子，竟然击败了机器，但他"太过紧张，以致心脏完全超负荷运转；约翰·亨利放下了他的锤子，当场猝死"。[28]推而广之地讲，伊利亚是在透支他自己的生命。

114　　　当然，任何阶级的孩子都可能遭遇上述的恶性经历，但不可否认的是，若是出生在低收入、低教育程度的家庭，孩子就面临着严重得多的风险。即便是经济收入超过贫困线一倍的家庭也难免深受其害。虽然斯特芬妮曾说过现在"赚钱还不少"，但统计生活在这层家庭的孩子，较之于他们更富裕的黑人同胞，其遭遇如下家庭创痛的可能性要高出了 1~4 倍，比如父母过世或入狱、家庭虐待、社区暴力、家庭成员有人吸毒或酗酒。研究已经证明，这些童年期的经验会造成种种恶果，比如抑郁症、心脏疾病、发育缓慢甚至自杀。更麻烦的是，这些恶性经验往往是相互叠加的，由此形成的总体后果真是不堪设想。[29]

　　恶性压力侵蚀着儿童的发育，但儿童承受的压力通常也反映着父母们在日常生活中所遭受的压力重负——有些是严重的压力，比如抑郁症，还有些是日积月累的生活琐事。在孩子出生后的第一年内，母亲的压力尤其会干扰婴儿和母亲之间的亲情纽带。由此也就构成了一种恶性循环：童年时的压力有可能导致孩子注意力无法集中，或者患上少儿多动症，而这样的孩子往往会加重父母的压力，最终让他们对孩子更没有好脸色。[30]

　　哈佛大学医学院的生物精神病学家业已证明，做母亲的哪怕只是从语言上长期虐待其子女，都有可能导致孩子大脑组织的损伤。"若是成长于父母的日常语言暴力中，"他们在研究中指出，"这样的孩子在进入青少年阶段后更容易显现出抑郁、焦虑或孤僻的症状。"[31]这项研究证实了我们之前听到过的"伊利亚之假说"："要是当妈的整天咒骂孩子，整天挥舞着大棒，那就真的会毁掉……真的会伤害到孩子。"

但也有幸福的家庭和幸运的孩子，如果遇到了关心孩子又负责任的成年家长，则即便是压力排山倒海而来，也不会把孩子压垮。[32]实验室内的临床研究已经在动物世界中证明了这一理论。例如，加拿大麦吉尔大学的神经生物学家迈克尔·米尼（Michael Meaney）就在研究中发现：实验中有两组新生的鼠宝宝，第一组经常被鼠妈妈舔舐顺毛，这也是鼠妈妈养育新生鼠仔的典型方式，而第二组鼠宝宝则很少被鼠妈妈舔舐，结果证明，较之于第二组鼠宝宝，第一组就更少产生压力荷尔蒙，长大后也更聪明，更有好奇心，更健壮，同时也更有能力应对突发事件和压力状态。但是，两组幼鼠间的行为差异，同样可能是由基 115 因原因所致，所以米尼及其合作研究者接下来非常聪明地解决了这个问题，证明了鼠妈妈和鼠宝宝行为之间的关联并不仅仅是胎内基因所致。他们精心设计了一组实验，让那些天性对鼠宝宝更关心的鼠妈妈去照顾天性更脆弱的鼠宝宝，也即用第一组鼠妈妈养育第二组鼠宝宝，结果出来后，他们发现，这一组基因上更脆弱的幼鼠在长大后表现得更像它们的养母，而不是它们的生母：它们不太会产生压力激素，也能茁壮成长。[33]

鼠妈妈舔舐幼鼠毛发的行为，就好比为人父母者为子女提供身体和情感上的安全和舒适，比方说一个大大的拥抱，这会让下一代生活在更积极乐观的环境中。回到生活在克林顿港的切尔西这家人，在好朋友自杀后，切尔西的父母悉心安抚女儿的情绪，这在效果上就等同于"舔舐顺毛"。父母如果同孩子关系融洽，平时周全呵护自己的子女，那么就有助于培养孩子的韧性，能够缓冲原本可能会把青少年击倒的压力。[34]例如，在一项关注明尼阿波利斯市低收入家庭的调研中，心理学家拜伦·伊杰兰（Byron Egeland）就发现，同样生活在低收入的家庭，那些在出生第一年得到母亲精心照顾的孩子较之于同期无人关爱的孩子，长大后在学校表现得更出色，成年后也更少焦虑，社交方面也更为通达。[35]

这些在幼年时养成的认知和情绪控制能力，特别是自控力和意志力，很大程度上决定了孩子未来在学校的表现。科学家在加拿大蒙特利尔市进行了一项样本随机抽取的跟踪试验，这项研究业已表明，从孩子七岁开始就有意识地锻炼他们的社会交往技巧，比如分工合作和倾听他人谈话、培养他们的社会信任度，未来就可以有效地增加孩子的社会机遇。[36]换言之，如果父母通过有意识的培养，让孩子们获得了一定"剂量"的社会适应力，那么这些孩子在学校就有更好的表现，不会惹是生非，远离罪恶，甚至在进入社会后可以获得更高的经济收入。与此相反，如果孩子在童年时期被灌输的只是一定"剂量"的社会冷漠和猜忌，就好像伊利亚和凯拉所遭遇的困局，那么他们人生成功的希望也会大打折扣。

我已经总结了神经生物学最新的研究发现，如果说这些科学研究有何种社会意义，那么最根本的就是：美国儿童能否有着健康的大脑发育，被证明是同父母所受的教育、家庭收入和社会阶级密切相关的。[37]我们来看一些最近的研究发现。

不断有证据显示，儿童如果成长于贫困家庭中，则其皮质醇超标的危险就更大，作为一种经常被研究的压力荷尔蒙，皮质醇指标越高，成年后的抗压能力就越弱。原因在于，贫穷看起来会造成一种混乱的生活环境，最终影响到儿童的生理。[38]

一项近期的研究已经发现，童年时如果成长于贫穷所造成的压力环境中，则成年后负责情绪控制的大脑功能有可能受到损伤。[39]

加拿大的研究者发现，出身于上层阶级和下层阶级家庭的孩子，甚至连大脑电波也存在着差异。具体说来，下层阶级的孩子更难以集中精力完成一项具体的任务，原因显而易见，他们从小生活在危险不断的环境中，因此大脑已经被训练到对外部环境保持不间断的监控和随时的警惕。[40]

近期还有一项研究采用了核磁共振技术，研究报告指出，较之于家境富裕的孩子，穷人家的孩子大脑发育更慢，大脑灰质也更少。当然，目前的研究所采样本人数很少，我们需要更进一步的研究才能确认这一结论是否具有普遍性。[41]

在经济收入和教育程度双高的家庭中，孩子可以得益于家庭中更丰富的语言交流，从一开始就拥有语言能力的优势。因为父母在日常对话中有更大的词汇量，而且可以轻松地驾驭更复杂的语法。[42]在另一项里程碑式的研究中，儿童发展的专家们跟踪了生活在堪萨斯州的 42 个家庭，三年以来，每月选取一个小时，细致观察并记录这些家庭日常的语言沟通状况。在此基础上，研究者设置了三组比较样本：第一组是父母为职业人士的家庭，第二组是父母为工人阶级的家庭，第三组则是父母靠社会救济糊口的家庭。根据研究者的估算，在儿童上幼儿园之前，第一组家庭的孩子听到的词汇量多出工人阶级孩子 1900 万次，超出领取社保家庭的孩子 3200 万次。[43]

根据一项全国范围内的研究，在入学前，72% 的中产阶级孩子已经熟记了字母表；相比之下，穷人家的孩子在学龄前会背字母表的只有 19%。[44]

简言之，当孩子发出信号时，受过高等教育的父母通常会更郑重对待；相比之下，只读过中学的家长更容易对之置若罔闻。同时，来自富人家的孩子在成长过程中更少面对恶性压力；反之，在贫穷家境内长大的孩子则往往是压力山大的。甚至还不仅如此，上述在认知、

117

情感和社交能力上表现出来的阶级鸿沟，在儿童成长之初就已现出端倪，而且一旦定型，终生都很难再去改变。这也就意味着，即便我们现在还没有完全讲清楚其中的因果机制，但可以确定的是，在学龄前阶段，这些因素是最具决定性的。[45]当然，这并不意味着学龄后的干预就是全然无效的，更不是说阶级之间的鸿沟就是上天注定或自然规律，但它确实意味着我们必须重点关注儿童的早期发育。

但吊诡的是，这些最新的研究发现却只会进一步拉大阶级之间的差距，至少短期看来是如此。原因很简单，受过高等教育的父母更可能获知上述研究，也许是自己读到了，也许是听到别人转述，也因此更会在教育子女时亲身实践这些研究的指导。[46]正如我们在下文所见，过去数十年来，在为人父母的作风上，阶级之间的差距已经出现，甚至迅速扩展到无法弥合的鸿沟。西蒙娜和斯特芬妮显然都爱着她们的孩子，但是她们的故事以及科学研究都已表明，只有爱是不够的，爱的花朵未必能结出成长的果实。

为人父母之道——及其变革趋势

关于什么是最佳的为人父母之道，美国人的观念在过去60年间经历了两次重大的变革，每一次都是因应发展心理学家的观点之变而变。[47]二战之后，著名的儿科专家本杰明·斯波克博士出版了名噪一时的超级畅销书《斯波克育儿经》(Baby and Child Care)。作者在书中谆谆教诲婴儿潮一代的父母们——他们应该采取放养式的教育，让孩子按照自己的兴趣和节奏去自由发展，而不是压制子女，让小孩子追赶成年人生活的日程和规则。那一代父母因此推崇放轻松的教育理念，追求同孩子一起共享天伦之乐的生活。但自20世纪80年代起，关于何为好父母的主流观念和社会规范就开始发生转向，特别是自90年代开始，斯波克的"放任教育"越来越为人所摒弃。新一代的父母开始转向"精密教育"的新模式，一部分原因正在于我此前所述的关于大脑发育的科学新知。

通过育儿手册、家庭杂志，再到现身电视节目的专家，这种新的教育理念已经影响到美国社会的各个阶层。但是，一如父母教育哲学 118 的此前转变，新风气最先为受过高等教育的父母所接纳，并在其育儿实践中加以贯彻。我们还记得厄尔的话吗？这位来自本德镇的上层阶级父亲就这样告诉我们："所有那些关于如何为人父母的书啊，我们这一代人几乎都读过。至于比我们更年轻的新一代父母，他们甚至会为此准备得更多。孩子的事，都是天大的事。"

在当下的美国，父母非常看重孩子的认知和社交能力，往往从子女很小的时候就开始发掘他们的潜能，如此一来，"模范父母"就变成了一项需要家长投入极大时间和金钱成本的工程。尤其是对那些受过高等教育的父母而言，"好妈妈"在孩子身上的投资一定要不惜血本，而"好爸爸"当然不能只是个工作达人，还要更多地投身家庭生活，关爱孩子的日常。[48]现如今，美国社会各阶层的父母都青睐精密教育，但我们在下文中可以看到，那些文化程度低、经济上更困难的家长就更难把这些新理念付诸实践。[49]

安妮特·洛罗（Annette Lareau）是研究家庭志的权威学者。她在自己的研究中就厘清了当今美国社会中出现的两种父母教育模式，并将之命名为"精心栽培型（concerted cultivation）"和"自然放养型（natural growth）"的教育，更重要的是，父母的教育模式，是由父母的阶级地位所决定的。[50]

所谓**精心栽培的教育**，主要是指中产阶级父母的育儿方式。这类父母从一开始就深谋远虑地为子女做教育投资，有意识地培养孩子的认知能力、社交技巧和文化素养，最终是为了自家孩子将来可以取得成功，尤其是在学校内有着优秀的表现。我们还记得，在德斯蒙德的家庭中，母亲西蒙娜为孩子们讲述安妮·弗兰克的故事，在旅途中玩抽卡片认总统的游戏，让德斯蒙德做《爱上拼音》的练习册，或者为孩子挑选好的幼儿园，而父亲卡尔则把德斯蒙德带到他的办公室，同他讨论新闻，询问儿子在主日学校学到了什么，这都是家长投身精心栽培的具体行为。

自然放养的教育则放手任由孩子发展，让他们更多地凭借自己的天分和运气。在这种教育模式下，父母没有什么计划，也不怎么干预孩子在学校的表现。而在教育孩子时，这类父母更多依靠硬规矩和大棒，很少密切关注子女的表现，缺少对孩子的鼓励，更谈不上讲道理和平等协商。当凯拉陷入抑郁症的泥潭时，乔不是不想成为一位更负责任的父亲，但由于自己悲惨的童年经历，再加上现实生活的种种不得已，他唯一力所能及的也只有自然放养。在今天，这种父母教育的方式于贫穷家庭中仍更常见，当然即便是在下层阶级内部，自然放养的教育也正被逐渐抛弃。

119　　在绝大多数研究中，我们都能发现为人父母的规范已经表现出了一项普遍的阶级差异：高知父母致力于培养自主、独立、有自我反思能力的下一代，要让子女自尊自强，有能力作出积极向上的选择；相反，教育程度不高的家长往往把目光投向纪律和服从，要求孩子严格遵守家长定下的各种规矩。图3-1就阐述了这种阶级间的两极对立。最左侧的一栏代表着教育程度最低的父母，亦即连高中都没有毕业的家长，这类父母更强调服从而不是自立，其中高达65%的家长把教育目标设定为子女的服从，只有18%的家长更注重孩子的自立；最右的一栏则代表着取得了研究生学位的父母，我们可以看到，这类高知父母在教育上的偏好正好相反，高达70%的家长认为教育的目标在于子女的自立，仅有19%的家长更看重孩子对家规的服从。也就是说，上层阶级的父母同他们的子女有着更平等的关系，更愿意同孩子讲道理，让孩子出于内心愧疚而改正自己的行为；相反，下层阶级的父母则更容易采用体罚的手段来达成管教的目的，动不动就是一顿抽打。[51]

图3-1　父母受教育程度和子女教养目标

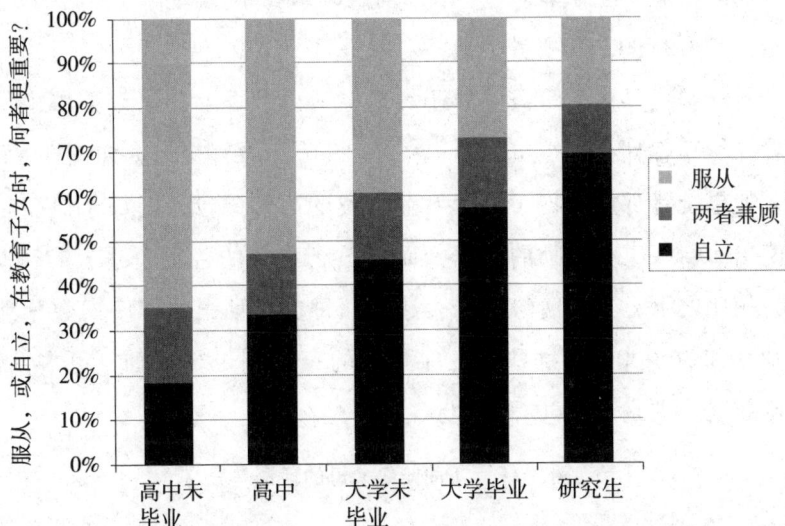

数据来源：Faith Matters national survey, 2006.

教育模式的阶级差异，并不只是停留在父母口头上的理念，而是体现在他们的现实行为中。西蒙娜甚至不记得上一次惩罚德斯蒙德是什么时候的事（其至没有对儿子说过"一周不准看电视"）。卡尔把为人父母比作执法足球比赛的裁判（"有时候，你必须摆出家长的冷脸告诉他们，'问题就出在这里'"）。但随着孩子们渐渐明白事理，卡尔更愿意采用苏格拉底式的对话来教育子女（"给我说说看，你为什么要这么做。你有想过为什么吗"）。

相比之下，斯特芬妮在成长阶段没少被自己的父母"暴打"，现在她仍相信"打是亲骂是爱"（"做父母的不能软下来。父母下手一定要狠，要动真格的"）。虽然斯特芬妮当然"爱她的孩子，用生命去爱"，但面对不听话的孩子时，她的第一反应还是——打。再想想伊利亚，他曾因纵火事件而被父亲打到不省人事，也因此切身体会到家长暴力的危害，对我们声称，将来要和自己的孩子"好好讲道理"，但即便如此，当聊到如何对付一个叛逆的男孩子时，伊利亚毫不迟疑：该打的时候就不会手软。（"千万别误解，我不是说我不会动手。打，肯定还是要打的，我要教会他，对就是对、错就是错。"）

121　　父母教育风格的阶级差异还表现在父母和子女的语言交流中。有学者详尽跟踪研究了父母和子女之间的日常语言交流，如图 3－2 所示，如果统计那些取得了高等专业学位的高知父母，则每年他们向孩子说出 166 000 次鼓励的句子，而让孩子泄气的否定表达只有26 000句，相比之下，工人阶级父母表达这两种类型话语的年度次数分别为 62 000 和 36 000，而那些以社保为生的家长则更少鼓励、更多批评，同比数据分别是 26 000 和 57 000。[52]

图 3－2　不同阶级父母的话语差异

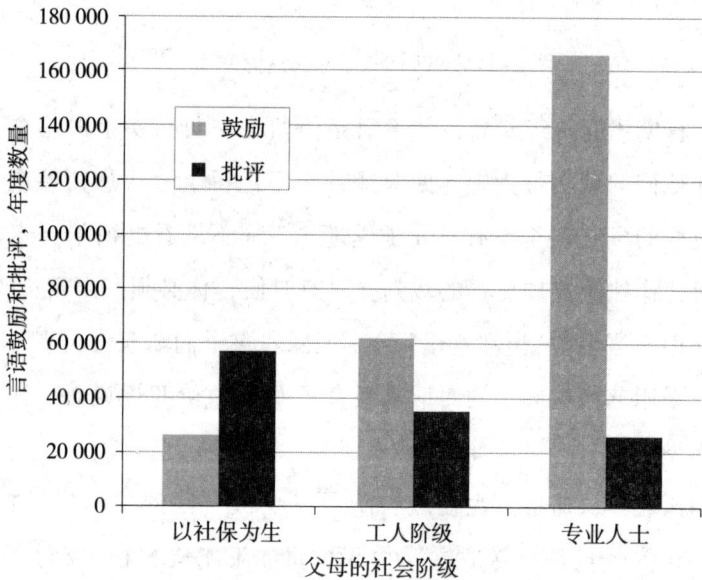

数据来源：Betty Hart and Todd R. Risley, *Meaningful Differences in the Everyday Experience of Young American Children* (Baltimore：Paul H. Brookes, 1995).

为人父母的方式出现了上述基于阶级的分化，在此不妨称之为"到底是给个拥抱，还是赏个巴掌"的问题，我们需要追问的是：为什么这种阶级分化是如此两极对立，同时又无所不在？此前的学者倾向于将这种阶级差异归结为一种难以准确定义的"工人阶级文化"，但脑科学的最近研究现已证明，父母越是贫困，教育程度越低，在社会上越孤立无援，则他们就越可能是棍棒教育的信徒，对孩子更严格，更苛刻，动辄体罚。之所以如此，部分原因在于父母自己也承受着生活施加的习惯性高压。[53]在谈到那个暴虐的母亲时，伊利亚也意识到了这一点："每次我妈下班回家，看到桌子上堆着账单，盘子也没人洗，儿子的房间像个狗窝，家里到处都乱成一团，生气也很正常。我妈经常对我发火，我也不怪她。"

用大棒严厉管束孩子，甚至动辄诉诸体罚，这并不是"工人阶级文化"特有的选项，同时也不只是父母在生活中承受压力所导致的结果。上层阶级的家庭和下层阶级的家庭生活在迥然相异的世界中，很多时候，父母教育模式的差异只是对阶级区隔的一种合乎情理的反应而已。富爸爸自然可以采取社会学家弗兰克·弗斯滕伯格（Frank Furstenberg）及其合作者所称的"推进式"策略：在舒适的环境中开发着子女的天赋。正如我们在德斯蒙德的家庭生活中所看到的，这种家境可以提供充裕的机会，同时又能规避大多数风险。但相反，穷爸爸却只能采用"防备式"的策略，在贫民区里养孩子，当务之急就是能保护子女的安全。从斯特芬妮为子女教育而三迁其家的故事就可以看出，那地方的生活充满着危险，而不是机会。[54]想想斯特芬妮对我们说过的话吧，"什么亲吻拥抱之类的，我们从来不会做。这可不是我们黑人的方式……在底特律，你可不能多愁善感……在这么个适者生存的地方，你要狠起来！"

大量的证据一再显示，如果观察富裕、高知的父母是如何教育孩子的，则其关键词就是培养、慈爱、温暖、主动的关怀，最终是讲道

122 理的规训——总之是拥抱多于巴掌——而上层阶级父母的家教之道可以更好地培养子女的情商和交往能力。伊利亚已经直觉地意识到："要是你总责骂孩子，抱怨他们一事无成，最后只能变成下三滥的混球，那么他以后就只能成为下三滥的混球。"

不同阶级的父母存在着教育风格的差异，如今已是铁板钉钉的事实，而且其后果显然也是影响深重。我们已经看到，在贫穷与儿童的智商情商发展之间存在着普遍相关性，但究竟如何解释这种相关性，很大程度上就源自贫穷父母和有钱家长之间教育风格的差异，既包括认知能力的激发（比如为孩子读书的频度），也包括参与社会的能力训练（就像西蒙娜鼓励子女去参加的那些课外活动）。[55]举个例子，父母只要为孩子读书——则无论父母的文化水平、语言能力或投入程度到底如何——都能促进孩子的发育。[56]育儿专家简·瓦尔德福格尔和伊丽莎白·沃什布鲁克已经发现，如果以语文、数学以及 4 岁时的语言测试分数来衡量，则富孩子和穷孩子在学校学习的主动性上存在着明显的差别。至于如何解释这种差别，两位专家发现，父母教育方式上的区别是最重要的解释因素，其中包括家中是否有藏书、带孩子去图书馆的次数等，其中尤其关键的是母亲对孩子的关爱和日常关照。[57]

家长教育方式的阶级差异近年来是否越拉越大？对此，我们目前很难找到言之凿凿的证据，首先的难题是能否找到众口一致的可量化指标，接下来更大的挑战是要求在多年时间内可重复的、高度一致的观测结果。但无论如何，还是有一个例外，那就是家庭晚餐。观察美国人家庭晚餐桌上的种种变化，我们可以讲述一个完整的美国故事。

瓦尔德福格尔已经在研究中证明，在控制了其他种种变量因素后，家庭晚餐仍然是一个重要的指标，很大程度上可以预判出孩子在长大成人过程中的人生轨迹。"那些每周和父母共进晚餐至少五次的青少年，"瓦尔德福格尔教授指出，"在很多方面都有更佳的表现：吸烟、酗酒、抽大麻的比例更少，打架斗殴、婚前性行为也很少发生……不太可能被学校休学，平均绩点和上大学的概率都更高。"[58]

　　回顾一下我们在本德镇和亚特兰大所遇到的那些人吧。对于富裕 [123]
的家庭来说，父母和孩子们围坐一起共进晚餐，谈天说地，可以说是
家庭内的头等大事。"我们全家人总是一起吃晚餐，这是爸妈定下的
规矩，"安德鲁曾这样告诉我们，"全家人都很忙，晚餐是我们四口人
唯一可以说说话的时间。"德斯蒙德也曾说过，"通过这些发生在晚餐
桌边的家人聊天，我真的学到了很多"。相比之下，贫穷家庭并没有
把家庭晚餐当成生活中的大事，有时候是心有余而力不足。"我们也
曾尝试过依葫芦画瓢，"达琳说，"但结果总不是那么回事……不过
呢，我们还是会全家人一起看电视。"斯特芬妮一家对此的回答更是
干净利索。"我们可不是那种坐下来共进晚餐的家庭，"她这样告诉我
们。她的女儿劳伦也接着补充道："我们没有固定的晚餐时间，谁饿
了谁就吃。不会像什么聚会似的大家正襟围坐共进晚餐。"

　　如图 3-3 所示，从 20 世纪 70 年代中期到 90 年代初，家庭晚餐
在全美社会各阶层都变得越来越少，原因在于父母双方都要外出工作，
协调全家人的时间变得尤其困难。但大约到了 90 年代中期，在受过高
等教育的父母中，这种家庭对话机会持续衰减的趋势就戛然而止了，
但在仅有高中教育程度的家庭中，衰减的趋势仍在继续，未见中止或
反弹。[59]单亲家庭当然很难做到全家人共进晚餐，但这并不是造成这一
不断扩张之阶级鸿沟的主要因素，因为主导这种变化的事实上仍以双
亲家庭为主。由此造成的结果就是我们在本书中不断遇见的剪刀差图
表——揭示着在富家子和穷孩子之间的童年经历已经渐行渐远。

　　家庭晚餐并非万能，因此切勿将孩子的成长问题全然归结为聚餐
的有无。但是，家庭晚餐确实是一个指标，从中可以看出父母在子女
身上是否倾注了那种无形但意义重大的投资。由是观之，20 世纪 90
年代到底发生了什么？仅在纯粹数据的基础上，我们难以讲述一个自
圆其说的故事，却可以提出一种合乎情理的解释：由于新的教育理念

认识到父母和子女的互动对儿童发育的意义，教育程度更高的父母就更容易受到新理念的影响，因此投入更多的时间用来与孩子相处，相比之下，文化水平不高的父母在接受新理念时总是落后的，或者迫于生活多艰，家庭晚餐对他们来说即便可望也是不可即。

图 3-3　父母受教育程度不同，家庭晚餐的变化趋势也不同（1978-2005 年）

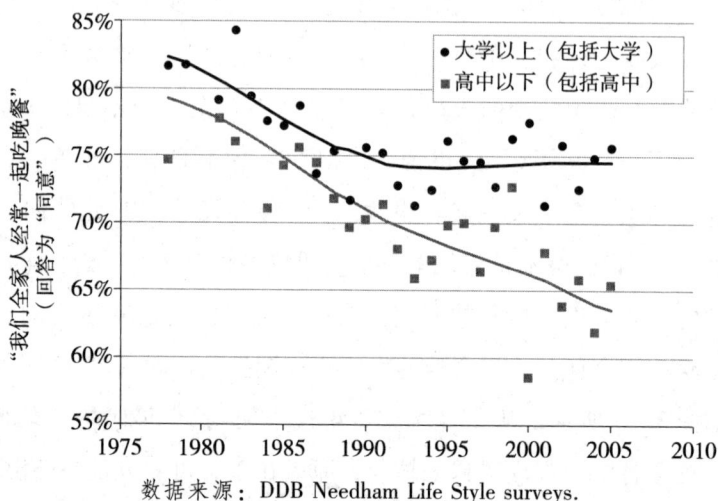

数据来源：DDB Needham Life Style surveys.

124　　现如今的美国父母，相较于上一代为人父母者，他们在抚养孩子时投入了更多的时间和金钱，无论身处哪个社会阶级，这一趋势是普遍的。新一代父母所增加的投入，主要集中在那些促进认知能力和社会交往能力的培养上，尤其侧重于针对学龄前儿童的关爱。但是，对比穷爸爸，富爸爸更为迅速地增加他们在金钱和时间上的教育投资——正如我们接下来可以看到的，家庭晚餐只不过是冰山一角。

增加对子女培养的投资，往往也就意味着要克扣家庭生活其他方面的开支，比如私人护理、家政清洁或其他商品消费。所有阶级的父母都在缩减其他方面的开销，将资源集中在孩子身上，但不要忘记，那些经济收入更高、受教育程度更高的家庭不仅拥有更多的金钱，还有更多的时间（因为夫妻双方可以分担抚养孩子的任务），理所当然，他们也可以用更快的速度加大对孩子的投资，相比之下，那些经常只是单亲妈妈的贫穷家长就无能为力。长此以往，对下一代教育投资方面的阶级差距就越拉越大，成为一道鸿沟。

为了更好地理解眼下发生的故事，让我们将镜头再拉近一些，观 125 察不同阶级的家长是如何投入金钱和时间来培养下一代的。

金钱投资

过去半个世纪中，美国社会各阶层的父母都在加重对儿童培养和教育的投资，这是大势之所趋。虽然子女教育的预算从来都是不平等的，但差距在最近数十年却越来越大（参见图 3-4）。事实上，自 20 世纪 80 年代中期以来，收入垫底的家庭对子女的金钱投入在绝对意义上已开始缩减，主要原因就在于他们生活拮据，无钱可投；相比之下，高收入家庭却继续增加对孩子的金钱投资，这部分是因为（并非全部原因）他们的收入在增加，从不差钱。自 1983~2007 年这一时段，统计经济收入排前 10% 的家庭，他们对单个孩子的平均投资增加了 75%，与此同期，经济收入垫底的 10% 的家庭，同比数据却下降了 22%。截至 2007 年，如果出生在经济收入排前 10% 的家庭，这样的幸运儿每年的教育预算可以达到 6600 美元，那些生活在垫底 10% 的家庭的倒霉蛋则只有大约 750 美元，差距有 9 倍之多！

金钱投入的增加主要集中在私立教育和儿童保育上，但在很多方面，比如音乐课程、夏令营、旅游、学校用品、图书、电脑、课外活动、休闲娱乐等，家长开支的阶级差异也是清晰可见的。除此以外，如果观察经济收入相同的家庭，则父母受教育程度不同，其教育下一代的风格也有很大的差异。这也就意味着，德斯蒙德和安德鲁是一类孩子，他们出生在富裕**并且**父母受教育程度高的家庭，这样的孩子所获得的是双重优势；相反，米歇尔和凯拉就是另一类孩子，他们出生在贫穷**并且**父母受教育程度低的家庭，这样的孩子受到的就是双重打击。[60]

父母在金钱投入上的差异构成了一个有效的指标，可以说明孩子认知能力的发展。[61]事实上，在父母开支的总预算中，孩子的两个成长阶段增幅最大：首先是学龄前教育，其次是读大学阶段。据我们目前所知，这一头一尾的两个阶段是尤其重要的，很大程度上决定了社会的上行流动。父母只要负担得起就在这两个阶段进行私人投资，以求为孩子谋得进入社会时的更大优势——但从整个社会的角度来说，对这两个阶段的教育投入仍是不充分的，现实情况正相反，我们的社会将大部分的公共资源投放在十二年基础教育中。（在下一章，我们就要讨论在学校教育中的阶级差异问题。）

图 3 - 4　家庭收入不同，则在孩子教育上的开支也有差异
（1972 至 2007 年），收入以 2008 年的美元比值计算

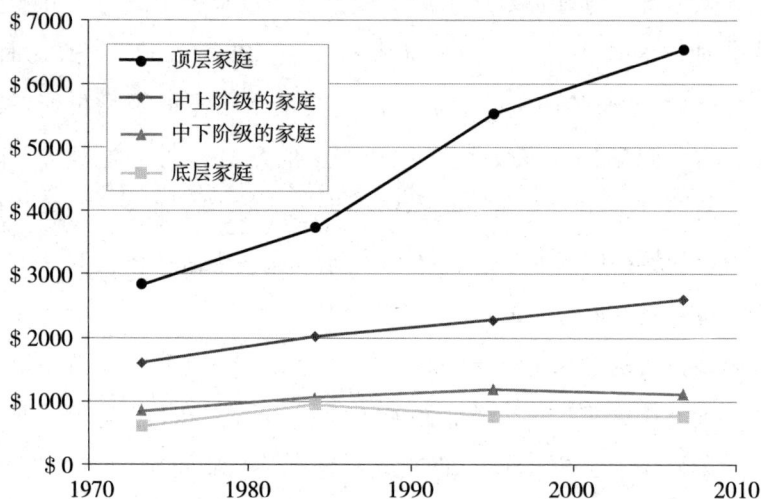

Sabino Kornrich and Frank Furstenberg, "Investing in Children: Changes in Parental Spending on Children, 1972 - 2007", *Demography* 50 (2013): 1 - 23.

时间投入

如果同半个世纪前的父母相比,现在的为人父母者,无论教育程度和收入水平高低,都用更多的时间来陪伴他们的孩子。但是,正如我们刚刚看到的金钱投入的阶级差异,陪伴孩子时间的增长也表现出了阶级差异,如果我们区分受过大学教育的家长和只有高中教育程度的家长,则前一类父母在时间投入上的增长幅度要大得多。更具体地说,阶级差异的加剧主要表现在"**睡前故事**时间"上:换言之,也就是用在儿童发展活动上的时间。(在研究家长是如何分配他们的时间时,学者经常会区分两种时间:一种是睡前故事的时间,另一种是用以在生活中照料孩子的时间,即他们所说的"换尿布时间"。)而最终,时间投入的阶级差异主要集中于童年的早期——如果我们在本章 ¹²⁷ 中学到了什么,那就是在此阶段父母的陪伴是最为重要的。从图 3 – 5 中我们就可以看出,父母受教育程度不同,则他们用于照顾 0 ~ 4 岁婴幼儿的时间(主要是"睡前故事"时间)也存在差距。[62]

回到 20 世纪 70 年代,父母每天能陪伴孩子的时间基本上并不存在阶级差异。但到了 2013 年,如果出生在父母受过高等教育的家庭,则一位婴幼儿所能得到的睡前故事时间已经远远超过了父母仅受高中教育的婴幼儿。根据图 3 – 5 显示,前一类婴幼儿每天同父母互动的时间要比后一类婴幼儿多出近 45 分钟。

受过高等教育的母亲更有可能在外工作,这也就减少了她们用于陪伴孩子的时间——但凡事有失必有得,受过高等教育的母亲通常会 ¹²⁸ 有一位花时间陪孩子的配偶。不仅如此,受过高等教育的父母通常会更积极地实践精耕细作的教育,特别强调要花时间同孩子相处,认为

图 3-5　两类父母用于培养孩子发展的时间

（年龄段 0－4 岁）（1965 至 2013 年）

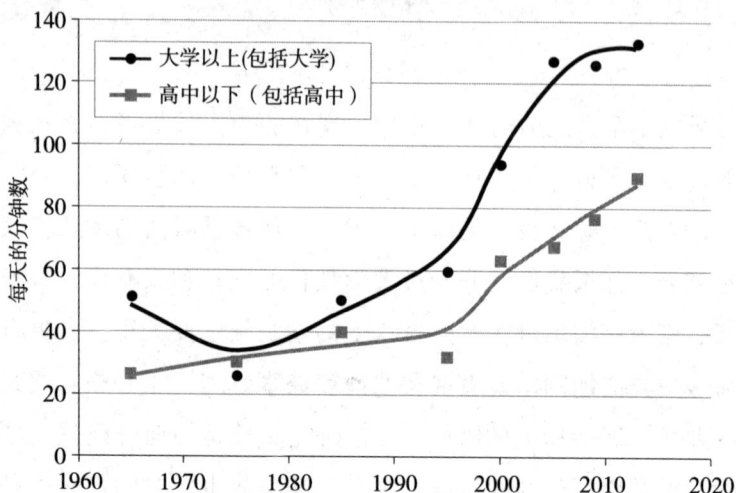

数据来源：Evrim Altintas，"Widening Education－Gap in Developmental Child-care Activities in the U. S."，*Journal of Marriage and Family*（forthcoming 2015）.

父亲也要分担照顾孩子的责任。高知父母有着稳固的婚姻关系，他们可以拿到更高的经济收入，而不必因工作而牺牲同孩子相处的时间；斯特芬妮在此意义上就是个反例，像她那样的单身母亲，不仅受教育程度低，而且要外出工作，这也就打断了她可以和孩子们相处的时间。由此可见，出生在父母受教育程度高的富裕家庭的孩子们是幸运儿，他们尽享两种成长的红利——首先是更多的金钱投资（因为他们的父母出得起钱），其次是更多的时间投资（因为父母双方都把陪伴孩子当成家里的大事）——相应地，出生在下层阶级家庭的孩子就要承受两种成长的困境。

　　当穷孩子未能获得来自家长的关注时，他们通常会做些什么？有些研究调查了美国儿童是如何打发时间的。相关的调查显示，穷孩子最常见的回答就是看电视，当我们向达琳问及家庭晚餐事宜时，她也是这么回答我们的。我们前文遇见过两类孩子：一类孩子像是德斯蒙德和安德鲁，他们的父母受过良好的教育：另一类孩子则像是凯拉、米歇尔和伊利亚，她们的家长都没读过大学。研究表明，第一类孩子看电视的时间要少于第二类孩子，阅读和学习的时间却多于第二类。[63]随着互联网走入千家万户，网络上的娱乐已经逐渐取代了电视，但基本事实仍未改变：当有钱的孩子正在同家长共进晚餐时，穷孩子却只能看电视。

幼儿教育

现如今，在受过大学教育的美国母亲中，大约三分之一的人会选择做全职妈妈，比如本德镇的帕蒂和亚特兰大的西蒙娜，而另外三分之二的母亲因为要外出工作，所以如同许多高中教育程度的母亲一样，必须寻求某种幼儿日托服务。许多调查都已经表明，教育程度高的职场妈妈会送孩子进入高质量的托儿所，至少部分原因在于她们付得起费用。高收费通常自有其道理，高质量的托儿所会更好地培养孩子们的认知和非认知能力的发育。当然，关于这其中的因果关系到底有多强，这种先发优势是否会随着孩子开始读书而逐渐消退，目前来看都存在争议。不难想象，在孩子发育的过程中，好父母永远是第一位的，其意义要远远大过好的日托教育——但问题在于，好事成双，那些幸运的孩子总是既有好的父母，也能上高质量的托儿所。[64]

同样地，日托教育的阶级差异也越拉越大，至少当我们观察职业化日托中心的入学机会配置时，就能发现阶级鸿沟之所在。过去 15 年以来，受教育程度高的母亲会为她们 0～4 岁的孩子选择更正规的专业托儿所，而受教育程度低的职场妈妈则不得不将孩子托付给亲戚（经常是祖父母或外祖父母），甚至干脆放任孩子无人照看。当然，有些托儿所提供的服务差强人意，反而是许多祖父母可以尽心尽责地照看孩子，但总体看来，专业的托儿所可以提供更高品质的育儿教育。简言之，母亲受教育程度越高，就越有可能为他们的孩子选择品质更高的日托服务，与此同时，那些受教育程度低的母亲则无心，或者有心也无力。[65]

如果观察年龄更大的孩子，当他们到了 4～6 岁的阶段时，在日托教育上的阶级差异甚至变得更为显著：在大学毕业的母亲中，70% 的妈妈会为孩子安排专业化的、有实体机构做支撑的托儿所，相比之下，在高中教育程度的母亲中，同比数据只有 40%。近年来，虽然 0～4 岁阶段的儿童在日托教育上的阶级差异持续扩大，但 4～6 岁年龄段的阶级差异却保持着稳定。父母若是受过良好的教育，则向来不吝于投入更多的经济资源，将他们 4～6 岁的孩子送到更高质量的专业托儿所。但近年来，上层阶级的父母已经把这种经济优势进一步提前，为他们 0～4 岁的孩子投入更多的教育资金——而晚近的脑科学已经证明，这一阶段恰恰对儿童的发育至关重要。

当我们观察正规的学前班教育时，上述的阶级鸿沟甚至还要扩大。根据美国早教研究所的报告，"统计 4 周岁孩子的学前班（包括公立和私立的）入学率，即可发现，家庭的经济收入在一定程度上决定了孩子的入学率。孩子如果出生在经济收入最低 40% 的家庭，入学率大约在 65%，而收入最高 20% 的家庭的同比数据为 90%。如果统计 3 周岁的孩子，由于公立学前班很少为此年龄段的儿童提供入学机会，则在中低收入的家庭中，孩子的入学率大约在 40%，而收入位居前 20% 的家庭的同比数据是 80%"。[66]简言之，无论我们运用何种指标来衡量父母对儿童发育的投资，孩子如果是来自父母接受过高等教育的富裕家庭，则他们领先的可不止一步，而且这种差距现在还越拉越大。

130

父母承受的压力

　　为人父母者必定要面对种种日常琐事，从跟着孩子身后收拾整理，到协调有所冲突的日程，缺乏隐私，以及没有时间自处或者和伴侣相处，这都会造成生活中的压力。不仅如此，父母还不得不同生活中的常见压力作斗争，尤其是要直面工作的挑战。当然，家家有本难念的经，每个家庭承受的日常压力有轻重缓急之别，但大量的研究已经显示，父母承受过度的压力往往会造成迟钝并且粗暴的教育风格，最终受害的还是孩子。生活的压力会造就更严苛、更没有责任感的父母。[67] 具体问题具体分析，经济压力会扰乱家庭关系，促生消极无为或者反复无常的父母，最终会加重孩子们所承受的慢性压力。

　　本书讲述的所有人生故事都阐释了一个道理，父母的经济困难会导致高压教育，而高压教育则导致孩子表现不佳。始自 2008 年的经济大衰退无疑又让众多家庭雪上加霜，但正如图表 3 - 6 所示，过去三十年间，父母所承受的经济压力有增无减，更重要的是，还表现出了稳步扩张的阶级差距，由此对为人父母之道所造成的影响也是可想而知的。（关于图表中的经济焦虑程度是如何测算出来的，主要是通过问卷调查一系列有关家庭收入和债务的问题，然后对受访者的回应做定量处理。[68]）2007 年时，第一夫人劳拉·布什曾在一次白宫访谈中谈到了美国孩子中日渐成型的阶级鸿沟，"如果你的工作岌岌可危，居所也是朝不保夕，你当然就没有什么精力可以投放在孩子身上"。[69]

　　第一夫人这一席话，当时只道是平常，但却预判了行为经济学的最新研究结论：2013 年，两位行为经济学家山德希尔·缪雷恩纳森（Sendhil Mullainathan）和埃尔达·沙菲尔（Eldar Shafir）出版了他们合著的《匮乏的人生》（Scarcity），其论证就同劳拉·布什的观点不谋而合。两位作者在书中写道，假如长期生活在资源匮乏的条件下，大脑思考、处理和解决问题的能力就会受损，好比电脑如果同时运转太多程序的话，系统速度就会被拖慢，因此如果同生活在充裕环境中的幸运者相比，匮乏的人生通常也是低效的人生。我们经常会想当然地认为，贫穷的父母在教育孩子时缺乏技巧，也没有关心和耐心，往往一言不合就动手，但我们没有进一步追问为什么会这样。事实上，这都可以归因于贫穷的父母已经承载了太多的生活重负，精神极少获得松弛。"为人父母者必须要心有余力，"两位作者写道，"做父母的要在思虑周全后再做出决定，要甘于做牺牲，同孩子们的约定必须得到恪守，亲子活动要提前做好安排，可以时常同老师会面，认真对待老师反馈的意见，还要能为孩子提供或获取指导意见或其他帮助，然后监护孩子。对任何人来说，无论他手里握有多少资源，都绝非易事。但要是做父母的生活捉襟见肘，那么做称职的父母就更是难上加难了。"[70]

图 3-6　父母经济焦虑度的阶级差距及其扩张（1975 至 2005 年）

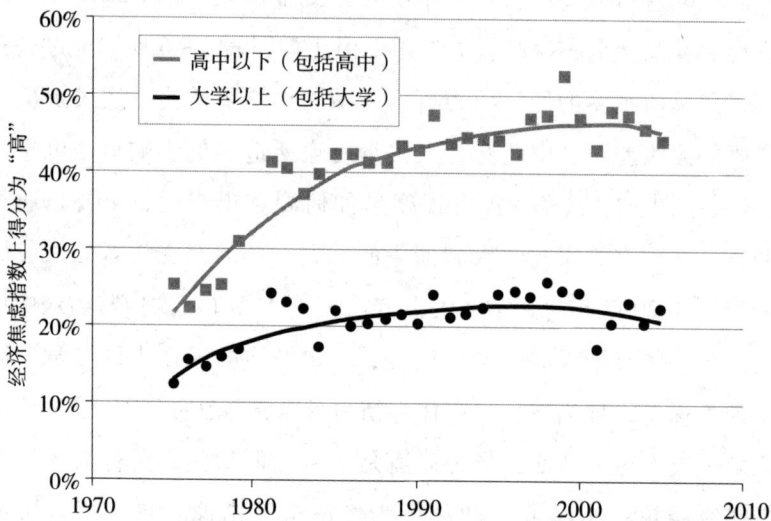

数据来源：DDB Needham Life Style surveys.

我们首先讨论了金钱和时间投入的阶级差异问题，这方面的投入鸿沟现在看起来最可能影响到孩子认知能力的发展。相比之下，父母所承受的生活压力则会扰乱孩子社会情感能力的发展，包括心理健康。[71]让现状更加糟糕的是，在同等教育和家庭收入水平之上，单亲家庭更容易经受前文所描述的生活压力，这也使得单身爸爸或单身妈妈更难劳心劳力地照顾孩子，难以为他们提供事无巨细的支持。[72]因此可 132 以这么说，美国现如今在经济上日益严重的两极分化，事实上加剧了有钱家长和贫穷家长之间的教育鸿沟。我们在本章关注的是直接方式，而在第二章中，我们讨论了贫富两极分化对家庭结构的影响，因此可以说是间接方式。

隔代抚养

今天的美国，祖父母（或外祖父母，下文同）在孙辈生活中经常扮演着非常重要的角色，远非半个世纪前的祖父母所能及，原因也很简单，现如今的祖父母身体更健康，口袋里也更有钱。[73]但我们还是要意识到，这一总体趋势在上层家庭和下层家庭中也有不同的展开。简单地说，下层阶级的祖父母所能贡献的主要是时间，以此替代父母的经济资源；而上层阶级的祖父母所贡献的主要是金钱，由此补充了父母的资源。

全美境内，4%的孩子主要由他们的祖父母抚养或照看，伊利亚就是其中一例。而这种隔代抚养的模式主要集中在下层社会，如果出生在今天的美国，父母满足如下五个条件：特别年轻、尚未成婚、贫穷、受教育程度低、没有工作，那么这个新生儿就很有可能要同他的祖父母生活在一起；更糟糕的是，他们的祖父母往往也是贫穷的，没读过什么书。从1970到1997年，越来越多的祖父母充当起孙子女的主要抚养者，人数比例在不到三十年中翻了一番，而且几乎全部的增长都集中在贫穷的少数族裔家庭。

正是因为下层阶级家庭的崩溃，才导致这种全职祖父母的出现，他们取代父母承担起了教育孙子女的任务。祖父母的隔代抚养提供了一种非常宝贵的人身安全网——比如说，如果统计那些同祖父母住在一起的单亲家庭孩子，有别于那些典型的单亲家庭孩子，则他们患抑郁症的可能性会大大降低。在下一章中，我们将遇到生活在橘子郡的两姐妹罗拉和索菲亚，她们的幸运之处就在于：吸毒成瘾的母亲撒手人寰后，外祖父母接管了她们。祖父母的补位让孩子不至于流落街头，但他们能做的通常也仅限于此，不过是用贫穷的、受教育程度低的老年监护人替代了贫穷的、受教育程度低的青年监护人——换汤不换药。（小孩子如果可以得到来自祖父母的照顾，那么显然要好于流落街头；但如果他们的亲生父母还是有能力照顾他们，那么隔代抚养不见得更好。）伊利亚的悲惨童年就是鲜活的例证。祖父母补位，提供隔代抚养，此前多见于有色人种的家庭，但现如今在贫穷白人中间也如同星火燎原。与之形成鲜明对照的是，在上层阶级的家庭内，祖父母的隔代抚养并不常见，而且也没有呈现出增长之势。原因很简单，上层社会中鲜见支离破碎的家庭。

现在的上层阶级祖父母要比上一代的祖父母更有钱。这也就意味着，上层社会的孩子不仅能得到来自父母的雄厚经济支持，更有祖父母为之锦上添花（而不是雪中送炭）。讽刺的是，这些孩子反而比那些穷孩子更有可能获得来自祖父母的经济馈赠，虽然他们事实上并不需要这笔钱。简言之，如果把祖父母这一辈的因素考虑在内，则青少年在成长过程中的阶级鸿沟就会进一步扩大。

在结束本章之时，我还是要提醒读者诸君如下三点。

首先，近年来，我们确实听到了不少关于父母教育过犹不及的批评声音，这类家长也被社会贴上了"直升机父母（helicopter parents）"

或"溺爱家长"的标签。[74]毫无疑问，我们有时可以找到这种不良教育现象的实例，不仅让身处其中的孩子苦不堪言，而且也让局外的旁观者感到不适。但是，如果就此认为在为人父母之道上，过度和不及就是半斤八两，那就大错特错了。前述的研究已经令人信服地证明，不负责任的父母经常会培养出问题一大堆的孩子，但至今为止，尚且没有可信的证据表明，父母过度负责反而会制造出问题少年。更何况，即便为人父母之道确实过犹不及，但解铃只需系铃人，相比之下，父母教育的缺位更是一种社会问题，不是父母自己就可以解决的。

其次，本章所述及的研究牢牢确立了两种极强的正相关。首先是在父母的社会阶级（尤其是受教育程度）和他们教育子女的模式之间；其次是在为人父母者的教育模式和孩子的表现之间。但即便如此，相关性不等于因果关系，而且，现有的证据也并未确切证明前述的相关性背后存在因果机制。在我所引证的研究中，无一不是采用了复杂的统计学工具，控制各种变量，以此排除伪相关性，但社会科学的研究通常无法运用样本随机的实验设计。简言之，这类证据一般而言都是"优选出来的"，但优选出的证据却不是尽善尽美。当然，这种欠缺也并不意味着科学调研无法实现其严谨的规定性。人类可不是科学家那里可以随意摆弄的小白鼠，这也就意味着，如果试图通过实验方法来将儿童和家长做随机配对，那么这样的研究设计根本不可能得到授权。

最后，父母的阶级出身会通过多种方式影响到孩子的未来，而教育模式上的阶级差异只是其中的重要一环。物质条件的严重匮乏——如贫乏的营养、恶劣的医疗条件、生活在含铅涂料这类的污染环境中——长远地看，会对孩子的智商和情商发展造成严重的负面影响。[75]反过来说，多个严谨的实验研究已经证明，只要拿钱给贫穷的家庭，则他们孩子的学习成绩和社交表现就有所好转——钱，终究是很重要的。[76]贫穷的父母即便再尽职尽责，也无法弥补贫穷的生活对孩子们的

134

负面影响；而反过来说，富裕的家长即便在教育方式上有所欠缺，也不会全然抹杀掉他们的财富和知识给孩子们带去的种种优势。

　　说到这里，我们可以得出结论：最新的科学研究已经确证，本章所讲述的三个亚特兰大家庭可以说是美国故事的示范，他们呈现出的为人父母者的教育模式代表着遍及美国的大趋势。现如今，穷孩子从一出生就落于下风，他们的劣势是根深蒂固的，早在孩子们开始读小学之前，高下早已立判——而下一章，我们讨论的主题就是学校教育。

第四章
学校条件

数十年来，只要提及加利福尼亚州的橘子郡，美国人在脑海里总是会闪现出这样的画面：阔绰的白人保守派过着悠闲的郊区生活。这里是理查德·尼克松的故乡、迪斯尼乐园的发源地、肉毒杆菌注射针风靡全球的第一站，也是电视剧《橘子郡娇妻》（The Real Housewives of Orange County）的拍摄地。市镇群风景如画，沿着海岸线蜿蜒展开，随处可见价值数百万美元的海景豪宅，全年都沐浴在加州的金色阳光下。就地理位置而言，橘子郡北靠洛杉矶县，南接圣迭戈县，这里常见那些追求生食时尚的贵妇们，也是暂避尘世喧嚣的理想之地。

但这幅画面现已逐渐变成了另一种模样，过去四十年来，橘子郡的人口状况发生了巨大变动。根据最新的人口统计数据，橘子郡的总人数已经超过了 300 万，较之于 1970 年时翻了不止一番。目前，橘子郡已是美国人口的第六大县，而如果按照人口绝对数量来计算，其人口增速也在全美各县中高居第六。大部分新增人口都是外来移民，以至于有观察者将橘子郡称为"21 世纪的埃利斯岛"。[1]2013 年，46% 的当地居民在家中交流时说的是非英语语言。[2]现如今，拉美移民已经占据全郡总人口的三分之一强（回到 1980 年时，尚且只有 15%），而在 该郡十二年义务教育的学生中，拉美移民的孩子占了接近一半。

橘子郡下辖 34 个城镇，有些是天堂，有些是地狱，可以说是天差地别。当地的人口统计专家曾经指出："这里有遍地是金的富人区，也有一贫如洗的贫民区，但少见位居中间水平的市镇。"[3] 比如拉古纳海滩区，该区 91% 的居民是纯种白人，人均收入高达每年 84 000 美元；相隔仅 20 英里就是郡政府所在地的圣安娜区，该区 95% 的人口都是拉美裔（其中半数出生于美国以外），人均年度收入仅有 17 000 美元。

橘子郡北部的内陆谷地坐落着许多贫穷城市，其中包括圣安娜市，该郡的大多数拉美裔人口即生活在这里。在一份 2004 年的报告中，尼尔森·洛克菲勒政府研究所将圣安娜市定为全美最混乱的城市，因为这里失业率高，贫困率高，人口受教育程度低，人均住房面积极小。橘子郡的拉美裔人不仅生活在贫困中，更笼罩在黑帮冲突和街头暴力的阴霾下。就圣安娜市这么个小地方，就有 29 个街头黑帮。[4]

但是，拉美裔人口也在分化中，许多人经历一番奋斗成为中产阶级（大多为拉美移民的第二代或第三代），因此迅速逃脱了洛杉矶或橘子郡的拉美裔贫民区，搬进了橘子郡此前的白人社区。从 1990 到 2010 年，如果统计橘子郡下辖的白人主导的富人区，则拉美裔居民在每个白人辖区内的人口比例都有所增加。在加州州立大学所在的富勒顿市，家庭年度经济收入的中值在 2012 年约为 100 000 美元，这里的拉美裔人口比例从 10% 跃进至 25%，翻了不止一番。虽然富勒顿市在橘子郡内远非最富裕的地区，但它对拉美裔的中产阶级还是有着强烈的吸引力：教育水平更高的学校、欣欣向荣的经济、多元主义的开放文化。

过去四十年来，社会经济一再变动，造成橘子郡拉美裔社群**内部**出现了严重的经济不平等，快速演进为贫富的两极分化，一如亚特兰大黑人社群**内部**触目惊心的贫富差距。自 1970 到 2010 年，在按照通货膨胀作出调整后，全家年收入低于 25 000 美元的拉美裔家庭比例几乎翻了一番，从 13% 上升至 25%；与此同时，年收入超过 100 000 美元的家庭也从 12% 上升至 17%。简言之，现如今的橘子郡不只是贫苦的拉美人，也有有钱的拉美人，族群内部出现了阶级对立。[5]

族裔内的不平等也体现在橘子郡的学校上。在本章中，我们将比

137

较富勒顿市的特洛伊中学和圣安娜市的圣安娜中学，从表4-1可以看出，两所中学在"投入"指标上是非常接近的，这多少有些出乎意料。例如，两所中学的学生人均开支相差无几，同样如此的指标还有师生比例、辅导员的数量以及教师水准的两个标准指标：学历和经验。诚然，特洛伊中学开办的课外活动丰富多彩，这一点同圣安娜中学拉开了距离，但我们也可以看到，造成这种差异的并不是政府预算有失偏颇，而是来自家长的私人筹款。如果只看由政府教育系统所控制的指标，比如学生经费、教师的数量和质量、辅导员，那么这两个中学看起来是不分伯仲的。

但这两个中学又是如此**不同**，根本差别在于学生这个群体，从学生贫困率、种族背景、英语流利程度甚至体重这些指标来看，两校的学生有着天壤之别。圣安娜的学生绝大多数都是贫穷的拉美裔人，相当一部分操着一口西班牙语，而特洛伊的学生大都出自经济状况良好的家庭，种族背景也很多元。如果看两所学校的"产出"指标——毕业率、全州成绩排名、SAT考分、逃课和休学比例，两相对比更让我们感到触目惊心。如果看学生的辍学率，圣安娜中学是特洛伊中学的四倍之多；若是统计旷课或休学比例，则前者更是后者的十倍之多；就参加SAT考试的学生比例而言，前者只有后者的三分之一；如果看SAT考试的分数，则圣安娜考生的平均分属于全国范围内排名垫底的四分之一，特洛伊考生的平均分则在全国的最前10%到15%。

本章中，我们将认识两个墨西哥裔家庭，考察他们的子女在这两所学校内的亲身体验：首先是伊莎贝拉，她和她的父母里卡多、克莱拉居住在富勒顿县的北部，距离特洛伊高中只有数个街区之隔；然后就是罗拉和索菲亚这姐妹俩，她们由外祖父母一手带大，住在圣安娜 138 市的中心，距离圣安娜中学同样只是数街区之隔。[6]从她们的故事中，我们可以看到，家庭结构、经济状况、种族出身和学校条件是如何交汇在一起，并塑造每个孩子的人生机会的。

表4-1 特洛伊中学和圣安娜中学的指标（2012年）

	城市	特洛伊中学（富勒顿）	圣安娜中学（圣安娜）
	学生总人数	2565	3229
学校资源	学生人均经费	10326 美元	9928 美元
	教师平均年资	14.9	15.0
	拥有硕士学位的教师比	69%	59%
	学生–教师比	26：1	27：1
	辅导员人数	5	7
	体育/文艺/语言类课外活动项目	34	16
学生状况	可以申请午餐费用减免的学生比例（基于学生贫困率）	14%	84%
	拉美裔学生比例	23%	98%
	英语读写有困难	4%	47%
	通过六项体能测试	70%	32%
结果	毕业率	93%	73%
	加利福尼亚州学业能力指数（千分位数）	927	650
	该项指数在加州全部高中排名	排名前 10%	末尾垫底 20%
	参加 SAT 考试的学生比例	65%	20%
	SAT 平均成绩	1917	1285
	旷课率	2%	33%
	每百名学生中的停学人数	3	22
	在橘子郡 67 家中学中的总排名[7]	3	64

克莱拉、里卡多和伊莎贝拉

　　克莱拉和里卡多现在都已年过半百。他们成长于20世纪70年代，[139]
青少年时期在洛杉矶中南部的一处拉美裔贫民区中度过。到了90年
代，两人都已晋身为成功的职业人士，为了寻求更安全的社区以及教
育质量更好的学校，夫妻俩带着他们的大家庭迁居到了富勒顿。他们
育有两儿一女，由长至幼分别是现年27岁的迈克尔、20岁的伊莎贝
拉，还有最小的15岁的加布里埃尔。现在，这家人居住在一处位于宁
静山麓的大别墅中，放眼望去是一片牧歌田园，完全融入了橘子郡的
中产阶级生活。驱车前往他们的家，我们首先要驶入山间地带，途经
连绵的棕榈林和高档购物中心，窗外望去是西班牙殖民风格的住宅。
这是一个以中上层阶级的盎格鲁白人为主体的社区，正因如此，居住
在此地的拉美裔人往往比他们的白人邻居更有钱。[8]"这里的人们都很
友好，值得信赖，"伊莎贝拉告诉我们，"因为这是一处安全的生活
区。"

　　我们就在伊莎贝拉家舒适的客厅内进行了访谈，透过客厅的玻璃
门，庭院内碧清的池塘、斑斓的花园一一可见。三角钢琴上摆放着一
列照片，那是伊莎贝拉穿着舞衣跳舞时的留影。隔壁的饭厅安静且雅
致，是孩子们聊天说话或做作业的好地方，也是在这里，孩子们可以
暂时忘却读中学的压力。家里的3个孩子上的都是特洛伊高中，那里
的情景如克莱拉所言，学习生活都紧张得好像弦上之箭，孩子们攀比
SAT分数，盯着谁考得更高，谁又进了哈佛、斯坦福或纽约大学。相
较于克莱拉和里卡多在洛杉矶贫民区的生活经验，他们的孩子体验着
完全不同的成长过程。

　　克莱拉出生在墨西哥的一个小村庄，她还有一个孪生弟弟——弗

朗西斯科。第二次世界大战期间，他们的父亲孤身来到美国，在加利福尼亚州靠修筑铁路为生。在两个孩子8岁那年，父亲带着整个家庭（包括这对孪生姐弟，还有他们的母亲和两个年龄更大些的孩子）移民至洛杉矶。由于家境拮据，他们最初只得落脚在沃茨区，这是一个贫穷凋敝、黑帮横行、以黑人为主的社区。生活在黑人区中，这家人的浅肤色就显得异常惹眼。克莱拉还记得黑人男孩会在放学路上对她围追堵截，从昏暗的地下通道一路尾随到家，时至今日，那场景仍历历在目。话虽如此，但也有温暖的回忆，总有些友善的黑人老师，偶尔会护送她和弟弟安全回家。正是为了寻求更安全的环境，这家人在洛杉矶的中南区和东南地区不断搬迁，但再怎么搬，也脱离不了贫穷的拉美人社区。"我们所成长的地方很穷，到处都是毒品，"克莱拉这么说，她紧接着还补充道，在读中学时，班上有很多同学都因为吸胶毒成瘾而被"处刑"。

拉美裔的帮派——克莱拉将他们唤作"一群蟑螂"——还控制了她和弟弟读书的学校。

> 我们曾亲眼见过帮派成员的入会仪式，要入会就得被前辈打到死去活来。这就是他们所说的"帮规"，要想入会就得被打，整个过程会持续两到三分钟，不准还手。要是你倒下了，他们会下手更狠。无论是男是女，你都要站起来，鲜血和伤痕才能证明你是条好汉。回到我们那个时候，入会还只是动拳头，只是有时候打一次不算，三不五时就要挨揍。但如今就更过分了，要入会就得杀人，甚至要直接枪击无辜的街头路人。我真为这种文化感到羞耻。

现如今，克莱拉已经是一名儿童公益社工，她充分理解了为什么黑帮文化可以轻松占领她的学校。"我认为这根源于家庭凝聚力的缺失，"她说，"在我们那种社区，很多家庭都是支离破碎的。"

克莱拉的父母没读过几年书，在墨西哥最多只上到小学三四年级，但他们却给予孩子们很大的鼓励和支持，为他们树立了勤勉工作的人生榜样。他们非常重视儿女在学校的表现，尽管自己对大学生活茫然无知，却鼓励克莱拉和弗朗西斯科接受高等教育，将来做专业人士。在父母的羽翼下，孩子们的物质生活还算得上无忧。克莱拉还回忆起小时候，父亲周末时常带着他们兄弟姐妹去采摘草莓，拿到市场上卖，贴补家用，但即便如此，克莱拉也并不认为自己家很穷。家里上面还有两个哥哥姐姐，他们更有社会经验，也分担了照顾家的责任。回忆起她的成长，克莱拉会去看外国电影，阅读和讨论文学，"我那时候很喜欢鲍勃·迪伦，还有琼·贝兹，"她说。

141

克莱拉和弟弟弗朗西斯科读的是洛杉矶本地的学校。在她口中，校园环境是"相当险恶的"，但两人都是优秀的学生，无论黑人老师还是白人老师，都给这姐弟俩带去了坚定的支持和爱护。事实上，正是发现克莱拉和弗朗西斯科出身卑微，他们的老师在周末度假时甚至会把他们捎带上，他们得以同老师全家人一起游览迪斯尼乐园和诺斯果园。"他们是我们的榜样，也是我们的人生导师，"克莱拉说道，"那时候，我们下定决心要努力读书，要挑战命运，因为我们必须要出人头地，摆脱我们当下的生活。"

在学校里，克莱拉和弗朗西斯科都幸运地遇到了正直善良的老师，他们帮助这对孪生姐弟拿到了大学的奖学金——克莱拉最后还取得了硕士学位。[9]现如今，姐弟俩都成为橘子郡内成功的职业人士——克莱拉是一名热心公益的社工，而弗朗西斯科则是一名理财顾问。"我想要通过自己的努力，使我的社区变得更美好些，"克莱拉在解释她的职业选择时如是说，"希望我们的孩子都能远离街头暴力，不沾染毒品。"

克莱拉和弗朗西斯科的故事代表着一种类型，从他们身上，我们可以看到第二代移民在向上攀登社会经济阶梯的流动性。"在家里，我们过着墨西哥人的生活，"克莱拉谈到他们是如何被吸纳到美国社会的，"但到了工作场合，我们就是纯正的美国人。"姐弟俩不约而同地提及一件事，他们都曾带着自己的孩子回到他们成长的凋敝社区，忆苦思甜，方能不忘初心。"从平民窟到现在的生活，不过一代人，"弗朗西斯科这样告诫他的孩子们，"但退回到那里，可能也就一代人。"

从一所当地知名大学毕业后，克莱拉经历了一次失败的婚姻，离婚后，作为单身妈妈，独立抚养着孩子（迈克尔）。数年后，在高中毕业十周年的返校聚会上，克莱拉遇见了里卡多，他们结为夫妇，随后有了两个孩子，这就是伊莎贝拉和加布里埃尔。刚结婚那几年，克莱拉在一家本地医院工作，创设了一个发展形势喜人的社工项目。在这之后，她成为一家成功的私人心理诊所的合伙人；里卡多则成为一名成功的建筑师，随后在一家大型的非盈利机构担任项目经理。

等到伊莎贝拉要上学时，他们就搬到了富勒顿，看中的就是这里更安全、教育水平也更高的学校。克莱拉这样解释道：

142

> 在洛杉矶这里，很多拉美裔的中产阶级父母都会把家搬到有好学校的地区，原因很简单，因为我们这代人大多就在内城区长大，内城对我们的孩子而言意味着什么，我们再清楚不过了——黑帮、街头暴力，八九成是混乱不堪的学校，老师如果能管住学生已属万幸。我们很清楚想要让我们的孩子过什么样的生活。我们希望他们将来不会输给上常春藤大学的同龄人。所以对我们来说，天大的事就是教育、教育、我们子女的教育。

紧接着，克莱拉转而谈到他们为何选择了现在居住的这个社区。

　　说真的，我们之所以选择住在这里，就是为了孩子们可以上特洛伊高中。我丈夫和我事先调查了很多所中学，特别是每所学校的 SAT 考分。我们还调查了它们所属小学部的标准化考试成绩，因为我们当然希望子女的小学老师也是训练有素，并且是认真负责的。

　　甚至在孩子读幼儿园时，我都见过所有的老师，因为学费实在是不便宜。如果要读这里的私立幼儿园，每个月的费用大约在 700～900 美元。我想要了解一下老师们的学历背景；当他们需要惩戒调皮捣蛋的孩子时，他们会如何下手；当然还有老师们如何管理自己的班级，这需要很高明的社会技巧。我要求幼儿园应当是干净整洁的，每个孩子随时都不缺少学习和玩耍的器材。对我而言，班级同学及其家庭背景尤其重要，因为我希望自己的孩子可以充分发展他们的语言技能。

　　伊莎贝拉刚上幼儿园时，克莱拉发现女儿的老师是第一年教书的新手，做事是"没有什么条理"的，她认为自己不能听之任之。"倘若我们做家长的有什么能够帮到你，"她对那位老师讲，"请务必告诉我们。"不久，克莱拉决定亲自参与到课堂事务中。接下来的一整年，每周至少有一次，她都雇保姆照顾尚在襁褓中的加布里埃尔，只有这样，她才能脱身走入女儿的课堂。她之所以如此这般全身心地投入孩子们的学业，克莱拉告诉我们，是因为学校设置了一个天才教育计划（Gifted and Talented Education），她非常希望自己的孩子可以入选（最终，孩子们也没有让她失望）。克莱拉还结交了学校办公室的行政人员。"这一招很重要，"她解释了其中缘由，"当我打电话过去问女儿的情况时，她们不至于反问我是谁。"

较之于温蒂（克林顿港）和西蒙娜（亚特兰大）来说，克莱拉对孩子教育的投入程度不遑多让。在三个孩子读书的那些年，克莱拉并没有全职出去工作，因为在她看来，为人父母者就是要一切为了孩子——这是"我最大的挑战，最大的成就，也是最大的财富"。甚至孩子还未上幼儿园时，她就和里卡多花了很多时间为他们读书。"到他们上幼儿园时，"克莱拉告诉我们，"他们已经可以自己读苏斯博士绘本，能从 1 数到 100，还会手写自己的名字了。"这家人总是会一起共进晚餐。

每到暑假，克莱拉就会让孩子们做数学和阅读练习册，还带他们参加加州大学欧文分校和加州州立大学富勒顿校区开设的少儿课程。"这也是我们为什么要搬到这里，"克莱拉说，"因为好大学就近在咫尺，而且我知道它们有为各年龄段的孩子开设的课程。我尽自己所能，就是为了保证我的孩子们能够领先同龄人一步。我的三个孩子都会提前学习一到两个年级的课程。"

特洛伊中学

伊莎贝拉和两个兄弟都就读于特洛伊高中，校园就在他们家的山脚下。特洛伊是一所公立的重点中学，在大多数学术指标上都表现优异——根据《新闻周刊》杂志于 2013 年的排名，它在全美最佳高中排行榜上高居第 47 位。非本学区的孩子若想入读，必须通过一轮竞争残酷的入学考试。据克莱拉说，每年都有数千人申请，但能从其中脱颖而出的不过四百人左右。特洛伊高中开设了一个要求极严格的科技专业班（校内人称"特洛伊理工"），还设有一个同样要求严格的国际会考科目课程，同时还有数十门大学预科课程。无论是科学奥赛，还是学术十项全能，在这类全国性的学术竞赛中，特洛伊的学生可以说

144

是常胜将军，而且据说该校的计算机课程也是全世界最好的。在特洛伊高中的毕业生中，上大学的比例高达99%，其中76%的学生进入四年制大学，23%只能上社区大学。学生在种族来源上非常多元化：46%是亚裔人，24%是非拉美裔的白人，23%是拉美裔人，只有6%是黑人或少数种族的混血儿。相比之下，也正如我们在表4-1中所见，学生出身的社会经济背景就要单一很多。

伊莎贝拉谈起自己的母校时总是满怀深情。"每一位老师都棒极了，"她说，"当你需要帮助时，他们总是在你身边。"我们还采访了她的同学吉拉，两人不约而同地谈到了母校的老师是多么关爱学生。在吉拉刚入学时，她的父亲去世不久，英语老师得知此事后慨然伸出援手。"她牺牲时间陪我聊天，"吉拉说，"还对我说，'要是你想跟人说说话，就来找我。'那段时间，我常在午餐时去找她，跟她倾诉心事。直到现在，我还和她保持着联系。"

在特洛伊高中，有这样的好学生，又有这样高规格的课程，势必营造出高压竞争的学术氛围。克莱拉告诉我们，在她大儿子的毕业班中，有15名学生在SAT考试中拿到了2400分——不要怀疑，这就是满分。伊莎贝拉反复强调，特洛伊高中就是学生的高压锅。

从我们高一开始，有些同学就在为SAT备战。假如拿了2200分，有一半的同学会说："这可不行，我得再考一次刷分。"所有人都相处融洽，但有些时候也并不是那么风平浪静。你必须要考进全年级的前10%到12%，这种残酷的竞争就是一把双刃剑，问题也就在这里。拿了B就等于是不及格了。

今年8月，我回去了一趟，就在我原来的那个班级，给马上要毕业的学弟学妹讲讲大学申请的经验。人一回到那个环境，压力就扑面而来。当你还身处其中时，你很难做设身

处地的思考，但返回母校，我马上就看到学弟学妹们身上背
负的那种高压。在特洛伊，人就像是一个泡沫。

145 　　甚至连课外活动都不免一番惨烈的竞争。伊莎贝拉曾参加本校学
生报纸的纳新面试，她文笔甚佳，自以为胜券在握，但结果却名落孙
山。"他们面试新人是在我高一那年，"她说，"轮到我面试时，我还
没有做好充分的准备。50个人进入了面试，但他们只录取2个。这家
学生办的报纸很有威望，学生编辑们常有机会去读伯克利、斯坦福的
新闻系，都是些顶尖的学院。"

　　通常说来，橘子郡的普通高中生热衷于攀比豪车和名牌衣服，但
特洛伊的学生与众不同，伊莎贝拉坚持认为，"特洛伊的风气不是这
样。大家比的首先是学业。我猜，要是在别的学校，你被人唤作'书
呆子'是一种侮辱，但在特洛伊就不是这样了。大家都想不落人后
……但不得不说，竞争有时候就是你输我赢（笑），事实差不多就如
此。"

　　特洛伊高中的竞争压力究竟从何而来？这个问题引人深思。伊莎
贝拉告诉我们，压力并非源于她的父母。"当然，他们从来都希望我
们能够做到最好，"伊莎贝拉说，"要是我没有考到最好的分数，（他
们只会说）'好吧，你已经尽力了，下次接着努力吧！'"但多数家长
并非如此宽容。据伊莎贝拉和克莱拉所言，家长施加于孩子身上的压
力往往会在整个校园蔓延开来。

　　"虎妈（Tiger Moms）！"对于伊莎贝拉同学的母亲，克莱拉只有两个
字的形容。"我的同学们要是在考试中没有发挥好，"伊莎贝拉说，
"那些可怜的孩子都不敢回家，因为他们知道等待自己的将是一顿训
斥，父母会劈头问：'成绩单呢？拿来给我看看。这怎么回事？为什
么没考好？'"伊莎贝拉还补充道，"我有很多同学，家长望子成龙，
迫切地想要孩子将来可以读名牌大学。有些时候，孩子们嘴上不说，

却暗自承担起来自家长的压力，尤其是在面对那些比自己成绩更好的同学时，他们要学会深藏功与名。当然，在这种竞争中，一切都随之水涨船高。"

伊莎贝拉说，这样一来，"压力可以说是无时不有、无处不在的"。她和同学吉拉不约而同地这样勾勒出高中生活的一天：早上7点到校；接下来就是上课，还搭配有体育课或课外活动，直到下午4点或5点；晚饭过后，还要再做4~6个小时的家庭作业，如此一来，睡眠时间就只剩下5~6个小时。"我们有时会聊到睡眠的问题，倒也不是为了攀比，"伊莎贝拉说，"但我们还是会说，'噢，我昨晚只睡了6个小时！''那你不错了，我只睡了4个小时！'""说起熬夜，我在高中时熬的夜要比大学还多，"吉拉告诉我们，"就像是开启了机器人模式，无暇谈及生活。" 146

克莱拉和里卡多会尽其所能地指导孩子们的家庭作业。"我丈夫负责孩子们的数学作业，"克莱拉这样说，"孩子读高中后，如果他们需要写作上的指导，也是里卡多负责指点他们的文章，当然还有数学题。小学时候的数学作业还很简单，我还能应付自如，不过到了高中的数学时，只好让他接手了。"但他们也教导孩子不要好高骛远。读高一时，伊莎贝拉曾选过一门数学课，"我丈夫和我一起去参加校园开放日"，克莱拉回忆道，"翻开她的课本一看，我们连里面的题目都看不懂，里卡多当时就说：'那就别上这门课了。'那题目看起来简直像天书一样。我们也帮不了她，她也厌极了那门课。于是我想，为什么我们明知会失败还是要逼她去学呢？于是我们说：'那就别学了。'最后，她退掉了那门课"。

如同特洛伊高中的许多家长一样，克莱拉也希望她的孩子可以充分利用起学校以及整个社区的优越条件，投身于丰富多彩的课外活动中。"足球、棒球、女童子军、艺术、钢琴、舞蹈，"克莱拉向我们逐一列举出孩子们参加的一部分课外活动，他不仅要每天开车接送孩子上学，每周还要有一次送午餐到学校，以上列举的课外活动也需要克莱拉开车接送。"过去一年半，我被开了3张超速罚单！忙起来谁顾得上这些呢！"

特洛伊高中登记在册的社团超过100个，其中每个社团都有指导老师以及至少10名活跃分子——这个数字还不包括体育类的社团。社团活动多姿多彩：国际大赦观察组、动漫社、弓箭社、国际象棋俱乐部、科普特俱乐部、话剧社、"同一直"联盟、电子证券投资俱乐部、生活诗社、数学俱乐部、穆斯林协会、波利尼西亚俱乐部、军人服务部、世界宣明会、自由美国青年党。每一年，特洛伊高中还会打造出各种各样的冠军队和社团，领域涉及乐队、篮球、合唱比赛、越野赛、游泳、网球、水球、摔跤、木琴竞赛等。"即便是我们的舞蹈队，每年也都能打入全国范围内的总决赛，"克莱拉告诉我们时，脸上满是骄傲。

147   跑步是伊莎贝拉的课外最爱。"我喜欢我们的越野队，还有那里的教练，因为跑步可以让我忘记学校里的压力，"她说，"放学后能找到片刻时间去跑步，可以呼吸野外的新鲜空气，生活总是如此美妙。"伊莎贝拉还提到，她曾是学校越野队的副队长，也曾为自己班级的视频年鉴写过脚本。

特洛伊之所以能担负起数量如此惊人的课外社团，皆是由于学生家长和社区居民的踊跃捐助。很多学生社团都设有外联部。克莱拉告诉我们，特洛伊学生的家长们会定期向学校捐款，他们当然也是如此。"在那个特洛伊理工项目中，每个孩子都配有自己的笔记本电脑，甚至连小学组的学生都有，"克莱拉说，"原因很简单，家长们希望孩子都能有先进齐全的技术装备。我的朋友萨曼莎每年都会为她念过的小学捐款1000美元，对她来说，只不过是大笔一挥，因为在她看来这算不上什么——她女儿在私立小学上学，每年的开支就要12 000 ~ 15 000美元，所以对她来说，1000美元压根儿算不上钱。"

　　但最重要的还是 SAT 考试，正因此，特洛伊高中的学生以及家长都在备战 SAT 上投入了大量的时间和精力。以伊莎贝拉为例，在读高中时，她的每周日程上会有 3 次 SAT 预备课程，每次历时 3 个小时，不仅如此，每周还有 1 次"SAT 实战练习日"。吉拉在读高中时也参加过 SAT 的暑假预科班。"我觉得不补课就不能安心，"吉拉说，"我们上三年级时，很多同学都把 SAT 的考试书带到学校里来，甚至在课间五分钟也要抓紧时间刷题。说起来，这也有些走火入魔了（笑声）。"

　　课业总是如此繁重，特洛伊中学的孩子们几乎"无暇交际"，克莱拉对此难免抱怨，说孩子们每年最多只能参加一两次舞会。"很多学生根本没有学习以外的生活，"克莱拉告诉我们。当克莱拉回忆子女们的高中经验时，我们仿佛就能看到两个她在天人交战、左右互搏，一个是望子成龙的严厉母亲，另一个是对孩子无微不至的慈爱妈妈。"他们的压力太大了，这也是我和我丈夫对这所学校不满意的一个地方。学习没有捷径，你要进名牌大学，就要靠不断奋斗，但不幸的是，学校这样做也剥夺了学习的乐趣。"

　　学习和生活不可兼得，伊莎贝拉对个中矛盾深有感触。"高中压力真的很大，一天到晚忙到焦头烂额，"她说，"但我必须承认那是一种真正好的教育，让我为大学生活做了充分的准备。我此前的数学从来没有好过，但现在，数学成绩就很不错了。"尽管读特洛伊高中时，伊莎贝拉曾为高等数学而苦苦挣扎，但现在，作为一个大二的学生，她正在为 7 名大学新生辅导微积分的基础课。　　148

　　毕业季到来时，克莱拉和里卡多全力以赴帮助孩子们申请大学。"有些大学的要求很复杂，像南加州大学、宾夕法尼亚大学、纽约大学，它们要求的申请文书就不容易写，"克莱拉说，"要想回答文书中的某些问题，申请人要非常成熟才行。里卡多是个很好的写手，我觉得在孩子申请大学的过程中他出了大力。他帮助伊莎贝拉和迈克尔熟练掌控整个申请流程。在迈克尔申请那会儿,我把他的申请材料拿给好几位朋友一一过目——他们都是大学教授,其中有一位还是院长——这样的话就可以得到专业人士的反馈意见。我们那时都是新手,心里忐忑不安,我盼着迈克尔可以被他申请的学校录取,那可是千军万马过独木桥。"

很幸运,兄妹俩申请的学校几乎无一例外地向他们发出了录取通知。迈克尔现在已经从一所常春藤大学毕业,但到了伊莎贝拉上大学时,如同许许多多的中产阶级家庭一样,这个家庭也遭遇了经济大衰退的打击,昂贵的私立大学学费变成了经济重负。克莱拉和里卡多因此鼓励女儿选择一所当地的大学,这所大学因其出色的写作课程而知名。最终,伊莎贝拉听从了父母的建议,放弃了她原本心仪的东部名校。但只要想到她在大学毕业时不会负担任何债务,因此还可以继续读研深造,伊莎贝拉和她的父母都相信他们起初做了一个明智的决定。

罗拉和索菲亚

在交通的非高峰期,沿着橘子郡的高速公路,从坐落于群山之间的特洛伊高中驱车前往圣安娜中学只需要 15 分钟。将到未到之时,映入我们眼帘的首先是一眼望不到边的两居室的低矮平房。午后和煦的阳光斜斜铺照,这里的街区看起来倒显得安静平和,只有街边的锁匠铺、坏孩子保释热线(Bad Boy Bail Bonds)、治安法庭的法医室,还有环绕着每栋房子的锁链围栏。这些都在提醒着我们,我们已经进入了橘子郡内最危险的黑帮斗殴地。[10] 罗拉和索菲亚就住在这里,姐妹俩在所住平房的门廊处迎接我们一行人的到来。罗拉已经有 29 岁,面色苍白,看起来稍带倦意;索菲亚 21 岁,身材高挑苗条,带着塑料边框的眼镜。妹妹生得俊俏,但在生人面前显得腼腆,每到这时,姐姐从旁投入母亲一样的温暖鼓励。

这栋房子属于她们的外祖父（没有血缘关系，是她们外祖母的第二任丈夫）——现在，他已经搬到了邻近的市镇，但允许两姐妹继续住下去，正好也可以帮助他打理一下寄到此处的账单。在罗拉和索菲亚的口中，从前的老邻居们都很友善，尤其是她们所在的这个街区，往往是数代人挤在同一个屋檐下，整个街区仍然"亲如一家"。但近年来，周边整个社区已经是沧海变桑田，此前住在这里的多是有着稳定工作的拉美裔工人阶级，就好像她们的外祖父，虽已退休多年但始终在一家学校做看门人，现如今这里已经是沉溺于毒品和黑帮斗殴的年轻人的天下了。

她们所在的街区还算得上安全，但只要走出这个街区，外面的世界就很危险。整个地区拉美黑帮肆虐，各帮派都有自己的领地，大家各自为战，也让此地变得四分五裂。罗拉首先为我们描绘了本地黑帮的势力图：

这条街上的混混自称第六街帮，但其实这里是第四街。（那些人连数数都不会，可见他们到底有多愚蠢吧！）所以在真正的第六街上，还活跃着另一个第六街帮，但这两家可不是朋友。在第七街上还有一帮混混，他们和第六街这伙人勾结了起来。然后，从布里斯托尔一直到费尔维尤，大约要从第一街蔓延到第十七街，这整个地区又是另外一个帮。

平时很难看见他们，但大家都清楚那些人就在身边。他们真的很危险。他们觉得"这是老子的地盘"，所以不管谁走过都要问："你打哪儿来？"昨天我们跑到了另一个街区，真的太恐怖了！在这条街周边混的帮派分子，我们还都认识。要是你不小心误入另一个街区，那里的混混可不知道你是谁，一看到生人，他们就会对你上下打量。

150   这姐妹俩之所以昨天闯入另一个街区，就是因为她们的一个亲戚在前天夜里命丧于黑帮的火并中，她们过去为他守灵。

索菲亚：最好的朋友开枪击中了他的脑袋，先是一枪，又补了一枪——那是和他一起长大的朋友。

罗拉：他很小的时候就加入了帮派。后来，他有了一个儿子，年龄一天天大起来，于是想扩大自己的地盘。他的朋友们眼见他一天天坐大。

索菲亚：就是。他们就因为这个排斥他，打主意要杀了他。

罗拉：天色一暗，黑社会就出现在葬礼上。我们当时在守灵，我们非常紧张，因为这伙人可不知道我们是谁，子弹也不长眼睛。他们中的确有一人端着枪，所以我们的言行都很谨慎。我们真的不知道发生了什么事，一出灵堂，我们就快步离开这个危险的地方。

两姐妹由此总结出一个简单的人生道理：不要相信任何人，即便是最好的朋友。

这个社区并非一直如此危险。很小的时候，姐妹俩就为外祖母两口子所收养，两位老人都出生于美国，但都没能读完高中。那时候，社区的人们敦亲睦邻，是一个成长的好环境，外祖父母也很疼爱她们，祖孙四人的家庭倒也其乐融融。"我们过着再普通不过的郊区生活，"罗拉回忆道，"那时候还没有黑帮这回事。外祖母还让我们自己去公园玩，我们俩都有自行车，公园里还可以荡秋千。可以这么说，那些白人小孩用的东西，我们在童年时也基本不缺。"

姐妹俩和两位老人非常亲密，时至今日，仍同没有血缘关系的外祖父保持着这种亲情。从前外祖母还在世的时候，一家四口通常会一起晚餐。外祖母"还让我戴了牙箍"，罗拉回忆道。她们的外祖父特意调整了工作时间，以便接孩子们放学，他还指导索菲亚的数学作业。两位老人都鼓励她们要好好学习。

151

> 索菲亚：外祖母常常念叨我们："你们在学校可要争气啊！作业做了没?"
>
> 罗拉：他们会陪着我们做作业，检查我们的作业。
>
> 索菲亚：要是我们得了 B + 以上，还有奖励——带我们去看电影，或是逛街购物。

这家人虽然谈不上富裕，但外祖父赚钱确实也不少，罗拉就这么说过，"我们什么都不缺"。全家人还会一起庆祝生日，逛海滩，去海洋世界，每年去三次迪斯尼乐园。在罗拉的回忆中，两位老人对她们"非常、非常严"，从小教导她们要有礼貌、尊重他人。

> 索菲亚：外祖母对我们很严厉。
>
> 罗拉：现在想来，要是没有她的管教，我和罗拉很可能就流落街头，跟外面贫民窟的混子没什么两样。
>
> 索菲亚：就是！就是！
>
> 采访者：外祖父母有没有跟你们说过，他们希望你们成为什么样的人?
>
> 罗拉：他们从不言传，只是身教。

但悲剧突如其来，"自从外祖母去世后，一切都不一样了"，罗拉说。外祖父没有抛弃这两个没有血缘关系的外孙女，仍从经济上照顾着她们的生活，但自那时起，14 岁的罗拉不得不像母亲一样照顾当时只有 6 岁的妹妹索菲亚。5 年后，外祖父也搬离了这栋房子，当然在经济上仍继续供养着这对姐妹。罗拉向我们解释道："当时我已经 19 岁了，他就搬走了。那是一段难挨的日子！我妹妹上五年级，我要学着做饭洗衣，都是我以前从没干过的。我别无选择。我们姐妹俩只能相依为命。"

罗拉原本想去读一所离家稍远的高中，因为那里的条件要好些，但照顾妹妹的责任突如其来，她不得不进入临近的圣安娜中学。即便在这里，"我也根本不能安心学习，因为外祖父要工作，妹妹得由我照顾。穷人的孩子早当家"。最终，罗拉从圣安娜中学退学，放弃了高中学业，但她还是要继续照顾妹妹索菲亚。她们的生活里没有父母的关爱，姐妹俩相依为命地面对着这个恶意的世界。

在外祖父母隔代养育的故事下，隐藏着一个更残忍的现实。罗拉和索菲亚其实是同母异父的姐妹，两个女孩的生父都是瘾君子，母亲则是一名黑帮成员——要说起来，她还是圣安娜中学的第一批女性黑帮分子。脱离帮派之后，她吸上了海洛因，随后又沦落风尘。姐妹俩还有一个年龄更大的同母异父的姐姐，出生后就被留在了福利院，未曾谋面。"就是她的爸爸，让我妈去吸毒，做了妓女，"罗拉说。

有关自己的生母，索菲亚几乎没有印象。罗拉倒是有些还算完整的回忆，但都是暗黑的片段。"从我记事时起，我妈基本上就在监狱待着，"罗拉告诉我们，"关于她的记忆，我只能想起她吸毒的样子。"两姐妹说，母亲最终还是选择了"街头生活"，这是她那一代不少人的归宿。最麻烦的时候，外祖母甚至都把警察叫来了，罗拉告诉我们，因为外祖母觉得母亲"该学点规矩了"。母亲锒铛入狱后，外祖母就把罗拉和索菲亚接走了。在罗拉 10 岁、索菲亚 2 岁那年，母亲出狱了，但没过多久就撒手而去（大概是因为艾滋病，但姐妹俩并没有承认这一点）。

多年以后，罗拉从警方记录中得知了母亲当年入狱的缘由。"就在我 9 岁生日过后的第二天，她因为卖淫被抓了，就在下面的这条街。只有一街之隔，她都没有过来看看我。就这么近，她宁愿做妓女，去吸毒，也不来看看她的亲生女儿。"

索菲亚连亲生父亲姓甚名谁都不知道。罗拉还知道自己的父亲住在富勒顿，但她打心眼里看不起他。"他就是个黑社会，吸毒的变态！"罗拉脱口而出。当被问及父亲如何讨生活时，罗拉说："他是个人渣。上次我看见他，他还骂我是婊子，就因为我不肯拥抱他。"

反讽的是，正是父母混过帮派的经历和身份，一定程度上保护了这两个女孩免受黑帮的骚扰。"从没有人逼我们（加入黑社会），因为我们家就是黑社会出身。"由于母亲的前车之鉴，她们选择远离酒精和毒品。

圣安娜中学

对于罗拉和索菲亚来说，上学起初是一件很有成功体验的事。在 153 外祖母的安排下，姐妹俩先后加入了政府出资的启智计划（Head Start），关于小学，她们的脑海里满是温暖的回忆。"读小学时很开心，"罗拉回忆道，"我还记得一年级的老师，加西亚夫人。她为人风趣，待人和善，我很喜欢她。她是个好人。"索菲亚回忆起小学时光也有同样的经验。"老师们都很关心我们，"索菲亚说，"我读的那所小学也很好。讲真，我那时特别喜欢学校。"索菲亚看起来是一个早慧的孩子——生性聪慧，积极主动，被选中参加资优教育项目。"她是个怪人，"罗拉揶揄起妹妹，"她居然喜欢读字典！""是的，"索菲亚并不隐瞒，"我是喜欢读字典。我觉得挺有意思的。"

一到圣安娜中学，就是"一个全然不同的故事"了，罗拉这样对比着她的小学和中学。据姐妹俩看，圣安娜中学的校园不算差，只不过是环绕着一道由铁链锁扣的围墙。围墙上悬挂着"闲人免进"的告示，周边还点缀着校园帮派在墙上的涂鸦，围墙外还有暗中蹲点的警车。当然，真正让圣安娜同特洛伊区别开来的，并不是校园的物质设施，而是无形的社会氛围和学习风气。

索菲亚：在学校的每一天都过得提心吊胆。学校里就有孩子带着枪。

罗拉：有次她（索菲亚）刚到学校，就亲眼看到有人被杀了。

索菲亚：就在街对面。遇害的小孩站在那里，那些混混径直走向他，问他"从哪儿来？"他一言不发，然后他们居然掏出枪来杀了他，扬长而去。

罗拉：现在都还看得到广告牌上的弹孔。

索菲亚：那些混混会朝老师脸上吐口水，打打杀杀，兴起时还威胁要拼命。有个女孩恐吓我，朝我比 1 – 8 – 7 的手势（"1 – 8 – 7"在黑话中意为"谋杀"）。

罗拉：最吓人的那次，班上有个男生无缘无故地对我发难。他混黑社会，也沾染过毒品。他突然坐到我背后，揪住我的头发，痛得我直往后仰。他威胁我，要是不把钱给他，他就杀了我。还好他只是吓唬我，他松手放开我，哈哈大笑。但他总是吹嘘自己柜子里有把枪，谁也不知道真假。

索菲亚：班里的男生经常会彼此交换下流的眼神，装作不可一世的样子，就开始动手打架，每当这个时候我就很害怕。女孩也非善类。有些女生实在太坏了，一言不合就动起手来。

"你们每一天都是怎么过的，能描述下吗？"当我们问起这个问题

154

时，两个女孩立刻抢着回答，你一言来我一语：

> 看到一起起打架斗殴，同学们在班里打砸抢，当面顶撞老师。学生羞辱老师，撒泼吵架，粗俗下流。学校里到处乱作一团。班里总是有人嗑迷幻药，喝兑了伏特加的运动饮料。

校园环境堕落到这种地步，也就难怪教师和行政人员在面对罪恶时不仅无动于衷，还束手无策。在圣安娜中学，课堂教学和学习并不是当务之急。"你们学校的学习氛围如何？"我们问道。

> 罗拉：从来没有学习氛围这回事。
>
> 索菲亚：（笑）"学习氛围"是神马？
>
> 罗拉：上初中时一切还好，老师们还是挺上心的。
>
> 索菲亚：到高中时，老师就彻底不管了。
>
> 罗拉：老师甚至直截了当地告诉学生，要不是为了拿工资，他们才不会管我们呢！
>
> 索菲亚：他们不过是看管我们，在课堂上看孩子而已。
>
> 罗拉：是的，他们就是看孩子的保姆，至于我们学不学，学到多少，不关他们的事。[11]

索菲亚讲了一件小事：曾有一次，她因上课时交头接耳而被罚周末留校，但老师却答应放她一马，只要她愿意在周末去照看老师的孩子。罗拉无法忘记另一件事，性质不同，但同样可见学校管理的疏忽与漏洞。索菲亚刚一入学时，学校见她是拉美裔人，想当然地以为她只会讲西班牙语，错误地将她编入了西班牙语的特殊班。整整一年，索菲亚都如坠五里雾中——随堂作业、阅读、家庭作业、考试，她完全跟不上节奏——上课时，她只有呆坐着，无聊地望向窗外。当罗拉

155

向学校指出他们的错误时，校方的回应是他们对此无能为力，索菲亚必须在这个班上待到学年结束，当然，索菲亚还是可以参加另一个补课班——但这个班每天清晨6点上课。

不久又发生了一件事，作为妹妹事实上的监护人，罗拉曾向一位数学老师问起索菲亚在班级上的表现，并建议他最好给索菲亚多布置些作业，让她可以迎头赶上。罗拉告诉我们，这位老师直言他认为索菲亚"太笨了"，所以没有必要给她开任何小灶，"因为她反正也不会做作业"。甚至连学校辅导员都毫不上心。"他们只是人在那里，"罗拉说，"但心不在那里。辅导员连想都没想过要帮索菲亚。"

在圣安娜中学，优等生有单独的优生班，在这两个女孩看来，优生班遥远而神秘。"优生班的学生不和其他的孩子交流，"罗拉说，"只有这些优秀生才能得到好老师。"当我们问及资优生是如何选拔出来时，姐妹俩显然对此一无所知。原因很简单，她们无从得到来自老师、父母或者任何成年人的善意帮助。我们一再逼问，罗拉窘促了半晌，方才说道，"大概是聪明的学生才能进去吧"——但接下来她也意识到，索菲亚也很聪明，但这并没有让妹妹进入优生班。"问题在于，"罗拉感慨道，"初中或小学的时候，索菲亚确实很聪明。她是个好学生，但一进入高中，情况就颠倒过来了。"同样地，在圣安娜高中，备考SAT也是优等学生的特权。"只有聪明的学生才知道SAT是怎么回事，"罗拉说，"我之所以知道SAT这回事，完全是因为有几个朋友也在备考SAT。除此之外，没人会讨论考试。"

在圣安娜中学时，罗拉和索菲亚不曾参与过任何课外活动，甚至无缘于任何有组织的活动。有一次，罗拉很想加入一个读书小组，但主管的老师拒绝了她的申请，理由就是她的阅读水平还不够。索菲亚曾申请加入排球队，但也没有被录用，因为她并不是那种可以在考试中拿到A或B的好学生。

索菲亚在圣安娜高中的成绩一落千丈，赶不上进度时，她也曾求助于老师和辅导员，但无人施以援手。"你们这些人根本不打算帮我。既然不帮我，为什么还要把我留在这个学校？"索菲亚曾大声抗议。外祖父听闻此事，也对学校的行政管理人员大为光火（或许他因此还被学校的人恐吓过），而最终只得罗拉出面调停。（这位外祖父告诉我们，在他长大成人的20世纪50年代，所有的父母都积极参与学校事务，但现如今已经无人在意此事。"每位家长都指望着其他的家长来付出，结果就是现在这个样子——没人管没人问。"）罗拉申请将索菲亚转至补习学校，对那些在常规高中无力跟上进度的孩子们而言，这是退而求其次的选择。但申请再次遭拒。"他们又说对此无能为力，"罗拉有些愤懑不平，"我知道，他们就是想收索菲亚的这份钱，因为政府是按照学生人头数来给学校拨款的，多一个学生就多一份拨款。至于学生学得到底怎么样，是不是已经无力跟上进度，他们才懒得管。"

但姐妹俩不屈不挠，上诉到圣安娜所在的学区，这一次她们获得了胜利。终于，在高中三年级，索菲亚转入了补习学校，她在这里找到了归属感。罗拉和索菲亚向我们解释道，"补习学校的学生，通常是那些常规中学不想要的坏孩子——我的那些身着奇装异服的同龄人——说实话，他们大多数人压根儿不想上学。"但索菲亚"可是真正下功夫的学生，在这里凤毛麟角"。

转入补习学校后，索菲亚的功课大多在家里完成，每周只要去学校签到一次或两次。归根到底，这是在老师指导下的独立自学，因为摆脱了在圣安娜常见的坏孩子的欺侮，也不再为打架斗殴这种事分神，同样因为补习学校的老师出乎意料的认真负责，索菲亚的成绩突飞猛进。"她的老师棒极了，"罗拉说，"既耐心，又尽职。"索菲亚也同意姐姐的看法。"确实这样，她是最好的老师！"索菲亚还补充道，"他们不但送书给我，还发学习资料给我。"不止如此，当索菲亚在数学课上陷入困境后，学校还为她安排了家教补课，这让罗拉万万没想到，

"辅导的钱还是他们出的"。

就是在这种没有条条框框的新环境中，索菲亚茁壮成长，过得丰满而充实。有了来自补习学校教员的鼓励，当然也加上她与生俱来的聪慧和努力，索菲亚考过了"KC"（亦即 CAHSEE，或我们所知的加利福尼亚州高中结业考试）。接下来，在补习学校一位升学指导老师的帮助下，索菲亚为当地的一家社区大学所录取，甚至奇迹般地找到了经济支持。好多年来，姐妹俩都在一家医院做志愿者，帮助艾滋病患者。据她们说，这个关爱艾滋病人项目的主要捐赠人听闻了索菲亚的故事，当即决定慷慨相助，支付索菲亚的学费和书本购置费，如此一来就消除了她读大学在经济上的后顾之忧。

索菲亚眼下正在读社区大学，成绩很不错，谈起今后的规划，她想要成为一名教师。但目前为止，姐妹俩的故事尚且没有走到童话中的美满结局。我们看到，罗拉和索菲亚只能凭借她们的微薄之力在教育系统内摸着石头过河，其间既没有学校和老师的指导，也欠缺家庭的全力支持。如果同出身良好的同龄人相比，她们得不到那些幸运儿从体制内获取的助力，很多事情对她们来说都是一头雾水。比如，对大学的课程设置，索菲亚一度浑浑噩噩，她不清楚自己所在的大学有没有教师培训的项目，甚至不确定这是一所两年制还是四年制的学校。罗拉告诉我们，由于索菲亚所读的大学超额招生，这就导致她同自己想选的专业失之交臂，被分进一个她认为毫无用处的院系。目前，索菲亚有时间就到热狗店的柜面打工，但内心仍期盼着最终可以完成社区大学的学业。

索菲亚的生活，是罗拉自己不敢去想的。由于担负起照顾索菲亚的重任，罗拉一度心力交瘁，在学校的表现也是一塌糊涂，于是她在自己高中三年级快结束时从圣安娜中学退学。当时，她之所以痛下决心，就是因为有老师建议她可以通过社区大学拿到普通教育水平的证书（GED）——但这个建议目前被证明走不通。最终，罗拉还是取得了这个文凭，但整个过程却让她对教育心灰意冷，也因此放弃了读大学的念头。眼下，罗拉在一家廉价的服装连锁店做事，但她憎恶自己目前的这份工作，她把希望寄托在了索菲亚身上。"我希望她要比我们全家人做得更好，"罗拉说，"没人有过什么成绩。"

索菲亚深有同感。"确实如此，"她说，"在我们这个家庭，没人做出过什么成绩。没人参加过海军，没人加入过陆军，没人从大学毕业，也没人做过医生、警察或其他有些模样的职位。他们全都是屌丝。"

索菲亚想要有所突破。当我们问及她今后想做什么时，索菲亚的 158 回答很简单。"我只有一个愿望，"她说，"那就是不能无所事事，一无所成。"

克莱拉对橘子郡拉美裔家庭的观察

因为工作之便，克莱拉深度接触过来自圣安娜的拉美裔的穷孩子，所以对于她自己孩子的教育和圣安娜的教育便很有发言权，也有独到的观察。她是这么概括两校之间的差异的。

如果你到圣安娜的中心区，那是个到处都说西班牙语的穷人区，住那儿的人们可没有什么社会资源。很多家庭只说一种语言——西班牙语，那些家长们如果读过书，大多也只是上到四五年级罢了。如果父母没有受过良好的教育，就像我们这一代人的父母那样，不排除还是有一些孩子能走向成功，但那比例实在太小了，简直不值一提！可以说，70%乃至80%的学生都碌碌无为。等待他们的，要么是参军，要么是读技校，好一点儿的也许能上个专科学校。即便上了，很多人也会半途而废，因为生活挫败了他们，他们需要马上赚钱才能活下去。

（谈到家长对学校的捐赠时）你们一眼就看得出其中的差距所在，问题就出在财政上。那些住在圣安娜的父母，他们的工作就是为了养家糊口，一个月挣的钱也许刚好够支付房租和水电费。他们压根儿没有能力再去给学校捐款。他们没有像我们这样的生活机会。很多父母连工作也没有，活得捉襟见肘。他们连自己的家也没有，常常三四个家庭挤在一栋房子里。

这些学校里的老师基本上就是维持一下秩序，让学生不至于行为太出格，谈不上教他们学习。这些孩子在课堂上各种捣乱，有的逃学，有的吸毒，还有的一天到晚打打杀杀。所以，你说学习？我只能当你是开玩笑了。这些孩子啊，宁愿去嗑药。

在这里当老师绝非易事，因为大多数学生的程度尚不足以读高中。他们的阅读水平也许就是三四年级的程度，但现在就上了高中。正是因此，这些学生严重缺乏学习方法和自控能力，也没有好好学习所必需的专心致志和责任感。我并不认为问题就出在这些孩子身上。造成这种状况是各方面因素综合所致。他们的父母也不说英语，因此在学习上也帮不上忙。

话说回来，在这些学校上学的孩子也不容易，因为辅导员也基本放弃了那些苦苦挣扎的差生。圣安娜中学有位副校长，是我的客户，我就曾问过他："既然这么多学生很多科目都不及格，为什么还要鞭打慢牛呢？你们是在把他们往失败的路上赶，理所当然，他们会辍学。如果你不停地挂科，从来尝不到一点儿成功的滋味，谁还愿意继续待在学校呢？"当

159

然，学生就会失去自信和自尊，这就是他们为什么会心情低落乃至抑郁，因为他们既无法得到社会的认可，也无望获得学业上的肯定。就是这些落在后面的孩子，最后不得不去补习学校。

他们（学校辅导员）之所以让差生转入补习学校，大概是为了让这些孩子勉强完成学业。但问题是，这些学生原本还有挽救之余地。若论纯粹智商，他们很可能并未落于常人之后。在我看来，完全是因为环境因素和经济条件导致了这些孩子在学习上的落后。讲真，不止是学习，这些孩子的整个人生都是一场悲剧。

克莱拉可以说是一位拉美裔的"虎妈"，在为自己的孩子争取机会时不遗余力。但即便如此，她并没有遗忘同样生活在橘子郡的另一类拉美裔青少年，这些孩子出生在贫穷的家庭，成长于危险的社区，小小年纪就尝尽生活的苦难。在克莱拉看来，这些来自圣安娜地区的孩子也是"我们的孩子"，这可不是当今美国有钱人的做派，反而更像是半个世纪前的美国家长。

在某种程度上，特洛伊和圣安娜都不是美国中学的典型，而是两个极端的代表。[12]通过这两所学校的鲜明对比，我们可以强烈地意识到，有什么样的社区就有什么样的学校。而在现如今的美国，富人区的学校和穷人区的学校可谓天差地别。但只有检视更系统的、全国范围内的证据，我们才能得到一幅更准确的图景，理解全美境内的中学是如何走向两极对立的。

学校： 你的同学是谁， 这很重要

160　　本章所探讨的核心问题如下：今日之美国，富孩子和穷孩子之间出现了与日俱增的阶级鸿沟，那么美国的学校到底是**扩展**了这种阶级对立，还是**缩小**了这种对立，抑或是没有任何实质性的作用？伊莎贝拉和索菲亚有着完全不同的家庭出身，然后又读了完全不同的学校，那么学校教育到底是扩大还是缩小了他们当下存在的社会差距？说得更精确些，假设学校确实以某种方式牵涉到阶级分化，那么学校到底是阶级分化的**成因**（causes），还是仅仅为社会分化的**场域**（sites）？举目望去，关于当代美国学校教育的经验研究可谓汗牛充栋，那么这种类型的研究到底告诉了我们什么：学校到底是会固化，还是会缩小，抑或是加剧着美国社会的阶级差异，又是以哪些方式完成了前述的种种勾连？这些都是非常棘手的问题，但探究的过程也是发人深省的。

美国公立教育系统之创设，其出发点就是要给所有的孩子——无论他们的家庭出身——以改变人生命运的机会。在过去的两百年中，公立教育系统经历了三次大规模的扩张和变革，每一次大转型都围绕着一种新的核心目标。

公立小学运动，发生于 19 世纪四五十年代，最终推动了免费公立初等教育的全民普及。霍利斯·曼（Horace Mann）是公立小学运动之父，这位美国历史上首位伟大的教育改革者曾经宣称："教育，是推动人类生存状况平等的伟大手段，足以克服人在出身上的种种不平等。"[13]

全面的中学教育运动，起始于 1910 年，终结于 1940 年，最终推动了公立中等教育的全民普及。经济学家克劳迪娅·

戈尔丁和劳伦斯·卡兹是研究这次变革的杰出学者，在她们看来，美国在 20 世纪之所以能够经济增长和社会公正兼得，公立中学教育的普及是其中源头性的推动力。[14]

大学赠地运动，发轫于 1862 至 1890 年间生效的《莫里尔法案》，其后又为 20 世纪四五十年代的《退伍军人权利法案》所接续，整个运动为美国高等教育的平民化奠定了基础。《莫里尔法案》的立法目的就经常被认为是"高等教育的民主化"；在第二次世界大战以及朝鲜战争结束后，政府为近八百万老兵提供了基本免费的高等教育，这些退伍军人在征召入伍前社会背景各异，此举也极大地扩展了进入大学读书的渠道。[15]

上述公立教育运动的目标并不只是追求机会平等，举其要者，还包括发展国家的经济生产力和培育民主社会的公民。[16]不仅如此，在民权运动之前的时代，这些教育改革虽然宣称奉行平等主义，但平等的羽翼却不庇护美国黑人。然而即便如此，若是得知当下的学校教育已经无力缩小学生的阶级差距，那么历史上的教育改革先贤无疑也会大失所望，而如果知悉学校实际上在扩大阶级差异，先贤们大概难免痛心疾首。

但从伊莎贝拉、罗拉和索菲亚的案例来看，她们的经验已然背弃了通过学校教育追求平等的愿望。那么，关于当今美国社会的阶级划分和学校教育之间的关系，现有的证据可以告诉我们什么呢？

让我们首先观察一下十二年义务教育系统内的学生分数。斯坦福大学的社会学家肖恩·里尔登（Sean Reardon）曾完成过一项里程碑式的研究，他令人信服地证明了一个结论：过去数十年来，美国孩子的数学和阅读考试成绩出现了越拉越大的阶级差距。事实上，里尔登的数据图表又是一个剪刀差的形状，在我们这本书中，各种数据指标一次又一次地呈现出阶级之间的剪刀差。里尔登精炼地概括了他的关键发现："对比出生于 2001 年的孩子和出生于 1976 年（亦即 25 年前）的孩子，统计在两组孩子内高收入和低收入家庭之间的成绩差距，则前者的数据要比后者高出大约 30% 到 40%。"[17]

大致上讲，富孩子和穷孩子之间的差距，对应着前者通常要比后者多接受数年的学校教育。不仅如此，一方面，存在于不同种族**之间**的族群差距一直以来都在缩小；但另一方面，这种阶级差距——即便是在每一种族**内部**——却持续扩大（我们此前也曾在其他指标上发现了相同的模型，比如非婚生子女的比例）。进入 21 世纪后，单是统计儿童的幼儿园入学率，阶级差距就已经比种族差距要高出 2～3 倍。

里尔登的研究发现已然令人心灰意冷，但更糟糕的是，他的具体研究只揭示了冰山之一角，与之相互呼应的还有大量有关儿童发育之阶级差距的研究，这里的发育不仅包括认知能力，还包括非认知性的情感能力指标。他的发现之所以如此重要，是因为他紧紧围绕着以考试成绩作为指标的学校学业，而学业则是人生道路上阶级差距的关键因素，比如大学毕业率、监禁率和成年后的收入，无一不和成绩有关联。[18]值得特别指出的是，里尔登的分析还表明，学校教育自身并没有创造机会的阶级差距：早在孩子进入幼儿园时，机会差距就已经大到无可弥补，而根据他的研究，这种差距并没有随着孩子进入学校而发生显著的扩展。在检视了相关证据之后，詹姆斯·赫克曼这样写道："如果我们观察 18 周岁的孩子，则其母亲的教育程度不同，孩子在认知能力的表现上也存在差异，这种差异非常关键，因为很大程度上决定了哪些人能上大学，而哪些人没有机会，但上述差距早在孩子 6 岁时就已经基本存在，换言之，在孩子上学之时，差距已经注定。我不否认美国的学校教育是不平等的，但无论是缩小还是加剧考试分数的差异，学校教育都只是配角。"[19]

还有一些研究也强化了这种观点，即在加剧阶级之间的机会差距方面上，学校自身并不是主要动因。比如，有研究统计了小学学龄的儿童，即发现在孩子们离开学校的暑期，测试成绩的差距会加速扩展，而等到孩子们秋天返回课堂后，成绩差距就会稳定下来。换言之，在精英学校和底层学校之间确实存在着不容否认的教育质量和资源的不平等，但只要我们还考虑到其他同学校无关的因素（诸如家庭结构、经济压力、父母参与甚至是看电视的时间），学校教育和资源本身就是相对微不足道的因素，在导致考试分数以及认知与社交技艺的阶级差距时，学校教育并非关键。[20]

在本德镇、亚特兰大和橘子郡，我们不止一次地看到，确实有学校老师主动对穷孩子伸出援手，拉平了竞争的场域。还记得乔在小学时的老师，曾牺牲她的午餐时间辅导乔读书；克莱拉和弗朗西斯科的老师也曾带着这对孪生姐弟参观迪斯尼，游览诺氏果园游乐场；凯拉的辅导员为她预约了牙医，支付了牙箍的费用，而图书馆的管理员则帮助她申请到了助学金；米歇尔也遇到了负责的老师，发现并帮助她克服了学习障碍；罗拉的一年级老师加西亚夫人，不仅"和善"，而且"风趣"；还有补习学校里"棒极了"的老师，帮助索菲亚完成了高中学业，还读了大学。当然还有悲凉的另一面，在圣安娜中学就没有老师愿意伸出援手，帮助穷孩子。

由是观之，似乎所有相关的研究——无论是定量的还是定性的——都指向一个大方向：就美国社会日渐扩张的阶级鸿沟而言，学校教育没有过错，也不应负担责任，甚至学校反而可能是竞争平等化的推动者，若果真如此，教育改革的先贤们想必可以含笑于九泉了。**但是**——请注意，这是一个大写的"但是"——这绝非否认这一现实：在我们这个国家，富孩子上好学校，穷孩子上坏学校，两类学校之间存在着天差地别。如此看来，现实就同上述理念——即学校是无辜的旁观者，就美国当下愈发扩张的阶级鸿沟而言，学校既非主犯，甚至连帮凶都谈不上——产生了无法弥合的裂痕。通过对特洛伊和圣安娜中学的比较，基于阶级的教育隔离不容置否。而且学生身处其中潜移默化，影响力不可能不大：近来不断有定量研究发现，有钱人家的孩子上好学校，贫穷的同龄孩子上差学校，而在两类学校之间的学习成绩可谓天差地别。

那么，真相若果真如此，到底发生了什么呢？

最容易发现的一个基本事实是：居住的贫富分隔。正如我们在克林顿港、本德镇、亚特兰大市或橘子郡所看到的，有钱的和没钱的美国人现在居住于相互隔离的邻里社区内，壁垒越来越森严。[21]虽然并不是所有孩子都根据父母的居住地就近上学，但这确实是大多数孩子的选择。正是因此，我们可以说，过去30 ~ 40 年间基于收入差距的居住分隔，已经将高收入家庭和低收入家庭的孩子分流到不同的学校。[22]

但反讽的是，学校的教育质量反而在一定程度上解释了日渐森严的居住隔离。原因很简单，当决定在何处购房时，大多数家长现在都看重周边学校的条件。即便是那些自身教育程度有限的家长，也同样如此，我们可别忘记亚特兰大的工人阶级母亲斯特芬妮。但是，受过高等教育的父母当前都特别用心地为孩子挑选最优的学校，正如亚特兰大的西蒙娜和橘子郡的克莱拉，高知父母甚至是先择定学校，然后才举家搬入该学区。事实上，早在她们的孩子还未达到学龄时，西蒙娜和克莱拉就开始在学校之间货比三家，她们之所以选择现在的家，正是为了让孩子们可以就读于优秀的中学。

通常而言，上层阶级的父母消息通达，他们比中下阶级的父母更有渠道判断学校的教育质量，[23]而且一旦做出判断，他们也更有能力去购买位于选定社区内的房子。布鲁金斯学会的乔纳森·罗斯威尔（Jonathan Rothwell）就发现，同样一栋房子，位置靠近重点公立中学就要比临近普通中学贵出不止20 万美金。[24]另有研究也发现，当家长们为位于好学区的房子竞价时，他们所竞取的是学区，这里生活着许许多多受过高等教育、高收入的家长，而不是学校，不是最好的教师素质、班级人数规模或单个学生的人均预算，这也就意味着，在父母看来，学生的家庭要比学校的投入更能决定学校的品质。[25]（多年前，当我家搬到波士顿地区，要找一个有好学校的社区时，我太太运用了所谓的"牙箍检验法"——在一个地区内，到底有多少孩子戴牙箍？这是一个非常合理的指标，据此判断父母的收入以及关爱孩子的程度，也可以由此判断出学校的质量。）就是这样的过程，一方面让出生在富裕家庭的幸运儿集中在一类学校内，如特洛伊高中；另一方面则让出生在穷人家的可怜孩子集中在另一类学校，如圣安娜高中。

"自主择校（school choice）"，允许家长跨越所居学区为子女选择学校，这一机制虽然一开始怀有美好的出发点，但对缩小阶级差距的效用可以说是微乎其微的。从积极的方面看，确有越来越多的美国学生进入他们父母所选择的学校，而不是所居学区的学校，目前这类自主择校生的比例大概在 15%。但问题是，受困于信息不对称，家长经常无法作出明智的择校决策，不仅如此，孩子接送以及照管的问题也约束着家长的选择，这些问题在低收入家庭中间尤其普遍和严重。[26]对于我们在本书重点关注的下层阶级的孩子来说，自主择校不太可能让他们的人生反败为胜。原因很简单，因为他们并没有那种通情达理的父母可以帮助他们做出更明智的决策。

姑且不论孩子自己的家庭背景，如果把孩子送到身边同学来自上层阶级家庭的学校，孩子就能有更优秀的学业表现。在整个发达世界，这种"近朱者赤"的模式看起来是普适的。[27]詹姆斯·科尔曼（James Coleman）以严谨的数据证明了这一不容置否的现实，他在自己开创性的研究中就写道："不论学生自己的社会背景如何，最大程度上决定学生成就的学校因素是学生群体的社会组成，而不是任何其他的学校因素。"上述一般性的命题，不仅适用于在校考试分数、毕业、大学入学这类学术成绩，而且即便我们维持学生自己的家庭背景和在校成绩这一变量不变，同学的社会构成也会影响到学生在成年后的经济收入。

在富人学校读书，穷孩子就能取得更好的成绩，这一现象被加里·奥菲尔德（Gary Orfield）和苏珊·伊顿（Susan Eaton）称为"教育研究中的铁律"。事实上，已有很多研究显示，学生在高中时的学业表现与其**同学**家庭背景之间表现出很强的正相关，其程度要高于与其**自己**家庭背景的相关性。[28]

让我们做如下的思维试验：假设索菲亚（"生性聪慧"，小小年纪就喜欢读字典）幸运地转入了特洛伊高中；与此同时，伊莎贝拉却不幸地转入了圣安娜高中。一旦两个女孩互换学校，她们各自的学业成绩很难不受影响。不要忘记，克莱拉和里卡多之所以从洛杉矶的旧居搬到了富勒顿，恰恰就是因为预见到了这一幕。但是，为什么同学的社会经济背景如此重要？为什么学生群体的阶级构成会对一个学校的学生产生如此强有力的影响呢？[29]

无论是专家学者还是普通百姓，相当一部分人首先想到的答案就是：学校的财力。也就是说，学校的预算主要取自于本地的财产税，所以富人区的学校就可以承担起数量更多、质量更高的教师、行政管理者、课程项目和校舍设施。但其实不然，学校财力并非美国阶级鸿沟不断扩张的主要推手。例如，大多数研究者现已发现，学校财政（包括学生人头开支、教师薪酬）并非预判学校质量的主要指标。[30]不仅如此，过去三十年以来，虽然阶级差距渐成两极分化，但在美国许多州内，地方财产税收在公立学校的预算中占据的比例越来越小，这部分要归因于这些州的司法判决，根据相关的判例，一州之内各学区之间的政府开支必须保证平等。

166　　至于薪酬，同等条件下，富人区学校的教师只是略高于普通学校，但这一状况也可以告诉我们，年资更深的老师之所以会逃离那些以穷学生、少数族裔学生为主的学校，往往并非出于金钱的原因。[31]而且，在那些穷孩子更多的学校里，师生比例这一指标如果有不同，通常也是会更高一些。[32]在这一方面，表格 4－1 通过对特洛伊和圣安娜两所中学的对比，实际上准确地反映出了全国范围内的模式：不同学校之间学生成绩存在着巨大的差异，就这一结果而言，政府配置的资源因素看起来是微不足道的。

当然，假如穷孩子的学校可以开得出更高的薪水，雇用到更多、更好的老师，那么这也不失为一种缩小阶级差距的好方法。但问题是，这类学校的教师和管理人员通常面临着一系列挑战：学生视纪律为无物、不会讲英语、学习基础太差，以及学生从校外带进来的各种问题，无一不在圣安娜中学上演着。由于问题实在是积重难返，所以如果真的要拉平孩子们的竞争场域，则政府现有的财政投资绝对是不够的。但归根到底，我们现在确实没有充分的证据证明，穷人学校和富人学校之间的成绩分化要归因于公共资源分配的偏差。

由是观之，更合理的解释是学生这个群体从校外带入学校内的种种资源和习气：家庭对学习的鼓励、"课外活动"的私人捐赠，这些积极因素可以造就良好的氛围；反之，犯罪、吸毒和社会混乱，这些消极因素也会导致学习环境的恶化。读罢前文对特洛伊和圣安娜两所学校的对比，首先映入眼帘的也正是上述种种因素吧。[33]你的同学是谁？你和哪些人一起上学？这是大问题。

首先，学生如果来自于富裕、高知的家庭，则他们也会把父母作为资源带入所就读的学校。几乎所有的研究都可以表明，父母受教育程度越高，则越有可能亲身参与到孩子的学校事务。我们前面的故事完美地阐释了这一现实。"一周下来，我们对孩子们的督促也许超过了我父母在高中四年对我们的督促，"本德镇的厄尔曾如是说；无论在新泽西，还是在亚特兰大，西蒙娜从来都是家庭教师协会的负责人；克莱拉不仅亲自走进了孩子的课堂，还结识了学校办公室的行政人员。当然，那些经济拮据的父母同样也想要参与孩子的学校事务，但他们总是心有余而力不足。在我们的故事中，束缚他们的因素包括工作职

167

责（比如居住在亚特兰大的斯特芬妮）、文化观念（比如在圣安娜的罗拉的外祖父），或者自身的受教育程度（比如本德镇的乔）。大多数情况下，父母参与之所以出现阶级分化，主要原因并不是贫穷家长没有主观意愿，而要归因于经济和文化的制约，当然罗拉的外祖父确实也指出，近年来经济状况一般或困难的父母确实变得更漠然。无论如何，较之于低收入地区的学校，富人区的学校总是存在一个显著特征，那就是学生家长更大程度的参与和支持。

这一现实会造成一连串的后果。许多研究已经显示，父母参与，小到检查家庭作业，大到参加家庭教师协会的会面，的确会有助于提高孩子的学习成绩，培养人际交往的能力，同时可以大大降低孩子酗酒或沾染毒品的概率。教育学学者安妮·亨德森（Anne Henderson）和南希·柏拉（Nancy Berla）在对此类研究进行文献综述时曾写道："当父母投身于学校事务时，孩子的在校表现会更上一层楼，而他们就读的学校也能有更好的发展。"[34]

当然，要从相关性推演到确定的因果关联，这一步殊非易事。那些经常造访学校的父母，往往也就是那些为摇篮里的孩子读书的父母。这样看来，起作用的到底是什么？是在孩子们上学后参与学校事务，还是为幼年的子女在睡前读书？抑或说，其中的因果链条也有可能是反过来的：学生的在校表现为因，家长的参与才是果？（既然知道老师对自己的孩子会赞誉有加，那么造访学校当然就是一件快乐的事，何乐而不为呢？）没有可由研究者控制的实验，有关因果性的问题实在难有定论，但即便如此，大多数研究者目前都相信，父母参与学校事务有助于孩子在校的学习表现，对出身社会经济下层的青少年来说，关联尤其显著。

其次，有钱人家的孩子还能把家长的财富带到学校。我们都知道，上流社会学校的筹款能力是中下阶层学校望尘莫及的，因此同样是"校外捐赠基金"这一预算，两类学校不可同日而语。正如我们在前文所见，有了这笔资金，特洛伊高中就可以开办丰富多彩的课外活动，远非圣安娜中学能及。更有甚者，在纽约市曼哈顿的上西区，多家公立学校的家长教师协会每年可以筹款 100 万美元，用以支持学校的各种活动，这些学校因此被称为"公立中的私学"；而在加利福尼亚州的希尔斯伯勒，家长筹款基金会每年都能拿出 345 万美元，这数目已经占据了学校预算总盘子的 17%。迄今为止，我们尚且没有记录家长筹款模式的全国性数据，但随处可见的个案已经令人触目惊心。[35]

168

不仅如此，上流社会的父母还要求学校开设在学术上更严格的课程体系，这当然又会培养出更优秀的学生，不仅高中退学率微乎其微，入读大学的学生人数也越来越多。[36]图 4-1 的数据来源于 2011 年对美国大部分公立高中的普查。在这张图中，我们可以看到，如果我们以家长的经济收入为基本指标，区分出排在一头一尾的两类学校：前一

图 4-1　穷人的高中无力提供必要的大学预科课程

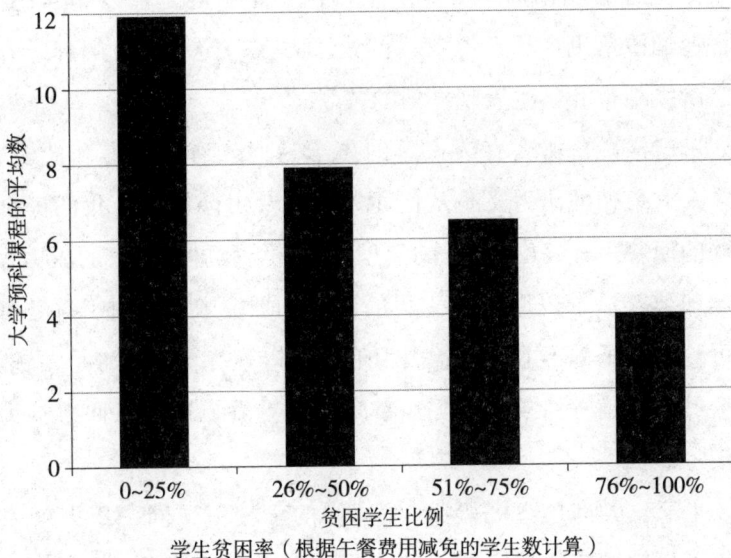

数据来源：Civil Rights Data Collection, U. S. Department of Education, 2009-10 school year.

类是富家子弟为主的高中，它们提供的大学预科课程的平均门数为 12 门，而后一类则是穷孩子扎堆儿的高中，它们的大学预科课程仅为 4 门。[37] 于是我们又一次看到，圣安娜和特洛伊两所中学的对立反映出整个美国的撕裂：特洛伊高中的所有孩子都是书呆子，克莱拉这样告诉我们；而当我们同索菲亚谈及圣安娜的学习环境时，她唯有报以冷笑："学习氛围是神马？"

再次，同辈压力，特别是同学之间的压力，也是促成优异学业表现的重要推手。同辈压力通常在一个人 15 岁到 18 岁时达到最高点。研究表明，这种压力一方面表现为"近朱者赤"，好的榜样可以激励青少年的学习成绩、兴趣和志愿；但另一方面也有"近墨者黑"的效应，坏的示范也会导致青少年吸毒、旷课、抑郁以及行为不端，甚至养成不健康的消费观。因为同辈人之间会传递社会规范、教育理念，甚至是学习技巧，所以只要进入了特洛伊这样的中学，同学彼此之间都会成为学习的催化剂。自强不息在青少年中间是可以相互感染的，反之，迷惘堕落也会相互传染。[38] 同辈压力在一定程度上解释了存在于学校之阶级结构和学生表现之间的关联。[39]

如果这样说，那么有钱人家的孩子为何会有高标准和严要求呢？换言之，这最初的压力又是从何而来的呢？伊莎贝拉为我们提供了一个明确的回答——父母。"我的父母并没有给我施加太大的压力，但很多同学却被家里予以厚望……我的同学们要是在考试中没有发挥好，那些可怜的孩子都不敢回家，因为他们知道等待自己的将是一顿训斥，父母会劈头问道：'成绩单呢？拿来给我看看。这怎么回事？为什么这次没考好？'"

学生家长大都是"虎妈"，在这样的学校里，同辈压力就主要表现为伊莎贝拉及其同学所体验的"压力"和"竞争"；相应地，父母寄托在孩子身上的期待在学校内也得到进一步的放大，学生因此都有力争上游的动力。相反，若是在圣安娜这样的学校，即便一个学生在进入学校时满怀家长的期待，但也难以摆脱恶性的学习环境，往往满腔热情就被一下子浇灭了。

所以说，总体看来，那些成长在富裕家庭和社区的孩子，带到校园里的通常是正能量，会在同学之间营造出积极向上的学习氛围。反过来说，生活在贫民窟的穷孩子往往会在学校制造暴力和混乱，而这些负能量会危害到这些学校的所有学生。这就是我们在圣安娜中学看到的可悲局面，学生在课堂上一言不合就要动手，讲台上的老师也无能为力，能维持学校的秩序已属万幸。

在今天的美国，学生群体的贫苦率越高，则学校内的旷课率和犯罪率也就越高，校园秩序也更为混乱，学生的英语水平也更低。原因 170 很简单，学校是其所在地区的缩影，贫困社区存在的社会病症，位于该区内的学校也难以幸免。[40]从圣安娜中学的失序中我们可以看到，上述种种问题会逆向影响到这类学校的**全体**学生，无论学生本人是否旷课、混黑帮或有心理疾病，在负能量笼罩的大氛围内，无人可以独善其身。一项用数据说话的研究已经发现，在一个班级中，如果存在有遭遇过家庭暴力的学生，那么班上**其他**同学的成绩也会下降，而且这种关联在穷孩子为主的学校表现得尤其突出。[41]

近年来，学校教育的阶级差异也呈现出扩张的走势，于是又一次地，我们看到了早已熟悉的剪刀差结果。从 1995 年到 2005 年，虽然美国校园的犯罪率普遍有较大下降，但郊区学校下降了近60％，而城区学校仅下降了43％。有犯罪倾向的学生难免会影响班级氛围和教师的情绪，因此在犯罪司空见惯的学校，毕业率当然高不起来。"尽管校园犯罪和恐怖总的来说在走下坡路，"犯罪学家大卫·柯克（David Kirk）和罗伯特·桑普森（Robert Sampson）得出结论，"但不同种族或社会阶级之间的教育不平等却在拉大，因为犯罪率的下降更多地集中在郊区和私立学校。"[42]

美国黑帮主要在城区内活动，他们的一举一动极大地恶化了城区学校的罪与罚。在城区学校，大约四分之一的高中生举报过校内发生的黑帮活动，大约四分之一的城区学校每年会爆出二十起以上的暴力事件。[43]当然，此类暴力事件大多没有报警，不过如图表4-2所示，如果比较勒令停学率这个指标，则贫困率高的高中是贫困率低的高中的2.5倍。事实上，如果我们比较特洛伊高中和圣安娜高中的停学学生比例（参见表4-1），就可以发现更极端的校际差异。不仅如此，在小学和初中阶段，贫困学校的学生纪律问题表现得更为普遍，只不过是停学处罚在低年级时相对少见而已。[44]

还有不少研究者业已发现上述校园秩序恶化所造成的结果，"在成绩、注意力和行为这三个指标上，贫困学校在校生出问题的比例是非贫困学校的四倍之多"。[45]当然，这不就是索菲亚和罗拉为我们描述过的校园氛围吗？现在想起来仍不禁为之扼腕：这种整体氛围扰乱了课堂秩序，干扰了正常的学习，打击了教师的士气，可以想见，只要教师还有其他选择，他们就不太愿意继续留在这样的学校。

171

图4-2　贫困生为主的高中存在更多的纪律问题

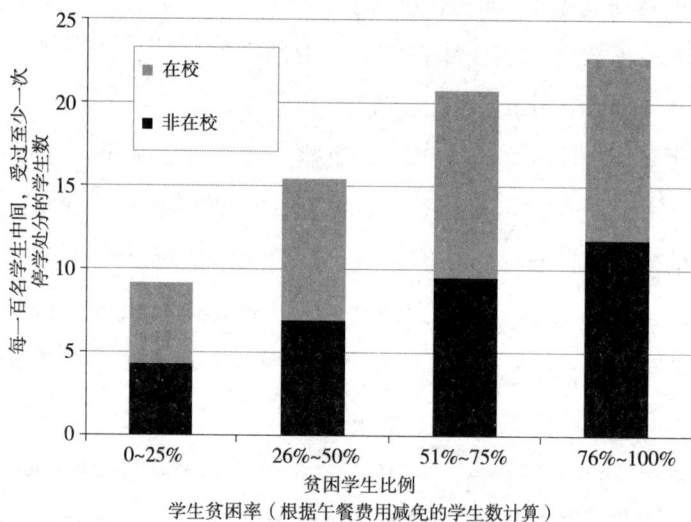

数据来源：Civil Rights Data Collection, U. S. Department of Education, 2009-10 school year.

一项新近的研究考察了加利福尼亚州高中教师的日常教学安排，在研究者的笔下，贫困学校和非贫困学校在学习环境上的差异栩栩如生地展示出来。[46]在贫困学校，来自校园以外的压力源会轻而易举地进入课堂。研究者首先选定了十种"压力源（stressors）"，包括饥饿、居无定所、经济困难；缺乏医疗保障，尤其是牙医资源；忙于照料家庭其他成员；其他相关的家庭和移民问题；社区暴力和安全隐患。最终他们发现，这十种压力源在贫困学校出现的频率是非贫困学校的 2～3 倍。由此也导致了一种值得关注的现象：就校方规定的上课和课后指导时间而言，两类学校并没有差别，但在现实的教学中，贫困学校的教师每周平均要少上大约 3.5 个小时。这样算下来，贫困学校每个学年度减少了接近两周的教学时间，造成这种学时流失的因素主要有教师的缺勤、迫于紧急情况的停课甚至闭校，以及困扰贫困学校的其他难题。表面上看，贫困学校和非贫困学校从政府那里得到的资源可能相差无几，但前一类学校时刻要面对着社会大环境施加的挑战，因此它们能给学生提供的教学就要大打折扣，当我们比较圣安娜和特洛伊两所高中时，我们看到的正是这一现实。

在描述圣安娜的班级氛围时，索菲亚和罗拉是站在她们作为学生的立场上的。但从她们的话语中，我们多少还是可以感受到圣安娜中学老师的尴尬处境。"有的孩子甚至带枪到学校来，看到一起起打架斗殴，学生们在班里打砸抢，当面顶撞老师。学生羞辱老师，撒泼吵架，粗俗下流。学校里到处乱作一团。"我们未能同圣安娜高中的教职员工有所交流，但我们也不难想象他们眼中的圣安娜是何等灰暗的世界！

假如你是一名朝气蓬勃的教师，胸怀教书育人的理想，但每天都要在这种教室如战场的环境里浪费宝贵的青春，理想主义的激情或许能支撑你一时，但熬过一两年后，如果有特洛伊高中这样的学校向你抛出橄榄枝，校园宁静祥和，学生积极向上，那你还不赶紧逃出生天？

172

正是因此，穷人学校的教师流失从来都是居高不下的，每年都送旧迎新。学校里就多是缺少教学经验的新手，选择留下来的老师大多也已失去斗志，混日子而已：对于校园的混乱，他们早就见怪不怪了；放弃了教书育人的理想，只不过是代家长看管孩子而已，"要不是为了拿工资，他们才不会管我们呢"；即便有些上进的学生近在眼前，他们也懒得施以援手，而是以一句"太笨了"将学生打发了事；甚至如索菲亚的遭遇那样，不经调查就认定所有的拉美裔学生都不会说英语。

我们已经看到一出悲剧正上演：全国范围内的数据恰好证实了这一图景。好老师会让学生终生受益，但数据显示，好老师大多集中在高收入地区的精英学校，相比之下，贫民区的学校就多是那种能力不足、三心二意的老师。之所以形成这种模式，主要原因并不在于教员在各学区之间的一次分配，而在于老师的二次选择。简言之，贫穷学校到处蔓延着失序甚至是危险的氛围，教师身处其中势必沾染负能量，士气低落，有机会就跳槽。这样的老师也就只能教出成绩平平的学生，即便班上有个别身家清白、勤学好问的学生，也很难成材。[47]

还有两项因素时常被学者拿出来，作为解释美国学校内不断扩张的阶级鸿沟的动因机制。但相关证据目前也已表明，这两项因素即便起作用，也只不过是辅助角色。

第一种机制是将学生分班管理。数十年来，美国高中历来有将学生分为大学预科班和非预科班的习惯。对于父母受教育程度更高的学生而言，他们在进入预科班时多少有一定优势。但问题是，在机会不平等越来越严重的今天，出身中下层家庭的学生进入预科班的机会非但没有减少，还有所增加。所以说，分班给上层阶级的孩子带来的竞争优势只是很微弱的，根本无力解释近年来机会鸿沟面前的两极差距。[48]（当然，如图 4-1 所示，在穷孩子就读的学校内，大学预科课程数量少得可怜，这实际上严重影响到此类穷学校的公平教育机会。）

第二种机制是私立学校。很多人都想当然地以为，私立学校是导致机会不平等的祸首之一，但最新的研究却表明并非如此。过去数十年来，私立中学的在校生在全美中学生中所占比例已经有所下降，从10%还要多一些降到了不到8%。父母如果接受过大学教育，他们确实更愿意将孩子送进教会学校或者没有宗教背景的私立学校，甚至是在家读书，但总比例也不过大约10%（父母只有高中程度的同比数据是5%），但这一差距近年来并没有发生变动。换言之，私立学校确实让富家子弟多了一些优势，但关键的问题是，这些年来，穷孩子和富孩子之间的机会和成绩差距已经越拉越大，然而私立学校作为一种竞争优势并没有明显扩张。[49]

课外活动

　　课外活动在美国校园中的历史并不久远，大约一个世纪前，进步 174 主义的一波教育改革浪潮席卷了全美，不仅催生了公立高中运动，课外活动也应运而生。改革者的观念是要用课外活动在全体同学中间培养我们现在所说的"软实力（soft skills）"——坚忍不拔的习性、自律精神、团队合作、领导力以及公民参与的意识。但倘若观察当下课外活动的学生参与状况——从橄榄球队到学生乐团，从法语俱乐部到学生报纸——我们不难发现，又一种不断扩张的阶级鸿沟出现在美国的教育系统内。

　　现有的研究早已给出了众口一致的判断，参与课外活动会给孩子成长带来看得见的好处。而父母的文化水平越高，就越能理解到这一点，自觉地，但也许是不自觉地，正如我们在此前章节所见，这些家长从来不吝投入大量的时间和金钱来支持儿女参与课外活动。这就是为什么在本德镇厄尔为女儿露西买下小马，搭起了养马的谷仓；这也是为什么在亚特兰大西蒙娜要求德斯蒙德和他的弟弟每季都要练习一种运动；这同样是为什么在橘子郡克莱拉心甘情愿交纳超速罚单，也要让自己的儿女可以按时赶上课外活动。这些父母有钱也有闲（而穷孩子的家庭却一无所有），因此他们可以轻松地在课外活动中投入资源，帮助子女们练就那些大有裨益的软实力。

长期参与课外活动的孩子，不但读书期间往往有上佳的表现，在踏入社会后也能走得更远——即便在控制了家庭背景、认知能力和其他种种变量后，课外活动和优秀表现之间的相关性仍清晰可辨。研究表明，课外活动的积极作用包括：更高的平均学分绩、更低的辍学和旷课率、更好的学习/工作习惯、更远大的求学目标、更低的青少年犯罪/违法率、更自觉的自尊自爱、更坚韧的心理素质、更理性的规避风险行为、更强的公民参与意识（比如在选举中投票或做志愿者），甚至在进入社会后能取得更高的职业成就和工资收入。[50]比如，有一项研究在精心控制了多项变量后发现，孩子如果坚持不懈地参与课外活动，那么比起只是偶尔参加的同龄人，其高中毕业后读大学的可能性要高出70%——比起那些从未涉足课外活动的孩子更是高出了400%。[51]另一项研究则发现，拉美裔低收入家庭的孩子如果有机会参加课外活动，他们的学习成绩也会随之提高——但对于我们在橘子郡所遇见的那些孩子而言，这项研究只是揭示了现实的残酷，因为如果说罗拉和索菲亚的故事告诉了我们什么，那就是：获得这种机会的孩子只是凤毛麟角。[52]

组织或领导课外活动的学生还能受益更多：一项研究业已发现，学生时代担任社团主席或者球队队长职务的孩子，进入社会后更有可能走上管理者的岗位，挣得高薪。[53]还有一项研究说起来非常有意思，以20世纪40年代在俄亥俄州克利夫兰市读高中的学生为样本，研究者甚至发现了半个世纪后的神经系统效应：那些参加过课外活动的学生到了2000年前后，患老年痴呆症的机率要大大减少，即便在控制了智商和学历的因素之后，相关性仍是显而易见的。[54]迄今为止，关于课外活动之作用的研究可以说是汗牛充栋，但唯一的负面发现说起来倒也不令人吃惊：热衷于体育运动的年轻人，往往更喜欢酗酒（但和吸毒没有关联）。但即便如此，与学业表现最相关的课外活动还是体育运动。也就是说，四肢强健者，大脑也发达。

　　需要说明的是，这类研究基本上谈不到真正的实验，研究者无法随机选取孩子样本，然后随机安排其中一些孩子参加课外活动，同时禁止其他孩子参加。就此而言，即便在课外活动和成功之间呈现出很强的正相关，我们也还是无法完全排除这种可能性，也即这种表面上的相关有可能部分源自于某种无法用指标来测度的变量，比如有些人生来就精力旺盛。当然，也有许多研究采用常年追踪同一个研究对象的研究模式，这样一来就排除了这个人性格或品性所可能造成的影响。还有一项研究设计得非常巧妙，研究者以《教育法修正案》的通过为时间节点，模拟了自然科学所用的实验。该项研究发现，在新法于1972年拓宽了女生参与体育运动的渠道之后，女性在上大学乃至进入劳动市场上的表现都有大幅的进步；还有一项研究关注的是在校期间参与课外活动和进入社会后的工资收入是否有因果关联，研究者选取同胞兄弟姐妹进行对比，这就排除了家庭结构的影响。还有多项实验性的研究已经确认了传统课外活动项目的效用。[55] ¹⁷⁶

　　为什么课外活动会对孩子的未来产生如此深远的影响呢？学者们给出了很多种回答：提升自信心，有效地运用了时间（可参见"无事便生非（idle hands）"的理论）、积极的同辈竞争效应，等等。还有一个不容忽视的答案，也是我们在下一章会探讨的，就是在参与课外活动的过程中，孩子们可以接触到家人以外的友爱成年人——球队教练或其他指导老师经常担当起孩子的人生导师。让我们想想，杰西儿时在克林顿港的橄榄球教练、伊莎贝拉在越野队的教练，不都是在为他们授业解惑吗？[56]

　　但是，参与课外活动的最大益处仍是软实力和人格的养成，而这恰恰正是教育改革先贤们当年创设课外活动的良苦初衷。当威灵顿公爵重返母校伊顿公学的竞技场时，曾讲过一句青史留名的话："滑铁卢之战正是赢在这片操场上！"在我看来，公爵此言所指的并不是伊顿操场上练就出的军事技巧，其意在于品格的养成。当孩子们参与课外活动时，所培养的首先是那些非认知性的能力和习惯，比如毅力、团队合作、领导力和人际交往能力。

很多研究者相信，在解释学生在校表现以及毕业十年后的经济收入时，软实力和课外活动的意义并不亚于知识能力以及在校时的学习成绩。原因不难理解，现如今的雇主在招聘员工时越来越重视非认知维度的性格，比如工作习惯以及同他人合作无间的能力。对于家境贫寒的学生来说，这些非认知性的能力甚至更重要。[57]

一言以蔽之：参加课外活动是实现社会流动的重要路径。也是因此，让我们倍感心灰意冷的是，所有的相关研究都确认了一个无情的事实，那就是在课外活动的参与中出现了巨大的阶级鸿沟，尤其是长时段地参与多种类型的课外活动，有钱人家的孩子已经远远把穷人家的孩子甩在后面。统计数据显示，在穷孩子中间，既没有加入球队也没有参与社团的比例高达30%，而有钱人家孩子的同比数据只有10%，前者是后者的3倍之多；而统计同时参与两种类型课外活动的学生，穷孩子只有22%，与他们同龄的富家子弟则有44%，前者只是后者的1/2。[58]

177　　然而，祸不单行，最近数十年来，课外活动参与的趋势又走出了一个在本书中反复见到的剪刀差。一项研究发现，在过去十五年中，生在有钱人家的孩子越来越积极地参与校园以外的社团和组织，与此同时，穷孩子的参与度却与日衰减。从1997年到2012年，在6~11岁年龄组的孩子中，穷孩子和富家子之间的"课外活动差距"从15个百分点跃进至27个百分点，近乎翻了一番；而同样是在这十五年中，12~17岁年龄组孩子的同比数据由19个百分点扩大至29个百分点。[59]

图 4 – 3　课外活动参与的阶级剪刀差，1972 至 2002 年

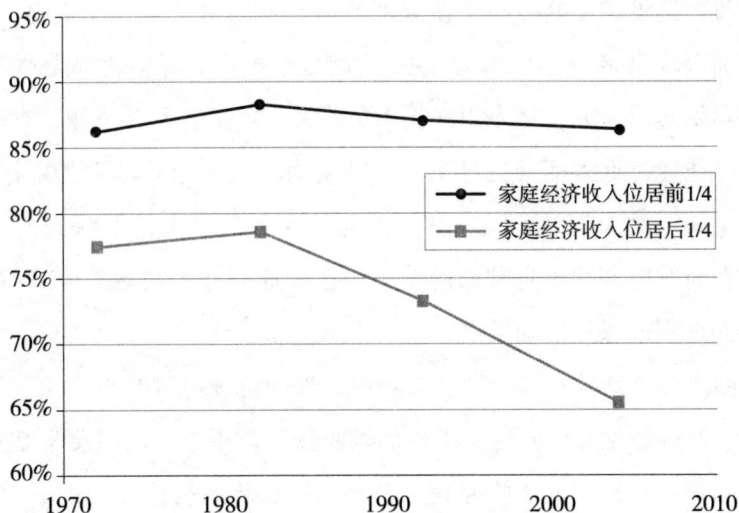

数据来源：National Longitudinal Study of 1972，High School and Beyond（1980），National Education Longitudinal Study of 1988，Education Longitudinal Study of 2002.

　　图 4 – 3 的数据取自近年来全国范围的高中普查，其生动地展示出课外活动参与上的贫富两极分化。类似的分化还可见于私人音乐、舞蹈和艺术课程，甚至包括运动团队里队长职位的分配。来自有钱人家的高中生，担任球队队长的机会要比班级内的普通孩子高出一倍还多，其中的阶级差距在过去数十年间几乎翻了一番。现如今，无论调查何种类型的课外活动，都能发现相同的剪刀差模式。学生会是唯一重大 ¹⁷⁸ 的例外，在学生会的参与上，贫富之间的差距正在逐渐闭合，但这只不过是因为富家子弟退出学生会的速度要远远超过穷孩子——这是学生自治实践的衰亡，对于我们美国的民主来说可不是什么好消息。[60]

　　这些基于大数据的图表确证了我们通过个案研究所勾勒出的阶级图景。回想一下，安德鲁是如何在学校的足球场上挥汗如雨的，又是如何六年如一日地练习吉他的；德斯蒙德一年到头都活跃在学校操场上，小时候还学过钢琴；伊莎贝拉也是体育、舞蹈和钢琴样样皆通。

这些孩子的课外活动如此缤纷多彩，他们也从中受益无穷；而相比之下，我们遇见的那些穷孩子谈起课外活动则完全就是一片空白。罗拉想要加入读书俱乐部，索菲亚想要加入排球队，姐妹俩都做过努力，但却不得其门而入，至今想来仍不免悲哀。家里若是有条件、有资源，孩子就能通过课外活动锻炼出各种软实力，这些素质经常可以打动负责新生录取的大学教职员，甚至还能给未来的雇主留下深刻的印象。再看看前文中那些出身贫寒的孩子，也许他们并不缺乏天分，但没有一个人得到过课外活动的助力。

如何解释这种在课外活动参与中出现的阶级剪刀差？

一种解释认为应归咎于学校的教职员工，正如罗拉和索菲亚所言，老师和辅导员经常成为拦路虎。"老师和行政人员把守着进入课外活动组织的大门，"教育评论员拉夫尔·麦克尼尔这样写道，"他们根据学术标准来选人，这扇门只对他们眼中的优秀学生敞开，那些被他们认为资质平庸的孩子就被拒之于门外。"[61]当然，缺少交通工具也是穷孩子无法参加课外活动的一个因素。但总体看来，更重要的原因仍在于，贫穷学校开办的课外活动原本就寥寥无几，严重供不应求。

如图4-4所示，在全美境内，有钱人家孩子就读的高中提供了更多种类的团体竞技运动，其数量是贫穷学校的2倍。[62]还有许多项研究则发现，两类学校之间的差距并不仅限于体育类的课外活动，在诸如法语俱乐部和管弦乐团这种非体育类的活动中，分化甚至更严重。贫穷学校无法开设像样的课外活动，其实也在很大程度上解释了这里的学生成绩总是落后。[63]

50年前，向所有的孩子提供参与课外活动的平等机会，曾被广泛认为是公立学校担负的一项重要义务，应对在校学生、学生家长乃至整个社区负责。那时候，人们嘴上不提软实力，但选民和学校管理者都自觉意识到，橄榄球、合唱团和辩论队都是宝贵的学习经历，因此

图 4 – 4　学生越贫困，竞技运动就越少

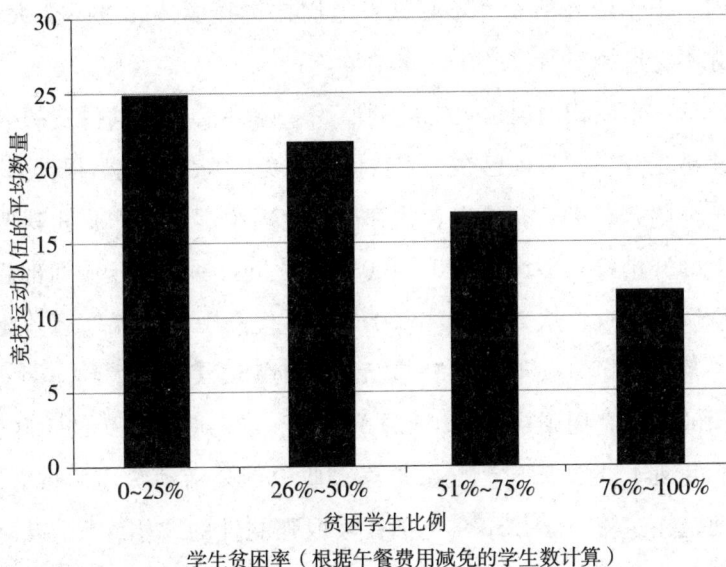

数据来源：Civil Rights Data Collection，U. S. Department of Education（2009 – 10 school year）.

无论孩子是贫穷还是富有，课外活动应当无差别地对所有人开放。言及此处，我们不妨回想一下，在 20 世纪 50 年代的克林顿港高中，穷孩子也可以投身于丰富多彩的课外活动，丝毫感受不到阻力的存在。

但时代不同了，眼下的学校都在勒紧裤带做预算，将有限的资源投放在考试成绩以及学术"核心竞争力"上。这样一来，全国各地的校董会就认为课外活动和软实力不过是装点门面的"花哨东西"。当然，无论是富人的学区还是穷人的学区，都能同样感受到财政紧缩的压力，但由于它们所服务的本地居民在财富和收入上的落差，也就走上了不同的应对之道。如图 4 – 4 所示，有些贫穷的学区直接削减了课外活动的开支。但有钱人居住的学区就可以通过汲取私人资源，维持（甚至是扩展）现有课外活动的总盘子。如我们此前所见，由家长和社区成员所筹建的校外基金就是以上所说的私人资源。这种私人筹款

的路径当然大大有利于有钱人居住的学区，也正是因此，至少在这些学校内，由于课外活动并不短缺，他们在选择成员时也不会太苛刻，因此并不会区别对待穷学生和富学生。

还有一个更普遍但也更隐蔽的原因：课外活动有偿付费的政策正在快速蔓延开来，目前已在过半数以上的美国高中实施。根据 2010 年的一项全国普查，已有研究者估算出，美国中学生在球队和其他课外运动上的开销每年平均在 300 ~ 400 美元之间。一项关于中西部 6 个州的年度调查发现：从 2007 年至 2012 年，仅高中生的课外运动花销就翻了一番，在短短五年内从 75 美元上涨到 150 美元；大约同期，学生军乐团的平均费用则从 2010 年的 85 美元上升到 2013 年的 100 美元。加利福尼亚州的法院已判定公立学校收取课外活动费用的行为违宪，但即便是在这里，学校事实上仍在收取强制性的"捐赠"，以此规避法院的判决，暗中收费不止。[64]有些学校对不同类型的运动明码标价，设定了高低不等的收费；在俄亥俄州的佩恩斯维尔，越野队员的年费是 521 美元，橄榄球队的年费是 783 美元，网球队则高达 933 美元![65]不仅如此，体育运动的设备费用此前由学校承担，现在也转嫁到了家长的身上，这笔费用每年大约要 350 美元。[66]

目前，全国范围内的确凿数据尚且难以取得，但根据一项合理的估算，一位学生每年参加一项课外活动的费用平均为 400 美元，这样算来，如果一家有两个孩子，每个孩子参加两项课外活动，就要花费 1600 美元。对于那些收入排名全国前五分之一的家庭来说，这点费用不过是家庭年度收入的 1% 到 2%；但对那些经济收入位居最后五分之一的父母来说，同样的一笔开支就要占去他们年收入的 10% 乃至更多。数据不会撒谎，这样说来，若有穷孩子轻松参与到课外活动中去，反倒是奇哉怪也。

学校经常振振有词，说他们愿意免除穷孩子的费用，但接受这个政策就意味着要带上贫困生的帽子，谁又甘愿忍受这一污名呢？根据

2012 年的一项全国范围内的调查,统计参加体育运动项目的在校生,其中 60% 的孩子都要交纳高低不等的费用,只有 6% 的孩子申请并拿到了费用减免。在课外活动还是免费的日子里,参加各种体育运动项目的孩子约占在校生的一半,他们当中既有有钱人家的孩子,也有穷人家的子弟;但到了收费时代,家境对课外活动参与率的影响立马显现出来:美国家庭的收入中值大约在 62 000 美元上下,以此为分界线,我们区分两类家庭,年收入在 60 000 美元以下的家庭和 60 000 美元以上的家庭。前一类家庭的孩子,虽然不少仍可说是出生在中产阶级家庭,但其中有**三分之一**的学生因无力承受课外活动的费用而选择退出;相反,后一类家庭的孩子因费用问题而退出的比例仅为**十分之一**。过去数十年来,美国公立学校已经将课外活动(连同对软实力的培养)的负担抛给了家庭,逆转了近一个世纪以来的教育政策和路线,此举对机会平等的影响可以说是显而易见的。

当然,即便是在今天的美国,由公立学校所提供的课外活动的机会始终还是更公平些,相比之下,那些完全由私人开办的活动项目,比如钢琴课、足球训练营,则是完全"用钱说话"。这样说来,虽然低收入家庭的孩子参与校内项目的机会本已受限,但面对着那些由社会开办的课外项目,比如课后学习兴趣组、体育训练营、音乐课以及童子军,他们更是不得其门而入。而在这些校园外的项目中,研究者目前已经发现,项目收费越是昂贵,则阶级不平等就越是严重,也就是说,穷孩子常有机会参加教会或社区组织的活动,但像体育运动训练或音乐课程,则不是贫穷人家所能问津的了。[67]就此而言,只要学校还在为工人阶级的子弟提供他们原本无力企及的课外活动项目,这实际上就对参与机会的平等仍有一定程度的积极影响。

那么,在校生打工是否会成为扩大机会不平等的又一项因素呢?[68]在这个问题上,专家提醒我们一定要区分偶尔兼职的打工和近乎全职的打工,不可将两者混为一谈。有些学生在读书期间会出去兼职打工,这通常是好事，有助于孩子为未来进入社会做好准备。在过去数十年中，这种类型的兼职工作在家境相对富裕的年轻人中间非常流行。相比之下，读书期间在外做近乎全职的工作，长期看来就弊多利少了，当然也会耽搁他们参加课外活动的时间。过去四十年来，美国在校生外出打工的比例越来越少，无论孩子的社会阶级为何，也无论工作兼职还是全职，都是如此；而在这一总体趋势之下，家境良好的孩子不再如从前那样热衷于到社会上打工，也因此稍微闭合了一点儿从前的阶级差距。因此可以说，打工不可能是导致课外活动之阶级剪刀差的主要原因。现如今，课外活动（以及因参与这些活动而养成的软实力）日益成为富家子弟的特权，追根溯源，这种阶级剪刀差的主要原因还是学校预算在削减，既然预算总盘子在缩水，那么学校首先就会克扣课外活动的开支。

行文至此，让我们重返本章所提出的核心问题：现有的十二年公立教育体制到底是弥合还是扩大了阶级之间的机会鸿沟？

答案如下：学校教育的阶级差异，功夫在诗外，起决定作用的并不是学校做了些什么，而在于学生在校外的生活。早在孩子们进入学校前，差距就已经拉开，有的孩子将资源带到了学校，还有些孩子带入学校的却是麻烦和挑战。[69] 现如今，美国公立学校就像是一个共鸣箱，在校园内，同学之间会相互影响，近朱者赤、近墨者黑。但由于美国人日渐森严的居住隔离，也导致了富人学区和穷人学区的两极分化，所以说像伊莎贝拉这样的中产阶级的孩子，他们大都求学于近朱者赤的校园内，好的氛围让这些幸运儿有着似锦的前程，而像罗拉和索菲亚这样的下层孩子就只能读近墨者黑的学校，混乱无序的校园只会扼杀他们原本可能有的读书天赋。

以上一席话所说的是，学校作为一种**场域**（*sites*）大概会扩大阶级差距。当然，在前文中，我们已经看到过证据，学校作为一种**组织**（*organizations*），有些时候确实会在一定程度上拉平孩子们的社会竞争。

一个多世纪以来，学校的课外活动已经有效地缩减了机会不平等：来自低收入家庭的孩子通过参加课外活动，获得了培养软实力的宝贵机会，也因此踏上了经济和职场成功的人生之路。回想一下 20 世纪 50 年代的克林顿港，我在高中读书时学会了吹长号和打橄榄球，却没有花过父母的一分钱，甚至连长号和球衣都是学校提供的，分文未取；但公立学校的校董会近年来纷纷做出决定，放弃了这一肩负着历史意义的教育大计，当然也在扩大这种阶级剪刀差。

虽然学校并不是制造机会不平等的主要原因，但也并不意味着教育改革就完全失去了闭合阶级差距的作用。恰恰相反，即便学校确实不是当下阶级分化的罪魁祸首，但如要解决这个问题，学校也许反而是我们入手的关键。我们美国人时刻关注着机会平等，但千万不要犯一个司空见惯的错误——将眼下的问题归咎于学校。我们应当同学校共同努力，改变现状。无论如何，学校是我们的孩子成长的地方。正如我在本书的收尾章中所言，学校不是问题所在，但确实是解决问题的手段所依，因此，推动教育改革以改善穷孩子读书的学校才是我们的一条出路。[70]

美国学校教育之概览

长期以来，教育一直是美国社会流动的主要路径，鉴于此，今日的教育得失也就预示着明日的社会成败——高中之后是大学，大学毕业后踏入社会，成为劳动力大军中的一员。他们在教育阶梯上可以攀登多高，就能在人生道路上走多远。如果说高中和大学是人生漫长阶梯上的关键阶段，一头连着家庭所打下的童年基础，另一头连着成年后的事业未来，那么在人生的重要关头，来自不同阶级的孩子是否会有不同的表现？我们接下来可以发现，无论在高中阶段，还是到了大学，状况都是喜忧参半。

高中

　　20 世纪的大部分时段，美国青年中的高中毕业生比例一直在稳步上升，世纪之初时还仅有 6%，到了 1970 年已经攀升到 80%，这当然是我之前讲到的公立高中运动结出的硕果。[71]如果我们在统计中加入通过了 GED（也即全国高中同等学力考试）的学生，那么这一趋势在 20 世纪的余下 30 年中仍在继续。不仅如此，也是在这 30 年中间，统计全体取得高中文凭（包括 GED）的学生，则先前存在的阶级差距在逐年缩小。原因显而易见，在高中教育已经普及的背景下，那些家庭出身不好的孩子正在一步步地赶上来。这么说并不是主张阶级差距已经完全闭合——当然不是如此，现如今，如果出生于经济收入居前四分之一的家庭，则几乎所有的孩子都能从高中毕业。相比之下，在底层四分之一的家庭中，超过 25% 的孩子仍无法完成高中学业——但无论如何，从大趋势传达出的信息仍令人鼓舞。

　　但表面上的高歌猛进却经不起仔细的推敲。

　　首先，自 1970 年起，成长于社会经济底层的孩子虽然取得了显而易见的进步，但数据刷新很大程度上都要归功于含有水分的 GED 文凭。事实上，截止到 2011 年，在由政府认证的全部高中学历中，GED 的文凭已经占到了 12%，但这些缩水的高中文凭绝大部分发给了来自底层社会的孩子，好比我们之前遇到的罗拉。而且，近期的大量研究已经证明，GED 虽然号称"同等学力"，但无论是升学还是就业，该文凭就其含金量而言远远不及正常的高中毕业证。有些研究甚至揭示了更残酷的事实：即便是同那些高中辍学、压根儿没拿到任何证书的孩子相比，拿到同等学力的资格证也几乎没有帮助。很多通过 GED 考试的学生都曾立下志愿，宣称他们的最终目标是要取得大学学位，但真正做到的孩子却是屈指可数。这样说来，在高中毕业这一指标上，过去数十年间阶级差距的逐渐闭合基本上只是一种幻象。[72]

其次，不考虑 GED 证书，常规的高中毕业生当然还是远高于那些高中辍学的学生。但问题在于，高中文凭相对于大学学位的价值在急剧衰减，因为大学的文凭在快速"溢价"。反映到毕业生的平均工资上则表现为：1980 年时，大学毕业证的经济价值超出高中文凭 50%，但到了 2008 年，两者的差价已经扩大到 95%。[73] 也就是说，穷孩子即便取得了正规的高中毕业证，但只要不上大学，他们的教育红利仍是一种幻想。他们努力拼搏，却只是为了赶上一道不断下行的自动扶梯。

大学

这些年来，大学的门槛在降低，因此在大学生中，各种阶级出身的人数都有所增加。但是，大学录取中的阶级鸿沟却始终存在，只是现有的研究仍未确证这一差距到底是保持基本不变，还是在进一步拉大。[74] 经济学家玛莎·贝利（Martha Bailey）和苏珊·戴纳斯基（Susan Dynarski）对比了两组孩子，第一组是在 1980 年前后读大学的孩子，第二组则是他们在 20 年之后的同龄人。她们的研究业已表明，在 1980 年这一组中，统计经济收入在前 20% 的家庭，他们的孩子读大学的比例是 58%，相比之下，如果出身于最贫穷 20% 的家庭，则只有 19% 的孩子才能上大学。而 20 年之后，两个数据分别为 80% 和 29%。

正因富家子弟上大学的比例一开始就过了半数，再增长的空间已属不大，所以穷孩子进入大学的加速度要快得多，然而即便如此，两个组别之间的绝对差距仍在扩张：从 1980 年的 39% 拉大至 2000 年的 51%。两位经济学家详细地分析了这一不断加剧的阶级鸿沟，其所发现的原因机制，有一些我们在前文中已经讨论过——比如中小学阶段的学习备考状况、家庭和同辈人的支持，还有一些我们将在下一章加以探讨，特别是来自邻里长者以及更广泛的社区的守望相助。[75]

但是，即便我们可以将高等教育的上述演进算作好的动向，也是有一些坏消息不容我们忽视。

首先，对于出身底层的穷孩子来说，上大学变得更容易了，但这并不意味着上好大学也变得容易。我们可以看到，在上大学的穷孩子中，越来越多地集中在社区大学——1972年时，上大学的穷人家孩子中只有14%读的是社区大学，而到了2004年却增至32%。当然，社区大学有时候也能担当起摆脱贫困的人生阶梯。它们是出身社会底层的孩子们的出路，对于本德镇的凯拉、亚特兰大的米歇尔和劳伦、橘子郡的索菲亚而言，社区大学就是他们的希望。而在本书的结论章中，我们还将探讨社区大学对缩小机会不平等可以做些什么。

但不幸的是，对于大多数孩子来说，进入社区大学并不会让他们由此晋身至更高的学习平台，他们的教育实际上就到此为止了。当学生进入社区大学时，81%的新生声称要获得四年制的学位，但最终能做到的只有12%。[76]若是强行把这种社区大学等同于四年制的大学（我们此前关于大学录取的"好消息"就是这么做的），那么这只是一厢情愿的想法。

无论如何，读好大学总能让人距离成功更近一步，但如果统计这类大学的录取率，实际上阶级差距近年来在扩张。回到1972年时，在出身贫寒（也即经济收入在最底层四分之一的家庭）的穷孩子中间，最终能读到好大学的人数比仅有4%，30年过后，同比数据也不过微升至5%；但在经济收入位居前四分之一的家庭中，孩子们读同类大学的比例分别为26%（1972年）和36%（2002年前后）。截至2004年，在美国"竞争最激烈"的大学或学院中——比如埃默里大学、西点军校、波士顿学院、南加州大学——出身社会经济顶端四分之一的学生人数要大大压倒来自社会底层的学生人数，比例约为 14∶1。[77]如此看来，大学的情况和高中何其类似，虽然出身不好的年轻人要比他们数十年前的前辈做得更好，但那些背景优越的幸运儿却在扩大他们的领先优势。

祸不单行，还有更坏的消息：近年来，虽然低收入家庭的学生进入高等教育机构的人数在增加，但相当一部分的增长集中于迅速扩张的盈利性学校，比如凤凰城大学和卡普兰大学这样的学校。2013 年，这类盈利性学校吸引了全部全日制本科生中的 13%，而 1991 年时尚且只有 2%。就读于这些机构的学生，相当一部分来自低收入阶级，还有年龄较大的长者和少数种族。对这些学生施以援手当然可以缩小机会差距，别忘记，生活在亚特兰大、斯特芬妮那位"钞票挣得也不少"的大儿子就代表着这种可能性。但是，对于学生而言，盈利性学校的收费是公立大学的两倍之多，而如若谈起毕业率、就业率和毕业后的经济收入，前者的记录要远远低于后者。这样说来，一旦进入这种收费不菲的大学，学生就背负了更沉重的债务（尤其是政府提供的助学贷款），而当毕业进入社会后，无力支付学生贷款的也是大有人在。在短期文凭课程上，盈利性学校的表现确实有过之而无不及，但在估算大学录取率时若把这类机构也包括在内，无疑就夸大了低收入阶层学生近年来表现出的进步。[78]

但以上所言还不是最坏的消息，现在才是：被大学录取是一回事， 187 但拿到大学毕业证则是另一回事。早在三四十年前，大学毕业率的阶级差距就已经很严重，而这些年来更是一路有增无减。这一点事关重大，因为完成大学学业要比跨过大学门槛更重要，无论从哪个方面来看——社会经济的成功、生理和心理的健康、寿命的长度、生活的满意度等，重要的并不是谁被大学所录取，而是谁拿到了大学毕业证。图 4－5 是评估过去 40 年的一幅大图景。[79]是否从大学毕业是最重要的高等教育指标，而就这一指标看，出身优越的孩子目前已经遥遥领先，这又是一个让我们颇为心灰意冷的剪刀差。

图4-5　家庭收入不等，获得大学学位的机会也有大不同

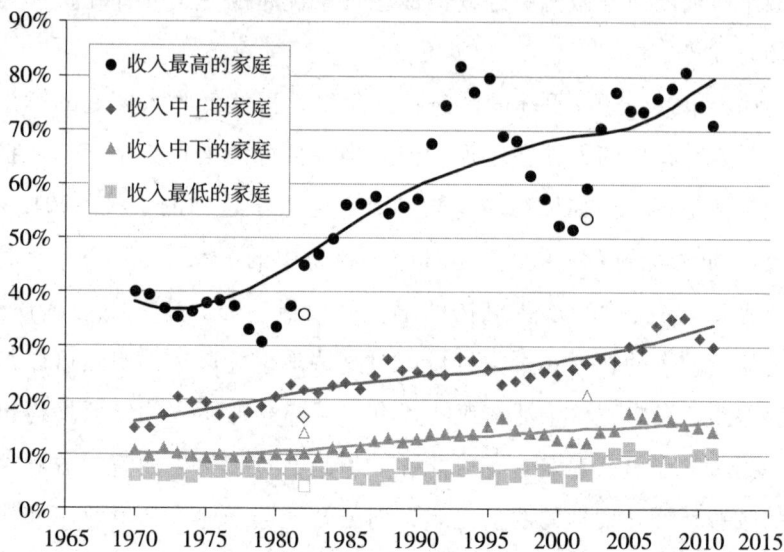

数据来源："Family Income and Unequal Educational Opportunity," *Postsecondary Education Opportunity* 245（November 2012）.

　　在劳动力市场上谋生存，读过几天大学的年轻人当然要好过连大学门都没进过的同龄人。但是，如要取得经济收入和社会流动的双丰收，最大的助力还是要有一纸完整的大学文凭。然而在这一最重要的竞争中，上层阶级的孩子又一次地先人一步，而且将领先优势越拉越大。而对那些来自低收入家庭的孩子们来说，比如我们之前遇到的大卫、凯拉、米歇尔、劳伦、罗拉、索菲亚，当然也包括伊利亚，他们都曾挣扎着改变自己人生的境遇，但无论他们多有天赋，多么努力，却始终处处受限。充其量，他们只能在平面跳棋盘中一格又一格地前进，怎能同上层阶级的孩子相提并论？那些幸运儿生下来就遥遥领先，他们的人生如同在下三维立体象棋，一层更比一层高！

　　图4-6总结了近年来穷苦孩子和富家子弟在攀登教育阶梯时的阶

级差异。为了得出其中的数据，研究者在长达十年的时间里跟踪了一组孩子，从 2002 年起（十年之前，他们读高中二年级）到 2012 年止（十年之后，大多数孩子都已经完成了他们的学业）。[80]最左边的柱状图显示出，到了 2004 年，两年前的高二学生大多数都成功地拿到了高中毕业证，其中家庭经济收入在前四分之一的学生其毕业率高达 92%，相比之下，家庭经济收入落在最后四分之一的学生其毕业率也有 64%。[81]

从图 4-6 中，我们也能看出，绝大多数高中毕业生都申请了大学，这一比例在有钱人家的孩子中高达 90%，而穷人家的孩子只有 59%。但谁能挤过独木桥为大学所录取，更是要经历一番严酷的优胜劣汰。数据表明，在所有的富家子弟中，高中毕业后的两年内进入大学的比例高达 89%，而经过这一关的筛选，能进入大学的穷孩子只有 46%。等到这些孩子大学毕业时，阶级差距已经惊人，58% 的富家子弟拿到了大学学位，但穷孩子走到最后的却只有 12%。看着这幅图，我们不难想象一幅画面，穷人家的孩子仿佛在脚踝上绑着千斤巨石，越往上走，越步履艰难。

当然，正如我们在本章中反复所见，务必要区别不平等的**场所**和不平等的**原因**。虽然从家庭收入这一指标可以准确预判出能否从大学毕业，但若就此认定大学的费用乃是造成阶级差距的罪魁祸首，则未免过于肤浅。我们在人生阶梯的某一档看到了急剧扩张的阶级差距，也并不意味着就是这一档造成了这种差距。事实上，行文至此，我们已经讨论了许多因素，比如家庭架构、父母教育方式、童年期的发育、同学之间的相互影响、课外活动的机会……所有这些因素，连同我们在下一章中将讨论的邻里和社区影响，共同造成了大学毕业率在最近数十年中呈现出的阶级鸿沟。[82]穷孩子从出生后就背负着无形的重担。高额的学费和学生债务只是压垮他们的最后一根稻草，但绝不是主要的负重。

189

图4-6　攀登教育阶梯

（在2004年高中毕业班的100名学生中，他们是如何攀登教育阶梯的？）

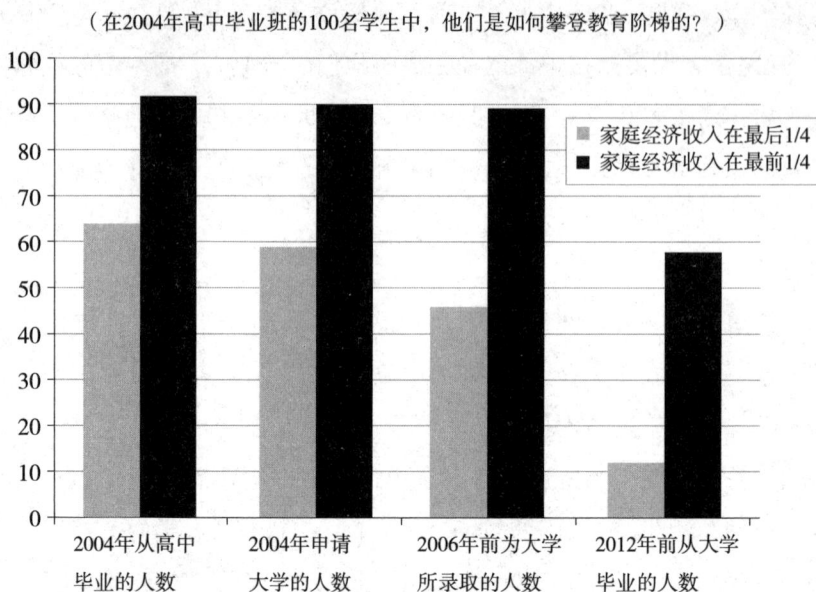

数据来源：Educational Longitudinal Study of 2002－2012.

在2004年高中毕业班的100名学生中，他们有多少人从高中毕业，进入大学，最终从大学毕业？

在结束本章之际，图4-7传达出的信息让我们如梦初醒。进入21世纪后，在预测哪些中学生最终能从大学毕业时，家庭的社会经济地位甚至变得比考试成绩更重要。[83]一代人以前，在判断一个孩子能在教育之路上走多远时，社会阶级当然是一个因素，但相对于学习能力而言，家庭的经济基础只是次要的。[84]但现如今，成绩好的富家子弟很有可能从大学毕业（74%），成绩差的穷孩子拿到大学学位的可能性近乎为零（3%）。而同样是成绩位居中游的学生，来自有钱人家的孩子的大学毕业比例为51%，贫困家庭的孩子则只有8%，前者是后者的六倍还多。最令人震惊的放在最后说：在成绩好的穷孩子中，只有29%的人最终能从大学毕业，反而是成绩差的富家子会有30%拿到大学文凭，家庭出身压倒成绩成为最具决定性的因素。面对这一事实，

190

我们只能宣告美国梦已经破碎，作为其核心理念的机会平等已经不复存在。

图 4 –7　一个人能否大学毕业，家庭出身更重要，而不是中学时的考试成绩

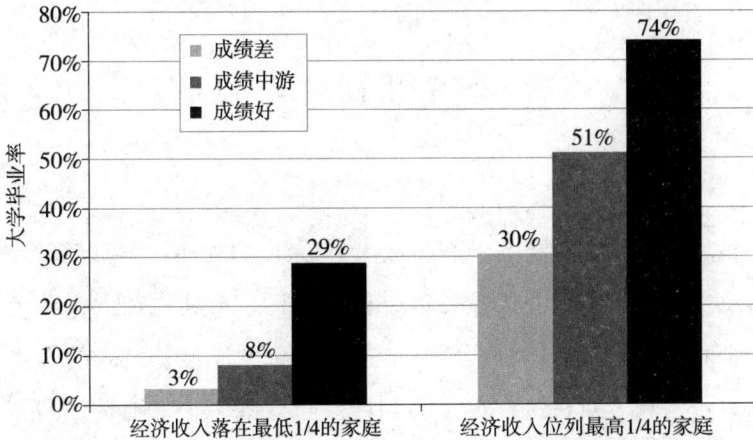

数据来源：National Education Longitudinal Study of 1988（NELS：88/2000），Fourth Follow – up.

第五章

邻里社区

191　　凯瑟琳·赫本主演的《费城故事》在 20 世纪 40 年代曾风靡一时，故事发生在大萧条期间的费城郊外的富人区，成功地在大银幕上重现了那个时代吉光片羽的社会浮华。赫本角色的原型是当时的海伦·霍普·蒙哥马利·斯科特，在《名利场》记者的笔下，她是"费城白人寡头集团中的无冕女王"，名下拥有占地 800 英亩的阿德罗森庄园。[1]现如今，镀金时代的这些奢华庄园早已被蜿蜒的行车道划分开来，树荫掩映下，道路旁皆是私人公馆，这里居住着费城的新精英，他们是金融界的精英、高级咨询顾问、就职于大学和医院的专业人士。下梅里昂镇及其周边市镇依旧田园风光如画，百年间早已物是人非，不变的是这里始终居住着美国最阔绰、也最有教养的一群人。

　　由下梅里昂向东 11 英里就到了肯辛顿，此处是另一部经典电影《洛奇》的故事发生地，一如电影里所反映出的，生活在这个社区的是饱尝生活磨难的白人工人阶级。与之一步之遥的就是特拉华河的码头和工厂，曾经一度，这里的工业为费城带来繁荣盛景，眼下却已奄
192　奄一息。19 世纪末 20 世纪初，爱尔兰、意大利、波兰移民如潮水涌来，定居于此。白天，他们在磨坊、船坞、皮革厂、包装工厂工作；晚上，一家人就拥挤在逼仄的两层小楼里，从外面看去，这些房子全都是灰头土脸，密密麻麻地一字排开。一代又一代，这些移民家庭留在同一个社区内，到同一所天主教堂做礼拜，孩子们也上同一所学校。

但到了 1970 年，此地的工业开始了一段漫长的衰退过程，邻里开始离散，从 1970 年到 2000 年，30 年的时间里共流失了 25 万个工作岗位。这里曾是邻里关系和睦的社区，每天都可以看到家庭主妇快乐地打扫庭院，但这种其乐融融现已不再，举目望去是被废弃的荒凉工厂、光天化日之下的毒品交易场所、罪恶横行的停车场。随着贫穷的黑人不断搬入白人的聚居地，此地的种族矛盾也日渐激化，最终一发不可收拾，这让我们不由地想起电影《洛奇》里的经典场景，洛奇和阿波罗之间的那场血战。

　　如同美国余下地区一样，在费城的都市区，数十年来不平等越来越严重，阶级隔离也越来越森严。1980 年前后，下梅里昂镇家庭收入的中间值大约是肯辛顿的两倍，但到了 2010 年，已经拉大到了四倍。[2] 美国的社会科学研究委员会曾估测了全美境内城市社区内的"失联青年"（disconnected youth）比例——所谓"失联"，是指年龄在 16 至 24 岁之间，但既没有工作，也不在学校，研究表明，肯辛顿地区在全国名单上也位列前茅，其失联青年比例为 30%，而下梅里昂地区在这一指标上就落在了最后，同比数据只有 3%。[3] 这样看来，肯辛顿距离下梅里昂虽然只有 11 英里，但差距确有十万八千里。

　　本章讨论的是社区环境，我们可以看到，不断扩张的机会不平等在全美社区内都在上演；更具体地说，本章还会讨论两极分化的社会资源和邻里挑战，它们会对穷孩子和富家子的命运造成截然不同的影响。我们首先会见了两个白人家庭：一个居于下梅里昂镇，另一个来自肯辛顿；两个家庭都是由单亲母亲操持，在家庭破碎后，她们在生活中打拼以养育两个女儿；面对着毒品、未成年性行为和学校内的一系列麻烦，两位母亲都要保护女儿免受伤害。接下来可以看到，两位单亲妈妈都尽力帮助她们的孩子，为她们提供力所能及的资源，而且从某些方面来看，她们都取得了成功。但即便如此，我们还是能发现，生活在郊区的上层阶级家庭拥有丰富的经济和社会资源，可以帮助孩

193 子对抗或缓冲压力。而来到肯辛顿地区，邻里之间一度紧密的社会关系网络现已荡然无存，经济低落时，我们也看不到邻里间的互帮互助，一句话，社区在肯辛顿并不是穷孩子的避风港，而是祸患的源头。

玛尔妮，埃莉诺和玛德琳

埃莉诺 19 岁，妹妹玛德琳 18 岁，这对姐妹同 55 岁的母亲玛尔妮生活在一起，衣食住行几乎都在下梅里昂镇。女孩们还小的时候，父母就出资为她们修筑了儿童专用的人行道，送她们进入了精英学校，搬进下梅里昂镇，这里的邻居举止有度，只是有时略显矜持。这里的社区机构五花八门，从下梅里昂足球俱乐部、阿德摩尔社区中心，基督教青年会（YMCA）、到多家活跃的公民社团，再到为数众多的宗教机构，分别服务于犹太教、基督教长老会、教友会、天主教会、圣公会、亚美尼亚教派和福音教派。现在，紧跟时代，这些机构都开通了Twitter 和 Facebook 的账号和页面，线上社区生动活泼。

老人们常说，从前下梅里昂的主街上，各色人等都有，邮递员和码头工人的孩子就在附近上学，但现如今一切都变了。"现在没有那么复杂了，"埃莉诺告诉我们，"住在主街上的是清一色的上层或中产阶级的家庭。"玛德琳也讲起了自己的观察，高中班上很多同学都"真的相信'上不了常春藤，还不如去死'，'要是我没法子像我爸妈那样赚他几百万，那我的人生就是彻底的失败'"。

母亲玛尔妮是一位电影制片人的女儿，从小在比弗利山庄长大，是家中第一位大学生。小时候，她家经历过大起大落，父母酗酒成瘾，三次离婚后又再复婚，这样的家庭环境让她饱尝成长的烦恼，但正如玛尔妮亲口所言，她在比弗利高中读书时"绝顶聪明"，毕业后进入一所常春藤大学主修经济，是全优生。在干过一段时间的剧院管理后，玛尔妮步入婚姻的殿堂，然后在沃顿商学院拿到 MBA，接下来就加入了一家咨询公司。

夫君萨德是玛尔妮的大学校友，在取得这所常春藤大学的学士学 194
位后，紧接着又在另一所顶尖大学拿到硕士学位。在女儿出生前后那几年，萨德成为一名极为成功的企业家，收入不菲，阔绰到让他有能力买下在下梅里昂的豪宅。然而一夜之间，萨德的生意失败了，自己也陷入抑郁，当时两个女儿正在上初中。一两年后，玛尔妮结束了这段婚姻。既然全家人曾经的经济支柱已经塌陷，玛尔妮意识到她必须挑起养家的经济重担。前途茫茫之际，玛尔妮当机立断，离开了此前供职的咨询公司，自立门户。这位单亲母亲所做的这一切，都不只是为了养家糊口，用她一个女儿的话来说，就是要供养全家人维持那种"非常奢侈的生活方式"，包括私立学校、骑马、无所不包的家政服务。可以说，玛尔妮决定自力更生，是全家人生活的一个转折点。

正是因为母亲不知疲惫地工作，咨询工作又能带来优厚的收入，有需要时还用信用卡预支消费，埃莉诺和玛德琳才能住在大房子里，上私人钢琴课程，参加暑假的帆船夏令营，生日时开化妆舞会，等到她们上初中时，进入的也是当地一所最好的私立学校。回忆起她们幸福的童年生活，女孩们想起了捉迷藏游戏、卖柠檬汽水的小摊、还有朋友之间历久弥新的友谊。"我妈妈是最好、最好的母亲，"埃莉诺告诉我们，"说真的，她大半生都是为我和妹妹在付出。她这么辛苦地工作，所做的一切都是为了让我们过上最好的生活。"

父母的离婚对两个女孩是个沉重的打击。"我真的没想到父母会离婚，"埃莉诺说，"这或许是我童年时经历过最大的麻烦事。"一开始，玛尔妮和萨德付出种种努力想要共同监护孩子，为此他们花钱请了专业的心理治愈师来平复孩子的情绪，轮流居家陪伴孩子。但这些努力未能奏效，萨德最终离开，逃到西部山区寻求"治愈"。

有得必有失，玛尔妮全天候的职业工作虽然让全家人过得衣食无忧，但也压榨了她的全部时间，为此，她雇佣了保姆、女工以及其他家政人员，在姐妹俩由学校返家后照顾她们，接送她们参加课外活动，准备晚餐。"我们算是被保姆带大的，"玛德琳突如其来的一句话让空气凝固了一会。过后，玛尔妮才微笑着，不无感慨地说出了一番人生道理："她们知道我在那时是迫不得已，为了这个家的安居，我必须这么做。也许有一天，等她们长大了再来回头看，就明白我的苦衷了。"

父母离异后，埃莉诺决定到一所精英寄宿学校读高中，一部分原因如她所言，"我不想面对家里的烂摊子。"就在她离家后不久，玛尔妮从邻家妈妈那里听到一个惊天消息：趁她不在家时，埃莉诺伙同本地的一帮女孩在家里吸毒。为自己的天真而追悔莫及，玛尔妮当即搜查了埃莉诺的房间，发现了一盎司的大麻。她火速赶往寄宿学校，同埃莉诺"摊了牌"，一谈就是6个小时。"我清楚地告诉她，我的目标就是要让她们俩安稳度过青春期，不准乱来，毒品碰都不能碰。我一天忙到晚，像在针尖上跳舞，决不允许她毁掉我们全家人的生活。"玛尔妮冻结了埃莉诺的信用卡，推迟了她考驾照的时间，并且厉声警告她，要是她胆敢触犯法律，"我绝不会像下梅里昂那些好心肠的主妇，花钱请个巧舌如簧的律师保释你出来。"骂是爱看起来起到了作用，自此后，埃莉诺不敢再犯。

在寄宿学校读书，埃莉诺感到压力山大，难以适应和融入，这里的孩子追求的是"多金、健美、漂亮、聪明——不完美不罢休"。她陷入了严重的抑郁，高中二年级一开始就离开寄宿学校，转入自家附近的一所公立高中。埃莉诺怀疑自己患上了多动症，注意力总是无法集中，但直到回到家后，玛尔妮才知道女儿的状况。

作为女儿的生活支柱，玛尔妮当即采取了行动。她咨询了专业医生，最后通过关系，找到了一位精神科专家，确诊了埃莉诺的病症，给出了对症下药的诊疗方案。不仅如此，玛尔妮甚至还联系到心理顾问，帮助女儿改善学习的习惯和方法。听闻"患多动症的孩子需要安静的学习环境"，玛尔妮改造了家里的三楼，为埃莉诺腾出了两个卧室，还有一个采光充足的清静书房——为什么要有两个卧室，就是为了防止主卧室被弄乱后会分散埃莉诺的心神。同时，考虑到孩子有可能会被"贴上标签"，玛尔妮尽力让女儿的病情不为外人所知。"我们要为这孩子开辟出一条道路，"她说，"只要坚持走下去，就一定能成功。最终，皇天不负有心人。"

就在姐姐患上多动症的同时，玛德琳遭遇到另一种青春期的烦恼。初中二年级时，玛尔妮发现玛德琳结交了一位名叫山姆的男友，关系甚至到了偷食禁果的地步。于是，玛尔妮同山姆的父母共进晚餐，讨论子女的问题，她说："我们不能坐视不理，必须琢磨出共同的应对之道，严防死守。"为防万一，当妈的甚至为小女儿提供避孕用具。"我告诉她，我实在不能同意她这么小就和朋友发生性关系。若是她不改变主意，我也希望她保护好自己。我还告诉她，我们四位家长都齐心协力，绝不给他们俩任何单独相处的机会。我和山姆他妈平时通过短信联系，比如'我要出门去超市，请看好山姆，直到我回去。'"

儿女事大，只要事关女儿，玛尔妮和萨德都尽可能做到相互配合，但即便如此，姐妹俩还是不免感受到交叉而至的压力。高中二年级那年，玛德琳征得母亲的同意，搬到西部同父亲生活在一起。这一年的生活远离了下梅里昂镇的繁华，也改变了玛德琳的人生态度。生命中头一次，玛德琳见到了出身贫寒的同龄人，为他们的价值观和拼搏精神所震动。"我有些朋友在餐厅打工，"玛德琳告诉我们，"没有打工挣的钱，他们连饭都没得吃……他们的生活方式，完全不同于下梅里昂居民习以为常的世界。"玛尔妮、萨德和埃莉诺都一致同意，这一年对玛德琳来说意义非凡。

然而，玛德琳也意识到，西部乡间的学校远不能满足她的学习要求，于是她只有返回下梅里昂的家里，进入了本地一所私立的精英高

196

中。同时，她还说服了父亲搬回费城，在高中毕业前都可以生活在她身边。玛德琳认识到自己的写作还有待提高，于是在母亲的帮助下，她参加了宾夕法尼亚大学开设的一门写作课程。玛德琳告诉我们，这门课的任课老师已经成为"私交甚密"的良师益友，不仅为她推荐阅读书目，而且同她以及一些宾大学生共进晚餐，谈天说地。"他改变了我的人生，"玛德琳这样告诉我们。

玛尔妮很鼓励这种指导。"我从来都相信，青少年应该同父母以外的正派成年人多交流。"她如是说。两个女孩在生活中都有这样的益友良师。父母刚离婚时，她们心情低落，幸运地在常去的教堂中找到了精神导师。玛德琳这样说，"他是个年轻牧师，人很好。后来我每周都去见他，这样的时间持续了差不多六个月。那段时间，妈妈很担心我，因此常让我跟他交流。他从不向我灌输宗教的大道理，就是耐心地听我说，纾解我的烦恼，就像心理治疗一样。"随着玛德琳年岁渐长，有几位友人的父母成为了她效仿的榜样，而她的许多好友也都是在教堂里认识的同龄人。在搬到西部的那一年，玛德琳结识了父亲的一位友人，那人正好有心理咨询的学位，在私下场合，他也帮助玛德琳更好地适应和融入新的环境。

埃莉诺在生活中当然也有父母以外的益友良师，包括那位在教堂里遇到的年轻牧师，还有一位是父亲读研究生时的女性同学——每年夏天，埃莉诺都要同这位女士一起在西部徒步旅行，也在旅途中同她聊家庭的烦心事。两个女孩也都谈到，她们在学校中不乏良师，在生活中也不乏同龄的益友，其中很多人的交情可以追溯到小学时。姐妹俩都有专业的指导老师，帮助她们备考 SAT。在谈到这种由正能量的成年人和同龄人所组成的社会网络时，玛德琳意识到其意义所在。"我非常幸运，在我成长过程中有着各种各样的支持，所以东方不亮西方亮，"她说，"生活中随处可遇优秀的大人，也有善良的小伙伴，我真是一个幸运儿。"

　　穿过生活中的暗礁激流，玛尔妮和她的女儿现在总算是拨云见日。埃莉诺现在就读于中西部地区的一所著名大学，主修商科，她现在有许多出身中产阶级的好朋友，他们"靠自己的双手挣下学费，从来不认为天上可以掉下机会"。而玛德琳正准备前往加拿大一所享有盛誉的大学，在那里学习法语和国际发展。现在的她做人成熟稳重，做事认真专注，将耶鲁大学法学院定为她的人生目标。玛尔妮则幸福地步入了第二段婚姻，她告诉我们，女孩们一开始有些抵触，但现在还是喜欢上了母亲的新伴侣，视他为"继父"。

198

　　在玛尔妮的照看下，姐妹俩一路有惊无险，度过青春期进入大学，她有理由为此感到骄傲。"那时只觉得前路漫漫，"这位母亲说，"每一步都很危险——但我挺过来了。我们一家就像在危机四伏的深海里潜行——自杀倾向、贪食厌食、离家出走，稍有差池就会满盘皆输。我两个女儿也度过了这场家庭风波，谢天谢地！"

　　遭遇撞车事故时，安全气囊会自动张开以保护车内人，同理，在埃莉诺和玛德琳碰到危险时，经济、社会和制度资源也如同"安全气囊"（air bag）一样卫护着俩女孩。[4]无论是在下梅里昂镇，还是在这个小小社区以外，父母所营造的广泛社会网络处处保护着她们，但眼下，年轻的姐妹俩还无法完全领会到社会网络的正能量。正如我们在后文中所见，美国上层阶级的父母通常都拥有广泛的"弱关系"（weak ties），在定义这个概念时，社会学家指的是在不同的社交圈子里都有非正式熟人，比如精神科专家、教授、企业经理、家庭友人、朋友的朋友。玛尔妮的女儿很显然受益于这样的"弱关系"。相形之下，底层社会的人们缺乏有用的弱关系，在寻求社会帮助时所能依赖的往往只有家庭和邻居。

莫莉、丽莎和艾米

莫莉今年 55 岁，两个女儿丽莎和艾米分别是 21 岁和 18 岁，这家人居住在肯辛顿地区已经好几代了。大女儿丽莎已经结婚，婆家也是世代居于此地。她们的家不过是一个 20 英尺见方的联排式住宅，这还是莫莉现任丈夫三代祖传的老房子，就在这个逼仄的环境中，我们见到了莫莉和她的两个女儿。[5] 丽莎的婆婆黛安今年 41 岁，两位母亲出生后就再没离开过肯辛顿地区，访谈这两个大家庭，我们仿佛移步换景，走入了这个社区在过去半个世纪内的沧桑巨变。

如今，费城可以说是犯罪最为猖獗的美国城市，而肯辛顿则是费城里最危险的社区之一。但这里并非从来都是犯罪分子的乐土。当莫莉和黛安回忆童年时，她们还记得，肯辛顿曾经非常安全，酷热的夏夜，孩子们都能爬到屋顶露天睡觉，这样的事放到现在连想都不要想。回到那时，肯辛顿是一个白人工人阶级聚居的邻里社区，居住在此地的人们关系紧密，每个人都知道他们的邻居姓甚名谁，他们齐心协力，维持着社区的安全和整洁。黛安的祖父曾是这一带的警察，脑袋里装着管片里所有家庭的信息，叫得出每一个孩子的名字。事实上，几乎每一个人都认得别人家的孩子，由此创造出一种社区育儿的模式。"那时候的人都相互关照，"黛安追忆往事时不免感怀，"要是你在两条街外闯了祸，那里的邻居也认识你家长，他们会先教训你一通，再送回你家交给父母，回到家后又免不了父母的一顿揍。"莫莉补充道，"我小时候啊，要是一直在街上乱跑，马上就有人对我说'莫莉，回家去'，或者问我'你跑来跑去要干什么？'"

两位母亲回忆起，当年这里有许多有组织的青少年活动，参加不费分文，特别是有一家名为"小精灵"的青年人俱乐部（考虑到当年这里还是一个爱尔兰人的社区，这名头倒也恰如其分）。孩子们在本地的溜冰场游戏，在本地的公园和公共泳池玩耍。莫莉还记起，公园后门处有个隐秘角落，十多岁的她曾呼朋唤友在这里喝啤酒。当地还有一家警察运动者联盟，常和兄弟会组织联手发起球队比赛，政府的文娱部门还开办了爵士舞和踢踏舞课程，市民都可以免费参加。甚至到了下一代，当丽莎和艾米上小学时，她们还是可以出门随意玩耍，只要她们不越过自家社区的边界。

那时候，同下梅里昂的主街一样，肯辛顿的阶级成分也比现在更多元。"工厂工人、市中心坐办公室的员工、打官司的律师，当年一个街区可是各色人等都有，"当我们问及从前的邻里时，莫莉如是说。但是，正如码头工人的孩子早已消失于下梅里昂镇的主街，肯辛顿也²⁰⁰再不见律师的孩子。从 20 世纪 70 年代起，肯辛顿的历史就翻过了新的一页，举目四望，看到的只是不断消失的工作、支离破碎的家庭、总在流失的人口、越来越复杂的种族构成，当然最严峻的还是猖獗的犯罪和毒品问题。

对犯罪的恐惧无所不在。警察不再沿街巡逻，因为担心成为罪犯枪口对准的目标。前不久，附近就有三个婴儿为流弹所击中，丽莎因此不敢让女儿去上学，自己在家里教她。从前的人们无不关心邻里社区的事务，但现在好景不再。"现在无人关注社区里的身边事，"黛安告诉我们，然后回忆起此前的种种美好，"每到周末，家家户户拿起扫帚，打扫庭院，政府还过来发放垃圾袋。不像现在的人都只顾自己，眼皮子底下杀人放火也没人管。看到小孩子在邻居的房子上胡乱涂鸦，也袖手旁观。"

每次到了需要缩减政府的财政预算时，公园和文娱项目就是首当其冲被砍下的，一路下来，居民康乐中心和游泳池大都已经关门歇业。自 1970 年开始，费城的总预算增长了大约三分之一，但花费在公园和康乐项目上的开支却下降了超过 80%。图书馆这类公共设施近年来也日渐凋零，归根到底还是政府在削减预算。警察运动者联盟依然存在，但眼下如要参加活动，首先要交钱。

有些长居于此的白人居民将社区的衰落归咎于非白人群体的迁入，但问题是，白人至今仍是这个社区的主流。"种族歧视无所不在，"艾米谈到，"他们甚至拆除了公园里的篮球场，就是因为黑人小孩放学后会和同学过来打篮球。"显而易见，经济停滞和工作岗位的消失才是社区衰落的主要原因之一。但只要是我们访谈过的女性居民，大都将社区衰败主要归罪于毒品问题。

大麻、海洛因、病毒，在90年代粉墨登场。"毒品影响了我们这个家，"丽莎如是说，"影响了我们社区，影响了每一个人，这里不再安全了。我们认识的每个人都碰过毒品。不管你是谁，住在哪儿，没有哪一个不这样。"丽莎口中的"每个人"包括丽莎的父亲，艾米的父亲，当然也有丽莎和艾米自己。她们的隔壁就住着一个本地毒枭，在丽莎十来岁时，这个街区有三个不同的毒贩给她兜售过毒品。

201　　"随处可见有人吸毒，多大年纪的都有，"丽莎讲起来绘声绘色，"毒品成为我们生活的一部分。我也不知道为什么会这样。但毒品就这样蔓延开来。"莫莉这时打断了女儿的话，"人们对毒品早已见怪不怪了，我们的邻居可以肆无忌惮地坐在街边，当着所有人的面吸毒。"自此后，情况更是一天天恶化。"只要你走在街上，就会有人靠上来兜售毒品，"莫莉补充道，"几道街之外，就是肯辛顿大道，那可是世界上最可怕的街道。有人当街被枪杀都是家常便饭的事。我也不想这么说，但那里真的，真的是贫民窟。"

恐怖气氛弥漫在每一处角落，莫莉说，"你甚至无法知道左邻右舍是些什么人，因为有些人从来都是大门不出的。我们年轻那会，人们见面都会互致问候，寒暄片刻。"丽莎补充道，"我也尽力面带笑容，友善待人，但现在人都是暴脾气。"就是在这样歇斯底里的社会氛围中，莫莉养育了丽莎和艾米，还有她们的两位兄弟。这就无怪乎两位女孩都警告我们，"千万不要相信任何人"。

　　孩提时代，莫莉（以及肯辛顿地区的大多数居民）常去当地的天主教堂，参与各种教会活动。事实上，人类学家凯思琳·艾丁（Kathryn Edin）及其合作者就研究过费城的社区，据她们所言，天主教堂以及遍地开花的教会学校，曾经是此地社区网络的经纬线，但现如今，教会机构的衰落也加速了邻里社区的解体。[6]莫莉的父亲去世后，母亲无力一人支撑起整个家庭，于是家中的九个孩子都被送到不同的家庭寄养。莫莉被安置到一所天主教会开办的孤儿院，在那里生活了六年，也就在莫莉离开后不久，这所孤儿院因虐待儿童而被关闭，她也因此开始疏远教会，黛安和她们的许多同代人都有此等相似的经历。

　　莫莉历经艰辛回到家中，但也是自此时，地区经济开始了由衰退终至崩溃的漫长过程。那时的莫莉动不动就逃学，成为了一个不折不扣的野孩子。"我妈对我们都不上心，"莫莉说，从自己的家里，她得不到任何帮助。多年后，她还记得学校辅导员这样告诉她，"你这辈子也就这样了，什么都做不成。"高中时，莫莉怀孕了，高三那年辍学回家。孩子的父亲来自一个酒鬼之家，就住在莫莉家的隔壁，家里的长辈都劝莫莉不要同他继续混下去，但莫莉置之不理，最后和这个男人生下两个孩子——丽莎和她的哥哥。

202

　　莫莉的人生故事折射出这个社区所经历的社会经济巨变。童年时，她和黛安都生活在关系密切的邻里社区内，至今想来仍是满满的温暖，但成年后，她们的人生不断遭遇到背叛、磨难和离散，这也预示着整个邻里社区的分崩离析。随着社区关系每况愈下，毒品和犯罪毁掉了所有人的生活，丽莎和艾米从来就没有体验过生活中的美好。

　　结婚数年后，莫莉的第一任丈夫就沦为酒鬼，染上毒瘾。长辈们的劝诫言犹在耳，莫莉选择了离婚，靠做女服务员和在建筑工地打工，养活了一双儿女。三十多岁时，莫莉遇见了第二任丈夫，是一个屋顶修缮工。莫莉和这个男人又生下一双儿女，就是艾米和她的弟弟。女孩们说，起初他还是一位好父亲，但后来也沾染上毒品，成为一个瘾君子，最终丽莎和莫莉把他赶出了家门。现在他无家可归，女孩们有时候还能看到他在附近游荡。

祸不单行，莫莉此时又患上了多发性硬化症，还突发过一次中风，最终只能用轮椅代步。就在这时候，她的小儿子被诊断患上了自闭症，家庭情况可以说是雪上加霜，由于没有医保，医药费的账单压垮了这个家庭。倾家荡产之后，全家人一度只能靠申领各种公益救济度日，但种种手续如同一团迷雾，政府的福利机构也漠不回应。就在这时，附近有一家新教教堂向他们伸出援手，提供了救命的稻草，可以说是不幸中的万幸了。

这家教堂为社区里的年轻人提供了许多充满正能量的项目，包括课后的学习指导和暑假短期旅行，丽莎从九岁时起就开始参加教会的活动。在艾米的父亲被扫地出门后，家庭又一次濒临崩溃的危境，丽莎告诉我们，"要是没有这家教堂，我们可能不会支撑下去。"当父亲因吸毒而心智迷乱时，教堂保护这些孤儿寡母免遭瘾君子的骚扰，接纳她们在教堂过夜，暂避风波。在莫莉被确诊患上多发性硬化症后，牧师为这家人找到了一所更便捷的公寓，距离教堂很近，还为莫莉修建了一条方便轮椅上下的斜坡，要知道，莫莉当时甚至还不是这家教堂的成员。"没有这些好心人，我们无法熬过那段日子，"莫莉如是说。时至今日，牧师丹（爱骑自行车的大块头）和他的妻子安琪拉（也是教堂里的年轻牧师）仍是丽莎最信任的朋友。

丽莎的青春期过得混乱不堪，生命中找寻不到正能量的益友。尽管她参与教堂活动，但她还是无法走出社区崩溃以及家庭破碎的阴影。因为经常旷课，丽莎被留校察看，但她还是不以为然，酗酒之外，还沾染了毒品，也许这对丽莎这样的孩子是在所难免的，因为毒品现如今已经无孔不入。甚至于在教堂内外，毒品都是唾手可得的，因为这里有戒毒者的聚会，毒贩子就趁机混进来。丽莎的最爱是"彩虹糖"，这是一种基于感冒药的提取物，此外她还喜欢"加料大麻"，她的隔壁邻居都有卖。

高中三年级时，丽莎怀孕了，不仅步入母亲莫莉的后尘，也是学校很多女孩们的宿命。孩子的父亲是她的同班同学，也是卖毒品给她的毒贩子，丽莎不愿意同他结婚。就在这时，教堂又一次成为发生奇迹的福地。丽莎在那里遇见一个名叫约翰的男孩子，两人坠入爱河，虽然她彼时已有七个月的身孕，但约翰并不在意，仍向她求婚。"因为我爱你，"约翰告诉她，"所以我也会爱这个孩子。"（约翰的母亲黛安建议丽莎打掉肚里的孩子，但遭到莫莉的反对。）四个月后，他们结婚了。

此时，安琪拉挺身而出，从情感上给这对恋人以极大的鼓励，帮助她们度过了这一难关，但这家教堂还有另一位牧师，禁止丽莎在怀孕期间再踏入教堂，不为别的，就是"因为我会带坏别的孩子"，丽莎告诉我们。由于这件事，同时还因为宗教观点的纷争，丽莎和约翰最近追随丹和安琪拉这对牧师夫妻，转入了本地一家扩张迅速的福音派教会。约翰一家人都酗酒成瘾，这对新婚夫妇不久就无法容忍这种生活，于是在安琪拉的帮助下，她们找到了新的住处，教会还帮助约翰在一家基督教保安公司找到了工作。虽然丽莎不免担心，她们现在的教堂也会像此前那家一样，变成当地瘾君子的避难所，但她还是承认，"坦白说，要是没有了教堂，我都不知道我们将身在何处。" 204

约翰读完了技校高中，但发现社区大学根本不适合他，于是退学了事。怀孕九个月时，丽莎从高中毕业了，随后进入了一家收费不菲的技校，两年后拿到了药剂师的肄业证书——但毕业后工作并无着落，却让她背负起高达5万美元的学生债务。目前，丽莎正在修读幼儿教育的网络课程，同时在家里指导女儿学习。她们的婚姻看起来还算稳定，但所居住的邻里危险依旧，只要想到家里的财政状况，丽莎就"心惊胆战"。

　　如同姐姐丽莎的人生，艾米的故事听起来也不免令人扼腕，当然无论是开始还是结局，艾米都有不同。读初中时，艾米就显露出她在音乐上的过人天赋，因此被一所英才学校所录取，还受邀加入了费城少年管弦乐团。但到了青春期，艾米同样陷入了在穷人社区随处可见的陷阱——酗酒、吸毒，以及没有避孕的性行为。"那时我经常跟我妈说，我就在街角处的朋友家里玩，"艾米告诉我们，"但我其实跑去很远的地方，和男孩子一起厮混，醉酒。"由于艾米在学校吸食毒品，行为不端，莫莉把女儿带回家中亲自教育，但艾米随后因在一次网上考试中作弊而被留了一级。最终，莫莉同意艾米重返校园，但回到学校只有三个月，艾米在高中一年级时就怀孕了，不止艾米，她的朋友几乎无一例外。"但凡和我不打不相识的酒友，"艾米告诉我们，"每一个都怀孕了。"

　　但世事有惊喜，艾米的怀孕反而成为人生的一次转折点：她转入了一所专为未婚先育的青少年父母开设的高中，得到辅导员的细心照应。在新学校，艾米一跃成为了成绩的全优生，甚至当选为学生团体的主席。她的男朋友（也是孩子的父亲）对她仍未死心，但艾米并不想谈婚论嫁。"结婚就是让你步入围城，"艾米如是说，"我干嘛非要跟自己过不去呢？"高中毕业时，她收到了多家知名州立大学的入学通知书，但艾米还是准备去上本州北部的一所文理学院，那里有一个专为未婚母亲开办的特别项目。"怀孕改变了我的人生，"艾米直言不讳，"要不是为了我的儿子，我不会上大学。"然而艾米却在为学费问题而发愁，显然她没有人生的第一桶金，最近她想到一个主意，在她Facebook的页面上筹集捐款来凑学费。

　　尽管都曾沾染过毒品，而且十多岁就做了未婚妈妈，但丽莎和艾米最终没有被破碎的家庭和危险的邻里环境所击败。是什么拯救了她们？首先是教堂，而在艾米的情形中，专为青少年妈妈而开办的公立学校项目也很重要。从姐妹俩的故事中，我们可以看到宗教社团有能力帮助陷入麻烦的贫困家庭，但我们在本章接下来要检讨的证据却不容乐观：在全国范围内，穷孩子对宗教机构日渐疏离。

莫莉当然想让酒精、毒品和早孕远离自己一双女儿的生活，但她纵然有心保护，结局却不尽成功。之所以如此，首先是因为毒品摧毁了孩子们的父亲，家庭早已是残缺不全；其次是因为她本人也因患病导致严重的抑郁，有心却无力；最后是因为肯辛顿社区的社会网络已经全面崩溃，身陷困境的母女也别无所依。最近，莫莉又结婚了，对象是她在教堂遇见的一个男人，女孩们说他对母亲挺好的。眼下，两位姑娘并没有结婚的打算，也没计划再要孩子，但她们都很享受做母亲的感觉。但只要谈到她们的经济前景，丽莎和艾米就都愁容满面，未来没有安全感可言。

总而言之，我们在费城地区所遇见的两个家庭，看起来都步入了某种"最后过上了幸福生活"的新阶段，但肯辛顿人的幸福却不是下梅里昂人的幸福，他们的稳定生活看起来总是那么摇摇欲坠。两位母亲都想要保护她们的女儿，希望她们能从容应对青春期的成长挑战，但显而易见的是，莫莉的能力难以和玛尔妮同日而语，这样看来，玛尔妮的女儿是幸运的，她们已经为走向成功的人生做了种种准备，这也是莫莉的一双女儿所望尘莫及的。若是说养育一个孩子需要举全村之力（it takes a village to raise a child），那么美国下一代的未来就确实堪忧：近年来，随着我们美国人逐渐放弃了养育下一代的集体责任，美国各地的社区，无论富有还是贫穷，其社会关系网都在急剧衰败。但问题是，大多数美国人都并不拥有玛尔妮那样的资源，可以用私人手段来取代衰败的公共关系网。

在玛尔妮的故事中，其私人资源首先是指可以用金钱来购买各种育儿服务（如家政人员、心理医生、写作课的指导老师、SAT辅导老师、私立学校、还包括为了帮助埃莉诺克服多动症而改造家里的房间），还包括社会关系网络的运用（同社区内其他热心家长通力合作，

206

尽力降低吸毒和未成年性行为的风险；通过职场上的关系网络，为女儿找到最好的医学专家；可以为子女提供指导的朋友和同事；对孩子们友善的"好心大人"），对于莫莉和她的女儿们来说，这样的社会关系是可望而不可即的。莫莉一家人所身处的社区网络都是满满的负能量，所有的机构都是在制造麻烦，而不是解决问题；在此意义上，教堂也许是绝无仅有的正能量例外，但即便是教堂这种最后残存的社区共同机构，也已经是朝不保夕，难以抵御周边各种负能量的侵蚀。

社区和孩子：社会网络、益友良师、邻里环境、教堂

我们美国人总是把自己想象为"坚定不移的个人主义者"——在我们的脑海中，总有这样一幅画面：暮色苍茫，一名孤独的牛仔骑马走向远方，他孑然一身，到西部去，拓土开疆。但严格说来，我们民族的创业史并非如此，更准确的形象应该是一列马车队伍，上面满载着同心戮力的边疆拓荒者，他们筚路蓝缕，以启山林。纵观整个美国史，无论是在公共哲学中，还是日常生活内，我们总是在个人至上和共同体至上这两极之间缓慢地游移摇摆。[7]过去半个世纪以来，我们已经看到，在我们的文化、社会和政治中，个人主义（或者称放任自由主义）的风潮已经占据上风，无论好与坏，渐趋压倒之势。但与此同时，研究者也发现了堆积如山的证据，足已证明对于我们的福祉以及下一代的机会而言，社会环境、公共机构和社交网络仍是至关重要的，简言之，千万不能忽视我们的社区。

社会关系网

社会科学家经常用**社会资本**（*social capital*）这个词来形容社会关联 207
度——所谓社会资本，既包括家庭、朋友、邻居和熟人这些非正式的
关系，也包括对公民组织、宗教机构、运动团体、志愿者协会的参与。
现有的研究已经反复证明，社会资本乃是预判个人和社区之幸福程度
的一项强指标。社区纽带和社会关系网络的作用体现在许多方面，健
康、幸福、教育水平、公共安全、（尤其是）儿童福利，都难免受到
社会资本的影响。[8]但是，如同经济资本和人力资本，社会资本的分配
也极不均衡，我们接下来就要探讨，社会资本的差异也扩张了青年人
的机会鸿沟。

许多项研究已经表明，受教育程度越高的美国人，也会拥有范围
更广、程度更深的社会关系网，这种相关性并不仅仅局限于家庭和朋
友的核心圈子，在整个大社会中也同样如此。[9]相反，受教育程度越低，
则其社会关系网就越稀疏，也更冗余，主要局限于自家的家庭中。
（所谓的"冗余"，我是指这些人的朋友往往也只认识相同的一批人，
因此他们缺乏美国上层阶级所有的那种"朋友的朋友"。）简言之，受
过高等教育的父母不仅有更多的好朋友，也有更多的点头之交。

图 5-1 显示出，种族和阶级不同，"亲密"好友的人数也不同。
亲密的朋友也就是社会科学中所说的"强关系"，不但可以提供精神
和情感上的支持，每逢紧要关头，还可以成为物质上的依靠。[10]在同一
种族内部，对比处于社会经济顶层 1/5 和底层 1/5 的父母，则前者亲
密朋友的人数要比后者多出 20% 到 25%。而在同一社会阶级内部，白
人父母的亲密朋友要比黑人父母多出 15% 到 20%。这就一举打破了传
统罗曼蒂克的观念，贫穷并不会让人更加相亲相爱，现实恰好相反，

图 5 - 1 上层阶级的白人父母会有更多的亲密朋友

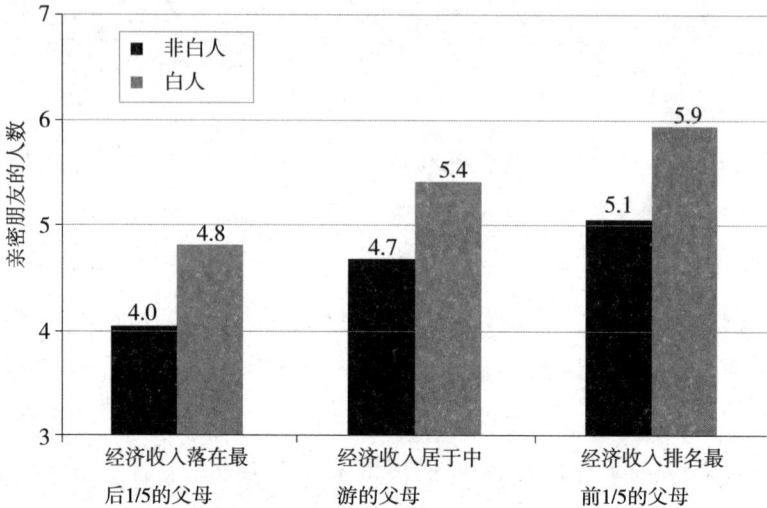

数据来源：Social Capital Community Benchmark Survey，2000.

现如今的美国下层阶级往往会变成社会关系的孤岛，即便同他们的邻居也是相见不相识，而有色种族的穷人就尤其如此，甚至成为了一个个孤立的原子。

更重要的或许还在于，受教育程度更高的美国人拥有范围更广的"弱关系"，换言之，他们的朋友圈更大，也更多元化。这样的弱关系可以增进社会流动，也有助于提升孩子们的学习成绩以及未来的经济收入，原因很简单，有了此类关系，上层阶级的家庭就可以利用丰富的专业知识和社会支持，而对于来自贫穷家庭的家长和孩子来说，这种资源是难以想象，也无力触及的。[11]

如图 5 - 2 所示，父母若是受过大学教育，则他们更有可能"认识"社会上的各色人等。更重要的是，如果观察那些对下一代的发展最有帮助的职业，比如教授、教师、律师、医生、企业管理者，则弱关系上的优势表现的尤其显著；甚至不仅如此，警察和邻居是更传统的工人阶级社会关系，但目前看来，上层阶级家长的弱关系优势在这些职业上仍清晰可见。唯独在认识看门人这一项上，受教育程度低的父母才表现出微弱的优势，但差距也极小![12]

在我们前文所遇见的家庭中，我们已经看到了上述弱关系模式所带来的影响。

在本德镇，当安德鲁找工作时，就动用父母同店铺老板和当地消防队队长的弱关系。 209

在亚特兰大，当德斯蒙德就是否从医而举棋不定时，父亲卡尔就安排儿子同一些"医学专家"会面，共商择业大计。

在橘子郡，当儿子申请大学时，克莱拉向两位朋友征求择校建议，其中一位是大学教授，一位是院长。

在下梅里昂，玛尔妮运作自己的私人关系，为女儿埃莉诺找到了一位顶尖的多动症专家。

图 5-2 受教育程度更高的父母，拥有更广的社会关系网

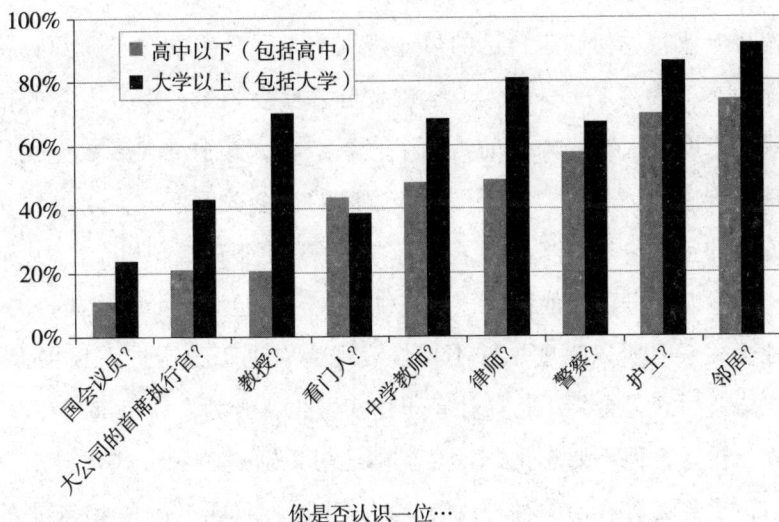

你是否认识一位…

数据来源：Pew Research Center, November 2010 survey.

在我们采访的几乎所有下层阶级家庭中，就没有看到上述的良性弱关系，可以在找工作、申请大学或生病就医的问题上随时施以援手。（有一个例外值得注意，在丽莎的案例中，教堂通过关系为她的丈夫约翰找到了一份在保安公司的工作。）事实上，下层阶级父母的社会关系往往无法超越自己所在的大家庭（或许还有一两个高中同学和邻居），由于社会经济资源有限，新一代人也难以扩展父辈的朋友圈。就人际关系的网络而言，虽然上层阶级的父母拥有数量的优势，但更重要的还是他们在素质上的优越，也就是说，他们的朋友和熟人更有能力帮助他们的孩子。

上层阶级的父母可以引领孩子参加各种有组织的活动，结识专业人士，还有其他的成年人，这样的话，这些孩子可以建立起更多的弱关系。反过来，工人阶级孩子的社交圈通常仅限于亲戚和社区内的同龄小孩，这就大大限制了他们形成正能量的弱关系。[13]（如果工人阶级的邻居有好工作，并且可以推荐朋友到这些岗位，那么这种邻人之间的关系就是正能量的。）当孩子要读大学时，如何适应大学生活，如何选择专业，如何制定自己的事业规划，上层阶级的孩子通常有各种各样的非正式参谋——家人、学校教员、社会人士；而穷人家的孩子却只能求助于大家庭内部的一两个直系亲属，其中绝大多数连大学的门都没有进过。[14]简言之，上层阶级家庭的社会关系网放大了他们在其他方面的资产，进一步确保了他们的孩子有更多的成功机会。

有钱人家可以为他们的孩子提供穷人家可望而不可即的社会关系。但社会关系之所以重要，并不仅仅表现为有助于孩子进入顶尖大学，或在毕业后获得金领工作。让孩子由实习生晋升为位高权重的管理者，这固然重要，但不要忘记，社会资本还可以通过种种方式保护出身优越的孩子免受青春期的种种风险，而这也同样重要。过去40年来的研究不断表明，当孩子们进入危险的青春期时，如果说出身不同的孩子之间有何差异，反而是出身更优越的孩子更容易接触到毒品和酒精饮料。[15]但关键的不同之处在于，富裕的家庭和社区可以动用各种资源，将富家子弟吸毒或其他不良行径和不幸遭遇的负面结果降至最低，这就是社会学家所说的"安全气囊"。玛尔妮之所以能及时发现女儿埃莉诺吸毒，得以在为时未晚前成功阻挡了如洪水猛兽般的毒品，很大程度上要得益于她同社区内其他为人母者的关系；但反观莫莉这家人，她们的邻居不是毒贩子就是瘾君子，非但不是劝人回头是岸的正能量，反而是让人深陷苦海的罪魁祸首。当然，我还是要补充一点，在不期而至的风险袭来之时，社会资本并不是上层阶级孩子所有的唯一优势；千万不要忘记经济能力，当埃莉诺被确诊患上多动症后，玛尔妮为女儿找到了最好的医生，同时重新装修了她的学习空间，这样的大手笔，没有钱如何可能？

　　那么近年来，社会资本的阶级差异是否有所变化？又有何变化？15 年前，我出版了《独自打保龄》（*Bowling Alone*）这本书，其中列举了大量的证据，表明美国人的社区关系多年来一直处于持续的萎缩过程中。有学者因怀疑我在该书中的发现而开始了独立的研究，五年前，他们发表了自己的研究报告，结论显示出，过去 20 年，美国人的亲属和非亲属关系网普遍都在缩小，但非亲属的社会关系正在更快地收缩。事实上，他们的研究发现，美国人的社会关系网正在由外向内塌陷，也就是说，社会关联越来越少，越来越内聚，越来越同质，也越来越局限于家庭内的血亲。[16]美国人正在彼此疏离，退回到以家庭为主的亲属关系孤岛中，孤独地生活着，一项最近的研究因此总结道，"虽然这一趋势为所有阶级所共有，每一个人都在成为一个孤岛，但其负面影响仍主要落在下层阶级身上，最终也加剧了社会阶级之间的差距。"[17]虽然现阶段还欠缺确凿证据，因此难以给出最后的定论，但我们仍有理由相信，社会关系——尤其是对社会流动而言非常重要的弱关系——的阶级差距不但非常显著，而且可能在持续扩张。

　　但迄今为止，我们还没有讨论互联网。如何理解互联网的作用？

它是缩小还是扩大了富家子弟和贫苦孩子之间的社交鸿沟？理论上说，互联网扩展了人与人之间的弱关系，比如，这就是领英（LinkedIn）这类网站的目的所在。然而，既然线上和线下的社会联系往往是高度重叠的，[18]考虑到这些线上关系如同"真实生活"的关系一样，受教育程度越高的年轻人也越容易获得，这样看来，只是扩展网上的朋友圈并不必然就会缩小阶级差距。这样说来，是否存在着一种"数字鸿沟"？

互联网刚出现的那些年，触网的机会就其分配而言都是不平等的——受教育程度越低，接触互联网就越晚，有色人种尤其如此。但近年来，这种触网机会的数字鸿沟已经大为缩减，上网渠道的种族差距甚至已经基本消失不见。[19]但问题在于，有同样的机会上网，并不意味着每一位网友都可以从网上获得同样的收益。

社会学家埃丝特·哈吉塔（Eszter Hargittai）曾同互联网专家进行合作研究，重点是观察现实的上网者是如何运用互联网的，他们在研究中指出，"虽然互联网的基础用户一直在增长，但这并不必然意味着，每一位上网者都能以类似的方式来运用这种新媒介。"研究表明，同样是在上网，来自上层阶级的年轻人（及其父母）更多地是在寻获信息，关注工作、教育、政治和社会参与、健康和时事新闻，而下层阶级的孩子及其家长则更看重网络的娱乐和消遣功能。换言之，有钱人是在以促进社会流动的方式来使用互联网，而穷人对互联网的运用通常不会有助于社会流动。[20]（图书和邮政系统也同样如此；归根到底，互联网无法避免其运用方式上的不平等。）

人类学家达娜·博伊德（Danah Boyd）访谈了数十位 10 多岁的青少年，他们分布在全美各地，询问他们是如何使用互联网的，最终她得出结论，线下的不平等也会延续到线上。"在一个信息可以说是唾手可得的世界，"达娜这样写道，"重要的往往不是获取信息的渠道本身，而是现实的关系网和朋友圈……在信息的版图内，更有优势的是上层阶级，他们的朋友圈可以判别信息、提供语境，而下层阶级的亲朋好友根本不知道如何处理网上得来的信息，因此信息对他们并非多多益善……诚然，现如今的年轻人可以随处上网，这种技术可以实现他们同世界的即时互联，但这并不意味着他们就有通向知识和机会的平等渠道。"[21]

上层阶级的孩子往往掌握了更复杂的数字信息处理技巧——他们知道如何在互联网上检索信息，如何评估网上所得到的信息——而且，在施展这些信息处理技巧时，他们也能得到更充分的社会支持。当这些孩子运用互联网时，他们更有能力收获我们当下数字化经济和社会的红利。反过来说，即便下层阶级的孩子有着相同的上网渠道，但他们也缺乏数字时代的头脑，无法利用互联网来增加他们的人生机会。至少在当前的技术条件下，互联网看起来是在扩张机会鸿沟，而不是闭合。[22]

社区内有良师

正如我们在前文中反复所见，家人以外的成年人经常会成为生命中的贵人，帮助孩子们发展他们的潜能： [213]

> 谢丽尔，我在克林顿港的黑人同学，读高中时，她曾为一位白人女士做家政清洁，后来正是因为这位好心妇人在关键时刻施以援手，她才圆了大学梦。
>
> 唐，我高中班上的橄榄球队四分卫，出身于工人阶级家庭，他的父母对大学"一无所知"，多亏了镇上一位牧师的帮助，他才进了大学。
>
> 本德镇的安德鲁，因计划在大学毕业后加入消防队，很快就得到本镇消防队队长的职业指导，事无巨细毫无保留，

因为队长是父亲的高中同学。

橘子郡的克莱拉，她当年之所以攻读硕士学位，离不开一位大学老师的鼓励和支持，而到了她的下一代，女儿伊莎贝拉在读特洛伊高中时深受写作课指导老师的影响，这也一定程度上改变了她的职业规划。也别忘记伊莎贝拉的同学吉拉，多亏了英文课老师从不间断的帮助，她才挺过了父亲病逝后的创痛期。

费城的玛德琳和埃莉诺，读高中时，玛德琳参加了宾夕法尼亚大学开设的写作课，这门课的老师最终成为"改变了我的人生"的导师；埃莉诺的父亲在读研究生时有一位女性同学，每到夏日，埃莉诺常和她一起远足，畅谈人生，她已经成为"我生命中最重要的人"（父母除外）。

在本章的费城故事中，无论是在下梅里昂还是在肯辛顿，想一下我们所遇见的四位女孩子，当她们不得不面对家庭危机时，年轻的牧师成为了她们生命中的益友良师，带来了满满的正能量。

上述所有的案例都代表着"非正式的指导"（informal mentoring）——在同老师、牧师、教练、家庭友人打交道的过程中自然生发出的关系。与之形成对比的是"正式的指导"（formal mentoring），后者是有组织项目所旨在实现的，比如兄弟姐妹帮扶会（Big Brothers Big Sisters）和兄弟看护会（My Brother's Keeper）。

现有的独立评估报告已经指出，正式的指导可以帮助问题少年同（包括父母在内的）成年人建立起健康的关系，即便在控制了诸多变量之后，我们仍可发现这种指导可以帮他们取得更好的学习和心理表现——诸如降低旷课率，优化在校表现，增强自尊自信，减少精神药物滥用。这种指导关系越是长期持续，则这种反映在指标上的正效应就越是清晰可见，对问题少年来说，效果最显著（上层阶级的孩子在生活中并不乏各种非正式的益友良师，对他们而言，多一位正式的指导老师通常不会起太大的作用）。答案很明显，孩子的成长需要指导。[23]

较之于正式的指导，非正式的指导在孩子的成长过程中更普遍，持续时间也更长。在 2013 年的一项全国调查中，研究者询问了年轻人的正式和非正式的指导状况。结果表明，不区分年龄段，62% 的美国孩子都表示存在着某种非正式（也即"自然形成"）的指导，相比之下，只有 15% 的孩子表示他们得到过某种正式的指导。此外，非正式的指导关系平均可维持 30 个月左右，而正式的指导关系只能维持 18 个月左右。[24]综合上述频度和时长两项因素，我们可以说，美国孩子所能得到的非正式指导，是正式指导的八倍之多。

然而，这样在全国范围内的平均数据过于泛泛，遮蔽了其中阶级差距的鸿沟。就在刚才，我们还回顾了此前章节出现的一系列案例，从中可以看出，对于上层阶级或者中上层阶级的孩子来说，非正式的指导随处可得，但对于下层阶级的孩子来说就是非常稀缺的资源了。（克林顿港的案例研究指向了一个结论：回到 20 世纪 50 年代，穷孩子可以获得远比现在更常见的非正式指导，但目前为止，我还没有定量证据来支持这一结论。）图 5-3 揭示了当今的世情，勾勒出一个无可置否的图景：来自上层阶级的孩子拥有范围更广、同时人数更多的非正式导师资源，他们从中受益无穷。

从该图可以看出，在几乎所有类别的非正式导师中，从老师到家庭友人，从宗教或青年团体的人员到教练，有钱人家的孩子遇见非正式导师的可能性是穷孩子的两到三倍——唯一的例外是大家庭内部的成员作为非正式的导师，在这一类别中，贫富之间并没有实质性的差距。孩子们出身无论优越，还是贫困，都有可能在自己大家庭内部找到非正式的指导，但问题在于，上层阶级家庭的内部成员往往有更丰

图 5 – 3　富家子弟可以认识来自各行各业的非正式导师。

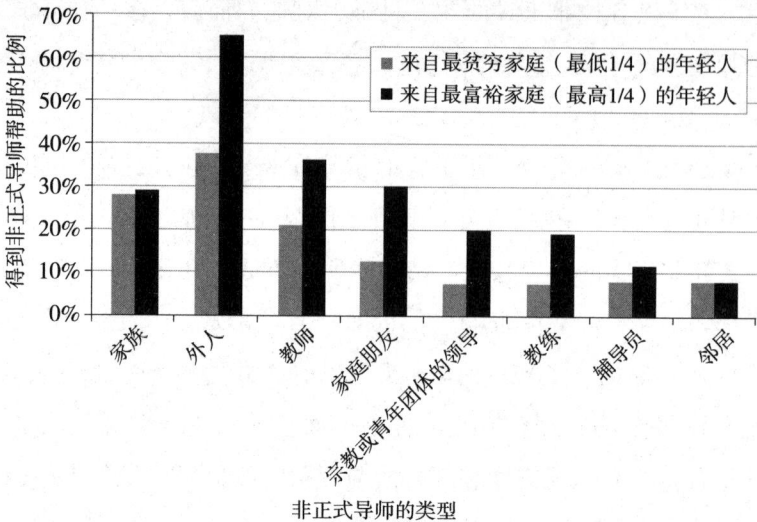

数据来源：The Mentoring Effect survey, 2013.

215　富的专业知识，就此而言，这些家族内的导师更有能力影响这些出身
幸运的孩子，让他们在教育成才的道路上走得更远。[25]总之，富家子弟
所能获得的非正式指导，比起穷孩子所能遇到的，不仅持续时间更长，
而且在孩子们自己的眼中看来也更有帮助。也就是说，有钱人家的孩
子能获得更多、也更有价值的非正式指导。

　　非正式指导的阶级差距，早在孩子们上小学时就已经横亘在富人
和穷人之间，随着孩子们年龄增长，升入初中和高中，阶级差距也在
一步步扩大。而且事实摆在眼前，正式的指导根本无法闭合非正式指
导造成的阶级鸿沟。事实上，正式指导即便可以加以适度的弥补，也
主要集中在小学和初中阶段，孩子年龄再大，作用就烟消云散了。[26]进
入高中后，正式指导的比例已经不存在阶级差距，无论富有还是贫穷，
216　都只有 8%。因此，在对正式和非正式指导进行加总之后，总体上的
阶级差距起始于小学阶段，而在孩子步入青春期，最需要来自家庭以
外的帮助时，差距急剧拉大，终成鸿沟。

　　总结如下：在富家子中，接近 2/3（64%）的孩子可以得到在其大家庭以外的某种指导；而在穷孩子中，则是接近 2/3（62%）的无法获得这种资源。[27]而且，这种惊人的差距之所以存在，并不是因为穷孩子不渴望来自大家庭外的人生指点；事实正相反，穷孩子比富家子更渴望着人生某阶段的益友良师，在受访的孩子中间，38% 的穷孩子提到，他们在成长的某阶段需要一位人生导师，相比之下，富家子的同比数据只有 22%，穷孩子只是求之却不得罢了。这样看来，能否得到大家庭以外的人生指点，这一因素又大大加剧了阶级之间的机会不平等。

　　穷孩子和富家子之间在导师资源分布上的不平等造成了一个不容忽视的后果，这就是加剧了在上一章中已经初现端倪的**见识差距**（savvy gap）。在写作这本书的过程中，我们在全美各地访谈了数十位孩子及其家庭，所获取的信息一再表明：富家子可以轻而易举地理解通向机会之路的种种制度，而且游刃有余地运用这些制度为他们服务，相比之下，穷孩子往往就不得其门而入了，因此错过了向上走的机会。

　　上层阶级的孩子见多识广，更懂得如何把握人往高处走的时机。然而，下层阶级的孩子却总是满心疑虑，犹豫不决，机会从手边流走也不自知。不止是克林顿港的大卫、本德镇的凯拉、亚特兰大的米歇尔和劳伦、圣安娜的罗拉和索菲亚、肯辛顿的丽莎和艾米，还有我们在美国各地遇见的出身贫寒的年轻人，无一不是如此。从中学到两年或四年制的大学，从财务问题到职业机会，甚至是面对那些专门为了扶助他们这样的孩子而设置的种种项目（有公立，也有私立），比如助学贷款，穷孩子往往都是一筹莫展，不知道从何做起。为什么会这样？父母文化水平低、社会经验窄，这些都只是其一；同时不要忘记，上层阶级的幸运儿在成长过程中身边总围绕着密集的社会关系网，其中有的是可以指点人生的非正式导师，而穷孩子就没有这份运气了。在我们走访调查时，遇见了一件至今想来都难免心碎的事：原本要访问一个工人阶级家庭的男孩子，那位父亲问我们，他是否可以把小女儿一起带来，就是为了见一下真正的大学毕业生长什么样。就此而言，所有旨在消除机会鸿沟的项目都必须考虑到，穷孩子身边无益友，因此孤陋寡闻，而富家子身边多良师，因此见多识广。

邻里环境

217   正如我们在第一章所观察到的，美国的阶级隔离数十年来愈演愈烈，至今已是壁垒森严。这边，富家子弟已经消失于穷人的社区，那边，穷孩子也已绝迹于富人区。下梅里昂和肯辛顿就是这种阶级隔离模式的明证。而这一事实也提出了本章的核心问题：孩子们都成长在各自所居住的邻里社区内，那么姑且不论他们各自的天赋能力，社区的状况是否会影响到他们的未来？从第二章到第四章，我们可以看到，若是成长于贫穷的家庭，或就读于穷人子弟的学校，孩子的人生机会也会因之受限。同样地，我们接下来所要探讨的问题是，生活在贫民社区，是否会更进一步限制孩子的未来。答案，如下所见，是肯定的。

罗伯特·桑普森（Robert Sampson）是美国研究邻里社区的专家，声名卓著，他的研究可以证明，邻里社区在美国是极不平等的，而这种不平等又会从方方面面作用于社区居民。邻里社区相互间的不平等在美国无处不在，桑普森这样写道，这种普遍的不平等已经"成为了美国人的生活方式，乃至存在方式……涉及犯罪率、贫困问题、儿童健康、公共抗争、精英圈子的密集度、公民参与、未成年人生育、利他主义精神、社会失序的想象、集体效能和移民。"他最终以一句话总结自己的研究，**"何为美国人的生存方式，与其说是人与人之间的不平等，不如说是邻里社区间的不平等。"**[28]

邻里社区的影响在人生的两个阶段表现最强烈，首先是在婴幼儿期，接下来是在青春期的末梢。[29]孩子们在不良社区内生活得越久，恶性影响就越积越多。不仅如此，代际之间也会传递并且积累恶性影响：若是上一代就成长于贫民区，轮到这一代时仍未脱离贫民区，那么在这种环境内长大的孩子就等于受到了双重打击，因为他们的父母也还保留着贫民区童年生活留下的伤痕。[30]在莫莉同她两个女儿的生活中，我们可以清楚地看到这种双重打击所结出的恶果。

现有的研究反复表明，即便是在考虑了孩子性格及其成长家庭的背景之后，社区的富有或贫穷还是可以从多方面影响儿童发育和青春期的成长。当然，在邻里社区的效应中，不只是社会阶级，种族因素也非常重要，这主要是因为我们这个国家有一段种族主义、种族歧视和种族隔离的苦涩历史，追溯肯辛顿社区的成长史就可见一斑。但我们这里主要关注的是阶级的因素，它能影响到所有的孩子，不分种族和肤色。

成长于富裕的邻里社区，孩子们的学习成绩也会水涨船高，首先是因为我们在上一章中所讨论的：富人区才有好学校；但同样要归功于在富人区内遍地开花的青少年服务机构，比如托儿所、图书馆、公园、运动团队、青少年组织，而在肯辛顿这样的穷人社区，这样的社会组织可以说是寥寥无几。对于校园的管理者而言，完善的社区关系网还是学校行政管理的一大资源。[31]穷人社区的情况则正相反，许多研究已经栩栩如生地勾勒出这样的画面：贫穷的社区会滋生不良行为，恶化身心健康，导致违法犯罪和暴力行为，诱发青少年进行不安全的性行为。[32]此前大多数的社区研究都聚焦于城市，但近来的研究也已表明乡村地区的状况同样不容乐观。[33]

基于种种原因，贫穷的邻里社区不利于青少年的成长，但如果追根究底，最重要的因素可能在于社会凝聚力和非正式的社会控制，也就是社会学家追随桑普森教授所提出的"集体效能"（collective efficacy）这个概念，社区越是贫困，则邻里之间越缺少合作，而集体效能则取决于邻里间的合作，所以从肯辛顿到圣安娜，再到亚特兰大的贫民窟，这些社区的问题就在于其集体效能太低。用桑普森的话来说，"什么是公民之间的集体效能？它植根于人与人之间的信任，在此基础上生发出可非正式启动的社会控制与社群的同气相求。"[34]

回忆起童年时，莫莉和黛安还记得，家家户户都会把邻家子女视为"我们的"孩子，抚养下一代是所有人共同的责任，这就是集体效能的生动反映。而现如今，即便看到邻居家的外墙被惨遭涂鸦，肯辛顿的居民也不会出手干预，这也鲜明地反映出了集体效能已经缺失。集体效能植根于邻人之间的信任度，若是你的邻居更有钱，同时文化水平更高，则信任度以及集体效能也越高；而接下来，集体效能可以帮助邻里社区内的全部青少年，而不论他们自己家庭的资源。关于在社区集体效能和青少年表现之间的因果关联，现有的研究已经建立起了无可置疑的证据链。

219　如图5-4所示，社区越富有，则邻人之间的信任度就越高。[35]姑

图5-4　富人区的居民相信他们的邻人，贫民窟的居民不信任邻人

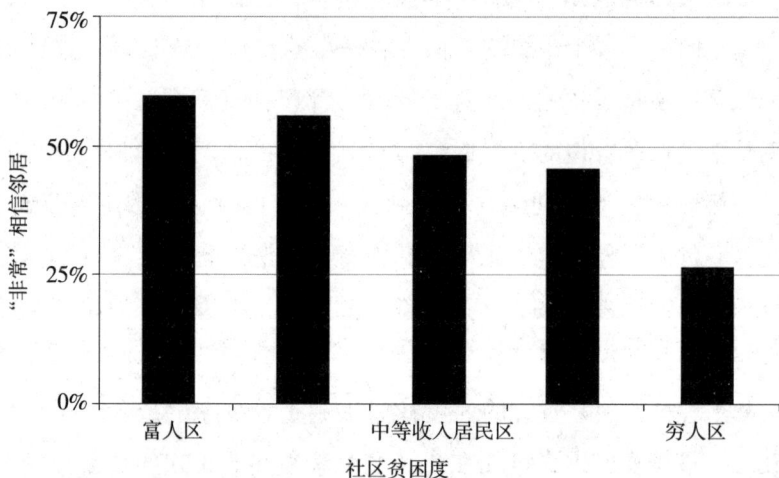

数据来源：Social Capital Community Benchmark survey, 2000.

且不论你自己个性如何，如果你生活在一个富裕的社区内，那么你就会更愿意结识并且信任你的邻居。换言之，假如你的社区里满是百万富翁，那么无论你是艰辛度日的看门人，还是日进斗金的大律师，你都更愿意相信你的邻居。但问题在于，在现如今的美国，穷孩子生活在贫民区，富家子生活在富人区，既然贫富之间已经形成了居住隔离，那么集体效能和信任的收益也越来越多地落在富家子身上。简言之，养育一个孩子，确实需要举全村之力，但美国的穷孩子却越来越多地集中于衰败的邻里环境内。

越来越多的穷孩子生活在信任度低的社会环境里，从美国高中三年级学生在过去40年间社会信任变迁趋势图中，我们即可确认这一命题。研究者向受访者提出问题，请他们在如下两个选项中二选一："大多数人都值得信任"，还是"和人打交道时要万分小心"，然后用受访学生的回答来模拟他们的社会信任度。（这一经常见诸于问卷调查的问题，所抓取的不仅是受访者对邻人的信任度，更反映了他们对整个社会的普遍态度。）题目虽然简单，但不同的答案可以被用以预判健康、财富以及幸福生活的其他指标，为什么会这样，原因大概在于人若总是生活在危险的社会环境中，身心就会受到持续不断的压力。有产阶级的社会信任度总高于无产阶级，这一现象可以说是放之四海而皆准的，而对于美国青年人来说，信任的差序模式也长期存在。[36]

过去半个世纪以来，无论有个富爸爸还是穷爸爸，美国青年的信任度都在下降。[37]但是，如图5-5所示，美国青少年的社会信任度始终存在着阶级差距，而在过去数十年来，这种阶级差距又在大幅度扩张，由此又形成了一个剪刀差。从20世纪70年代末到2010年前后，在回答中选择"大多数人都值得信任"的高中生越来越少，但在那些父母受教育程度高（排名前三分之一）的学生中间，下降的比例只有大约三分之一，而在那些父母受教育程度在末端三分之一的学生中间，下降有大约二分之一。而在穷孩子中间，每七个高中生中就有接近六个会选择"和人打交道时要万分小心"。

图5-5　高中三年级学生的社会信任（1976年至2011年）

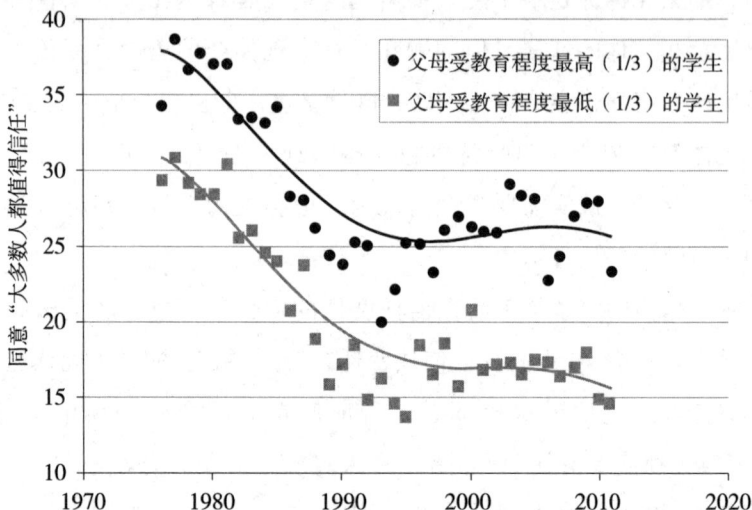

数据来源：Monitoring the Future annual surveys.

为了本书的写作，我们走遍了美国各地，当我们向所遇见的孩子提出这个问题时，没有一个穷孩子回答"大多数人都值得信任"，事实上，他们的第一反应仿佛是这个问题无需回答，只要考虑到他们刚刚为我们讲述过的人生，难道问题的答案不是不证自明吗？生活已经教会给他们，防人之心不可无（要万分小心）。相反，绝大多数的富家子弟认为，在多数情形内，周围的人是可信任的。之所以出现如此鲜明的对比，并不是因为穷孩子天性多疑，而是因为穷孩子生存在险恶的环境中，周围的人和事一次又一次地让他们失望，终于让他们对这个恶意满满的世界感到绝望。

人与人之间相互信任，曾经是下梅里昂和肯辛顿的常态，但现如今在肯辛顿，信任已基本荡然无存。当下梅里昂的埃莉诺认为大多数人都值得信任时，肯辛顿的莫莉则告诉我们，"在费城这地儿，你不能相信任何人，哪怕是那些你所爱的人"，话虽不同，但都同样准确地反映出各自环境的现状。当本德镇的安德鲁告诉我们，"本德镇让我感到安定。在这里，我遇见的是可以信任的好人"，他所谈及的是那个高尚的本德镇；但同样生活在本德镇，这可不是凯拉所知道的那个冷漠之地。在克林顿港，我们遇到了一位家庭一贫如洗的女孩子，玛丽·苏，前不久她更新了 Facebook 的状态，上面写道："爱到分离只余伤害；信任的尽头就是死亡。"这句苦涩的话表达出了美国穷孩子普遍的人生观。

贫穷的邻里社区之所以不利于孩子的成长，不只是因为这里的居民信任度低，因此集体效能也不高，还有一个不容回避的重要因素，就是在贫民区里肆虐的犯罪、毒品和暴力行为，从亚特兰大、圣安娜到肯辛顿，社会失序就在眼前上演。[38]由于家门外面的世界很凶险，家长不得不采用那些对子女而言并非最优的教育方式。不仅如此，贫民区的父母还更容易陷入抑郁，蒙受高压，或者身患重病，比如肯辛顿的莫莉以及伊利亚在亚特兰大的母亲，一旦遭遇到如此严重的打击，他们的"为人父母之道就会更为冷漠和多变"。[39]当然，为人父母之道没有绝对的最好，只有是否合适：正如我们在前文中所见，若是生活在资源充沛的社区内，父母就可以带领子女参加各种有组织的活动，孩子们的天赋也因此有了更多的开发和培养机会；但如果是在资源匮乏的社区，即便只是为了子女的安全计，父母都要把孩子们关在家里。[40]总之，住在穷人扎堆的地方，就要承受社会失序、父母失职和儿童发育失败的风险。

同样地，邻里社区的贫困甚至会损害居民的健康状况。比如，肥胖症在穷人社区内始终更为普遍。[41]如图 5－6 所示，我们自己的研究也表明连肥胖症都出现了阶级剪刀差。

222

图 5 - 6　青少年（12 岁至 18 岁）的肥胖症

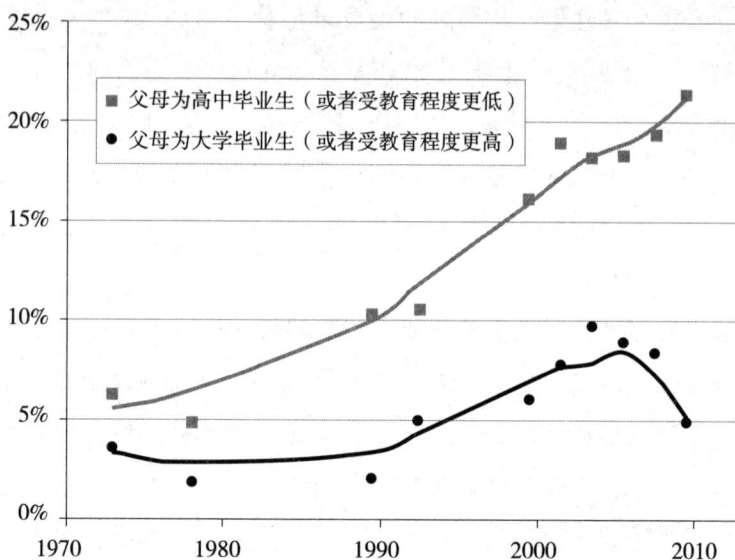

数据来源：Carl B. Frederick, Kaisa Snellman, and Robert D. Putnam, "Increasing Socioeconomic Disparities in Adolescent Obesity," *Proceedings of the National Academy of Sciences* 111（January 2014）：1338 - 42.

　　根据父母的教育程度，我们区分了两类美国青少年，跟踪并且对比他们患肥胖症的比例。如图 5 - 6 所示，从 20 世纪 90 年代开始到大约 2005 年，肥胖症一度流行于整个美国，在此期间，无论是穷孩子还是富家子，肥胖症患者的比例都在以大致相同的速度向上攀升。但从 2005 年开始，情况为之一变，在受过高等教育的家庭中，孩子的肥胖率开始快速下降，但与此同时，在那些仅有高中教育程度的家庭中，肥胖症患者仍在继续增加。这样看来，在青少年肥胖症患者这一指标上，阶级差距近年来大大扩张。

223　　为什么又一次出现阶级剪刀差？要解释阶级差距为何不断拉大，首先应意识到，每个人都深深地嵌入在自己的朋友圈，上流社会的社交网络内随处可见各种保健资讯，也因此，上层阶级的孩子可以更快地获取这种资讯。相反，穷孩子就好像一个个孤岛，这也让他们难以抵御各种各样的威胁。其次也不要忘记社区本身的状况，肥胖症的主要原因就在于缺乏运动，因此肥胖症的剪刀差就起因于不同阶级在体育运动上的不平等。但在贫民区，户外环境的危险让孩子们不敢外出活动，而健身器材的短缺也导致他们无处可去，就此而言，户外活动和体育设施的机会不均衡看起来也是原因之一。事实上，曾有研究者做了一项社会实验，名为"让机会更进一步"，研究者随机选择了一些贫困家庭，让他们搬到更有钱的社区，最终发现这些家庭成员患上肥胖症和糖尿病的比例大大减少。[42]

　　富人和穷人在居住上的隔离由来已久，数十年来在全美大地愈演愈烈，自从 20 世纪 70 年代经济不平等在全国范围开始抬头后，邻里社区的隔离就已是大势之所趋。经济大衰退在 2008 年的爆发和余波，只不过是加剧了邻里分化的程度，使之更为森严。既然社区的经济状况会以种种方式影响年轻人的生活和机会，那么邻里社区越是不平等，美国青年的机会就越不平等。[43]回到 20 世纪 50 年代的克林顿港，弗兰克出身豪门，唐家境贫寒，但两人所住不过相距四条街区；现在不同了，眼下富人住在富人区，穷人住在贫民区，这样一来，有钱社区的种种优势就为富家子所独享，而穷人社区的诸多代价就要由穷孩子所负担。邻里社区之间越是不平等，则社会的流动性就越差，同时阶级之间的机会鸿沟也越大。社会环境会塑造我们孩子的人生未来，如果说此前章节验证了家庭和学校的重要性，那么本章就生动地展示出邻里社区的意义所在，又一次地，富家子走四方，而穷孩子却看不到生活中的远方。

宗教团体

宗教团体在美国人的社会生活中向来占据一席之地，他们对年轻人和穷人也从不吝伸出援助之手。每周都去教堂的信教者更为乐善好施，在同等条件下，他们更愿意义务帮助穷人和青年人，其可能性超出不去教堂者两到三倍，同时也更愿意捐赠善款，帮扶穷人和未成年人。信教者的乐善好施，不仅表现在通过宗教组织的志愿服务和捐赠上，甚至在世俗机构所组织的活动中，也更乐意有钱出钱，有力出力。为什么信教者更热心公共事务，关键的因素看起来不在于神圣的世界观，而是对宗教集会的积极参与。[44]在此意义上，教堂缓冲了贫穷生活对莫莉及其家庭的不断打击，看起来并非特例。

不仅是慈善活动和善行义举。青少年参与宗教活动本身就是一种正能量，可以在学业以及学业以外形成许多积极效果。[45]如果同那些不去教堂的同龄人相比，涉足宗教组织的年轻人会修读更艰深的课程，取得更高的学分和考分，同时更少从高中辍学。在控制了学生个人素质、家庭和学校教育的影响后，我们可以发现，如果父母定期到教堂做礼拜，这样的孩子上大学的可能性要更高，超出父母不去教堂的孩子40%乃至50%。

常去教堂的孩子，同父母以及生活中其他成年人的关系更融洽，也会结交更多的优秀同龄人，更喜爱体育运动和其他课外活动；与此同时，更少服用精神性药物（包括毒品、酒精和烟草），行事自觉地规避风险（上车记得系安全带），行为也更为遵纪守法（不会在商店里顺手牵羊，在校行为端正，极少被停学或开除）。同样参与宗教活动，穷孩子从中汲取的正能量通常要高于富家子弟，这同前文所述的非正式指导是异曲同工的，因为上层阶级的年轻人早已沐浴在各种正能量之中了。

从传统上讲，如果同世俗的结社以及社会活动相比，宗教组织和活动是更少阶级偏见的，换言之，宗教相对而言要更欢迎穷人。[46]但现如今，较之于有钱人家，穷人的家庭越来越远离宗教，更麻烦的是，宗教参与的阶级差距也在扩张。过去数十年间，美国人的宗教虔诚起起伏伏，几度起落，当宗教勃兴时，上层阶级的信教者增加得更快，宗教退潮时则回落得更慢。不仅如此，从传统上看，美国黑人无论其所在社会阶级为何，普遍都比白人更为虔诚，但近年来宗教活动的阶级剪刀差不仅出现在白人中间，也同样出现在黑人群体内。

20 世纪七八十年代，基督教福音派的勃兴主要集中在美国中产阶级以及中上阶级。自 70 年代末，在受过高等教育的中年白人中，每周都到教堂做礼拜的人员比例保持着大致平稳（从 30% 小幅下滑到 27%），但在没有读过大学的中年白人中，同比数据下降了大约 1/3（从 30%—32% 大幅跌落至 20%—22%），这就造成了一个在 20 世纪中叶尚且不存在的阶级鸿沟。假如你仔细聆听，从美国千万个虔诚之家飘出的圣歌，那歌咏者不都是上层阶级的腔调吗?[47]

同样的趋势也顺理成章地出现在美国青少年当中。最近数十年，全美各地青年人上教堂的比例都在下滑，但下层阶级（社会经济地位在最后三分之一）的孩子的下滑速度是上层阶级（最前三分之一）孩子的两倍。在图 5 - 7 中，我们又一次见到了现已熟悉的剪刀差，事实胜于雄辩，它在告诉我们，那曾在丽莎和艾米的童年时提供正能量的宗教，目前在美国穷小孩身上已经渐趋式微。

在本章中，我们可以看到，对于孩子的成长以及社会的流动而言，关系网、邻里社区和教堂这样的社区机构都是非常重要的资源。但是，我们还看到，现如今的美国，这些资源已经越来越不是公共的和集体的，这就迫使所有的父母不得不动用自家的私人资源。[48]有钱的家长拥

图 5 - 7　高中三年级学生上教堂的频率

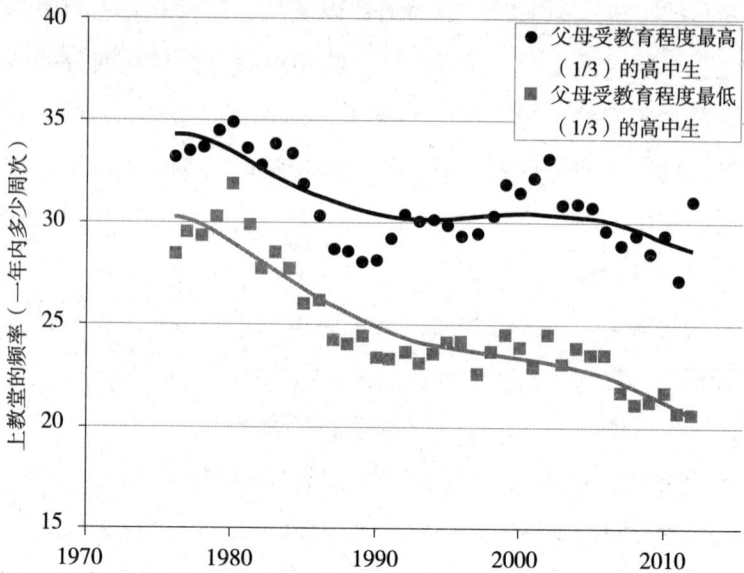

数据来源：Monitoring the Future annual surveys.

有充足的金钱和社会资本，所以在儿童养育已经私有化的今天，他们更加如鱼得水。回望往昔，照顾下一代曾是共同体分担的集体责任，但这种伦理在最近几十年已经消散殆尽。"我们的孩子"，曾是邻里各家各户的孩子，现在裂变为一家一户的子女，而这种观念的流变对富家子和穷孩子来说有完全不同的影响。行文至此，我们在下一章所提出的问题就呼之欲出了，这就是："现状是如何？"和"未来怎么办？"

第六章
路在何方

本书展开了一幅幅美国穷孩子和富家子的人生画卷，他们彼此间 ²²⁷出身不同，则生活迥异，同时辅以更严格的证据，以此证明这些个体的故事代表着全国范围内的现实。我们依次考察了家庭、学校和社区，这些社会同心圆也正是今日青少年成长的环境，而我们也可以发现，最近数十年来，富家子和穷孩子日益生活在隔离不相往来的世界中，面对着不同的人生挑战和机会。

但我们会否只见树木，不见森林，当我们讲述这些个体故事时，我们会否错失了更大的图景，这就是在机会鸿沟和日渐扩大的收入不平等之间的深层关联。从克林顿港到费城，从本德镇到亚特兰大再到橘子郡，家庭之间的经济悬殊是每一段故事的关键情节。每段故事各有不同，但不变的是令闻者伤心，甚至感觉到危机将至的伏线：下层阶级家庭的经济状况每况愈下，但与此同时，上层阶级的父母却控制着越来越多的资源。

当然，从收入不平等到机会不平等，这中间的关联并不是立竿就 ²²⁸见影的。如本书的案例所示，从经济陷入萎靡到家庭结构以及邻里社区遭到破坏，其间用了数十年的时间；父母和学校教育的贫富两级分化，也用了数十年之久才形成现在这样的落差；当然，要使童年时期的贫富迥异经历在长大成人后完全显现出来，还要再等数十年之久。让问题更复杂的是，社会群体不同，这一悲伤的故事揭开帷幕的时间点也不同。比如说，这一过程首先冲击的是有色种族的社区，他们也因此受难深重，但目前看来，也已全面扩展至白人的社区。

时间阶段无法确定，效应又会出现长时间的时差，凡此种种都向我们提出了难题，如何在统计学的意义上建立起收入不平等和机会不平等之间的相关性。若能有一比，这种方法论上的难题就如同预判全球变暖时遇到的难题。从内燃机发明到地球大气层出现化学变化，这中间用去了几十年的时间；从大气层变化到冰川消融，又是几十年；我们恐怕还要等上更长的时间，才能看到海平面漫过曼哈顿和迈阿密。为期数十年计的时差导致了科学界的论争，关于全球变暖的速度，甚至地球是否在变暖，科学家们众说纷纭。就全球变暖和机会鸿沟这两个例子来说，因果关联具体如何尚无法确定，而未来究竟如何也无从知晓，但在这两个例子中，如果要等到因果关系全部厘清后再行补救，那就为时已晚了。

社会经济的上行流动是否将要出现大衰退？在本书中，我们探讨了致使阶级鸿沟不断扩张的种种因素，对比经济学家拉吉·切蒂（Raj Chetty）及其同事关于美国社会经济流动及其因素的研究，我们可以说是所见略同，均包括家庭稳定性、居住隔离、学校品质、社区凝聚力以及收入的不平等。这一事实也表明，这些因素正是决定社会流动起落的主要指标，而本书也如是论。但切蒂本人相信，根据他研究的初期数据反馈，尚且看不到社会经济流动的任何衰减，但其他人（包括我在内）则对此持保留态度，也许从现在起十年之后，当美国更年轻的一代的人生轨迹已经瓜熟蒂落之后，更充分的数据会推翻切蒂的初步结论。[1]

229　　但是，在这场辩论中，各方都同意一件事：只要经济收入的不平等不断加剧，即便是社会的流动速率保持不变，出身优越的孩子还是可以遥遥领先于那些出身卑微的孩子，起步阶段就站在不同的起跑线上，人到终局更是遥不可及。在《不进则退》一书中，经济学家伊莎贝尔·索希尔（Isabel Sawhill）就把这一观点讲得非常通透，她这样写道，"随着不平等与日增加，围绕着美国社会流动性的辩论也日趋白热化。由于收入差距在扩张，孩子们能否有机会胜过他们的父母，这一点就变得愈加重要……当下的社会流动比起过去是变得更快，还是更慢，目前尚无定论。但是，既然社会进步的阶梯眼下比过去变得更为稀疏，家庭出身对孩子未来经济收入的影响力就远大于过去，而且持续的时间也会更长。"[2]

有些读者翻开这本书时，大概以为能读到几位上层阶级的纨绔子弟作为反面教材，但我们或许会让他们感到失望。在书中，我们讲述了很多中上阶级父母的故事，但没有谁是那种含着金钥匙出生，靠着家族财富而整日无所事事，虚度光阴的富家子。正相反，厄尔、帕蒂、卡尔、克莱拉、里卡多和玛尔妮，都是家里第一位上大学的小孩。[3]他们中间大约有一半来自父母离异的家庭。为了力争上游，他们也曾殚精竭虑；在养育他们的孩子时，他们无不花费了大量的时间、金钱和心思。他们的出身虽非赤贫，但终究卑微，这在某些方面更接近现如今的穷孩子所面对的困境，而不是他们自家孩子成长的家庭背景。

这些父母之所以能走到今天这一步，当然要靠自我奋斗，但还要考虑到历史的进程——回到他们的年轻时代，社会环境更有利于向上走的流动。虽然我们经常会不假思索地为他们贴上"自我奋斗"（self-made）的标签，但他们还是得益于家庭和社区的种种支持，其方式也许是润物细无声的，但对于今天同样来自平凡家庭的孩子们来说，这种支持就是可望而不可即的了。在他们成长的时代，无论家庭背景如何，孩子们都可以从公立教育和邻里社区内获得各种助力，推动着相当一批孩子在人生进步的阶梯上越攀越高，在本德镇、比弗利山庄、纽约、克林顿港、甚至是洛杉矶的中南区，无不如此。但现在，这些支持性的机构，无论公立还是私有，都不再为穷人家的孩子服务。这就是这本书的观点。

230   但问题在于，只要您能捧起这本书，想必也就不会面对本书所着力刻画的困境，本书的作者也不会，我们自己的孩子同样也不会。由于美国社会的阶级隔离越来越森严，成功人士已无从知晓社会的另一半在如何生活，我们自己的孩子对贫穷更是毫无感知。隔膜造成了冷漠，正因此我们不那么同情出身卑微的穷孩子的困境，我们原有责任，但现在却被抛之脑后。

在我着手这项研究之前，我也是这么想的。我从来都这么认为，我出身于克林顿港的一个平凡家庭，能有今天的成功是来自我的个人奋斗——很长一段时间，我并没有意识到，没有那个更为社区主义和平等主义的年代，没有那个时代的家庭、社区和公共机构，我的好运气也无所依附。我曾一度以为，既然我和当年的同学们能靠自我奋斗来改变命运，现如今的普通孩子也做得到。而在完成这项研究后，我知道了自己先前的无知。

我们的故事中没有心存恶念的反动派，并不意味着事到如今无人可问责。机会平等在今日的美国面临着种种限制，包括在前文中浮现出来的许多限制，都可以归咎于社会政策的失败，而社会政策本身是集体决策的产物。只要我们在这些集体决策的过程中还承担着一点儿责任，那么未能移除他人成功路上的路障，我们难辞其咎。

既然我们这些人是社会的幸运儿，那么机会鸿沟与我们何干呢？答案就是，美国穷孩子的命运将深深地影响到我们的经济、我们的民主、我们的道德。

机会不平等与经济发展

出生在穷人家，穷孩子无法在家庭、学校和邻里社区内汲取充裕的资源，像有钱人家的同龄人一样去发展上天给予的才华。当然，出身不由己，这并非穷孩子自己的过错。但经济要发展，生产力要进步，我们的国家总是需要尽可能多的人才，多多益善，浪费人才是我们不可承受之重。机会鸿沟让我们所有人都承担起实物成本，而且还要浪费经济学家所说的"机会成本"（opportunity costs）。

1975 年，经济学家阿瑟·奥肯（Arthur Okun）提出了一个著名的理论，平等和效率之间存在着他所谓的"大抉择"（the Big Tradeoff）。[4]我们可以追求增进社会平等的政策，比如说通过税收制度来实现收入的再分配，但这么做势必会牺牲经济生产力。但我们有时候会忘记，奥肯在提出这一理论时曾特别指出，这一抉择定律并**不**适用于对机会平等的追求。在我们追求机会平等时，在平等和效率之间的抉择是不存在的，因为对穷孩子的投资不仅会推动为了所有人的经济增长，同时也会拉平穷孩子参与竞争的场域。纵观美国的历史，这一直是公立教育的核心理念，而当下已有大量的经验研究证实了这一制度前提。[5]

在全球化的时代，对穷孩子的投资不足甚至会导致更大的代价，因为现时代科学技术日新月异，在雇主的需求和低技术工人的能力之间出现了严重的"技能不匹配"。如经济学家克劳迪娅·戈尔丁和劳伦斯·卡茨所言，这就会导致"低教育程度者的效能递减"，最终会放缓经济增长。[6]我们当下的公共辩论认识到这一点，但是却认为这主要是"学校教育的问题"。而我们在本书中所看到的却正相反，穷孩子眼下所面临的大多数挑战并不是学校造成的。经济学家达伦·阿西莫格鲁（Daron Acemoglu）和大卫·奥图（David Autor）在研究中运用完全不同的证据，也得到了相同的结论："美国的教育状况每况愈下，但问题的主因并不出现在美国的教育系统上。"[7]

如要用精确的数字估算出机会鸿沟的经济成本，这绝非易事，但是三项分别展开的独立研究，运用截然不同的方法，却得出大致相同的结论，估算出的数字大得惊人。

231

哈里·霍尔泽（Harry Holzer）及其合作者估算了儿童贫困给美国经济造成的年度净损失。他们的结论是，"每年的经济损失总计大约在五千亿美元，相当于美国国内生产总值（GDP）的近4%。更精确地说，根据我们估算，这总计近4%的损耗分布于如下三项：（1）生产力和经济产值的下降，大约占年度GDP的1.3%；（2）因犯罪率上升而导致的成本，大约占年度GDP的1.3%；（3）因医疗费用的增加和身体状况不良而造成的损耗，占年度GDP的1.2%。"[8]

克莱夫·贝尔菲尔德（Clive Belfield）及其合作者关注的是他们所说的"等待机会的青年人"（opportunity youth），根据他们对这个概念的定义，也即年龄在16至24岁之间，既不在学校读书，也没有工作的青年人。这个团体大致上就对应着本书始终关注的下层阶级的孩子，也即那些出生并成长于贫穷、教育背景低的家庭的青少年。[9]贝尔菲尔德及其合作者不辞辛劳，估算出每位"等待机会的青年人"给纳税者带去的额外成本，既有年度的成本，也有毕生累积的成本。紧接着，他们又估算了每位"等待机会的青年人"给整个社会所施加的负担（比如，犯罪所要付出的私人成本，或者经济增长放缓的代价）。他们的分析考虑到了方方面面，甚至纳入了教育系统因穷孩子退学而"节省下来的成本"。如表6-1所示，他们开列出来的各项成本看起来令人咋舌。

表6-1　"等待机会的青年人"的经济成本
（Belfield et al.，2012）

	纳税人负担	社会负担
年度（人均）	13 900 美元	37 450 美元
终生（人均）	170 740 美元	529 030 美元

续表

	纳税人负担	社会负担
此类青年终生累加的负担（以当前货币币值计算）	1.59 兆	4.75 兆

　　在以上所列的成本中，大约有三分之二反映的是经济收入的损失、经济增长的放缓、税收的降低，同时仅有不到5%反映的是"福利"项目的开支。这就是说，即便我们是铁石心肠，对这些穷孩子袖手旁观，任由他们自食其力，自生自灭，我们仍无法摆脱上述成本中的绝大部分份额，因为这些孩子还是无法为国民经济做出贡献。

　　凯瑟琳·布拉德伯里（Katharine Bradbury）和罗伯特·特里斯特（Robert Triest）总结了此前的相关研究，这些研究已经证明，机会的不平等首先导致身处劣势的工人无法充分发展其各项潜能，因此也会放慢经济增长。在总结了前人的研究后，他们比较了美国不同都会地区的社会流动和经济增长，最终发现社会流动可以加速经济增长，增长的幅度也远远超出了经济学标准教科书预测的基准。比如说，亚特兰大地区的代际流动速度缓慢，而盐湖城地区的代际流动则很迅猛，假如亚特兰大地区的社会流动可以追得上盐湖城地区，则其人均实际收入可以在 10 年间增加 11 个百分点。同理，假如田纳西州的孟菲斯地区的代际流动速度可以赶上爱荷华州的苏城地区，那么其人均实际收入在 10 年时间里可以增加 27 个百分点。[10]

　　如能展开更多的研究，无疑可以完善这些数据，但上述的估算也都是严肃且严谨的。不仅如此，这些估算竟然不约而同地指向了关键问题之所在：当我们置为数如此众多的美国青年于不顾时，我们将为

233

自己的袖手旁观而支付出极为昂贵的代价。

但知易行难：估算出无所作为的天价成本，并不能自动告诉我们，应如何作为才能避免这些代价，当然也无法告诉我们，如要行动起来改变现状，这些行为本身又会带来多少成本——当然也有学者沿着这条道路进行探索，比如，诺贝尔经济学奖得主詹姆斯·赫克曼（James Heckman）就曾继续过估算，即便对儿童早期教育进行投资往往成本不菲，但这种投资所产生的实际回报率大约为 6% 至 10%，超出了股票市场的长期回报。[11] 即便承认这些估算目前都还停留在很粗略的阶段，但我们仍然可以认为，忽略穷孩子的困境会给我们所有人带来沉重的经济负担。而且，闭上眼睛，视若无睹，并不会让问题自动消失。[12]

这些统计上的发现完美地契合了我们在本书中所讲述的人生故事。例如，克林顿港的大卫就是一名干起活来很卖力的正派青年——他努力担起了照顾自己 8 位同父异母弟弟妹妹以及年幼女儿的责任，在一连串兼职的低薪工作中转来转去，挣扎着维持生计。但因为他此前有过犯罪记录、读书不多、再加上家庭和社区多是负能量，所以他的经济选择始终有限，生活如逆水行舟。他当然也想为克林顿港经济的复兴出一份力，但他做不到，他的存在只能是社区资源的负担，既会导致实际成本，也会施加机会成本。只要我们这些人不施以援手，大卫很可能就只能穷困潦倒地过一生。推而广之，这同样是凯拉、伊利亚、米歇尔、罗拉和索菲亚的、丽莎和艾米的命运。但如果我们能开始闭合机会鸿沟，这些孩子就不再是我们经济的拖累，而是如他们所愿，成为有助于经济的一份子。

当然，我们在这里说奥肯界定的"抉择"并非必然，并不意味着在平等和效率之间就从不存在着权衡。有些再分配方案会给社会生产力造成难以承受的代价，这是我们现代人都非常熟悉的。这说到底还是一个实用主义的问题：我们什么时候可以判定，一项旨在推进机会平等的公共政策却造成了经济发展无力承受的成本？但一个合理的判断是，现如今的美国还有相当大的余地，可以同时推进机会平等和经济增长。但是为了实现这种双赢，我们现在就不得不进行大刀阔斧的投资。

机会不平等和民主

何谓民主，归根到底要求每位公民对公共决策都有平等的影响力。[13]正是因此，代议制民主要求普遍，至少是广泛的选举，同时要有自下而上的草根公民参与。影响政治还有其他种种渠道，比如金钱，但这些渠道越是强大，越是在公民之间分配不均衡，则选举和草根参与就越发重要，成为确保我们不至于远离民主的前提。

政治行为的研究者已经发现了政治参与的一条铁律：有钱且高知的公民，比起他们那些贫穷且受教育程度低的同胞公民，总是更积极地参与公共事务，也有更丰富的政治知识和公民技艺，同时也更多地参与到几乎各种形式的政治和公民活动。由是观之，对于美国的民主而言，日渐扩张的机会鸿沟意味着什么呢？上层阶级的孩子更有自信，相信他们能够影响到政府，而他们这样认为也并非异想天开。[14]穷孩子就不太可能这样认为，而他们对政治的幻灭也在情理之中。

美国人口统计局定期从全国人口中抽取样本，就公民的政治参与进行问卷调查，其中包括他们近期是否讨论过政治，是否隶属于任何志愿者组织，是否参加过公共集会，是否参与过联合抵制或"拒买"抗争，是否同邻里合作解决过社区里的问题，以及是否联络过公共官员。在图6-1中，我们可见由2008年至2010年美国青年人（20岁至25岁）的政治活动频度。以是否读过大学为标准，调查者将美国青年区分为两大类，一类只有高中教育程度或者更低，另一类则受过大学教育或更高，如图6-1所示，在从未参与任何公民活动这一栏，

235

前者的比例是后者的两倍还要多，而参与过两次或者更多次政治活动
这一栏中，前者的比例仅是后者的近三分之一。[15]

图6－1　受过大学教育的年轻人会更积极参与政治

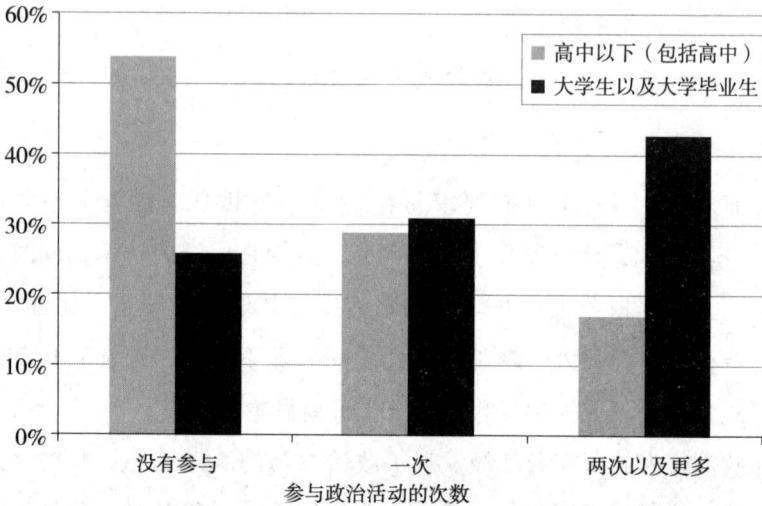

数据来源：Current Population Survey, 2008 and 2010.

在选举中投票，可以说是民主参与的最最基本的形式，但坏消息
接踵而至，最近数十年来，美国青年在选举上的阶级鸿沟在不断扩张
——又是一个剪刀差。根据最近数次全国选举的数据，受过大学教育
的青年人，比起求学路止步于高中的同龄人，参加选举的比例高出了
两到三倍。[16]

但吊诡的是，在选举中投票只是一项例外，而就民主参与的多项
指标来看，从参与公共集会到签署请愿书，阶级鸿沟近年来正在缩减，
但这可不是一个好消息，它只能说明一点，较之于穷人家的孩子，有
钱人家的子弟正在更快速地退出公共生活。[17]在第四章讨论校园内的学
生会参与时，我们也曾见到过这样在下行路上的相遇，但这并不足以
令人欣慰，因为虽然表面上看来阶级差距在缩小，但它意味着我们的
下一代已经普遍地退出政治，而且尽管剪刀差有所闭合，但阶级鸿沟

依然存在。

以高中三年级学生为调查对象，现有的覆盖全国的大数据调查已经证实，孩子如果来自教育程度较低的家庭，较之于父母受过大学教育的同龄青少年，则更缺少政治认知和兴趣，更不愿意相信政府，更少在选举中投票，而且基本上很少参与地方公共事务。不仅如此，上述阶级差异在白人群体内部表现得更严重，远超出有色人种群体内的阶级差。[18]基于互联网的线上参与正在迅速发展，但运用互联网参与政治的数字鸿沟依然巨大，而且目前尚且看不到缩小的任何迹象。[19]

更麻烦的还在于，如政治学家凯·施洛斯曼（Kay Schlozman）、西德尼·韦尔巴（Sidney Verba）和亨利·布拉德利（Henry Brady）所证实的：政治参与的阶级鸿沟是跨越代际而累积的，因为孩子们从父母那里所继承的不只是社会经济地位，还包括政治参与的意愿和能力。所以阶级差异就随着代际的轮替而累加。"拥有受过良好教育的富裕家长，"他们这样写道，"传递给孩子们的优势不只是职场上的成功，还有政治表达的力度。"[20]

由是观之，政治参与有继承性，这种特质包括了一种双重打击。首先，受教育程度高的父母更有可能参与政治，孩子们成长于这样的家庭环境，耳濡目染，自然也就对政治参与更有兴趣。这就是父母政治参与的直接传承。但还不仅如此，孩子若出生在受教育程度高的家庭，则他们也更有可能成长为有教养的成年人，而长大成人后，受教育程度越高，也就意味着政治参与度越高，这就是父母的间接传承。道理反过来也同样成立：小孩子如果出身卑微，则首先在家里缺乏父母的熏陶，没有角色榜样，其次受限于自身有限的教育程度，政治参与的能力和意愿自然是低之又低。

在第一章中，我们讨论过传统的美国理想，举其要者有两点——首先，我们美国人普遍相信，政治不平等比经济不平等更可怕；其次，我们也相信，代际之间的不平等比特定一代人以内的不平等更恶劣。

237

这样看来，上述的双重打击就成为了对美国人理想的双重挑战。政治不平等在代际之间传承累积，这已经让我们身处尴尬的境地，不仅背离了美国革命的精神，而且滑向了美国革命当初想要驱赶的政治体制。

在访谈过程中，我们已经发现，我们的孩子——无论出身何种家庭，无论是富有还是贫穷——都越来越普遍地表现出对政治的疏离。如今美国人对政治和政府的不满，可以说是十之八九。但是贫富之间的共同点也仅到此为止。在我们遇见的下层阶级孩子中间，成长过程的点点滴滴都在推动他们远离政治生活，与此同时，上层阶级的同龄人却总有来自父母、同辈和长者的鼓励，从而积极投身于政治。请看以下几个案例。

在克林顿港，我们遇见了切尔西，这女孩的父母都是社区里的活跃分子，政治也是他们茶余饭后的日常话题。"大多数时候，我在政治上跟随他们的观点，"切尔西告诉我们，"但在政治中还是有些我所不能了解的事，我要自己想明白，因为现在我到了可以投票的年龄。我将来还要进入社会，成为社会的一份子，因此我需要对政治那些事多些观察和理解。"

仅一街之隔，大卫生活在一个支离破碎的家庭中，政治距离他而言是遥不可及的，身边没有任何参与政治的效法对象，也正是因此，当我们的问题涉及政治话题时，只能看到他那困惑懵懂的眼神，仿佛我们是要和他讨论莫扎特或到郊外狩猎，他的回答也只有三言两句而已。

问：你有没有投过票？
答：从来没有。

问：据你所知，你的父母是否参与过政治？或者参与过类似活动？

答：我跟他们不聊这个。

在位于美国另一端的本德镇，安德鲁告诉我们，和父母一样，他 238
已经参与到社区活动中了，而且也做好了在选举中投票的准备（他还
特别补充道，会把选票投给父亲并不支持的那家政党）。虽然他现在
年纪尚浅，无论如何算不上一位政治积极分子，但经过大学辩论的历
练，他对公共问题越来越有兴趣，甚至想着自己也许有投身政治的一
天。

同住在本德镇，凯拉的世界完全不同，对她而言，生命中有太多
不能承受的个人问题，政治只不过是生活中遥不可及的事。

问：你是否参与过政治或社区活动？
答：谈不上这些事。

问：你喜欢看电视新闻吗？
答：时间一过，新闻就变旧闻了。不是谁杀了谁，就是
谁又抢了谁。我对这些事没啥兴趣。

问：大选在即，你对此感到激动么？你认为你会投票吗？
答：哦，我不关心这个。

问：你有自己支持的政党吗？
答：没有，它们都一样，全都很差劲。

问：你的父母是否参与过政治？
答：没有。

　　上层阶级的孩子积极参与，下层阶级的孩子冷漠疏离，无论是统计数据的分析还是和青年人的对话，这种阶级之间的落差都是板上钉钉的现实，而这种阶级鸿沟也给美国民主造成两项最基本的挑战，第一项显而易见，第二项则更微妙隐晦。

　　先看第一项。随着政治发声能力的阶级差距越拉越大，我们的政治系统也变得代表性严重不足，无法代表美国各种利益和价值，进而又会造成政治疏离感的恶化。事实上，越来越多的证据表明这正是美国民主滑落的方向。[21]在今日的美国政治中，金钱变得愈发重要，而缺少了来自选票箱前的压力，代表性不足的程度更是与日俱增。政客们时常挂在嘴边的是，"选举有其结果，"但如果你连票都不去投，选举的结果就不太可能有利于你。"在政治过程中，如果你被剥夺了平等的发声能力，"政治学家罗伯特·达尔（Robert Dahl）这样写道，"那么比起那些有发声能力者来说，你的利益很大程度上无法得到同样的关注。如果你自己都不发声，那你还指望谁为你代言呢？"[22]

　　大约十年前，美国政治学协会组织了一个由多位一流的政治学家组成的项目组，他们的研究也得出了类似的结论。"今天，"这些学者写道，"美国公民无法平等地发出他们的声音，也无法保证声音可以得到平等的听取。有权有势者更多地参与政治，他们也更加组织有道，从而更有力地向政府施加他们的要求。而政府官员反过来更愿意回应这些有权有势者的诉求，其程度远胜过普通公民和赤贫阶级。收入在中等偏下水平的公民，他们的声音如无声细语，冷漠的政府官员即便能听到，也是充耳不闻；反过来说，有权势者的政治表达既准确，又能做到相互融贯，决策者很容易就能听到，通常也会照办。"[23]简言之，阶级之间的机会鸿沟破坏着政治平等，并因此瓦解了民主的正当性。

　　再看第二项挑战。美国年轻人对政治日渐冷漠和疏离，对那些出生在下层阶级家庭的孩子们来说更是如此，由此构成了对民主之稳定性的第二项挑战，这是一种更隐微、也更捉摸不定的危险。但对有些于无声处听惊雷的观察者来说，这种危险却是触目惊心的，比如，早在第二次世界大战过后，政治理论家汉娜·阿伦特和社会学家威廉·科恩豪泽就因20世纪30年代的经济和政治噩梦以及随后反民主的极端主义的兴起，而陷入最根本的反思。

疏离和冷漠的公民同社会组织脱节，人人都是原子化的个体，整个社会如同消极被动的一盘散沙，在常规环境下，群众对政治稳定仅有微乎其微的威胁，而且这仅有的危害也会因群众自身的冷漠而化解。在这种情形下的政府可能不那么民主，但至少可以保持稳定。而一旦陷入严峻的经济或国际压力，就好像20世纪30年代席卷欧洲和美国的那种压力，原本"消极被动"的群众可能在一夜之间变得歇斯底里，值此之世，就会有反民主的煽动政客用极端的意识形态来操纵群众。 ²⁴⁰

在《群众社会的政治》（*The Politics of Mass Society*）一书中，科恩豪泽指出，从纳粹主义、法西斯主义到斯大林主义，甚至包括美国本土的麦卡锡主义，这些煽动性的群众运动最容易掌控的公民，正是那些"最无门进入正式或非正式的集体生活的那部分人"。[24]而在《极权主义的起源》这本经典名著中，汉娜·阿伦特也有所见略同的论证。"群众人的主要特征并不是野蛮或落后，"阿伦特写道，"而是他的孤立以及缺乏任何正常的社会关系。"[25]即便不因政治噩梦而心悸，我们也要思考下，穷孩子在今天的美国面临着毫无希望可言的未来，社会分裂为互不联系的原子，这种现状是否会在明天造成目前无法预期的政治后果。因此，阶级之间的机会鸿沟不仅会危及美国的繁荣，而且会破坏我们的民主，甚至是我们的政治稳定。

机会不平等和道德义务

行文至此，我们都将目光投射在穷孩子在这个国家所遭遇的困境，从大卫、凯拉、伊利亚到罗拉，再到读者在前文中遇见的一个个孩子，深陷困境的他们不仅是经济的负累，而且还造成了民主政治的危机。但我们切莫忘记一个直指内心深处的论据：若是对这些穷孩子置若罔闻，就有违我们最发自内心的宗教和道德价值观。

只要是宗教，十之八九都怀有对穷人的悲悯之心。在圣经·旧约《箴言篇》的第 29 章第 7 节，先知早有言，"仁者关怀穷人的正义，但恶人却没有这副心肠。"而在《马可福音》第 10 章中，耶稣告诫一位虔诚的富翁，劝诫他放弃自己的所有而去照顾穷人，就是因为"财主要进天国，要难于骆驼穿过针眼"。在《以赛亚书》的第 3 篇，上帝对以色列的长老和统领大发雷霆，他的训斥也如万钧之势："你们再敢欺压我的子民，骑在面朝黄土的穷人的头上？"

教宗方济各曾告诫世人，无论是对邻人，还是对穷人家的孩子，我们都有自内心深处生发出的道德义务，这番告诫，可以说是教宗同时为善男信女和普罗大众服务，意义尤为深远。"不知从什么时候开始，"教宗在 2013 年如是说，"我们竟变得如此无动于衷，面对穷人的痛苦呻吟，我们感受不到同情，目睹他人的苦难，我们也不会哀伤，我们觉得毫无必要去施以援手，就好像这一切都是别人的责任，对我们而言就是事不关己……当我们让年轻人孤立无援时，我们就是在对他们施加不义：年轻人属于一个家庭，一个国家，一种文化，一种信仰……他们实在是一个民族的未来。"[26]

人生而平等，从《独立宣言》到林肯的《葛底斯堡演讲》，我们国家历史的奠基文献无不写入这一基石规范：人之为人，都有平等的道德价值。但在美国历史大部分时间里，我们竟然暗地里将黑人和女人排除在这一原则之外，说起来也是一段黑暗史。但几乎任何有关公平和正义的道德理论都会导向该原则，正是因此，过去百年间的所有解放运动都是据此高举批判的武器，赢得了平等权利一次又一次的扩展。如马丁·路德·金就 1963 年向华盛顿进军所发表的演讲，"当我们共和国的缔造者在拟定宪法和《独立宣言》的光辉篇章时，他们就是在签署一张支票，每一位美国人都是这支票的继承人。"

正如我们在本书第一章中所见，95% 的美国人认为，"在美国每个人都应有向上走的平等机会"——在惯于争执不休的当下美国，这种共识度几乎可以说是空前绝后的。人人都认同机会平等的规范，但魔鬼在细节中，尤其是什么必须被平等化，这历来是棘手的难题。人生下来就有在智商、健康或精力上的差异，那么这种基于基因的差异是否可以证成机会不平等的正当性，亦是说，机会平等的原则意味着我们应当致力于弥补人的厄运，从古至今的哲学家都对此争论不休。

这些抽象的哲学争论似乎对当下的辩论有所启发：如果有的孩子因为智力或毅力有所欠缺而从高中辍学，那么此举是否有违机会平等的原则？[27]如果说在某些理论的世界，我们必须要处理这种复杂性，**但在美国今日的现实世界，问题压根没有如此复杂难解**。正如本书通篇所示，我们今天距离机会平等还很遥远，即便是聪明且勤奋的孩子都找不到出路——甚至距离我们本国的过去历史都很遥远，就此而言，我们在今天怎么适用机会平等的原则，似乎都不为过。 ²⁴²

但即便是在我们的现实世界里，机会平等还是必须要同其他的价值相均衡，这些价值包括自由和自治。若是要以机会平等之名，禁止有钱的父母在孩子睡前给他们读《晚安月亮》绘本，或者是要求情侣在生孩子之前必须要结婚，这无疑是荒谬的。但无论如何，我们的平等机会原则在有些时候确实要凌驾在其他价值之上：比如说，我们要求父母无论把孩子送到公立学校还是私立学校，都必须保证子女接受必要的教育，这种要求所基于的原则就是父母的自治应让位于儿童接受基本教育的权利。

有些时候，我们可以正当地批评父母抚养孩子的方式。我们可以谴责伊利亚的父母或者是凯拉、大卫或索菲亚的父母，因为他们做出了错误的决定——事实也确实如此，连这些小孩自己也在责备他们的父母！但要让孩子为他们父母的过错负责任，此举有违大多数美国人的道德感。[28]

机会平等，知易行难。但是，哲学上的谜题千载难解，而我们当下不断扩张的机会鸿沟却是摆在面前的，要认识到这种阶级不平等在道德上是不可接受的，根本用不到高深的哲学思辨。我们也不需要信仰完美的机会平等，即便是最基本的宗教理念和道德原则也能告诉我们，当下的状况背离了起码的机会平等，我们应有更好的明天。

路在何方？

读到这里，读者难免要问，我们应该做些什么呢？这里的我们，小到每一个人，中到一个邻里社区，大到整个国家，我们要如何做，才能帮助穷孩子迈开双腿，追赶人生路上领先的富家子弟？正如这本书所讲述的，面前的问题并不简单，因此也没有一种简单的解决方案。正相反，在这个文化内战的时代，整个社会日益陷入"红美国"和"蓝美国"的对决，机会不平等的问题也糅合了许多因素，因此最终是一个"紫色（也即红色＋蓝色）"的问题。站在"红色"保守派的立场来看，有些原因（比如非婚生育）更触目惊心，而在"蓝色"自由派的眼中，另一些原因（比如收入不平等的加剧）才应提到议事日程。如果我们志在为所有的孩子提供更多的机会，那么我们的政治领导人必须跨越政党和意识形态的分野。在解决机会鸿沟这个问题时，

243

我们必须抛弃"红色"和"蓝色"美国的区分,在整个政治光谱上考虑可能的解决方案。

接下来,我将提出一系列方案,它们彼此间相互补充,组合在一起有希望扭转我们目前的困局。[29]要将这些政策建议转变为通盘考虑的行动方案,仍需同志继续努力。环境不同,政策的组合方案也必须要因地制宜——美国是一个幅员辽阔的多元国家,那些在克林顿港行之有效的政策,放到亚特兰大、橘子郡、费城或本德镇就很有可能行不通。联邦决策者的议事日程,可能并不是社团或宗教人士眼中最有效的路径。下文的目的主要是抛砖引玉,我将提出一些普遍的行动议程,以此激发全体美国人的反思和行动。

我在此所提出的建议,都是根据目前所能获取的最完整的证据。围绕着这个令人振奋的问题域,新的研究层出不穷,无论是学者还是实务工作者都在寻求更有想象力的政策方案。在探索解决之道时,我们必须考虑到成本收益,但由于机会鸿沟已经越拉越大,要想有所作为,不花钱也是不可能的。我们也必须采用试错的策略,从现实的经验中学习何种政策走得通,以及在何处能走通。因此,在判断一项政策时,我的标准并不是任何既定方案已经被证明行之有效,而是当下所有的最完整证据能否预判某项政策大有希望。

幸运的是,美国的联邦制本身就旨在追求试错的策略,它鼓励美国人在许多不同的地区尝试许多不同的想法,然后再从彼此的试验中相互学习。在此前的多个历史阶段,我们曾成功地以此方法解决了许多大问题。回到 19 世纪末的美国,城市化一日千里,移民如潮水般大规模迁入,社会和经济动荡不安,政治上各种撕逼,经济不平等触目惊心,正是在这种局面下,美国两大党的领导者在全国各地探索了各种各样的社会、经济和政治改革。在这些改革中,有些政策失败了,于是被抛弃,但另有一些却取得了意想不到的成功。进步主义时代的这些成功很快在全国范围内铺开,最终由联邦政府通过立法和拨款将

244

行之有效的改革推向全国。变革，既是由下至上，也是由上至下的。我们现在必须效法那个成功变革的时代。

家庭结构

虽然我们的公共讨论日趋极化，但出乎多数人意料的是，一个共识却跨越意识形态的分野开始成型：（如我们在第二章中所见）工人阶级家庭的崩溃是机会鸿沟日渐扩张的主要原因。但不幸的是，观察者也开始同意一件事：除非是扭转工人阶级收入长期以来的下降趋势，否则只是靠政府出手，头痛医头脚痛医脚的方法迄今为止收获甚微。

有些保守派的评论员热衷于鼓吹"婚姻政策"——通过恢复传统婚姻的规范，进而减少单亲家庭的数量。[30]但问题在于，无论这种政策的初衷有多好，事实却残酷地表明，这些意图强化婚姻稳定性的政策试验事实上并未奏效。1996年的福利政策改革终结了"我们所知的福利政策"，但对于美国下层阶级穷人的婚姻率的长期下滑，却完全没有作用。为了提高结婚率并强化婚姻的稳定性，小布什政府推出了一系列政策试验，而且严格评估了各项政策的实效。其中，"共建坚固家庭"（Building Strong Families）的计划针对的是未婚生育的父母，为他们提供伴侣相处的技巧训练，也附带其他服务，而"支持健康婚姻"（Supporting Healthy Marriage）的项目则为已婚夫妻提供类似的服务。虽然表现出零星的好迹象，但这些试验即便是规划周全、资金充裕的公共项目，也无法真正提高结婚率或让未婚父母生活在一起。当然，宗教团体无需政府介入也能影响到信教者，所以教会可以强化对婚姻、父母教养以及对子女要负责的信念。[31]但无论如何，除非是扭转私人规范最近数十年来的风向，或者是一改工人阶级的颓势，实现工人阶级家庭的经济复兴，否则的话，我看不到其他的道路可以恢复美国穷人的结婚率。[32]

既然婚姻的复苏不见迹象，那么是否可能通过减少非婚生育率从而减少单亲家庭的数量，这条路能否走通？往昔，性和婚姻之间有着密不可分的关联，在这关联已经断裂的今天，即便是合宜，重建性和婚姻之间的关系也是为时已晚。但是，我们是否可以通过更有效的避孕手段，解除性和生育之间的关联？经济学家伊莎贝拉·索希尔就曾主张过这一路径。

> 现在太多的年轻人一时冲动就发生关系，在他们没有步入婚姻殿堂之准备，也没有为人父母之担当时，就有了孩子。未婚生育，在过去被人们引以为耻，而现在，人们应当引以为耻的是——毫无计划地做人父母。新的避孕手段成本低、效用长，这就使得解除性和生育的关联成为可能。[33]

避孕是否就是我们所寻找的答案？[34]虽然某些宗教领袖基于道理立场坚决反对避孕，但九成美国人支持避孕。根据估算，单身年轻女性未婚生子，其中60%的都是计划外的生育，而且仅就意愿来说，低收入女性并不比高收入女性更想多要孩子。我们着实无法理解，为何在这一问题上言与行之间的落差会如此之大。同样是避孕，长效可逆避孕法（LARCs），比如宫内节育器或植入式避孕，在降低非计划怀孕的功效上就胜过口服避孕药20倍，但即便是政府对采用长效可逆避孕进行补贴，我们也不知道到底有多少贫穷的年轻女性会选择这种避孕法，因为我们现有的经验证据全都来自已经选择了避孕的女性。

若是社会的风气由怀孕即生养转向按计划生养，机会鸿沟就可能大大缩减。爱荷华州曾发起过一场"远离非计划怀孕"的运动，类似这种社会项目已经展现出一些成果，而未成年人怀孕在过去数十年中出现了明显的下降，也给了我们一丝希望，社会风气不是不可改变。

246

当然，至今为止，我们还没有坚实证据表明这一方法可以同样减少成年女性的非婚生育，因为如我们在第二章中所见，成年女性即便未婚生育，也往往是"有点计划之中，又有点计划之外"的。

这样看来，由单亲母亲所支撑起的家庭在短期内不可能消失。单亲家庭的妈妈多为贫穷、受教育程度不高的女性，那么我们如何帮助这样的家庭，尤其是帮助他们的子女呢？金钱当然很重要。贫穷的家庭、学校和社区当下面对着种种问题，但追根溯源还在于经济的停滞，对于受教育程度低的那部分美国人来说，过去几十年来并未分享到经济成长的果实。其间的因果关联一望可知，也影响深远。例如，北卡罗来纳州的工厂大面积关闭，地方经济也随之凋零，这对当地学童的阅读和数学课成绩都造成了可用指标测度的影响，对年龄大些的孩子的影响尤其显著。[35]推动低收入工人阶级的经济持续复兴，是我目前所能想到的一步关键妙棋，因为这不仅会推延他们的生育时间，甚至还会鼓励穷人阶级的男女更多地走入婚姻。

为贫穷家庭提供小额的现金援助，仅仅这一举动就可以提升穷孩子在学校的成绩，甚至让这些孩子在进入社会后拿到更高的收入，而且经验证明，这种资金援助投入得越早，尤其是集中于小孩刚出生的头几年，效果就越明显。有些决策者在设计政策试验时就精心控制了各种变量，而这些试验也表明了在儿童读幼儿园和小学时就施以经济援手，金钱就有能力缩减未来的机会鸿沟，这大概是因为真金白银的援助可以减少贫穷家庭的经济压力，从而减缓经济压力对穷孩子早期大脑发育的伤害。

在孩子自出生到五岁这五年间，家庭收入每增加3000美元，他们长大后在校期间的学习表现就会更优秀，SAT的成绩能增加20分，而进入社会后的经济收入也能增加近20%。关于这项研究，社会政策专家莱恩·肯沃西（Lane Kenworthy）是这样总结的，"政府只需进行区区几千美元的现金转移支付，把钱花在最要用钱的孩子身上，就可以改变这孩子的一生。"[36]至于如何把钱用在刀刃上，将经济资源配给最需要它们的地方，现在有许多行之有效的方法。[37]

247

扩大**低收入者所得税抵扣**（EITC），尤其是对家有儿女的父母。这一制度的基本构思，还要追溯至保守派经济学家米尔顿·弗里德曼（Milton Friedman），而在过去四分之一个世纪内，共和、民主两党的政府都不断扩大推动此政策，现在人们普遍认为，这一税收项目切实可行地增加了贫穷父母的可支配收入，而且仅次于食物券和医疗补助计划，此政策已经成为美国第三大的反贫穷措施。但如果说有何局限性，那就是这个项目只能帮助有工作的穷人，它并不适用于父母连工作都没有的穷孩子，但他们才是最穷的。

扩展目前有限的**子女税收抵免项目**，这是由来自犹他州的参议员麦克·李所倡导的，同时他也是茶党的最爱，但应让抵免部分可以全额退还，这样的话，即便是那些穷到无须缴纳任何联邦税的家庭，也能由此受益，从而将援手伸给了最穷的孩子。

坚持长期以来存在的反贫穷项目不动摇，比如食品券、租房代金券以及育儿津贴。至少就目前的资金规模而言，这些项目尚且不足以截断不断扩张的机会鸿沟，但总体来说，它们还是美国社会安全网的重要环节。

任何直面机会鸿沟之家庭和社区面的改革，都不可回避一个难题：如何降低非暴力犯罪的监禁率，同时改进犯罪分子的矫治工作。[38]在我们这项研究中，我们遇到的每一个穷孩子，背后大多有因犯罪而入狱监禁的父母。美国的犯罪已经跌落至接近历史纪录的低点，但在最近数十年，入狱服刑的人数却大规模增加，这不仅极大地损耗了纳税人的金钱，而且对家庭和社区造成了极恶劣的冲击。美国监狱人满为患的问题，目前已经成为了两党的共识，无论在首都华盛顿，还是全国各地的州政府，问题的严峻已经得到了普遍承认。在这一领域，最终可以缩减机会鸿沟的政策变革包括如下：

248

> 减少非暴力犯罪的刑责，在假释管理中授予更大的自由裁量权。
>
> 改造罪犯，让他们在出狱后可以更好地融入社会，始终记住，监狱里多是没受过什么教育的年轻人，他们工作记录不佳，常有精神疾病或滥用精神药物的历史。
>
> 减少目前的监狱开支，转移到工作培训、戒毒和药物治疗以及其他犯罪人矫治服务上。

为人父母

在第三章中，我们已经看到，儿童的学前教育和家庭教育也是机会鸿沟的重要推手，尤其是在孩子幼年时，影响最为深远。那么这对我们思考问题的解决之道有何启示？首先，最新的证据显示，一般而言，最好的看护来自于孩子的亲生父母，在婴幼儿阶段更是如此。儿童发育专家简·沃德弗格（Jane Waldfogel）就这样概括了相关的研究发现："在孩子出生后的第一年，如果他们的母亲不用全职在外工作，这样的孩子一般而言都表现得更好些。"[39]因此，如果我们想要闭合机会鸿沟，我们就应当允许父母的工作有更充裕的弹性，更多的选择余地，在孩子出生后的头一年内，父母应有产假，至少可以不必全日制工作。根据美国有些州的规定，即便是在孩子出生后的第一年内，福利领受者也必须全职工作，我们也应当尽量避免这种政策取向。美国政府为新生儿的父母，尤其是那些低收入的父母，所提供的支持委实有限，横向比较的话，在所有发达国家里可以说排名垫底。[40]

现有的研究也表明，随着孩子一天天长大，到了要上幼儿园的时候，幼教机构的品质就至关重要了。不仅如此，相关的研究还显示出，暂且不论父母亲自照管，只比较送小孩上幼儿园，还是私下交给亲戚、邻居或朋友进行照看，前者作为专业机构的看管显然要优于后者非正式的安排。[41]当然，上述两种托育方式的区分只是大而化之的，其各自内部的品质也参差不齐，就此而言，如何进行品质的评估并不简单，也时常引发争议。但正如我们在本书中所寻常见的，阶级之间的鸿沟在不断扩张，而能否让自己的孩子进入高品质的专业托儿所，可以说是这种阶级剪刀差的又一示例——来自有钱家庭的孩子有更多的门路，而出生在贫穷家庭的孩子则苦无机会。因此，要想缩减机会鸿沟，我们就必须将如下问题提上最紧要的议事日程：如何为低收入家庭提供他们负担得起、同时又是高品质的专业托儿服务。在这一领域内，最 [249] 著名的方案要数所谓的"幼儿启智"（Early Head Start）和"幼儿早教"（Educare）项目，后者是由私人慈善家捐款资助的，目前是一个分支机构遍布全国的非营利育儿中心网络。[42]

无论孩子接受什么样的托儿教育，我们在第三章中也看到，在教育程度高和程度低的家庭之间都存在着不断扩张的"家庭教育鸿沟"。这种鸿沟之所以形成，一部分原因在于两类家庭可支配的物质资源有多寡之别，另一部分原因则是许多文化水平不高的父母不知道如何做父母，欠缺教育孩子的技巧。很多教师、社工和医疗专业人员站在帮助穷孩子的斗争第一线，奋战在我们在俄克拉荷马城访问过的那种贫民窟，在他们眼中，穷孩子在家庭里难免遇到种种难题，提供"全方位"的家庭服务变得尤其重要，比如通过家访，同孩子的父母（经常是单亲妈妈）进行一对一的沟通和咨询。

"每天给孩子读点书",这样简单的建议可以发挥作用,但影响力更为深远的还是要数针对贫穷父母的专业"训导"。实践证明,有些项目确实起到了栽培儿童发育的作用,比如"护士-家庭伙伴计划"(Nurse-Family Partnership)、"孩子第一位"(Child First)、"学龄前儿童父母训练营"(HIPPY),在英国,还有由政府出资设立的"问题家庭帮扶"计划。这些项目都有一个好:训练有素的专业人员会定期家访,帮助有困难的家庭处理健康、育儿、经济压力以及其他家庭问题。虽然这样做耗资不菲,但这些项目一旦推行,还是可以收到很可观的"回报率"。[43]

同样是在本书第三章,我们还看到,儿童发育专家就学龄前教育的重要性逐渐形成共识。然而美国在这一方面再一次落于人后,美国幼儿教育的入学注册率,在经济合作与发展组织的 39 个成员国中仅位列第 32 位。平均而言,在经合组织的发达成员国中,三岁幼童的入园率是 70%,而美国同龄儿童的注册率仅有 38%。[44]有些优质的幼儿教育项目已经成为学者研究的对象,他们对这些项目的运转跟踪数十年,运用随机取样的技术来控制变量,在项目评估上也采用通行的标准。20 世纪 60 年代,"幼儿启智计划"发端于密歇根州,大约十年后,北卡罗来纳州在 20 世纪 70 年代推行了"初学者计划"(Abecedarian Project),学者们对这两个幼教项目进行了经典的研究,结论均表明这些项目收效显著:促进了孩童在校期间的表现,降低了成年后违法犯罪的机率,甚至会增加项目参与者的工作收入。[45]

关于启智计划的后续研究却未能继续发现这种卓著成效,很多人也因此质疑,儿童幼教计划的成本收益率是否总是如此可观。根据专家的解释,在初始阶段过后,此类幼教计划的成效之所以弱化,原因通常不外乎如下三点:其一无论是穷爸爸,还是富爸爸,整个社会的为人父母水平都在普遍提升(水涨船高,认定这些特定项目的效果就变得更难);其二在创设后,有些项目在运转中难免退化,也缺乏全方位的支持；其三目光短浅，只盯着短期的考试分数，但这些项目的正能量可能要到孩子进入青春期甚至成年后才显现出来，换言之，我们要观察孩子们未来的情商发育和实际行为，比如是否违法犯罪，而不只是当下的学习成绩。儿童幼教项目的种类五花八门，品质也参差不齐；高品质的项目当然收效更大，但如何准确地测量品质却始终是一个棘手的难题。[46]

尽管如此，研究者还是给出了明确的判断：在诸多幼儿教育的选择中，设施齐备的专业儿童幼教机构还是最好的，当然也是最贵的。例如，波士顿的所有公立小学都提供有精心规划的高品质学前教育项目，事实证明，这些项目虽然收费不菲，但确实卓有成效。在教育专家格雷格·邓肯（Greg Duncan）和理查德·莫尔南（Richard Murnane）看来，波士顿的学前教育项目何以成功，其要素就在于优质的课程体系；报酬优厚、训练有素并且经验丰富的教师队伍；责任明晰的规章制度。邓肯和莫尔南最后认为，"学前教育项目如能得到良好的规划和扎实的执行，就有望成为一种关键的战略，改变来自低收入家庭孩子的人生机遇。"[47]

近年来，虽然美国政府对幼儿教育的资金投入在持续增加，但如前文所言，美国在这一领域内仍远远落后于其他发达国家。自1998年起，俄克拉荷马州启动了一项遍及全州范围内的幼儿教育工程。到了2012年，在这个共和党拥趸最多的红色州内，幼教项目已经覆盖了99%的学区，在该州四周岁的学龄前儿童中，共有74%在这些机构内接受幼儿教育。全国幼儿教育研究所曾拿出了评估幼教机构的10项标准，俄克拉荷马州的项目符合了其中的9项，此外，它们还为父母提供了全方位的支持和指导。而在该州塔尔萨市的幼教示范中心，初步的评估显示出，孩童在阅读、写作和数学课程上都有长足的进步。[48]

251

学　校

第四章向我们展示出这样一幅图景：富家子上好学校，穷孩子上差学校，但这种学校教育的阶级隔离之所以形成，原因主要不在于学校追求的政策，而是孩子们自身带给学校的资源和问题。这样看来，在学校的问题上，最有希望的变革就是在不同的学校之间实现学生、资金和教师的再分配。

这本书通篇都在告诉我们，孩子们的教育经验之所以有如此悬殊的差距，背后的关键原因就是阶级之间日益森严的居住隔离。至于为什么会出现穷人和富人的居住隔离，追根溯源是因为收入不平等的加剧；人以群分的天性；以及美国中产阶级运用金融杠杆来购置房产，也正是因此，限制居住隔离的努力总是会遭遇激烈的抵抗。面对着居住隔离，我们的政府也显得自我分裂：一方面，政府出台一些政策，旨在减少邻里社区之间的不平等，但另一方面，还有一些政策，比如划分功能专属区的管制、房屋贷款的税收抵免，却间接地加强了居住隔离。但是，有关此类政策的变革诉求，一如学区的划界和学校的选址，从来都是政治激烈争辩所指向的标靶。

政府出资补贴，推动高收入和低收入家庭的社区杂居，是一项打破隔离坚冰的可能方案，过去几十年来，以各种不同的形式进行了尝试。但是，比邻而居不会自动生成"社会资本的传输"，换言之，穷人闯入了有钱人居住的社区，并不意味着他们就能自动融入该社区。但即便是如此，穷孩子只要转入了较好的学校，一般而言也都会表现得更好。例如，研究者曾在新泽西州的月桂山进行了一项实验，结果表明，在举家迁入更富裕的地区后，较之于那些没有搬家的穷孩子，这些幸运儿在搬家后能取得更高的考试成绩，在求学路上走得更远，

252

一部分原因即在于，当周边的邻居都是中产阶级后，贫穷家长也变得比以往更重视孩子的教育。在这组随父母迁入新社区并转入新学校的孩子中间，高中毕业的比例高达96%，而相比之下，另一组作为参照的控制组，高中毕业率仅为29%。多年来，社会学家道格拉斯·梅西（Douglas Massey）一直在跟进月桂山的这项社会实验，对于这种贫富家庭杂居的案例，他给出了如下的结论：

> 未必可以提供一种普遍的社会流动样板，对美国所有的贫困家庭可以一体适用。那些深陷毒品、犯罪、家庭暴力，甚至家庭关系无一宁日的穷人，可算不上这种经济适用住宅开发的良好对象……但还是有成千上万的中低收入家庭，虽深陷凋敝的城市社区，别无出路可走，但在学校和社会中却能奋发图强，争取一个进步的机会，对于他们来说，这种经济适用住宅开发确实构成了一种适当的干预。[49]

把穷孩子转到好一些的学校，这是一种办法；另一种办法就是向他们现有的学校注入更多的资金，从而提升学校的品质。归根到底，我们的教育系统必须能把优秀的教师留在穷孩子读书的学校，营造出良好的校园环境，让教师能安心教书，而不只是维持秩序。之前，我们对比了橘子郡的两所中学，一笔笔令人惊骇的细节都在向我们昭示，贫穷地区的学校面临着种种严重得多的挑战。如果我们真心关注机会鸿沟的问题，那么我们的目标不能仅仅是学校经费的平等，而是要追求最终结果的大致均等，要做到这一点，势必要对穷学校额外注入庞大的补偿经费。举个例子，在穷人区的学校，辅导员整日被层出不穷的纪律问题缠身，因此即便和富人区学校人员配置相当，他们也不可能对高中生的升学事宜进行同样充分的指导。2012年，全美只有17个州意识到这一问题，向贫困学生比重更高的学区投入了按人均学生计算更多的资金，同时却有 16 个州反其道逆行——实行"递减式"
的学校经费分配体制。[50]2013 年，公平与卓越委员会（Equity and Excel-
lence Commission）向美国教育部部长提交年度报告，其中提出了一项多
步走的战略，通过各州和联邦的政策变革，包括为穷学生扎堆的学校
提供专属的经费资源，最终实现美国 12 年义务教育学校的平等化。[51]

为穷学校提供专门的经费，其目标之一就是要招聘训练有素、经
验丰富也更有能力的教师。如我们在前文中所见，穷学校里充满着各
种各样的问题，比如校园暴力泛滥、秩序混乱、学生逃学、学习基础
欠缺、英语能力跟不上、家庭环境恶劣，面对着这种种挑战，优秀的
老师往往落荒而逃，这也就导致了穷孩子在这些学校里只能获得低人
一等的教育。今天还有许多老师坚守在穷人区的学校里，他们身体力
行着一份大无畏的工作，全凭理想主义的精神所支撑，但在市场经济
的环境中，要将更多的优秀老师吸引到这些吃力却未必讨好的岗位上
来，最显而易见的办法就是改善他们工作的条件。联邦政府曾出资推
动了一项试点工程，覆盖了 10 个多元化的大规模学区，根据这项名为
"人才转移计划"的政策，最优秀的教师如果转入学生贫困率更高、
学业表现更差的学校，则可以在两年时间多得 2 万美金的津贴。在这
一政策推动后，十之八九的教师岗位空缺都由最优秀的老师所填补，
其中大多数在津贴期满后仍选择留在穷学校，结果表明，在这 10 个因
政策得益的学区内，阅读和数学考试的成绩都得到大幅度提升。[52]

在全国性的"学校改革"议程上还有其他举措，实施得当的话，
有助于缩小阶级间的机会鸿沟。[53]延长学生在校时间，提供更多的课外
活动和训练机会，已经表现出不小的希望。[54]还有一些特许设立的公立
学校，比如"知识就是力量盟校"（KIPP Schools）和下文就要讨论的
"哈林区儿童特区希望学园"，都证实可以切实地改进穷孩子的表现。
当然，严肃的研究也已经得出结论，特许公立学校并不是万能良药，
一般说来无力缩小阶级鸿沟，部分原因在于，父母的受教育程度越高，

则越懂得如何去选择一所好的学校，然后就把他们的子女送到这样的学校。[55]

将教育当作缩小机会鸿沟的手段，还有一种进路特别强调学校和社区之间的共建，其源自于一支历史悠久的教育改革者，甚至可追溯到进步主义时代约翰·杜威在芝加哥大学时的作品。[56]在这种改革进路 254 中，有一波力量将社区和医疗服务整合进入穷孩子读书的学校内。社区学校联盟曾对此给出结论，"社区学校，既是一处物理空间，也是存在于学校和其他社区资源之间的一整套社会伙伴关系。它将着眼点放在学术、医疗和社会服务、青年和社区的协同发展以及社区参与，并对这些目标加以整合，最终推动孩子们学习进步，家庭更稳固，社区更健康。"[57]通常来说，社区学校要有各时段的青少年活动，要有在教育过程中吸引家长和社区成员积极参与的项目，同时要通过种种安排，将儿童及其家庭与社会服务和医疗机构联系起来。同类的学校还可见于其他许多国家，英国即是一例，在这些地方，虽然社区学校的项目耗资不菲，但反馈出的成效却很是令人鼓舞，对那些面临着种种困难的孩子和社区尤其有帮助。迄今为止，针对美国社区学校的评估结果虽然为数不多，但基本上是乐见其成的。[58]

在这种学校—社区共建的进路中，另一种思路是要动员起扎根在本地社区的社会组织，让他们行动起来，创办邻里社区的特许学校，或者将整个社区组织起来，要求创办更好的学校。在这一方面，名声最卓著因此也得到最深入研究的改革就是纽约市哈林区的儿童特区。1970年，卓越的教育家和社会活动家杰弗里·卡纳达（Geoffrey Canada）在哈林区创办了儿童特区，其中包括了幼儿教育项目、课后辅导、课外活动、家庭–社区–健康计划；大学宣讲系列活动、反对儿童寄养项目；以及一系列其他项目。在整个工程中，最核心的教育投资就是名为"儿童特区希望学园"的特许学校。根据现有的评估，就读于哈林区希望学园的黑人孩子已经取得了长足的进步，同纽约市其他公立学校的白人学生相比，黑白种族之间的考试成绩差距已经大大缩小。[59]

通过学校—社区的关系共建，学校可以汲取社区的种种资源，另一种例子就是天主教学校。詹姆斯·科尔曼（James Coleman）曾对天主教学校进行过全国性的调研，研究结果发现，（即便通过学生样本选择而控制了家庭背景的变量后）天主教学校——较之于公立学校——更能培养出成绩优秀的学生，对于那些来自穷人家的孩子来说，教会学校尤其有推动力。之后，在科尔曼的基础上，安东尼·布里克（Anthony Bryk）及其合作者又做了进一步的研究，也证实了这一结论。在科尔曼、布里克以及合作者看来，教会学校的学生之所以取得优秀表现，主要应归功于这类学校所嵌入的社会和道德共同体。例如，基督国王盟校就是一家广受好评的天主教高中学校网络，其分支遍布全国各地，主要为内城地区的拉美裔学生提供教育支持和职业培训。[60]

美国曾经有一支充满活力的职业教育体系，设置在校园内外，包括了职业培训、学徒实习和员工训练。现如今，许多国家仍保有活跃的职业教育系统，但过去数十年间，我们却不再把钱投放在这类项目上。原因之一就是"人人都要上大学"的准则成为新的信条，这也反映出全社会都认为大学文凭在现代经济中是成功的通行证。这样的想法不能说错，"大学红利"确实是可观的，但我们也不要忘记，如我们在第四章中所见，穷人家的子弟现在能拿到大学文凭的只是凤毛麟角。就此而言，致力于提升穷孩子读四年制大学的录取率和毕业率，当然是值得努力的方向，甚至这些努力必须从娃娃抓起，原因如见所见，即便在他们读小学之前，穷孩子面临的挑战就已经让他们不堪重负了。

话虽如此说，"人人都要上大学"的信条总是会破坏公众对职业技能教育的支持，由此导致了职业教育在中学和中学后教育阶段的全面缩水。关于职业教育在当下的潜力，职业学园（Career Academies）就是一个著名的例子，在作家唐·佩克（Don Peck）的笔下，"在学生规模比较大的高中里，这样的学园项目有大约 100 名至 150 名学生，他们的课程是混合的，不仅要上高中的学业课程，还有手把手指导的技术课，旨在训练操作技巧。目前大约有 2500 个职业学园在全国各地运转。学生在一起上课，也有相同的指导老师；当地的雇主同学园合作，在学生还没有毕业时就为他们提供实习机会，以累积工作经验。"[61]有项研究对比了职业学园的高中毕业生和普通高中的毕业生，在控制了各种主要变量后发现，前者在毕业后的经济收入高出后者 17%，但获得大学学历的比例却与后者不相上下。[62]

职业教育专家还常引用其他大有希望的实验，比如佐治亚州的青年学徒计划以及威斯康辛州和南卡罗来纳州的类似项目，还有遍及全国的青年力培养网络。但是，如果同常规的 12 年义务教育相比，对职业教育的严肃评估还是少之又少。其他国家的研究也已显示出，技术和职业教育的进一步普及可以带来很高的收益，不仅有利于学生个人的发展，也能推动整个国家的经济，但问题是，美国在职业教育体系上的开支大约只有这些国家的十分之一，不过是我们国家经济的九牛一毛而已。

有些人主张，职业教育一旦兴盛，就可能导致一种基于阶级的双轨教育系统，这种担心也并不是空穴来风。在职业教育领域内做任何努力，都应当整合优质的学校，同时在职业高中与产业、高等学校之间建立起更紧密的伙伴关系，以此发展并落实优质的技术标准，最终洗刷职业学校或学徒制作为二等教育的污名。不仅如此，我们还必须在学生指导上进行更多的投资。同时还有必要进行严谨的调查研究，分辨哪些职业教育项目是成本小收益大的，哪些不是。但即便如此，回忆起前文中遇见的大卫、凯拉、米歇尔、劳伦、罗拉、索菲亚、丽莎、艾米，这些年轻人所面对的选择并不是我要上四年制的大学，然后获得一份报酬丰厚的白领工作，还是经过严格的训练取得职业资格证书。摆在他们面前的取舍是要么参加职业训练，要么就在高中毕业后失学甚至紧接着失业。学徒和职业教育是一个大有可为的领域，美国各州各市都应该试一试，尤其要搭配严格的后续评估。[63]

社区大学初建于进步主义时代，在 20 世纪六七十年代得到了大扩军。对于那些无论何种原因无法走进四年制大学的学生，社区大学是他们接受高等教育的主要通道。长期以来，社区大学的倡导者陷入一种分裂，一派认为社区大学主要是学生进入四年制大学的跳板，另一派则主张社区大学应当成为一种高阶版的职业教育。20 世纪 60 年代，就读于社区大学的学生尚且志存高远，四分之三的学生都是把社区大学当作求学路上的"中转站"，但到了 1980 年，近四分之三的学生已经把社区大学作为求学的"终点站"。现如今，社区大学在校生的人数占到了全美大学生总人数的近一半。虽然八成以上的社区大学学生都渴望着毕业那一天，但其中能取得学位的只是很少一部分人。

对于那些无法循常规读大学的学生来说，社区大学的优势自不待言：几乎开放的门槛，距离家近，非全日制读书（因此可以半工半读），最重要的是低廉的学费。当然，社区大学的局限也是一目了然的：接近三分之二的学生会中途辍学，最终拿到学位或转到四年制大学继续读书的，仅占三分之一。就含金量而言，社区大学的一纸文凭当然远远不及四年制大学，但如我们在本书中遇见的穷孩子的生活所昭示的，社区学院聊胜于无，因为若没有社区大学这个选项，他们生命中唯一现实的出路就是——高中毕业之时，就是教育终结那一刻。而另一方面，在社区大学登记在册的学生中，仅有 40% 是家庭里的第一位大学生，而且这部分学生基本上不太可能转入一所四年制大学，在此意义上，若是推动低收入家庭的孩子最终获得大学本科学位，社区大学基本上不奏效。

社区大学的问题，归根到底在于要用一点的钱去做太多的事，更何况近年来就是这点经费也在被扣减，财政支持的缩水导致了学费虽然一年比一年更高，但对学生的服务却是一日不如一日。教学和课程指导的水平向来是不平均的。社区大学的这些缺陷，受影响的主要都是来自低收入家庭的学生。但即便如此，当我们在评估社区大学的功过时，关键的问题在于"同谁比？"单就学生的毕业率而言，在私立职业学院拿文凭的可能性要远高于社区大学，在本书第四章中，丽莎就是在这种学校拿到了药剂师的专科证书，但却毫无用武之地。但它们的学费却是社区大学的三倍之多，因此毕业生背负的债务要远远高于社区大学的学生，为了拿到那一纸文凭，丽莎负担了5万美金的债务。

　　尽管社区大学以往的记录优劣参半，但作为一种缩小机会鸿沟的手段，社区大学可以为穷孩子提供一条切实可行的流动通道，最终还是不失其希望。但如要真正担当起这一角色，社区大学还需要更多的资金，改善它们的学生服务系统，同本地就业市场和四年制大学建立起更好的对接，也必须降低它们的退学率。美国最好的社区大学，比如迈阿密的达德学院，积极迎接着这项挑战。最后，请允许我用两位 ²⁵⁸ 社区大学专家亚瑟·柯恩（Arthur Cohen）和弗罗伦斯·布洛尔（Florence Brawer）的一段话做结语，"社区大学的潜力要大于任何其他教育机构，原因在于它心系的是那些最需要帮助的人群……如果社区大学可以让更多一些的学生走向主流社会所理解的成功，那么社区大学的一小步将是改变整个世界的一大步。"⁶⁴

邻里社区

　　在学校和社区之间有着一条相互交叠的地带：孩子们放学后的活动、生活中的益友良师以及课外活动，都是既同学校有关的，又同社区相关的。如我们在第四章中所述，美国人创设课外活动，目的正是要推进机会平等，而大量的调查研究也已证明这一策略确实奏效。课外活动提供了一种自然且有效的方式，不仅为孩子提供人生指导意见，而且培养他们的软实力。我们也已有了一个密集于全国的社会关系网，其中到处都有教练员、辅导员、生活参谋以及随时准备帮助孩子的专业人士。简言之，为了应对机会不平等的问题，我们美国人早已发明并且运用着这一近乎完美的工具——在社会、教育和经济政策的现实世界中，这也许是我们所能发现的灵丹妙药。但有悖常情的是，在这个机会鸿沟越拉越大的时代，我们反而建立起付费者请进的机制，把穷孩子驱逐出这个久经时间检验的系统。

因此，如果你关注本书所讨论的问题，那就请你立刻动起来。合上这本书，马上登门拜访你所在学区的主管——最好带一位朋友与你同行——询问你所在的学区是否也采行了有偿付费的课外活动政策。若是学区主管告诉你，穷孩子可以申请减免费用，那么请向他解释，减免费用可不只是签署一纸文件，因为这实际上是在穷孩子身上贴上污名的标签，就好像在说，"我父母太穷了，我这样的穷孩子连那一点费用都付不起。"告诉那位主管，如果每一位学生都能参加球队或乐队，那么学校里的所有学生都能从中受益。坚决要求终止有偿付费的政策。在你离开前，再问一下有什么你可以做到的，让本地学校在课堂内外都能更好地为穷孩子服务。

259　　让穷孩子在生活中可以遇到更多的益友良师，可以说是帮扶的一种重要手段。我们在第五章中已经看到，来自长者的人生经验，可以让孩子们的生活发生大不同，但我们同样也发现，孩子们在获取非正式指导上存在着巨大的阶级鸿沟，而迄今为止，正式的指导项目完全无力缩小这种非正式指导的剪刀差。目前，本地化的指导项目存在于美国各地的许多社区内，但是穷孩子始终渴望得到更多的来自成年人的指导。如果此类项目可以在短期内得到快速扩张，就可以切实有效地缩小机会鸿沟。

当然，严肃的指导需要严格的训练、审慎的建议，最重要的还是要能持之以恒，切不可半途而废。[65]不少穷孩子在生活中都有被大人所抛弃的痛苦经历，他们人生中最不需要的就是又来了一位不靠谱、如"过客"一样的成年人。当益友良师来自某种基于共同兴趣的社会关系，比如网球、滑板或钓鱼，这样的指导就是最稳定，也最有效的。[66]若是可以把美国志工团（Ameri Corps）的志愿者项目整合起来，将资源集中投放在为穷孩子提供人生指导上，那么这不啻释放出一个信号，代表着整个国家对缩小机会鸿沟的承诺。

在第五章中，我们认识了生活在费城地区的四位年轻女孩，对于她们来说，来自教会人士的支持和建议都曾是至关重要的。但放到全国范围内来看，教会目前只能说是尚未发力，他们可能的贡献远不止如此。例如，根据我们在第五章曾提到的调研，在对全国范围的年轻人进行抽样调查后发现，无论是正式指导，还是非正式指导，宗教机构都**不是**主要的源泉。如果美国宗教界也意识到机会鸿沟的非道德性，有心力挽狂澜，那么为社区孩子提供人生指导，应当是最能立竿见影的方式。

考虑到邻里社区的重要性，如我们在第五章中所言，社区的再造也是缩小机会鸿沟的一条必由之路。就此而言，社区改革，不仅关系到学生的在校表现，而且会影响穷孩子在校园以外的生活。严格说来，邻里社区的重建并不是一个此前无人耕耘的领域，在过去半个世纪中，地方、州和联邦政府的决策者，也包括产业和社区的领导人，都试验了许多种社区复兴的路径。一般说来，这些策略落入了两个类型。260

直接对贫穷社区投资。自20世纪70年代起，这种方案就常见于美国各地，结果有喜有忧。[67]例如，密尔沃基市的"新希望"项目在20世纪90年代启动，为贫穷社区的贫穷家庭提供工资和工作支持，结果令人可喜，父母的经济收入得到提高，孩子们在学校的表现和行为也有所改进。从巴尔的摩、查塔努加、代顿、洛杉矶到圣保罗市，"就业增加"项目也收到了类似的良好反馈数据。[68]这种社区投资项目能否获得成功，关键取决于在政府、私营部门和地方社区之间能否结成伙伴合作关系。

将贫穷的家庭迁移到比较好些的社区。根据对这类项目的追踪评估，反馈的结果比较混杂，即便成功也很有限，但通常还都是积极的，尤其是对小孩子帮助很大。有些证据也表明，如果同时可以为这些家庭提供细致入微的指导意见，帮助他们融入新社区，其积极效果还会更明显。[69]

缩小机会鸿沟——我们可以

现如今，机会不平等日渐扩张为鸿沟，将美国有产阶级和无产阶级的孩子分隔在两侧。这是一个复杂的问题，这也就意味着解决此问题并不存在着一蹴而就的办法，面对着这个难题，我们有许多可供入手之处。有些事情可以立即上马，比如说尽早终结课外活动的有偿收费政策。还有一些变革要涉及更多的方面，比如启动全国范围内的幼儿教育项目或者恢复工人阶级的工资水平，执行起来需要更长的时间，但此时不行动，又更待何时呢？一方面，我们必须在成本收益分析的基础上做出审慎的判断，但另一方面，行动起来也是刻不容缓的。

公立中学运动致力于推广公立中学教育，从启动之初到公立中学在美国遍地开花，竟花了数十年之功，当然，正是因为这场运动，美国才能成为全世界经济生产力和社会流动性的领头羊，但如要对这场运动追根溯源，还要重返一个世纪之前，当时各地有识之士从本地社区做起，由下至上地发动这场大变革。公立中学运动之所以取得成功，归根到底在于境况更好的美国人心甘情愿地为学校投资，即便从中受益的主要是别人家的孩子。

在美国的历史上，不断扩大的社会经济鸿沟威胁到我们的经济，我们的民主、我们的价值观，当然并不是没有先例的。我们如何做，才能成功地克服这些挑战，将下一代拉回到机会平等的竞争场域内，具体的回应在细节上是因时而异，因地制宜的，当然，举措虽然各不相同，但却万变不离其宗，背后都有一种承诺：我们愿意将自己的资源投放在别人家的孩子身上。而这种承诺之所以成立，离不开的是一种发自美国人内心的情感——这些孩子，同样，也是我们的孩子。

并不是所有的美国人都怀有这种同胞之间同舟共济的情感。波士顿圣人拉尔夫·沃尔多·爱默生曾著有《自立》（Self – Reliance）一文，他在其中这样写道，"不要告诉我，不要像今天的善心人士那样告诉我，我有责任让所有的穷人都过上好日子。他们穷，但他们是我的穷人吗？我告诉你，你这个愚蠢的慈善家，我吝惜每一块钱，每一角钱，甚至每一分钱，那些穷人与我毫不相关，对他们，我分文必争。"[70]拔一毛而利天下却不为，爱默生可谓是美国自由主义传统的雄辩代言人。

近两个世纪后，同样在波士顿地区，在勤劳的工人阶级聚居的切尔西郊区，此地的市政官，也是生于斯长于斯的杰伊·阿什（Jay Ash），在谈到无依无靠的移民儿童近期大量涌入时，他引出了更有气度的社群主义传统："如果我们的孩子遇到困难——我的孩子，我们的孩子，任何人的孩子——我们所有人都不应袖手旁观，而有责任照看他们。"[71]

在今日的美国，阿什说的是对的，不仅如此，即便是那些像爱默生一样思考的美国人，事到如今也必须承认我们对这些孩子的义务。因为我们和穷孩子之间是你中有我，我中有你的。他们，也是，我们的孩子。

《我们的孩子》的故事

詹妮弗·席尔瓦　罗伯特·帕特南

我们的定性研究

263　　有些人从数据中认识世界，但大多数人是通过故事来了解生活。鉴于本书的主要目标是让更多受过教育的美国人看得到"社会的另一半是如何生活的"，我们就用大量的篇幅去讲述富家子和穷孩子的人生故事。当然，本书大部分还是让严谨的数据来说话，这些定量证据确证了美国孩子之间日渐扩大的机会鸿沟。但是，虽然量化的数据可以告诉我们美国儿童现在的生活状况（*what*），以及我们为什么应当关心孩子的事（*why*），但阅读这些冷冰冰的数据却始终如同雾里看花，让我们难以体会生活的真相：在眼下的世界，"我们的孩子"意识全面枯萎，为孩子提供机会成了一家一户的私人责任，成长于这样的时代意味着什么？

　　定量的数据无法为我们展示日常生活的种种模样（*hows*）：像斯特芬妮这样的单亲妈妈，靠着微薄的工资将孩子们养大，不但要时刻想着如何为孩子们提供一个安稳的家，保护他们免受街头的危险，还要在孩子成长过程中照看他们；像大卫这样的大男孩，被入狱的父亲以
264　及酒鬼继母所抛弃，饱尝生活的苦难，但即便如此，在一个恶意满盈的社区内，他还是努力着要做一个好爸爸；甚至像玛尔妮这样的中上阶级的母亲，也在为子女的未来而惶惶不可终日，担心孩子们无法应

对这个工作环境残酷、家庭关系脆弱的世界。

为了追寻生活的真相，詹妮弗花了两年时间走遍美国各地，访问年轻人和他们的父母，问题五花八门却不离其宗，都围绕着"在现如今的美国，成长是什么样的"。她的第一站就是本书作者帕特南教授的家乡，俄亥俄州的克林顿港。在帕特南教授的回忆中，克林顿港是一个机会的乐土，每一个孩子，无论穷或富、黑或白，都能从父母、店主、教师、牧师、校监和教练那里获得人生建议、机会和支持。詹妮弗访谈了帕特南当年的十多位同学，并对全班同学进行了一份书面调查（详见下文），得到的反馈非常吻合帕特南的记忆。但是，当詹妮弗在 2012 年春访问作者家乡时，20 世纪 50 年代的克林顿港早已不知何处去，随之一同消失的是普遍的经济繁荣、社区中无所不在的凝聚力、惠泽所有家庭的平等机会。从克林顿港返回后，詹妮弗带回了这个市镇甚至整个美国的"双城记"：一边是中上层阶级的孩子，他们从读书起就有家庭为之储蓄的大学基金，参加足球队的小联赛，也有关爱他们的教堂长者；另一边是工人阶级的同龄孩子，他们的成长历经险阻——心狠手辣的继母，入狱服刑的父亲，意外怀孕，还有青少年拘留。得知自己的家乡在半个世纪后就已经面目全非，穷孩子已经失去了成功的机会，这一开始让帕特南甚为震惊，也让我们怀疑是否碰到的是生活在工业衰退地带的工人阶级孩子，他们是非典型的，境况远不及普通工人家庭的同龄人。

于是我们扩展了样本，新增了明尼苏达州的德卢斯（Duluth）、宾夕法尼亚州的费城、佐治亚州的亚特兰大、阿拉巴马州的伯明翰（Birmingham）、德克萨斯州的奥斯丁（Austin）、俄勒冈州的本德镇、加利福尼亚州的橘子郡、马萨诸塞州的沃尔瑟姆（Waltham）和威士顿（Weston）。这些调查地点代表着美国各地多种类型的地方经济和文化，包括工业衰退地带的去工业化的小镇（克林顿港和德卢斯）、中产阶级云集的旅游胜地（本德镇）、欣欣向荣的高技术"奇迹"城市（奥斯丁）、发展不平衡的都会区（费城和亚特兰大），还有仍无力摆脱民权革命遗留问题的伯明翰。之所以选择橘子郡，是因为它向来被认为是超级富豪的圣地，因此可以让我们看到这种"橘子郡"神话所掩盖的贫穷工人阶级移民社区。回到波士顿，沃尔瑟姆和威士顿虽然毗邻相望，但在家庭收入、学校质量和房产价格上都悬殊极大，这也让我们看到 128 号公路这条"美国科技大道"是如何切割出"两个美国"的。

接下来的两年，我们用了数百个小时，走访了上述研究地点的许多家庭，访问了 107 名刚刚成年的年轻人，只要情况允许，我们也采访了孩子的家长。詹妮弗完成了本书所记录下的绝大多数访谈，而贾思敏·桑德尔森（Jasmin Sandelson），这位哈佛大学社会学系才华横溢的研究生，也参与了这一过程，还记得伊利亚么？他就是贾思敏在亚特兰大的购物中心遇见的。我们选择从 18 至 22 岁的年轻人着手——这个年龄段的孩子刚从高中毕业，已经开始思考大学和未来的工作。在刚成年的这一人生阶段，年轻人也才脱离家庭和中学的体制化环境，开始严肃地思考如何建立自己的认同和生活，通过聚焦于这一群体，我们可以进入这些孩子们的世界，感知他们是如何理解自己的童年的，又是如何规划他们的未来的。这样安排，我们不仅可以看到他们对未来的憧憬，同时可以认识到在他们成长路上等待伏击的经济、社会和文化拦路虎。

作为补充，我们在访问年轻人时，至少还要和他们父母中间的一位进行交流。（有时候，父母和孩子会一起受访，但只要条件允许，我们就会单独访问他们。但在有些案例中，年轻人已经同父母双亲失联，我们对此无能为力，也无从得知家长的看法。）通过对父母的访谈，我们可以获悉许多生活的细节，比如家庭的经济状况、家庭住址以及子女入学的选择、家庭教育的理念和实践以及对下一代人生未来的爱与怕。父母总是会回忆起他们自己的童年，由此我们也可以着手比较两代人成长历程的变动，包括父母教育的方式、邻里和社区的凝聚力以及校园的环境。

本书讨论的是不断扩张的阶级鸿沟，因此我们把受访对象分为两类：一类是中上层阶级的家庭和孩子，另一类是工人阶级的家庭和孩子。但问题是，在美国文化中，"社会阶级"向来是一个充满争议的模糊语词。在本书中，我们运用父母的受教育程度作为区分的指标——父母若是自四年制大学毕业，则他们以及他们的子女就被归类为中上阶级；如果父母的教育仅止步于高中，则这样的家庭就被归类为下层阶级或工人阶级。在本书中露面的共有 10 位中上阶级的父母，在他们中间，5 人有本科学位，4 人获得了硕士学位，还有 1 位则是在子女长大成人后重返高校读书。他们的子女，要么是正在读大学，要么是已经完成了大学学业。相比之下，13 位工人阶级的父母出现在本书中，其中连高中都没毕业的有 5 位，拿到高中文凭的有 4 位，还另有 4 位的情况我们不得而知（因为他们已经消失在子女的生活中）。这些工人阶级子弟好歹都读完了高中，至少是拿到了同等学力证书，他们中间有 3 位还读过几天大学，但无一从大学毕业。

在每一座城市，我们在访谈时都尽可能追求一种"四重奏（quartet）"的模式：一对工人阶级的母女，再搭配一对中上阶级的母女；或者是，一对工人阶级的父子，再搭配一对中上阶级的父子。（有时因为当地条件所限，我们无法严格遵循四重奏的模式，但在大多数地方，我们访谈了不止一组的四重奏。）我们之所以用母女配或父子配，就是为了控制性别这一因素，在我们比较两代人成长过程之变时尽可能排除性别因素的干扰。例如，俄亥俄州的温蒂曾回忆起，自己的父母从来没有期待过她能有什么事业上的建树；而切尔西，她的女儿，却小小年纪就立志要做一名律师。这一研究进路可以让我们发现，育儿模式的性别差异正在缩小，但阶级差别却在分化。

为了找到合适的家庭，我们会请当地学校教员、学区委员会、非

266

营利组织以及社区内其他德高望重的人士作为我们的推荐人，替我们代为联系。但我们也从"实地探访"中收获不小——开着车，从沃尔玛到游戏厅再到快餐店，或者从大学校园到修车厂再到中介处或购物中心，在年轻人购物、工作、学习和玩乐的地方去寻找合适的受访者。对我们来说，还有一些"狩猎处"，比如警察局、消防站、工厂、餐馆、社区中心、娱乐场所，还有各种类型的大学，社区的、地区的、州立的以及私立的。

267

我们会首先询问参与者的意愿，他们是否愿意"参与一项有关当代青少年成长经验的研究"。在我们所接触的孩子中间，直接拒绝的屈指可数，当然还有几位穷孩子拒绝介绍我们认识他们的父母，因为他们同父母已经日渐疏远，彼此间的隔阂无可修复。为了答谢他们的参与以及付出的时间，我们向所有的受访者支付了 50 美元。而他们如何开销这 50 块钱，也大有讲究：中上阶级的父母往往会婉拒这份报酬，他们的孩子则开玩笑说，这钱正好可以拿去买啤酒；但工人阶级的家庭则会用这 50 块钱解决燃眉之急。橘子郡有一个虔诚的宗教家庭，果真将我们视为"上帝派来的救星"，因为他们那天正好要等米下锅，50 块钱解决了他们的燃气费以及吃饭钱。同是在橘子郡的罗拉，这个女孩用这笔钱吊唁了前几天在黑帮火并中被枪杀的一位亲戚。

通常说来，寻找受访者的过程已经让我们进入他们的日常生活。例如，当我们在亚特兰大接洽在服务业工作的斯特芬妮并告诉她，我们可以支付她的女儿 50 美元以参与一项研究时，她当即给女儿米歇尔打去电话，要求她在詹妮弗到访之前必须待在家里，哪儿也不能去——这就是一个信号，可见，既没有工作也不再上学的米歇尔是多么需要这 50 美元，詹妮弗在本德镇还访问了一位名叫比尔的消防员，他们约好在当地的炸鱼餐厅见面，访谈时比尔把一大家子都带来了，他对此解释说："我们就是想让两个孩子能亲眼看见一位真正上过大学、做着正经工作的女士。"我们打心底里意识到，当有些贫穷的父母指导孩子走向前途不明的未来时，这些工人阶级的家庭是有多么手足无措、彷徨无助。

访谈时，我们有自己的套路，问题首先从家庭的经济状况开始，包括他们住在哪里，他们是否已经买下现在的房子——还是仅仅租住，是否有钱支付各种生活账单？有没有医疗保险或退休金？是否经常会感到手头太紧？接下来，我们会问到家庭结构、为人父母的方式、子女的在校经历、课外活动状况、宗教参与，还有关于生日和节日的记忆。

由于我们特别关注机会和社会流动，所以接下来会请年轻人及其家长回忆一下他们曾经的理想以及对未来的期待，这方面的问题包括："请告诉我，当你决定未来要做什么时，你是如何做出选择的？你当时手上有什么样的选项？你的学习成绩如何？你是否参加了 SAT 考试？中学毕业时是打算继续上大学，还是找工作？从什么时候开始，你会和父母讨论上大学的事？谈论大学时，你们都会谈论些什么？"我们还会问到一系列与大学相关的问题，包括是否参观过大学，是否读过大学预科班，是否请过私人的大学申请顾问或写作指导老师，是否有实习或工作的经验，以及是否参与过课外活动。我们的问题还涉及是否会提前储蓄大学学费，是否拿到奖学金或其他大学基金的问题。我们还会关注年轻人可能获得的社会资源，包括益友良师、辅导员、教师、牧师以及生活中其他重要的成年人。我们还会问及很多"感情"方面的问题，关于信任、安全、希望以及对未来的焦虑；关于生活是在实现他们的理想，还是一再让他们失望；以及一路走来，他们得到了什么帮助，又遭遇到什么样的阻力。

每一场的访谈，我们都会谈到上面这些计划内的话题，但与此同时，我们也会为受访者留下充裕的空间，让他们讲述自己的故事，提出我们的访谈框架不曾触及的重要问题。有些时候，我们事先拟定的访谈大纲显得很傻很天真，比如，当我们采访玛丽·苏的时候，面对着这个自小就被母亲所抛弃、童年时仅有一只小老鼠为伴的年轻女工，我们竟然开口就问她关于钢琴课的问题。只有在这种场合，我们才意识到工人阶级的孩子早已偏离了我们脑海中的"正常"童年，因此我们鼓励受访者可以用他们自己的话，讲述他们自己的故事。

允许受访者跳脱既定的剧本，有时候可以让我们大开脑洞，发现不少此前在我们的分析中缺失的成长经验类型。比如，根据关于家庭结构的定量数据，我们之前区别了两种类型的家庭：一种是中上阶级的稳定的新传统家庭，另一种则是工人阶级的动荡破碎的家庭。但我们在费城遇见了玛尔妮，这位离过婚的中上阶级母亲就揭示了一种不同的现象：当子女们遭遇压力事件时，中上阶级的父母会启动"安全气囊"（比如送女儿到寄宿学校，雇人开车接送孩子们参加课外活动，请专业心理顾问辅导女儿），保护着孩子们，缓冲父母离婚和单亲家庭所可能导致的伤害。

我们的访谈一般持续 1 到 3 个小时，在这之后，詹妮弗经常会进行跟踪访问，有时候是面对面，有时候是打电话。受访者可以随时中止访谈，也有权拒绝回答任何问题，但几乎没有人这样做。征得受访者的允许，我们对访谈进行了录音，根据录音整理出文字稿。詹妮弗对每一个案例都写下概要，然后我们整个研究团队都对这些案例进行了全方位的讨论。根据我们讨论的共识，帕特南主笔写下了这些孩子的人生故事，也就是你们在本书中读到的。

追踪这些工人阶级的年轻人并不容易，因为他们可以说居无定所，手机也经常因为欠费而停机。最终，我们发现了联络这些工人阶级孩子的最好办法，这就是 Facebook，即便他们频繁更换电话号码，但 Facebook 的账号始终保持活跃。观察他们的更新状态，同他们在 Facebook 上互动，我们可以获取比一次简单访谈要深入得多的信息，在他们的允许下，我们也在分析中运用了他们于 Facebook 上的状态更新和发帖。

　　每一次访谈，都是在受访者选定的场所。中上阶级的家庭通常就选在家里，如此一来，我们就可以亲眼看到宽敞的庭院、安全的街区、孩子的照片被骄傲地摆放在一眼就能看到的位置——身着棒球服或舞蹈服，还能体会到家庭晚餐以及言谈举止之间令人愉悦的日常生活节奏。有些时候，我们也会到工人阶级的家庭，家访的信息量同样很大。例如，当我们造访生活在圣安娜地区的罗拉和索菲亚时，我们很难不注意到路边无所事事的青少年，只要有外人驱车经过他们的社区，必定会被他们的怀疑目光上下打量。还有些时候，我们的采访发生在咖啡店、餐馆或停车场，一面交谈，一面吃着像油炸鲈鱼这样的地方风味，或者是看着孩子们在身边玩耍。 270

　　很多时候，录音按钮没有按下时，反而是我们能从受访对象那里获得信息最多的时候。例如，在开启这一研究项目后不久，那些平日只出现在有关家庭结构之研究文献中的问题，就成为我们眼前活生生的现实，一个又一个的工人阶级孩子告诉我们，他们的父亲因为身陷牢狱、沉迷毒品、有暴力倾向，或者干脆就已经消失得无影无踪，所以无法接受我们的采访（也因此让我们事先设计的四重奏框架无法完全自圆其说，要加以调整）。工人阶级父亲的缺席，是我们在做研究设计时没有预料到的，但对我们来说也是非常有用的信息。当米歇尔开车带着詹妮弗穿过克莱顿县时，她小心翼翼，唯恐稍有违规就会被警察拦下，她还告诫詹妮弗，在这个穷人区出没是多么危险，就在那个片刻，我们也体会到了身为一个年轻、贫穷的黑人是何种滋味。就连与工人阶级的受访者敲定访谈时间这件小事都不容易，因为他们缺少方便的交通工具，没钱给汽车加油，工作时间不稳定，同时孩子也少人看管。由此可以想见，在这种干扰不断、险象环生的环境内，他们实在无力规划自己的未来。

　　在做访谈时，建立起彼此间的信任是至关重要的。为了保护我们的受访者，我们会首先告知他们这项研究的目的所在——为了理解美

国孩子在今天的成长经历——并且向他们承诺，在讲述他们的故事时
不会暴露其身份。因此，各位读者在本书读到的故事，事无巨细都是
真实的，但受访者用的是化名。有些时候，对于可能透露受访者身份
的信息，比如学校或工作单位的名字，我们会做模糊化的处理，代之
以"一所常春藤盟校"或者"华尔街的一家大型公司"这样的标签，
足以把读者带入语境即可。所有加引号的引语，都来自受访者的原话，
一字不差。[1] 我们的访谈遵循了联邦政府关于人文学科研究的规章，
每次访谈开始时，我们都要说明我们将如何使用受访者提供的信息，
访谈结束后，我们还会请受访者签订一份知情同意书，授权我们在研
究中运用他们的资料。

詹妮弗是一位训练有素的田野调查者，她不仅懂得如何找到合适
的访谈对象，而且会让年轻人乐意分享他们的人生故事。[2] 更难得的
是，她还有一种天赋可以让受访者卸下心防，谈笑风生。詹妮弗发现，
她所接触的受访者绝大多数都愿意让她到家中做客，分享他们的人生
故事。受访者之所以如此不设防，部分原因在于，我们的社会普遍认
为，年轻的白人女性如詹妮弗，大抵是纯良无害的，甚至是充盈着爱
心的。詹妮弗还熟练地运用她自身的某些背景，赢得受访者的好感和
信任。她在进行这些访谈时刚满 30 岁，看上去甚至比实际年龄还要更
年轻，那时的她刚取得博士学位，正在为寻找教职而面试，同时也刚
订婚不久。在同刚成年的年轻人对话时，詹妮弗对这些迈入成年时的
焦虑更有设身处地的理解，对于找工作、求学选择和谈婚论嫁时的烦
恼，她自己也感同身受；而在同为人父母者进行谈话时，她又能真诚

---

〔1〕 有些引语进行了简单的编辑，但仅限于删除感叹词、错误的发语词和重复词句。
为了前后连贯，同一场访谈对同一主题的评论有时会整合在一起。但这样的文字编辑绝没有
改变引语的意思或语气。

〔2〕 Jennifer M. Silva, *Coming Up Short：Working‒Class Adulthood in an Age of Uncertainty*
（New York：Oxford University Press, 2013）。

地听取他们对这同样主题的意见。

詹妮弗是家中的第一代大学毕业生，她成长在工人阶级的世界内，童年时身边多是消防员、监狱看守和农夫，但成年后在韦尔斯利学院和哈佛大学读书，也经历过中上阶级的世界。这种跨越两端的成长经历，让詹妮弗自如地游走在中上阶级和工人阶级受访者的世界之间。当受访者在 Facebook 上发出好友申请后，她都乐意接受，这也让受访者敞开心扉，彼此了解对方的生活。这样做让詹妮弗不太像一位冷漠的研究者，而更像一位正常的朋友，双方的互信和互动也由此得到进一步的提升。当詹妮弗将 Facebook 上的身份状态改为"已婚"，并放上结婚照时，很多受访者都为她的新身份"点赞"。

最终，我们选择深入描写其中的五个地区，在每一个地区内，登场的只有两个或三个家庭。将本书的叙事范围缩小到五个地区，有助于我们将受访者的故事放回更丰厚的历史、社会经济和文化语境内。我们之所以选择这五个地区，是因为它们从整体上呈现出了美国的多元性——地域上有北部、南部、东部、中西部和西部；规模上有大城市，也有小城镇；经济发展上有欣欣向荣之地，也有凋敝零落之地。我们之所以选择前文中出现的家庭，一部分原因即在于这些家庭从整体上反映出美国于种族上的多样性，与此同时又可揭示出在某一种族团体或社群内部的阶级差异。虽然在种族、族群和地方经济文化的多样性可以呈现出美国社会的复杂，但这些范畴之间的差异，比如种族或地区间差异，就其程度或影响范围而言远远不及在同一范畴内的社会阶级差异。

从家庭和父母到学校和社区，我们的系统研究要在这些实体问题上展示全国范围内的阶级鸿沟，为此，我们在每一章都找到了相反相成的对比案例。例如，在讨论家庭结构的章节中，我们特别在同一地区挑选了一对案例，它们在父母人生和家庭结构上都有极丰富的素材，但构成了鲜明的正反对比；同样，在讨论教育的章节中，我们也找到

272

了来自同一地区的一对案例：两个地理位置相距不远，但教育质量却有天差地别的中学。

在讲述这些家庭的故事时，作为研究者，我们势必要受到种种的限制，包括有限的研究地点、种族和地域的多元性、阶级内的比对以及案例素材的丰富，也就是说，我们不得不剪辑掉许多动人的人生故事。我们多么希望有机会告诉读者妮可儿的故事，这位生活在奥斯汀市的年轻女孩在高中时怀孕了，但她一边在必胜客上夜班，一边坚持到了毕业；还有德卢斯的泰勒，他的父亲是一位大学教授，泰勒是演奏低音提琴的好手，目前在一所顶尖的常春藤大学读书；还有迪伦，出生在马萨诸塞州沃尔瑟姆市的一个工人阶级家庭，在社会服务署的建议下（现在看来或许理由并不充分），迪伦被从家里带走，现在的他在一个加油站工作，对整个世界他都有一种发自内心深处的怀疑。（詹妮弗会在她本人随后的发表中使用上述案例。）因此，我们对原材料的编辑不可避免，但我们确实也尽可能地避免在这种剪辑过程中带入研究者个人的偏见。

但无论如何，我们在本书中讲述这些故事，只是作为例证（illustrations），而不是证据（proof）。我们之所以在研究中运用了民族志的手法，目的并不是要描绘出一幅当代美国的浮世绘（考虑到我们的样本很小并且只是便利抽样，因此做到有代表性可以说是不可能的），也不是要证明故事之发生果真如我们受访者追忆的如此这般，而是要把我们的分析范畴定位在家庭结构、为人父母的方式、学校、邻里社区，然后再去讨论它们在不同的家庭、不同的种族、不同的地域是如何展开的。本书不乏展示出普遍图景的硬数据，它们均来自我们对现有社会科学研究发现的概括。无论如何，我们都相信，这些来自生活本身的故事准确地描绘了在量化数据内呈现出的趋势。

如果问我们在访谈中发现了什么，那么就是：在今日之美国，中上阶级的孩子，无论他们来自什么种族，是何性别，生活在哪个地区，

273

言行举止都惊人地相似；反过来，工人阶级的孩子看起来像是一个模子刻出来的。就以我们在亚特兰大遇见的工人阶级黑人孩子伊利亚为例，他在成长过程中经历了被父母抛弃、入狱、不堪回首的学校教育，凡此种种都让他更像克林顿港的大卫，这是一名工人阶级的白人男孩，反而要是和同样生活在亚特兰大地区、同样是黑肤色的德斯蒙德相比，伊利亚与这位生活在郊区的中上阶级的同龄人，相距实在是有十万八千里。当然，这并不是说种族因素在孩子们的成长过程中就消失无踪了；如我们在亚特兰大地区所见，无论是来自中上阶级的德斯蒙德，还是底层社会的伊利亚，他们在学校和邻里社区内都难免要遭遇恶意的偏见和歧视。但是，德斯蒙德的妈妈是按照中上阶级父母的作风来培养儿子的——当孩子在学校遇到问题时，及时出手干预；从小时候就费心费力地培养子女的认知能力和自信心；甚至对德斯蒙德出门时怎么穿衣打扮，也要加以指点——这样的为人父母之道就可以保护着德斯蒙德，让他免遭伊利亚在日常生活中所经历的许多残酷现实。

在整个调研过程中，我们时常会反思有没有遗漏什么。一开始时，当我们意识到很多工人阶级的父亲在我们的故事中缺席时，詹妮弗特意采访了两位不再同子女有任何联系的工人阶级父亲，就是为了同情地理解他们为什么失去了为人父母的能力，而不是将他们简单地妖魔化。为了更充分地把握所研究的社区，我们还在采访名单中加了一些信息源：社区内的长者、学校委员会成员、非营利组织的主管，甚至包括住在收容所内无家可归的孩子。虽然我们并没有直接使用这些采访资料，但他们的见闻和视角还是影响了我们对相关材料的分析。

我们在工作地点、学校和娱乐场所找寻受访对象，这样的抽样方式也就意味着我们无法遇见那些在工人阶级孩子中凤毛麟角的成功者——他们战胜了自己的命运，成功地进入了顶尖的大学。此外，同样²⁷⁴没有进入我们视线的是穷人社区内最孤苦无依的年轻人，他们没有工作，也不再上学，不会参与社区内的公共活动，无家可归，或流亡在外，或正在坐牢。事实上，本书中出镜的所有下层阶级的孩子都拿到了高中毕业证，至少是同等学力证书（GED），而如果在全国范围内看，出身贫穷家庭的孩子大约有四分之一并没有完成高中学业，由此可见我们的样本实际上没有考虑到那些生活在最底层的穷孩子。简言之，我们在本书中讲述了许多穷孩子的令人悲伤的故事，但我们绝没有在样本上动手脚以扩大穷孩子的困境，如果说有的话，反而是我们**实际上低估了生活在我们社会最底层的孩子们的悲剧人生**，他们是美国社会中最孤苦伶仃的孩子。

我们没有邀请受访者对本书中的人生故事进行点评，唯一的例外就是帕特南教授的同学，虽然我们在叙事中做了种种遮挡，但对于克林顿港的许多人来说，还是很容易将这些故事的主人公对号入座。正是因此，我们有时会征求他们对书中自己故事篇章的意见，但无人要求在实体内容上做大删改。

我们的定量研究

追忆往昔的流金岁月，帕特南教授会不会让情怀美化了他对20世纪50、60年代之克林顿港的记忆？同时，我们对唐、弗兰克、莉比、杰西和谢丽尔的深度访谈以及最终讲述的人生故事，能否代表着1959届的整个班级？为了验证以上两个问题，我们在2012年进行了一次匿名的书面调查，对象覆盖了克林顿港高中1959届的全部毕业生，那时他们的平均年龄已经是71岁了。

在1959届的150名毕业生中，到2010年时，有26位已经去世，还有14位联络不上（其中有些人估计也已经不在人世）。我们向余下110名老人发去邀请，希望他们能完成书面调查，其中有75位提交了答卷，占比68%。在那些没有回复的老人中，我们估计大约有15位老人是因为健康状况不佳而无法完成调查，因此合理的估计是，在有能力完成问卷的 1959 届同学中，约四分之三返回了答卷。

幸运的是，我们手上掌握了 1959 届**所有**同学的某些关键信息，包括性别、种族、班级排名，而且要感谢"高中年鉴"，我们获得了这届学生参与体育以及其他课外活动的完整记录，还有学术社团以及获奖的全部信息。因此我们可以进行大规模的数据分析，从而检测我们的调查样本如果同该届全体学生相比，在人口特征、学业以及其他方面是否存在偏差。最后得出的答案很简单，我们的样本很有代表性。当然，学有所成的女同学，在我们最终的样本中有些许的优势，但其间的差距绝不会对基本的结论造成偏差；而在其他方面，我们调查样本内的同学，都同那些因死亡、疾病、失联或者拒绝调查而未出现的班级成员，是完全一致的。

我们还用另一种方式验证了样本的代表性——我们找到了二十多位老人，他们曾一度是克林顿港高中 1959 届班级内的同学，但最终没有同全班人一道毕业。虽然这一组的反馈率要稍微低一些，只有 8 位老人提交了书面调查的答卷，这 8 位事实上都在其他地方完成了高中学业。因此，虽然我们知道 1959 届班级内有些同学因转学或退学没有完成在克林顿港高中的学业，但这部分同学的人数并不多，不会影响我们从调查样本中得出的任何推理。

我们的问卷不仅有一些开放性的问题，请受访者回答他们记忆中的 20 世纪 50 年代的克林顿港，还提出了一些很具体的选择或判断题，涉及受访者的家庭背景、校园内外的成长经验、教育和职业成绩——以及他们配偶和子女的同类信息。在本书第一章中，我们就是运用来自这次调查的信息，重现了克林顿港在 20 世纪 50 年代的社会、经济和家庭图景。而我们在对这些数据进行统计分析时，最核心的问题就是围绕着社会流动的——在何种程度上，1959 届毕业生的家庭背景可以预判出他们的教育和事业成就，又是什么样的因素介入了社会经济地位的代际传承。

276　　虽然我们研讨了测度社会经济地位的多种指标，既有关于父母的，也有关于孩子的，但迄今为止，最严整也最可靠的模型是围绕着教育成绩的，所以我们关于社会流动的分析也主要是根据这一指标：在何种程度上，我们可以根据其父母的教育程度来判断 1959 届同学的教育程度？（由于我们的结论是那代人的代际流动相对较高，因此以教育作为分析指标在方法上是偏保守的；如果我们以经济财富为指标，则代际流动看上去会更高。）

　　正如我们在第一章中所见，调查的结果竟是如此清晰明确：

　　　　从一个学生的学业成绩（按照班级排名来估算）基本上可以预测他将来能否上大学。

　　　　受教育程度较低的父母比较不会鼓励孩子上大学，而父母的鼓励对子女能否读大学也有一定程度的影响。但这两者之间的关系模式，事实上要远弱于在班级排名和读大学之间的关联，也几乎是在父母背景和子女最终成绩之间的唯一关联。

　　　　其他指标如父母财产、家庭结构或者邻里间的社会资本（事实上包括我们在本书中以指标衡量过的各种因素），在现如今的美国，它们都是制造机会鸿沟的罪魁祸首，但回到 50 年代，这些因素对孩子能否读大学或其他教育成就没有任何可见的影响。

　　为了得出上述的结果，我们运用了多变量的路径分析模型，有兴趣的读者可以登录：www.robertdputnam. com/ourkids/research。

　　如下四点说明，也许对统计学的行家里手有一定帮助。当然，这些简短的说明势必只能是泛泛而谈，定然无法满足所有专业人士的好
277 奇心。

　　　　在全书中，研究者在进行相关性的统计分析时，都进行

了标准的人口数据变量控制。

本书所指出的各种趋势、所根据的样本都有全国范围内的代表性，包括了所有的种族。事实上，在几乎所有案例中，我们都对白人的数据进行了单独的统计分析，在样本量允许的情况下，我们也会对非白人进行单独的分析。根据这些附加的分析，我们可以确证，在所有主要的案例中，机会鸿沟的变动趋势并不只是反映出种族间的模式，而至少部分是由阶级所决定的。

本书内反复出现的剪刀差图反映的是机会鸿沟的扩张，在每一个案例中，这种扩张于统计意义上都是显著的。在多数剪刀差图中，我们都用局部加权回归调整了趋势曲线，以降低年度指标中的"噪音"干扰所致的视觉误差。

本书关注的焦点是美国青少年成长资源之阶级差异的趋势。但有时候，我们所呈现的数据却只限于横断面的比较，只能显示在"今天"这个时间点上的阶级差异，而不能展示出这种阶级差异是如何历时演变的。为什么会有这一缺失？原因很简单：在这些案例中，我们无法找到此前历史阶段（通常是过去数十年）的同比数据。例如，根据我们在前文中展示的数据，美国青少年所能得到的导师资源存在着极大的阶级落差，但是在非正式指导这项指标上，我们找不到前些年间的可比数据。正是因此，我们没有定量证据去证明阶级差异是如何变化的，当然，遇到这种情况我们会尽量以定性证据来填补空缺。

最后，为了完成本书所需的分析，同时绘制出前文所见的图标，我们使用了各种公开的全国数据库。有关这些数据库的一个简单介绍，可参见 http：//www.robertdputnam.com/ourkids/research。 278

致 谢

279　　多年来，许多杰出且多产的学者在这片学术领域内辛勤耕耘，他们的累累硕果成就了这本书。在社会分层、社会流动和不平等这些问题上，我全然是一位新手，本书的研究在很大程度上得益于前人的辛勤工作和真知灼见。在研究过程中，我同很多学者成为了好朋友，还有更多的学者，我只是通过他们的发表同他们对话。当举国上下都开始直面机会鸿沟的问题时，这些研究社会和经济不平等的杰出学者，是我们这个国家的宝贵财富。

　　任何名单都难免挂一漏万，但若是因此完全略去这些学者的名字，则更是失礼。在本书的尾注内，我引用了许多学者的著作，其中有克里斯·埃弗里（Chris Avery）、珍妮·布鲁克斯－冈恩（Jeanne Brooks-Gunn）、拉贾·柴提（Raj Chetty）、谢尔登·丹齐格（Sheldon Danziger）、格雷·邓肯（Greg Duncan）、苏珊·戴纳斯基（Susan Dynarski）、凯蒂·艾丁（Kathy Edin）、葆拉·英格兰（Paula England）、罗伯特·弗兰克（Robert Frank）、弗兰克·弗斯滕伯格（Frank Furstenberg）、克劳迪娅·戈尔丁（Claudia Goldin）、大卫·格伦斯基（David Grusky）、詹妮弗·霍克希尔德（Jennifer Hochschild）、迈克尔·豪特（Michael Hout）、克里斯托弗尔·詹克斯（Christopher Jencks）、劳伦斯·卡茨（Lawrence Katz）、莱恩·肯沃西280 （Lane Kenworthy）、格伦·劳里（Glenn Loury）、道格拉斯·梅西（Douglas Massey）、萨拉·麦克拉纳罕（Sara McLanahan）、理查德·默南盖尔（Richard Murnane）、凯瑟琳·纽曼（Katherine Newman）、西恩·里尔登（Sean Reardon）、理查德·里弗斯（Richard Reeves）、罗伯特·桑普森

（Robert Sampson）、伊莎贝拉·索希尔（Isabel Sawhill）、帕特里克·夏基（Patrick Sharkey）、杰克·宋可夫（Jack Shonkoff）、马里奥·斯莫尔（Mario Small）、蒂莫西·斯弥丁（Timothy Smeeding）、贝特西·史蒂文森（Betsey Stevenson）、简·沃德佛格（Jane Waldfogel）、布鲁斯·威斯顿（Bruce West-ern）、威廉·朱利叶斯·威尔森（William Julius Wilson）。

　　一直以来，许多朋友和同事对本书贡献良多，他们有的提供见解，有的报以热情的鼓励，还有的对本书多份手稿进行点评。我要对他们表示感谢，有些已经出现在前段的名单上，还有些学者包括乔·阿贝尔巴齐（Joel Aberbach）、罗伯特·阿克塞尔罗德（Robert Axelrod）、约翰·布里奇兰德（John Bridgeland）、约翰·卡尔（John Carr）、乔纳森·科恩（Jonathan Cohn）、马太·德斯蒙德（Matthew Desmond）、罗纳德·弗格森（Ronald Ferguson）、马特·吉尔曼（Matt Gillman）、约翰·冈珀茨（John Gomperts）、大卫·哈尔彭（David Halpern）、罗斯·哈蒙德（Ross Ham-mond）、戴安娜·赫斯（Diana Hess）、娜奈尔·基奥恩（Nannerl Keohane）、罗伯特·基奥恩（Robert Keohane）、加里·金（Gary King）、梅拉·莱文森（Meira Levinson）、蔡允恩·利姆（Chaeyoon Lim）、迈克尔·麦克弗森（Michael McPherson）、迪克·奥伯（Dick Ober）、克莉丝汀·帕特南（Chris-tin Putnam）、乔纳森·帕特南（Jonathan Putnam）、劳拉·帕特南（Lara Put-nam）、保罗·索尔曼（Paul Solman）、卢克·塔特（Luke Tate）、埃尔茜·塔弗拉斯（Elsie Taveras）、丹尼斯·汤普森（Dennis Thompson）、玛丽·沃特斯（Mary Waters）。虽然一路上有他们的帮助，但对于本书仍可能存在的错误，责任在我。

　　回望这段过程，我最感谢的无疑是在本书出场的年轻人和他们的父母，他们对我们的信任毫无保留，同我们分享了自己的人生故事。他们勇敢地述说着今日美国青少年所面临的重负和机遇，让那些冷冰冰的统计数据有了现实生活的支撑。遗憾的是，职业伦理的要求，再加上我们保证受访者在书中"隐姓埋名"的承诺，让我们无法在这里

——道出他们的姓名。事实上，在大多数案例中，即便是我也不知道他们的真名，由此足见我们是多么小心翼翼地保护着他们的身份。但是，没有他们的声音，我的研究也就无从谈起。

如前篇《"我们的孩子"的故事》所述，詹妮弗·席尔瓦（Jen Silva）是我们田野调查队伍的骨干，同她一道的还有贾斯明·桑德尔森（Jasmin Sandelson）。每到一处研究选址，她们都得到了当地有识之士的慷慨相助，我们要对这些热心人表示感谢，他们分布在全美各地，包括阿拉巴马州的大卫·乔伊纳（David Joyner）和史蒂芬·沃纳（Stephen Woerner）；亚特兰大的劳伦斯·菲利普斯（Lawrence Phillips）；奥斯汀市的乔瑟夫·科普瑟尔（Joseph Kopser）；本德镇的艾比·威廉森（Abby Williamson）和已故的梅丽莎·霍克希尔德（Melissa Hochschild）；德卢斯市的霍莉·桑普森（Holly Sampson）；橘子郡的保罗·范德温特（Paul Vandeventer）；俄亥俄州的金妮·帕克（Ginny Park）、康妮·塞多斯（Connie Cedoz）、格里·吉尔（Gerri Gill）、杰克·尼茨（Jack Nitz）、简·格卢斯（Jan Gluth）、克里斯·高尔文（Chris Galvin）、帕特·阿德金斯（Pat Adkins）、加里·施泰尔（Gary Steyer）、唐·索伯尔（Don Sauber）、洛丽·克卢恩（Lori Clune）、达雷尔·奥普弗（Darrell Opfer）、劳伦斯·哈特洛普（Lawrence Hartlaub）、保罗·贝克（Paul Beck）、扎克·帕格尼尼（Zack Paganini）、纳萨尼尔·魏登霍夫特（Nathaniel Weidenhoft）、蒂法妮·佩尔（Tiffany Perl）、莫琳·比克利（Maureen Bickley），还有我的1959届同学；费城的凯蒂·艾丁（Kathy Edin）、梅洛迪·博伊德（Melody Boyd）、詹森·马丁（Jason Martin）、还有特雷西·布朗摩尔（Tracie Blummer）。

281

这项研究之源起，还可追溯至大约十年前，当时还是哈佛本科生的丽贝卡·克鲁克斯（Rebekah Crooks）提交了一篇颇有洞察力的学期论文（十年之后，她已经结婚，并冠夫姓，我们该称她为丽贝卡·克鲁克斯·赫洛维兹）。当时，丽贝卡在文中提出一个观察：若是说积极参与公共事务是哈佛同学的共同点，那么回到高中时，那些工人阶级的孩子却对此了无兴趣。讲真，我最初并没有被丽贝卡说服，但还是鼓励她可以用一些经验数据来验证自己的观点，在这之后，她以此为题完成了自己的毕业论文，最终证明这一命题比她本人起初设想的还有更广泛的适用力。毕业后，丽贝卡并没有在学界谋生存，但带着她的祝愿，我组建了一支研究团队，开始和我一起推进她最初的设想——我要承认，我们起初的工作是漫无头绪的，但随后，怀着不间断的兴趣和热爱，我们发现了越来越多的证据，可以证明丽贝卡是对的——确实，在现如今的美国年轻人中间，阶级鸿沟正在不断扩张。

这项研究随后变成了一项团队作业，在我们的团队中，许多位在读博士和博士后研究人员可以说是精诚合作，乐于奉献，从他们的非凡智慧和严谨态度中，我受益良多。他们阅读了巨量的相关研究文献，在此基础上进行了详细的文献综述；他们广泛涉猎各种相关的数据源，然后用最先进的统计手段进行数据分析；最重要的是，他们反复推敲并仔细验证本书中的每一项论证和推理。大多数时候，我会采纳他们的建议，但也并非总是如此，因此本书中所有遗留的错误仍责任在我。

可以这么说，在我的学术生涯中，我从来没有遇见过比这组人更犀利也更有责任心的合作者团队。他们由以下成员组成：乔什·博利安（Josh Bolian）、布丽尔·布莱恩（Brielle Bryan）、布列塔尼·巴特勒（Brittany Butler）、安妮·芬顿（Anny Fenton）、鲁本·芬尼格罕（Reuben Finighan）、凯特·格莱斯布鲁克（Kate Glazebrook）、霍普·哈维（Hope Harvey）、伊丽莎白·霍利（Elizabeth Holly）、蕾切尔·霍恩（Rachel Horn）、芭芭拉·基维特（Barbara Kiviat）、塞勒斯·莫坦尼（Cyrus Motanya）、卡蒂·罗伯茨－赫尔（Katie Roberts–Hull）、贾斯明·桑德尔森（Jasmin Sandelson）、洛伊斯·谢伊（Lois Shea）、沃尔夫冈·西尔伯曼（Wolfgang Silbermann）、埃里克·史蒂芬（Eric Stephen）、劳拉·塔齐（Laura Tach）、布莱恩·汤姆林森（Brian Tomlinson）、詹姆斯·沃什尔（James Walsh）、埃德温纳·沃纳（Edwenna Werner），还有马特·赖特（Matt Wright）。

282　　在这项研究进行到最后收尾的三年时，核心团队是一个卓越的五人组：埃弗林·阿尔廷塔斯（Evrim Altintas）、卡尔·弗里德里克（Carl Frederick）、詹妮弗·席尔瓦、凯撒·斯内尔曼（Kaisa Snellman），还有奎妮·朱（Queenie Zhu）。现如今，这五位年轻学者在不平等研究的领域内都有了一席之地，是年轻一代的领军之才，未来的成就更是不可限量。我很幸运，在他们学者生涯的起步阶段，可以有机会向他们学习。没有他们的帮助，也不可能有这本书。

　　这样的一个大型研究项目，必然不可缺少研究经费的支持。在这方面，我们得益于许多研究机构的支持，它们与我们这个团队可谓志同道合，都认为机会鸿沟的问题事关美国的未来。因此，探讨这个问题，既要求广角镜（涵盖多学科的智识资源，同时包容更多元的视角），又需要显微镜（深度聚焦，观察单个孩子及其家庭、社区的生活经验）。正是如下机构的慷慨解囊，才使这项研究得以可能，它们是斯宾塞基金会（Spencer Foundation）、洛克菲勒兄弟基金（Rockefeller Brothers Fund）、凯洛格基金会（W. K. Kellogg Foundation）、福特基金会（Ford Foundation）、列格坦研究所（Legatum Institute）、马克尔基金会（Markle Foundation）、威廉·格兰特基金会（William T. Grant Foundation）、安妮·凯西基金会（Annie E. Casey Foundation）、比尔与梅林达·盖茨基金会（Bill and Melinda Gates Foundation）、纽约－卡耐基基金会（Carnegie Corporation of New York）、国家和社区服务处（Corporation for National and Community Service）以及曼彻斯特大学。哈佛大学肯尼迪政府学院，尤其是院长大卫·埃尔伍德（David Ellwood）和执行院长约翰·海格（John Haigh），对我的支持一如既往，他们从不间断地帮助我们这个团队乘风破浪，到达了目前的终点。

　　一个坚强的研究团队，需要一个坚强的团队领导人。近20年以来，汤姆·桑德（Tom Sander）始终与我通力合作，在我所进行的一个又一个研究项目中，担当着行政主管的角色。本书的每一处分析和论证，都基于他所带队或亲自参与的研究。汤姆思维灵活（在许多不同的领域内旁征博引），为人正直（不厌其烦，反复推敲，要的就是我们兜售的观点能经得起检验），时刻准备着，愿意为这个世界的公正与和平贡献自己的力量。他总是以无穷的耐心督导着我们，帮助我们去争取这一项目的研究经费。汤姆所做的，永远不只是列举问题，而是带领着我们去寻找解决之道。

凯莉·吉布森（Kylie Gibson）用她一以贯之的责任心和敏锐感，打 283 理着我们这个团队的繁重行政事务，在这一问题上，还要感谢她的前任，至今仍是我们团队资深顾问的路易斯·肯尼迪·康维斯（Louise Kennedy Converse）。不仅如此，凯莉还全程投入本项目的大小细节——从一开始对研究计划出谋划策，到最终文稿的文字编辑。（如果她不做我们的行政，凯莉完全可以是一名职业的图书编辑，或者空中交通管制员。）她手下还有我们研究团队的一组行政人员，他们是露丝·雷耶斯（Ruth Reyes）、斯波恩·苏霍（Saebom Soohoo）、塔拉·蒂勒尔（Tara Tyrrell）、布莱克·沃勒尔（Blake Worrall）。

托比·莱斯特（Toby Lester）的专业精神令人景仰，他编辑了本书的每一句话，甚至每一个字。正是因为他孜孜不倦的文稿编辑，这本书的文字才变得更优美、更流畅，最重要的是更简洁。西蒙和舒斯特书局的鲍勃·本德尔（Bob Bender）以及他的同事们将我的书稿打造成目前这本书——当我们打开时，每个人都深感骄傲。过去近20年来，雷夫·萨加林（Rafe Sagalyn）都是我的出版经纪人，在本书的研究、写作和出版过程中，他又一次以美好的友谊、贤明的意见和专业的知识帮助着我和我的团队，正是这些卓越的工作，让他成为这一行业中最受尊重的人。在此期间，安妮·梅勒（Anne Mellor）和彼特·卡罗尼（Peter Cerroni）帮助我维持着身体的健康和心情的舒畅，当我喋喋不休地谈论美国穷孩子的困境时，他们是优雅的倾听者。

过去20多年来，卢·费尔德斯坦（Lew Feldstein）是我的良师益友，也是美国最杰出的公民领导人之一。（他曾在新罕布什尔州慈善基金会担任多年的负责人。）卢不断敦促我承担起这个项目，坚持下去，即便有些时候我自己都会心怀疑虑，暗自打起退堂鼓。他巧妙地出谋划策，帮助我们争取经费支持，同时催促我们拿出切实可行的方案，帮助公民社团的活跃分子行动起来，缩减美国社会的机会鸿沟。我们都说，卢是一位高尚的人。

长期以来，我把心力主要放在工作上，常常疏于家庭事务，而家人从来都是我的坚实后盾。但在这个研究项目上，他们更实质性地参与进来。我的两个孩子乔纳森和劳拉，他们的人生伴侣克莉丝汀、道格和马里奥，还有我的七个孙辈（米丽娅姆、格雷、加百利、诺亚、阿朗索、吉迪恩和埃莉诺·雷恩），都对此项目怀有浓厚的兴趣，关于在当代美国社会的成长/育儿挑战，我们都有生动活泼的长篇讨论。在他们中间，有几位已经是崭露头角的社会科学研究者或小有名气的天才写手，在本书写作过程中，他们提供了大量的宝贵建议，当我操纵的球队在全家人的梦幻橄榄球联赛（电视游戏）跌落谷底时，他们也收声不讲胜利者的挑衅之语。（"重整球队以待来年吧！"）说点更严肃的，我们在研究中所知道的那些不幸家庭的故事，让我们真正意识到，我们一家人的生活是多么幸运。

罗斯玛丽，在我们这个家中，她可是当之无愧的社会资本家（social capitalist），她把教育和培养孩子当作自己一生的志业——无论是在我们这个小家中，还是邻里社区的大家中。（她生命中孜孜以求的就是我家厨房上贴的人生箴言："一百年之后，无人会在意……你银行户头里还有多少钱……但我们会因为路过一个孩子的生活，而让世界变得更美好。"）在《我们的孩子》这本书中，罗斯玛丽的角色远远超出她在此前著作中的分量。在我们的家乡，她曾为两名误入歧途的年轻女孩指点人生迷津，在我家邻近的小镇上，她曾教导那些无家可归的孩子，当她这么做时，她是在躬行我们于纸上得来的浅见。她读过

284

每一份田野调查访谈记录稿的每一句话，正是在她的帮助下，詹妮弗和我才真正理解了这些年轻的生命。她也曾反复多次逐字逐句地读过这本书，亲眼看着这本书由一开始的粗糙大纲变成了最终的出版校样。半个多世纪了，我对她的感激，无以言表！

注 释

第一章 美国梦：幻象与现实

1. Chrissie Hynde, "My City Was Gone", The Pretenders, *Learning to Crawl*, Sire Records, October 1982. 感谢哈罗德·帕洛克（Harold Pollack）提供了此处所引的这句歌词。

2. Richard Ellmann, *James Joyce*（Oxford：Oxford University Press, 1965）, 520. 感谢詹姆斯·沃尔什（James Walsh）提供了此处引语的线索。

3. 感谢威廉·加斯特（William Galston）教授告知我这一信息。

4. *Daily News*, Port Clinton, OH, June 2, 1959, 1.

5. 虽然所有受访者都授权我们在书中讲述他们的故事，但为了不至于对他们的私人生活造成侵扰，本书都采用了化名。但改变仅限于姓名，其他的情节都是真实的。

6. 她还是周四夜保龄球联赛的成员。

7. 本章的观点和数据，一部分来自于一项 2012 年的调查，对象为 1959 届尚且在世的所有同学，另一部分则来自对克林顿港以及渥太华县晚近历史的统计年鉴和档案研究。

8. 当然，世事无绝对，我那一届的女同学，经常因为结婚而终止自己的大学学业（详见后文），而她们的女儿，只要进了大学，一般都能完成学业，这也许是个例外。

9. 从统计上看，在 1959 届同学教育成就的整个区间内，只有 16% 的波动幅度是同父母教育相关联的，这主要是因为父母对读大学的鼓励程度有所差异。如果控制父母鼓励这一因素，**则经济或社会的指标均未对教育成就形成任何可以测度的影响**——父母的社会经济地位、家长有没有工作、家庭的经济安全、学生需要兼职工作以养家、房产是否在父母名下、家庭结构、社区情况，凡此种种都并不影响孩子们在教育路上能走多远。威斯康辛州曾对本州 1957 年所有高中毕业生进行追踪调研，这也是我们唯一能找到、可用于比较的 50 年代数据库，而威斯康辛州的数据也确证了上述的基本方面。由是观之，高度的社会流动性并不是克林顿港所特有的。详见 http://www.ssc.wisc.edu/wlsresearch.

10. 即便到现在，我们班上超过 60% 女同学还认为，性别"完全没有限制"她们的教育和职业选择。

11. Isabel Wilkerson, *The Warmth of Other Suns: The Epic Story of America's Great Migration*（New York：Random House, 2010）.

12. 关于种族、性别和性别不平等的变化，详见 Douglas S. Massey, *Categorically Unequal: The American Stratification System*（New York：Russell Sage Foundation, 2007）.

13. Kendra Bischoff and Sean F. Reardon,

"Residential Segregation by Income, 1970 - 2009", in *Diversity and Disparities*: *America Enters a New Century*, ed. John Logan (New York: Russell Sage Foundation, 2014), https://www. russellsage. org/publications/diversity - and - disparities; 还有 Richard V. Reeves and Isabel V. Sawhill, "Equality of Opportunity: Definitions, Trends, and Interventions", Prepared for the Conference on Inequality of Economic Opportunity, Federal Reserve Bank of Boston (Boston, October 2014), http://www. bostonfed. org/inequality2014/ agenda/index. htm.

14. 当我们所能获取的历史数据没有区分克林顿港和渥太华县时，我依据的是渥太华全县的数据。而当克林顿港和渥太华县的证据都可获取时，两者之间在趋势上是平行的，只是略有程度差异。关于俄亥俄州西北部在过去20年中的工厂关闭潮，参见以下三部分的系列报道，Joe Vardon, "Shut Down and Shipped Out", *Toledo Blade*, September 26 - 28, 2010.

15. 贫困率的计算，基于克林顿港学校午餐费用减免的学生人数，参见 Ohio Department of Education, Office for Safety, Health and Nutrition, LUNCH MR 81 Report, ftp://ftp. ode. state. oh. us/MR81.

16. 2013 年，我曾发表一篇关于克林顿港的报纸专栏，题为《摇摇欲坠的美国梦》，"Crumbling American Dreams", *New York Times* (August 3, 2013). 很快，文章在克林顿港引发了生动活泼的讨论，由此推进了此地扭转机会鸿沟之不断扩张的变革举措。到了2014年底，俄亥俄州将克林顿港的学校系统视为典型，因它成功地增加了低收入家庭孩子的考试分数，与此同时，在克里斯·加尔文的带领下，当地的联合路线组织开始了一系列看起来

大有可为的改革，为孩子们提供优质的幼儿教育和指导。这些努力能否持续下去，尚未可知，但它们至少表明，在一个小镇上凝聚公民能量和活力是有可能性的，当然，涉及范围越大，这种凝聚也就越难。

17. 换言之，本书关注的是代际之间的社会流动，而不是一代人内的社会流动。

18. Benjamin I. Page and Lawrence R. Jacobs, *Class War? What Americans Really Think About Economic Inequality* (Chicago: University of Chicago Press, 2009). 美国人到底在多大程度上接受结果平等，学者们各持异议，但他们都同意一点，即机会平等是美国人普遍的价值。参见 Jennifer L. Hochschild, *What's Fair?*: *American Beliefs About Distributive Justice* (Cambridge: Harvard University Press, 1981); Larry M. Bartels, *Unequal Democracy*: *The Political Economy of the New Gilded Age* (Princeton: Princeton University Press, 2008); Katherine S. Newman and Elisabeth S. Jacobs, *Who Cares?*: *Public Ambivalence and Government Activism from the New Deal to the Second Golden Age* (Princeton: Princeton University Press, 2010); 还有 Leslie McCall, *The Undeserving Rich*: *American Beliefs about Inequality, Opportunity, and Redistribution* (Cambridge: Cambridge University Press, 2013). 参见 Andrew Kohut and Michael Dimock, "Resilient American Values: Optimism in an Era of Growing Inequality and Economic Difficulty", Report for the Council on Foreign Relations (May 2013), Accessed August 29, 2014, http://www. cfr. org/united - states/resilient - american - values/p30203, "美国人关于经济机会的核心价值和信念，以及整个国家的经济前景，基本上仍是乐观的，并没有发生变化"。

19. Page and Jacobs, *Class War*?, 57 – 58.

20. Kay Lehman Schlozman, Sidney Verba, and Henry E. Brady, *The Unheavenly Chorus*: *Unequal Political Voice and the Broken Promise of American Democracy* (Princeton: Princeton University Press, 2012), 55 – 56.

21. Pew Economic Mobility Project Poll 2011. 事实上，低收入的美国人虽然更强调机会平等，但只是略高于结果平等。当然，很多美国人都理解，这样的二选一在真实世界中是不成立的。在本书后文中，我们将会探讨，为什么着手处理一代人中的结果不平等，乃是为下一代人带来机会平等的必要条件。参见 McCall, *The Undeserving Rich*.

22. Ben S. Bernanke, "The Level and Distribution of Economic WellBeing", Remarks before the Greater Omaha Chamber of Commerce, Omaha, NE (February 6, 2007), Accessed August 29, 2014, http://www.federalreserve.gov/newsevents/speech/bernanke20070206a.htm.

23. Frederick Jackson Turner, *The Frontier in American History* (Tucson: University of Arizona Press, 1986; orig. pub., 1920), 212.

24. David M. Potter, *People of Plenty*: *Economic Abundance and the American Character* (Chicago: University of Chicago Press, 1969; orig. pub., 1954), 91 – 94.

25. 这种观念差异也对应着美国和欧洲在财政开支上的不同模式，我们在教育上的开支更多，在福利再分配上的开支更少。参见 Anthony King, "Ideas, Institutions and the Policies of Governments: A Comparative Analysis: Parts Ⅰ and Ⅱ", *British Journal of Political Science* 3 (July 1973): 291 – 313; 以及 Irwin Garfinkel, Lee Rainwater, and Timothy Smeeding, *Wealth and Welfare States*: *Is America a Laggard or Leader*? (Oxford: Oxford University Press, 2010).

26. Richard Weiss, *The American Myth of Success*: *From Horatio Alger to Norman Vincent Peale* (New York: Basic Books, 1969), 33.

27. 准确的数字是多少，取决于调查者是如何表达这个问题的；图表显示各有一些起落，但暂无长期趋势的证据。

28. Page and Jacobs, *Class War*?; McCall, *The Undeserving Rich*. Page 和 Jacobs (p. 51) 的报道中提到，到 2007 年时仍有 3/4 的美国人相信，"只要努力工作，就可以从贫穷变为富有"。然而，Gallup (McCall 在 p. 182 引用了他的话) 认为，美国民众"对通过努力成功的概率的满意度"从 2001 年的 76% 下降到了 2012 年的 53%。另外，2014 年的一项民意调查发现，"10 人中仅有 4 人（42%）认为美国梦——只要努力便能上进——至今仍存在，[反之] 几近一半（48%）的美国人认为美国梦已一去不复返"。同时，"多数美国人（55%）认为，这个国家最大的问题正在于上升机遇的不平等"。Robert P. Jones, Daniel Cox 和 Juhem Navarro – Rivera, "Economic Insecurity, Rising Inequality, and Doubts About the Future: Findings from the 2014 American Values Survey", Public Religion Research Institute (PRRI), Washington, DC, September 23, 2014, at http://publicreligion.org/site/wp – content/up loads/2014/09/AVS – web. pdf.

29. Claudia Goldin and Lawrence F. Katz, "Decreasing (and then Increasing) Inequality in America: A Tale of Two Half – Centuries", in *The Causes and Consequences of Increasing Income Inequality*, ed. Finis Welch (Chicago: University of Chicago Press, 2001), 37 – 82.

30. Massey, *Categorically Unequal*, 5.

31. 这种分化模式既适用于个人收入，也适用于家庭收入，既适用于税前收入，也适用于税后收入。收入不平等的加剧，反映出的不是有人过好年景，有人过差年景，而是阶级固化，穷人永远是穷人，富人永远是富人。就绝对数字而言，财富不平等曾超过收入不平等，而自 20 世纪 70 年代的大逆转后，不平等的增加大头在经济收入，小头在家庭财富。Claudia Goldin 和 Lawrence F. Katz, "The Future of Inequality: The Other Reason Education Matters So Much", *Milken Institute Review* (July 2009), 28. 也可参见 Anthony B. Atkinson, Thomas Piketty, and Emmanuel Saez, "Top Incomes in the Long Run of History", *Journal of Economic Literature* 49 (March 2011), 3 – 71, http://eml.berkeley.edu/~saez/atkinson – piketty – saezJEL10.pdf; Emmanuel Saez, "Striking it Richer: The Evolution of Top Incomes in the United States", 2013, accessed November 12, 2014, http://eml.berkeley.edu/~saez/saez – UStopincomes – 2012.pdf; Emmanuel Saez and Thomas Piketty, "Income Inequality in the United States, 1913 – 1998", *Quarterly Journal of Economics* 118 (2013), 1 – 39; Massey, *Categorically Unequal*.

32. U.S Census Bureau, "Historical Income Tables: Households", Table H – 4, Accessed August 30, 2014, http://www.census.gov/hhes/www/income/data/historical/househo-ld, cited in Jennifer Hochschild and Vesla Weaver, "Class and Group: Political Implications of the Changing American Racial and Ethnic Order" (paper prepared for Inequality Seminar, Harvard Kennedy School, March 26, 2014).

33. Testimony of Robert Greenstein, Executive Director, Center on Budget and Policy Priorities, prepared for the Subcommittee on Labor, Health and Human Services, Education, and Related Agencies, House Committee on Appropriations (February 13, 2008), citing Congressional Budget Office data.

34. David H. Autor, "Skills, Education, and the Rise of Earnings Inequality Among the 'Other 99 Percent'", *Science* 344, 6186 (May 23, 2014), 843 – 851.

35. Emmanuel Saez, "Striking It Richer: The Evolution of Top Incomes in the United States (Updated with 2012 preliminary estimates)" (Econometrics Laboratory working paper, September 3, 2013), Accessed August 30, 2014, http://eml.berkeley.edu/~saez/saez – UStopincomes – 2012.pdf. 这里估算的是家庭在市场上取得的税前收入，包括资本收益；根据消费者物价指数计算出了实际购买力。

36. 许多发达国家也同样出现了类似的趋势，当然并不是全部。参见 "An Overview of Growing Income Inequalities in OECD Countries: Main Findings", in *Divided We Stand: Why Inequality Keeps Rising*, OECD, 2011, http://www.oecd.org/els/soc/49499779.pdf. 关于美国和其他发达国家的经济不平等的现状和后果，一个近期的概览参见 Lane Kenworthy and Timothy Smeeding, "The United States: High and Rapidly – Rising Inequality", in *Changing Inequalities and Societal Impacts in Rich Countries: Thirty Countries' Experiences*, eds. Brian Nolan et al. (Oxford: Oxford University Press, 2014), 695 – 717.

37. Edward N. Wolff, *Top Heavy: A History of Increasing Inequality of Wealth in America and*

What Can Be Done About It (New York: New Press, 2002); Edward N. Wolff, "Wealth Inequality", in *State of the Union: The Poverty and Inequality Report* (Stanford Center on Poverty and Inequality, January 2014); Michael Hout, "The Correlation Between Income and Happiness Revisited" (unpublished manuscript, 2013); Jennifer Karas Montez and Anna Zajacova, "Explaining the Widening Education Gap in Mortality Among U. S. White Women", *Journal of Health and Social Behavior* 54 (June 2013), 166 – 82.

38. Claude S. Fischer and Greggor Mattson, "Is America Fragmenting?", *Annual Review of Sociology* 35 (2009), 437. 如何衡量不断升级的阶级隔离，在任何社会场景中都无法摆脱方法论的困境，但基本的事实还是非常清楚的。

39. Bischoff and Reardon, "Residential Segregation by Income, 1970 – 2009"; Richard Fry and Paul Taylor, "The Rise of Residential Segregation by Income", *Pew Social and Demographic Trends* (Pew Research Center, August 1, 2012), Accessed August 31, 2014, http://www. pewsocialtrends. org/2012/08/01/the – rise – of – residential – segregation – by – income; Paul A. Jargowsky, "Concentration of Poverty in the New Millennium: Changes in Prevalence, Composition, and Location of High Poverty Neighborhoods", Report by Century Foundation and Rutgers Center for Urban Research and Education (2013), Accessed August 21, 2014, http://tcf. org/assets / downloads/Concentration_ of_ Poverty_ in_ the_ New_ Millennium. pdf.

40. Susan E. Mayer, "How Did the Increase in Economic Inequality Between 1970 and 1990 Affect Children's Educational Attainment?", *A-merican Journal of Sociology* 107 (July 2012), 1 – 32; Michael N. Bastedo and Ozan Jaquette, "Running in Place: Low – Income Students and the Dynamics of Higher Education Stratification", *Educational Evaluation and Policy Analysis* 33 (September 2011), 318 – 39; Caroline M. Hoxby and Christopher Avery, "The Missing 'One – Offs': The Hidden Supply of High – Achieving, Low Income Students", NBER Working Paper No. 18586 (Cambridge: National Bureau of Economic Research, December 2012).

41. Robert D. Mare, "Educational Assortative Mating in Two Generations: Trends and Patterns Across Two Gilded Ages" (unpublished manuscript, January 2013). 虽然我在这里讲的是两个"半世纪"，但事实上，无论是跨阶级婚姻，还是收入不平等，拐点都发生在 1970 年前后。

42. 受过高等教育者可挑选的余地越来越大，但即便考虑到这一点，正文中的结论依然如此。详见 Christine R. Schwartz and Robert D. Mare, "Trends in Educational Assortative Marriage from 1940 to 2003", *Demography* 42 (November 2005), 621 – 46; And Feng Hou and John Myles, "The Changing Role of Education in the Marriage Market: Assortative Marriage in Canada and the United States Since the 1970s", *Canadian Journal of Sociology* 33 (2008), 337 – 66.

43. 一个人最亲密的朋友，往往都是和自己同等教育水平的，参见 Jeffrey A. Smith, Miller McPherson, and Lynn Smith – Lovin, "Social Distance in the United States: Sex, Race, Religion, Age, and Education Homophily Among Confidants, 1985 to 2004", *American Sociological Review* 79 (June 2014): 432 – 56. 在工作场合内，基于教育程度的事实隔离也越来越森严，

参见 Michael Kremer and Eric Maskin，"Wage Inequality and Segregation by Skill"，NBER Working Paper No. 5718（Cambridge：National Bureau of Economic Research，August 1996）. Theda Skocpol，*Diminished Democracy：From Membership to Management in American Civic Life*（Norman：University of Oklahoma Press，2003）. 这本书令人信服地证明了如下命题：曾经，公民组织可以将来自不同的社会经济背景的人们聚合在一起，但现在，它们已经失去了这项功能。

44. Jacob A. Riis，*How the Other Half Lives：Studies Among the Tenements of New York*（New York：Charles Scribner's Sons，1890）.

45. Michael Hout，"Economic Change and Social Mobility"，in *Inequalities of the World*，ed. Göran Therborn（New York：Verso，2006）；Elton F. Jackson and Harry J. Crockett，Jr.，"Occupational Mobility in the United States：A Point Estimate and Trend Comparison"，*American Sociological Review* 29（February 1964），5 – 15；Peter M. Blau and Otis Dudley Duncan，*The American Occupational Structure*（New York：John Wiley，1967）；David L. Featherman and Robert M. Hauser，*Opportunity and Change*（New York：Academic Press，1978）；Robert M. Hauser and David L. Featherman，"Trends in the Occupational Mobility of U. S. Men，1962 – 1970"，*American Sociological Review* 38（June 1973），302 – 10；Massey，*Categorically Unequal*.

46. Stephan Thernstrom，*Poverty and Progress：Social Mobility in a Nineteenth Century City*（Cambridge：Harvard University Press，1964）；Stephan Thernstrom，*The Other Bostonians：Poverty and Progress in the American Metropolis，1880 – 1970*（Cambridge：Harvard University Press，

1973）；Avery M. Guest，Nancy S. Landale，and James L. McCann，"Intergenerational Occupational Mobility in the Late 19th Century United States"，*Social Forces* 68（December 1989），351 – 78；Joseph P. Ferrie，"The End of American Exceptionalism? Mobility in the United States Since 1850"，*Journal of Economic Perspectives* 19（Summer 2005），199 – 215；David B. Grusky，"American Social Mobility in the 19th and 20th Centuries"，*CDE Working Paper* 86 – 28（Madison：Center for Demography and Ecology，University of Wisconsin – Madison，September 1986），Accessed August 31，2014，http：//www. ssc. wisc. edu/cde/cdewp/86 – 28. pdf.

47. Emily Beller and Michael Hout，"Intergenerational Social Mobility：The United States in Comparative Perspective"，*Future of Children* 16（Fall 2006），19 – 36；Michael Hout and Alexander Janus，"Educational Mobility in the United States Since the 1930s"，in *Whither Opportunity? Rising Inequality，Schools，and Children's Life Chances*，eds. Greg J. Duncan and Richard J. Murnane（New York：Russell Sage Foundation，2011）.

48. Daniel Aaronson and Bhashkar Mazumder，"Intergenerational Economic Mobility in the United States，1940 to 2000"，*Journal of Human Resources* 43（Winter 2008），139 – 72；and Bhashkar Mazumder，"Is Intergenerational Economic Mobility Lower Now than in the Past?"，*Chicago Fed Letter* 297（Federal Reserve Bank of Chicago，April 2012）. 以上研究发现，有证据显示，相对社会流动直到 50 年代仍在增加，但在此之后，对于出生在 20 世纪后半叶的美国人来说，就以加速度衰落。可对比 Raj Chetty, Nathaniel Hendren, Patrick Kline, Emmanuel Saez, and Nicholas Turner, "Is the United States Still a Land of Opportunity? Recent Trends in Intergenerational Mobility", NBER Working Paper No. 19844 (Cambridge: National Bureau of Economic Research, January 2014). 这一研究认为，没有证据表明相对社会流动在近年来发生任何变化。这项多人合作的研究之所以得出这一结论，是因为研究者预设了不合常理的方法前提，年轻人在26岁时的年度收入就是一个可靠的指标，由此可以判断他们一生的经济收入。随后很多研究都在质疑这个前提，因为上层阶级的孩子在30岁时可能还在接受高等教育，或者是刚开始自己的职业生涯（因此可预期未来的收入会越来越多），而相同年龄段的下层阶级孩子就可能已经走进了人生的死胡同，难以脱身。我的儿子在25岁时是一名律师助理，那时的收入大致是我的五分之一。如果根据上面的方法，我的儿子可以被认为是一个下行流动的典型。但是，当我儿子45岁时，他已经是曼哈顿的一名资深律师，收入是我的五倍，当然不是下行流动的例子。也正是因为存在着"生命周期偏差"的可能，大多数研究社会流动的学者都建议将分析对象设定在40岁及以上的成年人，但这样一来，也就会造成正文中所提到的"后视镜"问题。关于这一问题，参见 Bhashkar Mazumder, "Fortunate Sons: New Estimates of Intergenerational Mobility in the United States Using Social Security Earnings Data", *The Review of Economics and Statistics* 87 (May 2005), 235–55; Steven Haider and Gary Solon, "Life – Cycle Variation in the Association Between Current and Lifetime Earnings", *American Economic Review* 96 (September 2006), 1308–20; And Pablo A. Mitnik, Victoria Bryant, David

B. Grusky, and Michael Weber, "New Estimates of Intergenerational Mobility Using Administrative Data", SOI Working Paper (Washington DC: Statistics of Income Division, Internal Revenue Service, 2015). 如果以上专家的观点是正确的，那么现在就判断本书所关注的年轻人在未来一生的社会流动，当然是为时过早了。

49. 通过观察年轻人在不同人生阶段的阶级差异，以此估算未来的社会流动，我们的这种方法，首先可见于 Timothy M. Smeeding, *From Parents to Children: The Intergenerational Transmission of Advantage* (New York: Russell Sage Foundation, 2012), 以及 Brookings Institution 的 Isabel Sawhill, Ron Haskins 和 Richard Reeves 主持的 Social Genome 项目, http://www.brookings.edu/about/centers/ccf/social – genome – project.

50. 关于社会阶级文献的综述，参见 eds. David B. Grusky and Katherine Weisshaar, *Social Stratification: Class, Race, and Gender in Sociological Perspective* (Boulder: Westview, 2014). David B. Grusky, Timothy M. Smeeding, and C. Matthew Snipp, eds., "Monitoring Social Mobility in the Twenty – First Century", *ANNALS of the American Academy of Political and Social Science* 657 (January 2015), esp. Richard Reeves, "The Measure of a Nation", 22–26; Michael Hout, "A Summary of What We Know about Social Mobility", 27–36; 还有 Florencia Torchek, "Analyses of Intergenerational Mobility: An Interdisciplinary Review", 37–62.

51. Massey, *Categorically Unequal*, 252.

第二章　家庭

1. 正文中关于本德镇的过去和现在的描

述，来自于一篇未发表的长篇报告，参见
"Social Capital, Diversity, and Inequality: Community Field Studies, Final Report on Bend, Oregon", by Dr. Abigail Fisher Williamson. 这份报告完成于2008年6月，从2002至2006年，威廉森博士多次访问本德镇，访谈了近五十名市政管理者、市民社会组织者以及本地居民，同时对当地报纸和统计数据库进行了广泛的挖掘。有关本书第48-49页引用的本德镇居民的言论，都来自这份报告。而本章所讲述的人生故事，则是詹妮弗·席尔瓦博士在2012年多次走访本德镇，对相关人士进行长篇访谈的成果。关于本段中的观点，参见威廉森博士报告的第3页，引自 The Bulletin（Bend, Oregon）.

2. 如果只是走马观花，本德镇和（第一章所述的）克林顿港在游客看来可能完全不同——本德镇欣欣向荣，而克林顿港则凋敝破败。回到20世纪70年代初，俄亥俄州的渥太华县和俄勒冈州的德舒特县有着几乎相同的人口（大约为39 000），但40年过后，德舒特县的人口已经大约有158 000人，而渥太华县的人口只有41 000人，相差近四倍。但更深入观察，我们可以发现两地都有一种趋势，这就是在富裕的外来者和贫穷的本地人口之间的收入不平等，前者包括退休人士、度假别墅的所有者、房屋开发商、金融新贵，后者则主要是因伐木业及制造工业的衰亡而失业的体力劳动者。这种跨地区的贫富悬殊也表明，阶级差距并不是某一特定类型的地方经济的产物。

3. 由于本地的房产泡沫，本德镇在大衰退中遭遇过严重的打击。2007年时，美国城市研究所和全球观察者在一份报告中将本德镇提名为"美国最虚浮的房地产市场"，整个2009年，当地房价经历了全国最大的跌幅，从2006至2011年，房价下跌了几乎一半（47%），德

舒特县的失业率也高达17%，但到了2013年，经济开始复苏，房地产市场也开始转好。相关数据，可参见 Zillow, Accessed February 27, 2014, http://www.zillow.com; and United States Department of Labor, Bureau of Labor Statistics, *Labor Force Statistics from the Current Population Survey*, accessed February 27, 2014, http://www.bls.gov/cps/home.htm.

4. 当我们在2012年到本德镇采访时，当地经济尚且处于2008年大衰退的余波之中，青年人的失业率从2007年的11%上升至当时的19%。"Youth Unemployment Rises While Overall Rates Decline", *Oregon Public Broadcasting*, July 17, 2012, Accessed February 27, 2014, http://www.opb.org/news/article/youth-unemployment-rises-while-overall-rates-decline.

5. "The Story of a Decade", *The Bulletin* (Bend, Oregon), May 19, 2002, 114.

6. U.S. Census Bureau, American Community Survey, 2008-2012, by Social Explorer, 收录于哈佛大学图书馆。

7. Jerry Casey, "State Releases High School Graduation Rates", *The Oregonian*, July 2, 2009, Accessed February 27, 2014, http://www.oregonlive.com/education/index.ssf/2009/06/high_school_dropout_rates.html#school.

8. 过去十多年间，一批优秀的学者做出了对婚姻和家庭结构问题的杰出研究，这些研究综合了历史学和社会学的分析，我们对美国婚姻和家庭之发展趋向的叙述，很大程度上得益于这些新文献。参见 eds. Maria J. Carlson and Paula England, *Social Class and Changing Families in an Unequal America* (Stanford: Stanford University Press, 2011); Andrew J. Cherlin,

The Marriage - Go - Round: *The State of Marriage and the Family in America Today* (New York: Vintage, 2009); Frank F. Furstenberg, Jr., "Transitions to Adulthood: What We Can Learn from the West", *ANNALS of the American Academy of Political and Social Science* 646 (2013), 28 - 41; Sara McLanahan, "Diverging Destinies: How Children Are Faring Under the Second Demographic Transition", *Demography* 41 (2004), 607 - 27; Sara McLanahan and Wade Jacobsen, "Diverging Destinies Revisited", in *Families in an Era of Increasing Inequality*: *Diverging Destinies*, eds. Paul R. Amato, Alan Booth, Susan M. McHale, and Jennifer Van Hook (New York: Springer, forthcoming 2015); Frank F. Furstenberg, "Fifty Years of Family Change: From Consensus to Complexity", *ANNALS of the American Academy of Political and Social Science* 654 (July 2014), 12 - 30; Wendy D. Manning, Susan L. Brown, and J. Bart Stykes, "Family Complexity Among Children in the United States", *ANNALS of the American Academy of Political and Social Science* 654 (July 2014), 48 - 65; Karen Benjamin Guzzo, "New Partners, More Kids: Multiple - Partner Fertility in the United States", *ANNALS of the American Academy of Political and Social Science* 654 (July 2014), 66 - 86. 还可参见 June Carbone 和 Naomi Cahn, *Marriage Markets*: *How Inequality Is Remaking the American Family* (New York: Oxford University Press, 2014).

9. Andrew J. Cherlin, "Demographic Trends in the United States: A Review of Research in the 2000s", *Journal of Marriage and Family* 72 (June 2010), 406.

10. 这种传统婚姻模式的批评, 尤其是来
自女权主义者的观点, 可参见 Judith Stacey, *Unhitched*: *Love*, *Marriage*, *and Family Values from West Hollywood to Western China* (New York: New York University Press, 2011); Stephanie Coontz, *The Way We Never Were*: *American Families and the Nostalgia Trap* (New York: Basic Books, 2000); Nancy Chodorow, *The Reproduction of Mothering* (Berkeley: University of California Press, 1978); Arlie Hochschild, *The Second Shift*: *Working Parents and the Revolution at Home* (New York: Avon, 1990); and John R. Gillis, *A World of Their Own Making*: *Myth*, *Ritual*, *and the Quest for Family Values* (Cambridge: Harvard University Press, 1996).

11. 20 世纪五六十年代, 如果女方未婚怀孕, 青年男女中有 52% 至 60% 的会尽快奉子成婚, 但是到了 90 年代初, 这一比例就下降至 23%, 数据来自美国人口调查局, 参见 "Trends in Premarital Childbearing, 1930 to 1994", by Amara Bachu, *Current Population Reports* (Washington, DC, 1999), 23 - 197. 关于 20 世纪 40 年代至 70 年代末的未婚怀孕和奉子成婚比例的详细分析, 参见 Paula England, Emily Shafer, and Lawrence Wu, "Premarital Conceptions, Postconception ("Shotgun") Marriages, and Premarital First Births: Educational Gradients in U. S. Cohorts of White and Black Women Born 1925 - 1959", *Demographic Research* 27 (2012), 153 - 66. 大约 50 年代末到 70 年代末, 在教育程度较低的白人女性中, 未婚先孕的比例从大约 20% 上升至 30%, 与此同期, 在大学毕业的白人女性中, 未婚先孕的比例始终维持在 10% 上下。而在黑人女性中, 受教育程度低的同比数据从 50% 上升至 70%, 大学毕业生则从大约 25% 上升至 35%。而在婚前怀孕的白

人女性中，奉子成婚的比例在这一阶段由65%下降至45%‐50%，而黑人女性的同比数据则从30%下降至5%‐10%。

12. 正文中主张所基于的统计数据如下：

婚前性行为：有多少美国人相信婚前性行为"没有错"，仅从1969至1973年这短短四年间，比例就从24%翻了一番，上升至47%，然后在整个70年代一路上行，直至1982年增加至62%。Robert D. Putnam 和 David E. Campbell, *American Grace*（New York：Simon & Schuster, 2010），92‐93。

奉子成婚：20世纪60年代，大约有一半（准确数据是52%）的新娘结婚时是大着肚子的，然而仅仅20年后，这一比例就下降至四分之一（27%）。Patricia H. Shiono and Linda Sandham Quinn, "Epidemiology of Divorce", *Future of Children：Children and Divorce* 4（1994），17。

离婚：从1965到1980年，年龄段在15至44岁的已婚女性的年度离婚率，增加了不止一倍。Shiono and Quinn, "Epidemiology of Divorce", 17。

单亲家庭：20世纪上半叶，单亲家庭之所以单亲，大多数是因为父母中间有一位过世了，但是从30年代至70年代，这种因自然原因形成的单亲家庭的比例在大幅度下降。如果统计美国16岁的孩子有多少是同自己的亲生父母生活在一起，则这一比例从60年代的85%下降至90年代的59%（没有统计孤儿）。David T. Ellwood and Christopher Jencks, "The Spread of Single‐Parent Families in the United States Since 1960", in *The Future of the Family*, eds. Daniel Patrick Moynihan, Timothy M. Smeeding, and Lee Rainwater（New York：Russell Sage Foundation, 2004），25‐65。

13. George A. Akerlof, Janet L. Yellen, and Michael L. Katz, "An Analysis of Out‐of‐Wedlock Births in the United States", *Quarterly Journal of Economics* 11（1996），277‐317。

14. Cherlin, *The Marriage‐Go‐Round*；David Popenoe, *War over the Family*（New Brunswick, NJ：Transaction, 2005）；Paul R. Amato, "Institutional, Companionate, and Individualistic Marriages：Change over Time and Implications for Marital Quality", in *Marriage at the Crossroads：Law, Policy, and the Brave New World of Twenty‐first‐Century Families*, eds. Marsha Garrison and Elizabeth S. Scott（Cambridge：Cambridge University Press, 2012），107‐25；Robert N. Bellah, Richard Madsen, William M. Sullivan, Ann Swidler, and Steven M. Tipton, *Habits of the Heart：Individualism and Commitment in American Life*（Berkeley：University of California Press, 1985）。

15. U. S. Department of Labor, Office of Policy Planning and Research, *The Negro Family：The Case for National Action*, by Daniel P. Moynihan（Washington, DC, 1965）。

16. 开创性的学术著作，参见 McLanahan, "Diverging Destinies"。

17. Steven P. Martin, "Growing Evidence for a 'Divorce Divide'？Education and Marital Dissolution Rates in the U. S. since the 1970s", Working Paper（University of Maryland‐College Park, 2005），Accessed May 12, 2014, https：//www. russellsage. org/sites/all/files/u4/Martin_Growing%20Evidence%20for%20a%20Divorce%20Divide. pdf；Steven P. Martin, "Trends in Marital Dissolution by Women's Education in the United States", *Demographic Research* 15（2006），

552；Frank F. Furstenberg, "Fifty Years of Family Change: From Consensus to Complexity", *ANNALS of the American Academy of Political and Social Science* 654（July 2014），12 – 30.

18. 这些研究的一个综述，参见 Sara McLanahan and Christine Percheski, "Family Structure and the Reproduction of Inequalities", *Annual Review of Sociology* 34（August 2008），257 – 76.

19.《儿童的未来》期刊曾有一期专题讨论"脆弱的家庭"的问题，"Fragile Families", *Future of Children* 20（Fall 2010），3 – 230. 还可参见 Sara McLanahan, "Family Instability and Complexity After a Nonmarital Birth: Outcomes for Children in Fragile Families", in *Social Class and Changing Families in an Unequal America*, eds. Carlson and England, 108 – 33；Sara McLanahan 和 Irwin Garfinkel, "Fragile Families: Debates, Facts, and Solutions", in *Marriage at the Crossroads*, eds., Garrison and Scott, 142 – 69；McLanahan and Percheski, "Family Structure and the Reproduction of Inequalities", 257 – 76；Marcia J. Carlson, Sara S. McLanahan, and Jeanne Brooks – Gunn, "Coparenting and Nonresident Fathers' Involvement with Young Children After a Nonmarital Birth", *Demography* 45（May 2008），461 – 88；及 Sara McLanahan, Laura Tach, and Daniel Schneider, "The Causal Effects of Father Absence", *Annual Review of Sociology* 39（July 2013），399 – 427.

20. Cherlin, *The Marriage – Go – Round*.

21. 图 2 - 2 和 2 - 6，均来自于 McLanahan and Jacobsen, "Diverging Destinies Revisited". 图中的教育程度"高"，表示这些母亲的受教育程度位居全社会的前四分之一；教育程度"低"，则代表受教育程度处在最后四分之一。Greg J. Duncan, Ariel Kalil, and Kathleen M. Ziol – Guest, "Increasing Inequality in Parent Incomes and Children's Schooling"（unpublished manuscript, October 2014），在这篇近期完成的文章中，作者指出，若是综合统计各次生育，则母亲生育年龄的阶级差，增速甚至更快于仅统计初次生育的阶级差，这也就意味着图 2 - 2 低估了母亲生育年龄之阶级剪刀差的总体增速。不仅如此，这项研究还发现，这种母亲年龄的阶级差也会导致总体上的机会鸿沟，其程度不亚于家庭结构的阶级差异。

22. Karen Guzzo and Krista K. Payne, "Intentions and Planning Status of Births: 2000 – 2010", *National Center for Family & Marriage Research*, FP – 12 – 24（Bowling Green State University, 2012）. 还可参看 S. Philip Morgan, "Thinking About Demographic Family Difference: Fertility Differentials in an Unequal Society", in *Social Class and Changing Families in an Unequal America*, eds. Carlson and England, 50 – 67. 近期的数据显示出，如果以收入和受教育来模拟阶级分层，则计划外生育的阶级差近年来越来越大，参见 Heather Boonstra et al., *Abortion in Women's Lives*（New York: Guttmacher Institute, 2006）；Laurence B. Finer and Stanley K. Henshaw, "Disparities in Rates of Unintended Pregnancy in the United States, 1994 and 2001", *Perspectives on Sexual and Reproductive Health* 38（2006），90 – 96.

23. Kelly Musick et al., "Education Differences in Intended and Unintended Fertility", *Social Forces* 88（2009），543 – 72；Finer and Henshaw, "Disparities in Rates of Unintended Pregnancy in the United States, 1994 and 2001",

90 – 96; Paula England, Elizabeth Aura Mc-Clintock, and Emily Fitzgibbons Shafer, "Birth Control Use and Early, Unintended Births: Evidence for a Class Gradient", in *Social Class and Changing Families in an Unequal America*, eds. Carlson 和 England, 21 – 49; McLanahan, "Family Instability and Complexity After a Nonmarital Birth", 108 – 33.

24. Martin, "Growing Evidence for a 'Divorce Divide'?".

25. Zhenchao Qian, "Divergent Paths of American Families", in *Diversity and Disparities: America Enters a New Century*, ed. John Logan (New York: Russell Sage Foundation, 2014).

26. Cherlin, "Demographic Trends in the United States", 408.

27. Wendy D. Manning, "Trends in Cohabitation: Twenty Years of Change, 1972 – 2008", *National Center for Family & Marriage Research* FP – 10 –07 (2010), Accessed April 18, 2014, http://www. bgsu. edu/content/dam/BGSU/college – of – arts – and – sciences/NCFMR/documents/FP/FP – 10 – 07. pdf.

28. Kathryn Edin and Timothy Nelson, *Doing the Best I Can: Fathering in the Inner City* (Berkeley: University of California Press, 2013), 40.

29. McLanahan, "Family Instability and Complexity After a Nonmarital Birth", 117. 还可参见 Cherlin, "Demographic Trends in the United States", 408. 对未婚同居父母的分手率的估计，略微低于前者。

30. Furstenberg, "Fifty Years of Family Change", 21.

31. Edin and Nelson, *Doing the Best I Can*.

32. McLanahan, "Family Instability and Complexity After a Nonmarital Birth"; Edin and Nelson, *Doing the Best I Can*; Kathryn Edin, Timothy Nelson, and Joanna Reed, "Daddy, Baby; Momma Maybe: Low – Income Urban Fathers and the 'Package Deal' of Family Life", in *Social Class and Changing Families in an Unequal America*, eds. Carlson and England, 85 – 107; Karen Benjamin Guzzo, "New Partner, More Kids: Multiple – Partner Fertility in the United States", *ANNALS of the American Academy of Political and Social Science* 654 (July 2014), 66 – 86.

33. Laura Tach, Kathryn Edin, Hope Harvey, and Brielle Bryan, "The Family – Go – Round: Family Complexity and Father Involvement from a Father's Perspective", *ANNALS of the American Academy of Political and Social Science*, 654 (July 2014), 169 – 84.

34. McLanahan and Percheski, "Family Structure and the Reproduction of Inequalities", 258 – 59.

35. 图 2 – 5 同时统计了单亲妈妈和单亲爸爸。大约 4% 的孩子——其中大多数来自低收入阶层——主要是由祖父母/外祖父母隔代养育的。在第三章，我们将讨论家庭结构中的这个现象。

36. Finer and Henshaw, "Disparities in Rates of Unintended Pregnancy in the United States, 1994 and 2001"; Federal Interagency Forum on Child and Family Statistics, *America's Children: Key National Indicators of Well – Being*, 2013, "Births to Unmarried Women", Accessed April 23, 2014, http://www. childstats. gov/americas-children/famsoc2. asp.

37. "Trends in Teen Pregnancy and Child-bearing", Office of Adolescent Health, U. S. De-

第二章

partment of Health and Human Services, November 21, 2014, http：//www.hhs.gov/ash/oah/adolescent – health – topics/reproductive – health/teen – pregnancy/trends.html, as consulted December 1, 2014, citing B. E. Hamilton, J. A. Martin, M. J. K. Osterman, and S. C. Curtin, *Births*：*Preliminary Data for 2013* (Hyattsville, MD：National Center for Health Statistics, 2014), Accessed November 14, 2014, http：//www.cdc.gov/nchs/data/nvsr/nvsr63/nvsr63 _ 02.pdf; Pamela J. Smock and Fiona Rose Greenland, "Diversity in Pathways to Parenthood：Patterns, Implications, and Emerging Research Directions", *Journal of Marriage and Family* 72 (June 2010), 579; Furstenberg, "Fifty Years of Family Change". 未成年人怀孕经常是之后非婚生育的前奏, 就此而言, 即便未成年人怀孕并不是穷孩子面临问题的主要成因, 这一问题本身也仍值得重视。Marcia J. Carlson and Paula England, "Social Class and Family Patterns in the United States", in *Social Class and Changing Families in an Unequal America*, eds. Carlson and England, 4 – 5.

38. McLanahan, "Diverging Destinies".

39. Suzanne M. Bianchi, John P. Robinson, and Melissa A. Milkie, *Changing Rhythms of American Family Life* (New York：Russell Sage Foundation, 2007); John F. Sandberg and Sandra L. Hofferth, "Changes in Children's Time with Parents：A Correction", *Demography* 42 (May 2005)：391 – 95.

40. Timothy M. Smeeding, "Public Policy, Economic Inequality, and Poverty：The United States in Comparative Perspective", *Social Science Quarterly* 86 (December 2005)：955 – 83; Sara McLanahan, "Fragile Families and the Reproduc-

tion of Poverty", *ANNALS of the American Academy of Political and Social Science* 621 (January 2009), 111 – 31; 还有 Furstenberg, "Transitions to Adulthood", 上述文献指出, 婚姻模式上的阶级差异在许多西方发达国家也已经出现, 只是程度不等。"多伴侣生育"的问题在美国尤其普遍。参见 Cherlin, *The Marriage – Go – Round*; and Furstenberg, "Transitions to Adulthood".

41. Cherlin, "Demographic Trends in the United States", 411 – 12.

42. 我们的分析, 基于 Monitoring the Future 数据库。一个更乐观的分析, 数据主要集中在 20 世纪 90 年代, 可参见 Arland Thornton and Linda Young – Demarco, "Four Decades of Trends in Attitudes Toward Family Issues in the United States：The 1960s Through the 1990s", *Journal of Marriage and Family* 63 (November 2001), 1009 – 37.

43. Cherlin, "Demographic Trends in the United States", 404.

44. McLanahan and Percheski, "Family Structure and the Reproduction of Inequalities".

45. England, McClintock, and Shafer, "Birth Control Use and Early, Unintended Births".

46. Kathryn Edin and Maria J. Kefalas, *Promises I Can Keep* (Berkeley：University of California Press, 2005). 两位人类学家研究的一个概述, 参见 Smock and Greenland, "Diversity in Pathways to Parenthood", 582 – 83.

47. Linda M. Burton, "Seeking Romance in the Crosshairs of Multiple – Partner Fertility：Ethnographic Insights on Low – Income Urban and Rural Mothers", *ANNALS of the American Academy of Political and Social Science* 654 (July 2014),

185 – 212.

48. Ruth Shonle Cavan and Katherine How-land Ranck, *The Family and the Depression* (Chicago: University of Chicago Press, 1938).

49. "The Great Depression", Eyewitness to History, accessed April 23, 2014, http://www.eyewitnesstohistory.com/snprelief1.htm; "The Human Toll", Digital History, accessed April 23, 2014, http://www.digitalhistory.uh.edu/disp_textbook.cfm? smtID = 2&psid = 3434. Matthew Hill, "Love in the Time of Depression: The Effect of Economic Downturns on the Probability of Marriage" (paper presented at UCLA, All – UC/Caltech Economic History Conference, April 22, 2011), Accessed October 21, 2014, http://www.ejs.ucdavis.edu/Research/All – UC/conferences/2011 – spring/Hill_ LoveDepression042011. pdf. 这篇论文证实了在 20 世纪 30 年代，一个地方的男性失业率越高，结婚率就会越低，同时总结了研究美国其他历史时期的文献，也都发现了经济萧条和结婚率之间的负相关。

50. Glen H. Elder, Jr., *Children of the Great Depression: Social Change in Life Experience* (Boulder: Westview, 1999).

51. Phillips Cutright, "Illegitimacy in the United States: 1920 – 1968", from *Growth and the American Future*, Research Reports, vol. 1, *Demographic and Social Aspects of Population Growth*, eds. Charles F. Westoff and Robert Parke (Washington DC: US Government Printing Office, 1972), 381; Amara Bachu, *Trends in Premarital Childbearing: 1930 to 1994*, Current Population Reports (Washington, DC: U. S. Census Bureau, 1999), 23 – 197, Accessed December 1, 2014, http://www. census. gov /prod/99pubs/p23 –

197. pdf.

52. Carlson and England, "Social Class and Family Patterns in the United States", 7.

53. 关于其他"行为主义"解释，强调性启蒙，避孕手段的运动，自我效能，以及自控力上的差异，可参见 England, McClintock and Shafer, "Birth Control Use and Early, Unintended Births".

54. 1996 年之前的福利体制促进了家庭的分裂，相关的论证参见 Charles Murray, *Losing Ground: American Social Policy, 1950 – 1980* (New York: Basic Books, 1984); National Research Council, Robert A. Moffitt, ed., *Welfare, the Family, Reproductive Behavior: Research Perspectives* (Washington, DC: National Academies Press, 1998); and McLanahan and Percheski, "Family Structure and the Reproduction of Inequalities", 263 – 64. 同这场辩论相关的还有 Juho Härkönen and Jaap Dronkers, "Stability and Change in the Educational Gradient of Divorce: A Comparison of Seventeen Countries", *European Sociological Review* 22 (December 2006), 501 – 17. 这篇文章发现，福利国家政策的覆盖面越广，则离婚率越低，尤其是受教育程度低的夫妻。这也就意味着，福利国家的救济减缓了低收入家庭的经济压力。

55. Jennifer Glass and Philip Levchak, "Red States, Blue States, and Divorce: Understanding the Impact of Conservative Protestantism on Regional Variation in Divorce Rates", *American Journal of Sociology* 119 (January 2014), 1002 – 46.

56. Nicole Shoenberger, "Young Men's Contact with Criminal Justice System", *National Center for Family & Marriage Research* FP – 12 – 01, Accessed April 24, 2012, http://www. bgsu. edu/

content/dam/BGSU/college – of – arts – and – sciences/NCFMR/documents/FP/FP – 12 – 01. pdf. 还可参见 Bryan L. Sykes and Becky Pettit, "Mass Incarceration, Family Complexity, and the Reproduction of Childhood Disadvantage", *ANNALS of the American Academy of Political and Social Science* 654（July 2014）, 127 – 49.

57. Becky Pettit and Bruce Western, "Mass Imprisonment and the Life Course: Race and Class Inequality in U. S. Incarceration", *American Sociological Review* 69（2004）, 151 – 69; Christopher Wildeman, "Parental Imprisonment, the Prison Boom, and the Concentration of Childhood Disadvantage", *Demography* 46（2009）, 265 – 80.

58. John Hagan and Holly Foster, "Intergenerational Educational Effects of Mass Imprisonment in America", *Sociology of Education* 85（2012）, 259 – 86. 关于父母入狱对孩子智力健康的影响，参见 Kristin Turney, "Stress Proliferation Across Generations? Examining the Relationship Between Parental Incarceration and Childhood Health", *Journal of Health and Social Behavior* 55（September 2014）, 302 – 19; and Sykes and Pettit, "Mass Incarceration, Family Complexity, and the Reproduction of Childhood Disadvantage".

59. 关于这些研究的详细概括，参见 McLanahan and Percheski, "Family Structure and the Reproduction of Inequalities".

60. Sara McLanahan and Gary Sandefur, *Growing Up with a Single Parent: What Hurts, What Helps*（Cambridge: Harvard University Press, 1994）; Wendy Sigle – Rushton and Sara McLanahan, "Father Absence and Child Wellbeing: A Critical Review", in *The Future of the Family*, eds. Moynihan, Smeeding, and Rainwa-ter; Paul R. Amato, "The Impact of Family Formation Change on the Cognitive, Social, and Emotional Well – Being of the Next Generation", *The Future of Children* 15（Fall 2005）, 75 – 96.

61. Sigle – Rushton and McLanahan, "Father Absence and Child Wellbeing".

62. Bruce J. Ellis et al. , "Does Father Absence Place Daughters at Special Risk for Early Sexual Activity and Teenage Pregnancy?", *Child Development* 74（May 2003）, 801 – 21; Kathleen E. Kiernan and John Hobcraft, "Parental Divorce During Childhood: Age at First Intercourse, Partnership and Parenthood", *Population Studies* 51（March 1997）, 41 – 55; Susan Newcomer and J. Richard Udry, "Parental Marital Status Effects on Adolescent Sexual Behavior", *Journal of Marriage and Family* 49（May 1987）, 235 – 40; Sara McLanahan, "Father Absence and the Welfare of Children", in *Coping with Divorce, Single Parenting, and Remarriage: A Risk and Resiliency Perspective*, ed. E. Mavis Hetherington（Mahwah, NJ: Lawrence Erlbaum, 1999）, 117 – 45; Arline T. Geronimus and Sanders Korenman, "The Socioeconomic Consequences of Teen Childbearing Reconsidered", *Quarterly Journal of Economics* 107（November 1992）, 1187 – 1214.

63. Furstenberg, "Fifty Years of Family Change"; Laura Tach, "Family Complexity, Childbearing, and Parenting Stress: A Comparison of Mothers' and Fathers' Experiences", *National Center for Family and Marriage Research* WP – 12 – 09（Bowling Green State University, 2012）; McLanahan and Garfinkel, "Fragile Families", 142 – 69; Furstenberg, "Transitions to Adulthood"; McLanahan, "Family Instability and Com-

plexity After a Nonmarital Birth", 108 - 33; Edin and Nelson, *Doing the Best I Can*; Carlson 和 England, "Social Class and Family Patterns in the United States", 6.

64. Sara McLanahan and Christopher Jencks, "Was Moynihan Right?: What Happens to the Children of Unmarried Mothers", *Education Next* 15 (Spring 2015), 16 - 22; McLanahan, Tach, 和 Schneider, "The Causal Effects of Father Absence", 399 - 427. 相比之下，单亲家庭的孩子在读大学或找工作时是否会更逊色，目前所形成的证据还远远不够。

65. Isabel v. Sawhill, *Generation Unbound: Drifting into Sex and Parenthood without Marriage* (Washington, DC: Brookings Institution Press, 2014), 6.

66. Raj Chetty, Nathaniel Hendren, Patrick Kline, and Emmanuel Saez, "Where Is the Land of Opportunity? The Geography of Intergenerational Mobility in the United States", NBER Working Paper No. 19843 (Cambridge: National Bureau of Economic Research, January 2014).

第三章　为人父母

1. Frederick Allen, *Atlanta Rising: The Invention of an International City, 1946 - 1996* (Marietta, GA: Longstreet, 1996).

2. Alan Berube, "All Cities Are Not Created Unequal", *Metropolitan Opportunity Series*, Brookings Institution, February 20, 2014, accessed May 7, 2014, http://www.brookings.edu/research/papers/2014/02/cities - unequal - berube.

3. Robert D. Bullard, Glenn S. Johnson, and Angel O. Torres, "The State of Black Atlanta: Exploding the Myth of Black Mecca", *Environmental*

Justice Resource Center at Clark Atlanta University (February 25, 2010), accessed May 7, 2014, http://www.ejrc.cau.edu/State_of_Black_Atlanta_Exploding_the_Myth_of_Black_Mecca.pdf.

4. 2000 年后，亚特兰大也吸引了众多亚裔和拉丁裔美国人来此定居。当然，这些群体的人数还是远远不及黑人和白人。本段的数据，参见 "State of Metropolitan America: On the Front Lines of Demographic Transformation", Metropolitan Policy Program (Washington, DC: Brookings Institution, 2010), accessed September 19, 2014, http://www.brookings.edu/~/media/research/files/reports/2010/5/09% 20metro% 20america/metro_america_report.pdf.

5. 1970 至 1990 年的数据，来自 David L. Sjoquist, ed., *The Atlanta Paradox* (New York: Russell Sage Foundation, 2000), 26, Table 2.5; 2000 至 2010 年的数据，来自 Atlanta Regional Commission, "Census 2010", accessed September 19, 2014, http://www.atlantaregional.com/File% 20 Library/About% 20Us/the% 20region/county_census 2010.xls.

6. 美国人口调查局数据。2010 年，亚特兰大市白人家庭的收入中值为 76 106 美元，黑人家庭为 23 692 美元，前者是后者的三倍之多。迄今为止，在美国十大都市地区的市区内，亚特兰大的种族差距是最高的，事实上也超过了美国大多数主要城市。

7. 从 1970 到 2010 年，亚特兰大的黑人贫穷家庭，也即以不足 25 000 美元的年度家庭收入讨生活的，比例基本没有变，从 31% 下降到 30%；与此同时，年收入超过 100 000 美元的黑人家庭比例却翻了一番，从 6% 上升至

13%。本书作者分析的数据，可参见 Steven Ruggles, J. Trent Alexander, Katie Genadek, Ronald Goeken, Matthew B. Schroeder, and Matthew Sobek, "Integrated Public Use Microdata Series: Version 5.0 ［Machine - readable database］", (Minneapolis: University of Minnesota, 2010)。

8. Raj Chetty, Nathaniel Hendren, Patrick Kline, and Emmanuel Saez, "Where Is the Land of Opportunity? The Geography of Intergenerational Mobility in the United States", NBER Working Paper No. 19843 (Cambridge: National Bureau of Economic Research, January 2014)。

9. 根据人口普查数据，这个家庭所处的地区有大约 25% 的人口为黑人，儿童贫困率在 7% 上下。数据看起来很不错，但还是不能同巴克黑德地区相比。

10. 如果我们追踪米歇尔的成长过程，则她跟着母亲不断搬家的故事便隐藏着一部亚特兰大的变迁史，以及她在这场变革中的位置。

读小学前，米歇尔就住在亚特兰大市区的南沿。那时，该区的黑人比例为 50%，儿童贫困率为 29%；而现在，黑人比例为 63%，儿童贫困率高达 53%。

读小学时，米歇尔家向南搬了 15 英里。2000 年时，该地区有 40% 的黑人，儿童贫困率在 18%，而现在黑人比例为 82%，儿童贫困率增加至 25%。她住在那里的时候，当地也正处于变革中。

到了读高中时，米歇尔家又向南搬了 22 英里。2000 年时，当地还没有开发，属于农村地带，黑人比例为 10%，儿童贫困率为 4%；而现在，当地黑人比例上升至 31%，儿童贫困率也增加至 21%。

由此看来，米歇尔家一次又一次地向南迁徙，她们逃离了黑人越来越多、穷人也越来越多的地方，但搬到的地区也难逃宿命——黑人越来越多，穷人也越来越多。

11. 由于伊利亚的成长过程非常复杂，而且我们无法访谈到任何一个伴他成长的成年人，所以我们无法准确地讲述他的邻里社区。但即便如此，这些社区毫无例外都是以黑人和穷人为主的。

12. 后来，因为西蒙娜对子女学校的事务是如此关心，学校的管理者也意识到了她的才能；佐治亚有所小学招聘西蒙娜担任学校专项教育的老师。西蒙娜后来还获得了硕士学位，最近还当选为该学区的年度教师。

13. 要想确认 5 岁的米歇尔到底悲从何来，在 15 年之后，我们又和她们生活在不同的文化世界，可以说这是不可能的。当然，也就是在那段时间，米歇尔的父母双双另寻伴侣，这也被米歇尔和劳伦认为是他们生命中最痛苦的经验。不仅如此，斯特芬妮当时不仅在换丈夫，也在换工作，所以家里内部的压力由此也可想而知。后来，米歇尔被诊断患上了多种学习障碍，这在她更小的时候可能也会有蛛丝马迹。

14. "精心栽培"这个词来自社会学家阿妮特·洛罗（Annette Lareau），我在下文还会讨论这个概念。

15. 正文中可不是打字错误。没错，10 秒钟以内，伊利亚先说他想要詹姆斯扣动扳机，紧接着又矢口否认。

16. 细数童年时经历的谋杀案，听起来有些不可思议。但在 1994 年，也就是 3 岁的伊利亚初到新奥尔良的那一年，新奥尔良发生了 421 起杀人事件，平均每天不止一起。大多数都集中在伊利亚祖父母居住的地区——这一地区杀人案件的比例也是最近数十年来美国大城市中最高的。

17. 伊利亚短暂为之工作的这家公司，是一家直销公司，有时候被认为是那种诈骗经营，剥削的就是这种受教育程度不高的年轻人。

18. Institute of Medicine, *From Neurons to Neighborhoods：The Science of Early Child Development*, eds. Jack P. Shonkoff and Deborah A. Phillips（Washington，DC：National Academies Press, 2000）。哈佛大学儿童发育中心曾汇编了许多工作论文和问题简报，本部分的讨论从中受益良多。http：//developingchild. harvard. edu. 我要感谢该中心的创始主任，医学博士杰克·肖克弗教授（Jack P. Shonkoff），他对我多有指导和鼓励，当然正文中对这一研究领域的概括，责任在我。其他主要引证包括 Paul Tough, *How Children Succeed：Grit，Curiosity，and the Hidden Power of Character*（New York：Houghton Mifflin Harcourt, 2012）；Gary W. Evans and Michelle A. Schamberg, "Childhood Poverty, Chronic Stress, and Adult Working Memory", *The Proceedings of the National Academy of Sciences* 106（April 21, 2009）：6545–49；James J. Heckman, "Skill Formation and the Economics of Investing in Disadvantaged Children", *Science* 312（June 2006）：1900–1902；James J. Heckman, "An Effective Strategy for Promoting Social Mobility", *Boston Review*（September/October 2012）；Eric I. Knudsen, James J. Heckman, Judy L. Cameron, and Jack P. Shonkoff, "Economic, Neurobiological, and Behavioral Perspectives on Building America's Future Workforce", *The Proceedings of the National Academy of Sciences* 103（July 5, 2006）：10155–62；and Jack P. Shonkoff, Andrew S. Garner, The Committee on Psychosocial Aspects of Child and Family Health, Committee on Early Childhood, Adoption, and Dependent Care, and Section on Developmental and Behavioral Pediatrics, "The Lifelong Effects of Early Childhood Adversity and Toxic Stress", *Pediatrics* 129（January 1, 2012）：e232–46.

19. National Scientific Council on the Developing Child, "Young Children Develop in an Environment of Relationships", Center on the Developing Child Working Paper No. 1（2004）.

20. Marilyn Jager Adams, *Beginning to Read：Thinking and Learning About Print*（Cambridge：MIT Press, 1990）；Kaisa Aunola, Esko Leskinen, Marja-Kristiina Lerkkanen, and Jari-Erik Nurmi, "Developmental Dynamics of Math Performance from Preschool to Grade 2", *Journal of Educational Psychology* 96（December 2004）：699–713；Arthur J. Baroody, "The Development of Adaptive Expertise and Flexibility：The Integration of Conceptual and Procedural Knowledge", in *The Development of Arithmetic Concepts and Skills：Constructing Adaptive Expertise Studies*, ed. Arthur J. Baroody and Ann Dowker（Mahwah, NJ：Lawrence Erlbaum, 2003）, 1–34；Herbert P. Ginsburg, Alice Klein, and Prentice Starkey, "The Development of Children's Mathematical Thinking：Connecting Research with Practice", in *Handbook of Child Psychology：Child Psychology and Practice*, 5th ed, Vol. 4, eds. Irving E. Sigel and Anne Renninger（New York：John Wiley and Sons, 1998）, 401–76；Elizabeth P. Pungello, Janis B. Kupersmidt, Margaret R. Burchinal, and Charlotte J. Patterson, "Environmental Risk Factors and Children's Achievement from Middle Childhood to Early Adolescence", *Developmental*

Psychology 32 (July 1996): 755 – 67; Hollis S. Scarborough, "Connecting Early Language and Literacy to Later Reading (Dis) Abilities: Evidence, Theory, and Practice", in *Handbook of Early Literacy Research*, eds. Susan B. Neuman and David K. Dickinson (New York: Guilford, 2001), 97 – 110; Stacy A. Storch and Grover J. Whitehurst, "Oral Language and Code – Related Precursors to Reading: Evidence from a Longitudinal Structural Model", *Developmental Psychology* 38 (November 2002): 934 – 47; Harold W. Stevenson and Richard S. Newman, "Long – term Prediction of Achievement and Attitudes in Mathematics and Reading", *Child Development* 57 (June 1986): 646 – 59; Grover J. Whitehurst and Christopher J. Lonigan, "Child Development and Emergent Literacy", *Child Development* 69 (June 1998): 848 – 72.

21. Tough, *How Children Succeed*; Walter Mischel, Yuichi Shoda, and Monica Larrea Rodriguez, "Delay of Gratification in Children", *Science* 244 (May 26, 1989): 933 – 38; Angela L. Duckworth and Martin E. P. Seligman, "Self – Discipline Outdoes IQ in Predicting Academic Performance of Adolescents", *Psychological Science* 16 (December 2005): 939 – 44; James J. Heckman, Jora Stixrud, and Sergio Urzua, "The Effects of Cognitive and Noncognitive Abilities on Labor Market Outcomes and Social Behavior", *Journal of Labor Economics* 24 (July 2006): 411 – 82; Flavio Cunha and James Heckman, "The Technology of Skill Formation", *American Economic Review* 97 (May 2007): 31 – 47.

22. Center on the Developing Child, "Science of Neglect", InBrief Series, Harvard University,

1, accessed May 7, 2014, http://developing-child.harvard.edu/index.php/download_ file/ – / view/1340.

23. Charles A. Nelson, Nathan A. Fox, and Charles H. Zeanah, *Romania's Abandoned Children: Deprivation, Brain Development, and the Struggle for Recovery* (Cambridge: Harvard University Press, 2014).

24. American Academy of Pediatrics, Early Brain and Childhood Development Task Force, "A Public Health Approach to Toxic Stress" (2011), accessed May 7, 2014, http://www.aap.org/en – us/advocacy – and – policy/aap – health – initiatives/ EBCD/Pages/Public – Health – Approach. aspx.

25. Vincent J. Felitti et al., "Relationship of Childhood Abuse and Household Dysfunction to Many of the Leading Causes of Death in Adults: The Adverse Childhood Experiences (ACE) Study", *American Journal of Preventive Medicine* 14 (May 1998): 245 – 58; Vincent J. Felitti and Robert F. Anda, "The Relationship of Adverse Childhood Experiences to Adult Medical Disease, Psychiatric Disorders and Sexual Behavior: Implications for Healthcare", in *The Impact of Early Life Trauma on Health and Disease: The Hidden Epidemic*, eds. Vincent J. Felitti and Robert F. Anda (Cambridge: Cambridge University Press, 2010), 77 – 87.

26. Heckman, "An Effective Strategy for Promoting Social Mobility".

27. Gene H. Brody et al., "Is Resilience Only Skin Deep? Rural African Americans' Socioeconomic Status – Related Risk and Competence in Preadolescence and Psychological Adjustment and Allostatic Load at Age 19", *Psychological Science*

24（July 2013）：1285 – 93.

28．"John Henry"，accessed May 8, 2014, http：//www. springsteenlyrics. com/lyrics/j/johnhenry. php.

29．穷孩子（生活费用低于联邦贫困线的2倍）：4% 的父母死亡；11% 的父母入狱；12%的亲眼见过家庭暴力；12%的遭遇过邻里社区的暴力；10%的家人患精神疾病；13%的家人酗酒或吸毒。非贫穷孩子（生活费用高出联邦贫困线4倍）：同比数据分别为2%；2%；3%；4%；6%；6%。数据来自"National Survey of Children's Health"，Data Resource Center for Child and Adolescent Health, Child and Adolescent Health Measurement Initiative（2011/12）.

30．Kirby Deater – Deckard，*Parenting Stress*（New Haven：Yale University Press, 2004）；Keith Crnic and Christine Low，"Everyday Stresses and Parenting"，in *Handbook of Parenting*，2nd ed.：Vol. 5：*Practical Issues in Parenting*，ed. Marc H. Bornstein（Mahwah, NJ：Lawrence Erlbaum, 2002），243 – 68, esp. 250.

31．Jeewook Choi, Bumseok Jeong, Michael L. Rohan, Ann M. Polcari, and Martin H. Teicher，"Preliminary Evidence for White Matter Tract Abnormalities in Young Adults Exposed to Parental Verbal Abuse"，*Biological Psychiatry* 65（February 2009）：227 – 34.

32．National Scientific Council on the Developing Child，*Excessive Stress Disrupts the Architecture of the Developing Brain：Working Paper* 3（2005/2014）：4, 6；Center on the Developing Child，"The Impact of Early Adversity on Children's Development"，In Brief Series, Harvard University，accessed June 6, 2014, http：//developingchild. harvard. edu/index. php/resources/briefs/inbrief_ series/inbrief_ the_ impact_ of_ early_ adversity.

33．Ian C. G. Weaver, Nadia Cervoni, Frances A. Champagne, Ana C. D'Alessio, Shakti Sharma, Jonathan R. Seckl, Sergiy Dymov, Moshe Szyf, and Michael J. Meaney，"Epigenetic Programming by Maternal Behavior"，*Nature Neuroscience* 7（August 2004）：847 – 54. 事实上，米尼的研究让我们得以反思在先天和后天之间的古老区分，因为上一代的舔舐顺毛可以从基因上传承给下一代。当然，这种表观遗传学的问题同我们的兴趣并没有直接关联。

34．Philip A. Fisher, Megan R. Gunnar, Mary Dozier, Jacqueline Bruce, and Katherine C. Pears，"Effects of Therapeutic Interventions for Foster Children on Behavioral Problems, Caregiver Attachment, and Stress Regulatory Neural Systems"，*Annals of the New York Academy of Sciences* 1094（December 2006）：215 – 25.

35．Byron Egeland，"Taking Stock：Childhood Emotional Maltreatment and Developmental Psychopathology"，*Child Abuse & Neglect* 33（January 2009）：22 – 26. 伊杰兰的研究基于艾斯沃斯提出依恋理论的经典作品。Mary Ainsworth，"Attachment as Related to Mother – Infant Interaction"，in *Advances in the Study of Behavior*（New York：Academic Press, 1979），1 – 51.

36．Yann Algan, Elizabeth Beasley, Frank Vitaro, and Richard E. Tremblay，"The Long – Term Impact of Social Skills Training at School Entry：A Randomized Controlled Trial"（Paris：Centre National de la Recherche Scientifique, November 28, 2013）. https：//www. gate. cnrs. fr/IMG/pdf/MLES_ 14_ nov_ 2013 – 1. pdf.

37．Gary W. Evans，"The Environment of

Childhood Poverty", *American Psychologist* 59 (February/March 2004): 77 – 92; Jamie L. Hanson, Nicole Hair, Dinggang G. Shen, Feng Shi, John H. Gilmore, Barbara L. Wolfe, and Seth D. Pollack, "Family Poverty Affects the Rate of Human Infant Brain Growth", *PLOS ONE* 8 (December 2013). 这项研究指出，直接增加贫穷父母的经济收入，则可以改善子女的认知表现和社会行为，这就很有说服力地证明，在社会阶级和儿童发育之间的关联是有因果性的，而不是虚假关系。

38. S. J. Lupien, S. King, M. J. Meaney, and B. S. McEwen, "Can Poverty Get Under Your Skin? Basal Cortisol Levels and Cognitive Function in Children from Low and High Socioeconomic Status", *Development and Psychopathology* (2001): 653 – 76; G. W. Evans, C. Gonnella, L. A. Marcynyszyn, L. Gentile, and N. Salpekar, "The Role of Chaos in Poverty and Children's Socioemotional Adjustment", *Psychological Science* 16 (2005): 560 – 65.

39. Pilyoung Kim, Gary W. Evans, Michael Angstadt, S. Shaun Ho, Chandra S. Sripada, James E. Swain, Israel Liberzon, and K. Luan Phan, "Effects of Childhood Poverty and Chronic Stress on Emotion Regulatory Brain Function in Adulthood", *The Proceedings of the National Academy of Sciences* 110 (November 12, 2013): 18442 – 47.

40. Amedeo D'Angiulli, Anthony Herdman, David Stapells, and Clyde Hertzman, "Children's Event – Related Potentials of Auditory Selective Attention Vary with Their Socioeconomic Status", *Neuropsychology* 22 (May 2008): 293 – 300.

41. Hanson et al., "Family Poverty Affects

the Rate of Human Infant Brain Growth".

42. 母亲与子女的语言互动同母亲的教育程度是密切相关的，相关的证据可参见 Erika Hoff, Brett Laursen, and Twila Tardif, "Socioeconomic Status and Parenting", in *Handbook of Parenting*, 2nd ed.: Vol. 2: *Biology and Ecology of Parenting*, ed. Marc H. Bornstein (Mahwah, NJ: Lawrence Erlbaum, 2002), 238 – 39.

43. Betty Hart and Todd R. Risley, *Meaningful Differences in the Everyday Experience of Young American Children* (Baltimore: Paul H. Brookes, 1995); Anne Fernald, Virginia A. Marchman, and Adriana Weisleder, "SES Differences in Language Processing Skill and Vocabulary Are Evident at 18 Months", *Developmental Science* 16 (March 2013): 234 – 48.

44. Greg J. Duncan and Richard J. Murnane, *Restoring Opportunity: The Crisis of Inequality and the Challenge for American Education* (New York: Russell Sage Foundation, 2014), 32.

45. Jeanne Brooks – Gunn, Flavio Cunha, Greg J. Duncan, James J. Heckman, and Aaron J. Sojourner, "A Reanalysis of the IHDP Program" (unpublished manuscript, Infant Health and Development Program, Northwestern University, 2006); Pedro Carneiro and James J. Heckman, "Human Capital Policy" in *Inequality in America: What Role for Human Capital Policies?*, eds. James J. Heckman, Alan B. Kruger, and Benjamin M. Friedman (Cambridge: MIT Press, 2003), 77 – 239.

46. Meredith L. Rowe, "Child – Directed Speech: Relation to Socioeconomic Status, Knowledge of Child Development and Child Vocabulary Skill", *Journal of Child Language* 35 (February

2008）：185－205.

47. Urie Bronfenbrenner, "Ecological Systems Theory", in *Annals of Child Development*, Vol. 6, ed. Ross Vasta（Greenwich, CT：JAI Press, 1989）, 187－249；Sharon Hays, *The Cultural Contradictions of Motherhood*（New Haven：Yale University Press, 1996）；Julia Wrigley, "Do Young Children Need Intellectual Stimulation? Experts' Advice to Parents, 1900－1985", *History of Education Quarterly* 29（Spring 1989）：41－75；Maryellen Schaub, "Parenting for Cognitive Development from 1950 to 2000：The Institutionalization of Mass Education and the Social Construction of Parenting in the United States", *Sociology of Education* 83（January 2010）：46－66.

48. Scott Coltrane, *Family Man：Fatherhood, Housework, and Gender Equity*（Oxford：Oxford University Press, 1996）.

49. 不同的研究运用不同的指标，来测量社会经济地位，包括职业地位和经济收入。但迄今为止，在预判为人父母之差异时，父母的受教育程度（尤其是母亲的受教育程度）是最可靠的指标。

50. Annette Lareau, *Unequal Childhoods：Class, Race, and Family Life；Second Edition, With an Update a Decade Later*（Berkeley：University of California Press, 2011）. 还可参见 Jessica McCrory Calarco, "Coached for the Classroom：Parents' Cultural Transmission and Children's Reproduction of Educational Inequalities", *American Sociological Review* 79（September 2009）：1015－37.

51. Hoff, Laursen, and Tardif, "Socioeconomic Status and Parenting", 231－52.

52. Hart and Risley, *Meaningful Differences in the Everyday Experience of Young American Children.* 在图3－2中，父母的社会经济地位被分为3种类型，来自于哈特和芮斯里的研究。

53. Kirby Deater-Deckard, *Parenting Stress*（New Haven：Yale University Press, 2004）；Hoff, Laursen, and Tardif, "Socioeconomic Status and Parenting", 239；Ronald L. Simons, Les B. Whitbeck, Janet N. Melby, and Chyi-In Wu, "Economic Pressure and Harsh Parenting", in *Families in Troubled Times：Adapting to Change in Rural America*, eds. Rand D. Conger and Glen H. Elder, Jr.（New York：Aldine De Gruyter, 1994）, 207－22；Rand D. Conger and M. Brent Donnellan, "An Interactionist Perspective on the Socioeconomic Context of Human Development", *Annual Review of Psychology* 58（2007）：175－99.

54. Frank F. Furstenberg, Thomas D. Cook, Jacquelynne Eccles, Glen H. Elder, Jr., and Arnold Sameroff, *Managing to Make It：Urban Families and Adolescent Success*（Chicago：University of Chicago Press, 1999）. 虽然斯特芬妮把她做妈妈的方式归因于种族因素，事实上，更重要的决定因素在于阶级。

55. Jane Waldfogel and Elizabeth Washbrook, "Income-Related Gaps in School Readiness in the United States and the United Kingdom", in *Persistence, Privilege, and Parenting：The Comparative Study of Intergenerational Mobility*, eds. Timothy M. Smeeding, Robert Erikson, and Markus Jantti（New York：Russell Sage Foundation, 2011）. 关于课外活动的参与，将在第四章加以讨论。

56. Betty Hart and Todd R. Risley, "The Early Catastrophe：The 30 Million Word Gap by

Age 3", *American Educator* 27 (Spring 2003): 4 – 9; Helen Raikes et al., "Mother – Child Bookreading in Low – Income Families: Correlates and Outcomes During the First Three Years of Life", *Development* 77 (July 2006): 924 – 53; Robert H. Bradley, Robert F. Corwyn, Harriette Pipes McAdoo, and Cynthia Garcia Coll, "The Home Environments of Children in the United States, Part Ⅱ: Relations with Behavioral Development Through Age Thirteen", *Child Development* 72 (November 2001): 1868 – 86.

57. Jane Waldfogel and Elizabeth Washbrook, "Early Years Policy", *Child Development Research* 2011 (2011): esp. 5, 还可参见这篇文章所引用的文献。

58. Jane Waldfogel, *What Children Need* (Cambridge: Harvard University Press, 2006), 161. 进一步的论证, 参见 Musick and Ann Meier, "Assessing Causality and Persistence in Associations Between Family Dinners and Adolescent Well – Being", *Journal of Marriage and Family* 74 (June 2012): 476 – 93.

59. 该图表是基于每年一度的 "DDB Needham 生活方式调查" 绘制而成的, 参见 Robert D. Putnam, *Bowling Alone: The Collapse and Revival of American Community* (New York: Simon & Schuster, 2000), 420 – 24. 问题如下, "我们全家人经常共进晚餐", 回答 "是" 还是 "不是"。近年来, 关于家庭晚餐的问题在各类调查中不时被问及, 比如 2003 年和 2007 年关于儿童健康的全国调查。但由于这一趋势只是从 2000 年开始的, 故在检测长期趋势时不太有用。图 3 – 3 限定在家里有 18 周岁以下孩子的父母, 并且考虑到了单亲家庭和双亲家庭之间的差异。

60. Sabino Kornrich and Frank Furstenberg, "Investing in Children: Changes in Parental Spending on Children, 1972 – 2007", *Demography* 50 (February 2013): 1 – 23; Neeraj Kaushal, Katherine Magnuson, and Jane Waldfogel, "How Is Family Income Related to Investments in Children's Learning?", in *Whither Opportunity? Rising Inequality, Schools and Children's Life Chances*, eds. Greg J. Duncan and Richard J. Murnane (New York: Russell Sage Foundation, 2011), 187 – 206.

61. Rand D. Conger, Katherine J. Conger, and Monica J. Martin, "Socioeconomic Status, Family Processes, and Individual Development", *Journal of Marriage and Family* 72 (June 2010): 685 – 704, esp. 695.

62. Evrim Altintas, "Widening Education – Gap in Developmental Childcare Activities in the U. S.", *Journal of Marriage and Family* (forthcoming 2015), 这篇文章是图 3 – 5 的数据来源。不同于此前关于这一问题的研究, 图3 – 5 的数据考虑到了缺席父亲的问题, 这类父亲在照顾孩子上几乎不投入什么时间; 因为越来越多的下层阶级的孩子都是由单亲妈妈所养大, 故上述的数据调整就会对阶级鸿沟的大小以及扩张有非常实质性的影响。关于这一问题的此前作品, 参见 Garey Ramey and Valerie A. Ramey, "The Rug Rat Race", Brookings Papers on Economic Activity (Economic Studies Program, Brookings Institution, Spring 2010), 129 – 99; Meredith Phillips, "Parenting, Time Use, and Disparities in Academic Outcomes", in *Whither Opportunity? Rising Inequality, Schools and Children's Life Chances*, eds. Duncan and Murnane, 207 – 28; and Ariel Kalil, Rebecca Ryan, and Michael Corey, "Diverging Destinies: Maternal Education and the Developmental Gradient in Time with Children", *Demography* 49 (November 2012): 1361 – 83. 最后一篇文章表明，最大的教育鸿沟就存在于相关阶段对孩子发育特别重要的儿童照管活动（0 至 2 岁是游戏和基本照顾，3 到 5 岁是教导/谈话/阅读，而 6 至 13 岁则是管理/组织活动）。

63. "父母受教育程度高的孩子，比起父母受教育程度低的，会把更多的时间花在学习和读书上，更少的时间用在看电视上。" Sandra L. Hofferth and John F. Sandberg, "How American Children Spend Their Time", *Journal of Marriage and Family* 63 (May 2001): 295 – 308; John F. Sandberg and Sandra L. Hofferth, "Changes in Children's Time with Parents: A Correction", *Demography* 42 (2005): 391 – 95; Suzanne M. Bianchi and John Robinson, "What Did You Do Today? Children's Use of Time, Family Composition, and the Acquisition of Social Capital", *Journal of Marriage and Family* 59 (May 1997): 332 – 44.

64. Jay Belsky et al., "Are There Long Term Effects of Early Child Care?", *Child Development* 78 (March 2007): 681 – 701; Peg Burchinal et al., "Early Care and Education Quality and Child Outcomes", Office of Planning, Research and Evaluation, U. S. Department of Health and Human Services (Washington, DC: OPRE Research to Policy Brief, 2009); Eric Dearing, Kathleen Mc-Cartney, and Beck A. Taylor, "Does Higher Quality Early Child Care Promote Low – Income Children's Math and Reading Achievement in Middle Childhood?", *Child Development* 80 (September 2009): 1329 – 49; Erik Ruzek, Margaret

Burchinal, George Farkas, and Greg J. Duncan, "The Quality of Toddler Child Care and Cognitive Skills at 24 Months: Propensity Score Analysis Results from the ECLS – B", *Early Childhood Research Quarterly* 29 (January 2014): 12 – 21; Julia Torquati, Helen Raikes, Catherine Huddleston-Casas, James A. Bovaird, and Beatrice A. Harris, "Family Income, Parent Education, and Perceived Constraints as Predictors of Observed Program Quality and Parent Rated Program Quality", Nebraska Center for Research on Children, Youth, Families and Schools (Lincoln, NE: CYFS, 2011). 方法论学者一直在优化测度日托教育质量的指标，同时也寻求可以消除选择偏差的新方法（那些选择高质量日托服务的母亲，想必在其他方面也是好妈妈，因此我们无法判断真正起作用的就是日托的幼儿教育）。正文中的概括是我们基于当下可得的所有证据作出的最佳判断。

65. Lisa Gennetian, Danielle Crosby, Chantelle Dowsett, and Aletha Huston, "Maternal Employment, Early Care Settings and the Achievement of Low – Income Children", Next Generation Working Paper No. 30 (New York: MDRC, 2007).

66. "The State of Pre – School 2011: State Preschool Yearbook", National Institute for Early Education Research (Rutgers Graduate School of Education, 2011): 9, accessed May 13, 2014, http: //nieer. org/sites/nieer /files/ 2011yearbook. pdf. 还可参见 Marcia K. Meyers, Dan Rosenbaum, Christopher Ruhm, and Jane Waldfogel, "Inequality in Early Childhood Education and Care: What Do We Know?", in *Social Inequality*, ed. Kathryn M. Neckerman (New York:

Russell Sage Foundation, 2004).

67. Keith Crnic and Christine Low, "Everyday Stresses and Parenting", in *Handbook of Parenting*, 2nd ed. : Vol. 5: *Practical Issues in Parenting*, ed. Bornstein, 243 – 68; Deater – Deckard, *Parenting Stress*.

68. 图 3 – 6 是基于 "DDB Needham 生活方式调查" 的数据。在测度经济焦虑时, 受访者需要就以下四项表述作出同意或不同意的回答, 分别是: "无论我们的经济收入增速有多快, 我们从来都没有进步过 (同意)"; "我们家目前背负着沉重的债务 (同意)"; "我们家可支配的金钱比多数邻居都要多 (不同意)"; "我们家的收入非常高, 可以满足我们几乎所有的重要需求 (不同意)"。那些在这一综合指标上排名前四分之一的人, 就是图 3 – 6 中所讲的焦虑度 "高" 的人。

69. 第一夫人的这句话, 来自本书作者同小布什总统夫妇以及总统资深顾问在 2007 年 3 月的一次私人会面。

70. Sendhil Mullainathan and Eldar Shafir, *Scarcity: Why Having Too Little Means So Much* (New York: Times Books, 2013), 156.

71. Rand D. Conger and Glen H. Elder, "Families in Troubled Times: The Iowa Youth and Families Project", in *Families in Troubled Times*, eds. Conger and Elder, 3 – 21; Miriam R. Linver, Jeanne Brooks – Gunn, and Dafina E. Kohen, "Family Processes as Pathways from Income to Young Children's Development", *Developmental Psychology* 38 (September 2002): 719 – 34; Elizabeth T. Gershoff et al. , "Income Is Not Enough: Incorporating Material Hardship into Models of Income Associations with Parenting and Child Development", *Child Development* 78 (January 2007):

70 – 95; Rand D. Conger and Brent M. Donnellan, "An Interactionist Perspective on the Socioeconomic Context of Human Development", *Annual Review of Psychology* 58 (2007): 175 – 99; Rand D. Conger, Katherine J. Conger, and Monica J. Martin, "Socioeconomic Status, Family Processes, and Individual Development", *Journal of Marriage and Family* 72 (June 2010): 685 – 704, esp. 693.

Marsha Weinraub, Danielle L. Horvath, and Marcy B. Gringlas, "Single Parenthood", in *Handbook of Parenting*, 2nd ed. : Vol. 3: *Being and Becoming a Parent*, ed. Marc H. Bornstein (Mahwah, NJ: Lawrence Erlbaum, 2002), 109 – 40; E. Mavis Hetherington and Margaret Stanley – Hagan, "Parenting in Divorced and Remarried Families", in *Handbook of Parenting*, 2nd ed. : Vol. 3: *Being and Becoming a Parent*, ed. Bornstein, 287 – 315; Sarah McLanahan and Christine Percheski, "Family Structure and the Reproduction of Inequalities", *Annual Review of Sociology* 34 (2008): 268. 还可参见 Greg J. Duncan, Kjetil Telle, Kathleen M. Ziol – Guest, and Ariel Kalil, "Economic Deprivation in Early Childhood and Adult Attainment: Comparative Evidence from Norwegian Registry Data and the U. S. Panel Study of Income Dynamics", in *Persistence, Privilege, and Parenting: The Comparative Study of Intergenerational Mobility*, eds. Timothy M. Smeeding, Robert Erikson, and Markus Jantti (New York: Russell Sage Foundation, 2011), 212; Ariel Kalil, Rebecca Ryan, and Elise Chor, "Time Investments in Children Across Family Structures", *ANNALS of the American Academy of Political and Social Science* 654 (July 2014): 150 – 68.

72. Teresa Toguchi Swartz, "Intergenerational Family Relations in Adulthood: Patterns, Variations, and Implications in the Contemporary United States", *Annual Review of Sociology* 35 (2009): 191 – 212. 关于祖父母/外祖父母隔代抚养孙子女/外孙子女的趋势，参见 Gretchen Livingston and Kim Parker, "Since the Start of the Great Recession, More Children Raised by Grandparents", Pew Research Social and Demographic Trends (September 9, 2010), accessed May 13, 2014, http://www.pewsocialtrends.org/2010/09/09/since – the – start – of – the – great – recession – more – children – raised – by – grandparents; Gretchen Livingston, "At Grandmother's House We Stay", Pew Research Social and Demographic Trends (September 4, 2013), accessed May 13, 2014, http://www.pewsocialtrends.org/2013/09/04/at – grandmothers – house – we – stay; Ye Luo, Tracey A. LaPierre, Mary Elizabeth Hughes, and Linda J. Waite, "Grandparents Providing Care to Grandchildren: A Population – Based Study of Continuity and Change", *Journal of Family Issues* 33 (September 2012): 1143; and Rachel E. Dunifon, Kathleen M. Ziol – Guest, and Kimberly Kopko, "Grandparent Coresidence and Family Well – Being: Implications for Research and Policy", *ANNALS of the American Academy of Political and Social Science* 654 (July 2014): 110 – 26.

73. David Elkind, *The Hurried Child: Growing Up Too Fast Too Soon* (Cambridge, MA: Perseus, 2001); Paul Tough, *How Children Succeed.*

74. Gary Evans, "The Environment of Childhood Poverty", *American Psychologist* 59 (2004): 77 – 92.

75. Hanson et al., "Family Poverty Affects the Rate of Human Infant Brain Growth"; Greg J. Duncan and Richard J. Murnane, *Restoring Opportunity: The Crisis of Inequality and the Challenge for American Education* (New York: Russell Sage Foundation, 2014), 30, 以及所引用的文献。

第四章　学校条件

1. 这里的人口统计数据来自美国人口调查局，藏于哈佛大学图书馆; Gustavo Arellano, *Orange County: A Personal History* (New York: Simon & Schuster, 2008), 13.

2. Orange County Community Indicators Project, *Orange County Community Indicators* 2013 (Irvine, CA: 2013), accessed June 16, 2014, www.ocgov.com/about/infooc/facts/indicators.

3. Adam Nagourney, "Orange County Is No Longer Nixon Country", *New York Times*, August 29, 2010, accessed June 16, 2014, http://www.nytimes.com/2010/08/30/us/politics/30orange.html.

4. "Street Gangs in Santa Ana, CA", Streetgangs.com, accessed June 16, 2014, http://www.streetgangs.com/cities/santaana # sthash.rnESeLn4.dpbs.

5. U.S. Census Bureau, from Steven Ruggles, J. Trent Alexander, Katie Genadek, Ronald Goeken, Matthew B. Schroeder, and Matthew Sobek. Integrated Public Use Microdata Series: Version 5.0 [Machine – readable database] (Minneapolis: University of Minnesota, 2010).

6. 这两个家庭的全部成员都是美国公民，所有的孩子都是在美国本土出生。很显然，若是无证移民以及非本土出生的孩子，则还要面临更多的挑战。

7. Fermin Leal and Scott Martindale, "OC's

Best Public High Schools, 2012", *Orange County Register*, May 25, 2014, database accessed February 24, 2014, http://www.ocregister.com/articles/high – 331705 – college – schools.html? data = 1&appSession = 5301329 67931354. 这里的排名是根据加州教育局提供的数据而生成的。在计算学校的排名时，学业表现的权重占50%，大学和职业培训占25%，环境占最后的25%。

8. 在这一区，拉美裔家庭的年度收入中值在 115 000 美元上下，而非拉美裔的邻居的同比数据只有 105 000 美元。在这一区的人口普查地段，仅有不到 5% 的儿童生活在贫困线以下。所有的数据都来自于美国人口调查局，归档于哈佛大学图书馆。

9. 克莱拉还是一位明星运动员，所以她能凭借奖学金再加上做教练和裁判员的兼职收入，来完成她的大学学业。

10. Uniform Crime Reporting Statistics, accessed November 18, 2014, http://www.ucrdatatool.gov/Search/Crime/Local/RunCrimeTrendsInOneVarLarge.cfm.

11. 姐妹俩在正文中描述了教室里的毒品和暴力问题，还有老师上课时只是照本宣科地念课本和抄课本。这种说法也得到了一位来自邻近中学的年轻女孩的支持。

12. 当然，这两所学校绝不是最极端的。根据加利福尼亚州的学业表现指数来评估，特洛伊中学排在 10%，而圣安娜中学排在 80%，以上或以下都有空间。

13. Horace Mann, *Twelfth Annual Report of Horace Mann as Secretary of Massachusetts State Board of Education* (Boston: Dutton & Wentworth, 1848). 关于公立学校运动，参见 David Tyack, "The Common School and American Society: A Reappraisal", *History of Education Quarterly* 26 (Summer 1986): 301 – 6; Joel Spring, *The American School, 1642 – 2004*, 6th ed. (New York: McGraw Hill, 2005); Sarah Mondale and Sarah B. Patton, eds., *School: The Story of American Public Education* (Boston: Beacon, 2002); and Michael B. Katz, *The Irony of Early School Reform: Educational Innovation in Mid – Nineteenth Century Massachusetts* (Cambridge: Harvard University Press, 1968).

14. Claudia Goldin, "America's Graduation from High School: The Evolution and Spread of Secondary Schooling in the Twentieth Century", *Journal of Economic History* 58 (June 1998): 345 – 74; Claudia Goldin and Lawrence F. Katz, *The Race Between Education and Technology* (Cambridge: Harvard University Press, 2008).

15. 关于这些改革的目标和成果，学者们在细节上多有辩论。有代表性的观点，包括 Edward Danforth Eddy, *Colleges for Our Land and Time: The Land – Grant Idea in American Education* (New York: Harper, 1957); Mary Jean Bowman, "The Land – Grant Colleges and Universities in Human – Resource Development", *Journal of Economic History* (December 1962): 523 – 46; Colin Burke, *American Collegiate Populations: A Test of the Traditional View* (New York: New York University Press, 1982); Harold M. Hyman, *American Singularity: The 1787 Northwest Ordinance, the 1862 Homestead and Morrill Acts, and the 1944 GI Bill* (Athens: University of Georgia Press, 2008); Suzanne Mettler, *Soldiers to Citizens: The G. I. Bill and the Making of the Greatest Generation* (Oxford: Oxford University Press, 2005); Glenn C. Altschuler and Stuart M. Blumin, *The GI Bill:*

A New Deal for Veterans（Oxford：Oxford University Press，2009）；and John R. Thelin，*A History of American Higher Education*（Baltimore：Johns Hopkins University Press，2011）.

16. David F. Labaree，"Public Goods，Private Goods：The American Struggle over Educational Goals"，*American Educational Research Journal* 34（Spring 1997）：39 - 81.

17. Sean F. Reardon，"The Widening Academic Achievement Gap Between the Rich and the Poor：New Evidence and Possible Explanations"，in *Whither Opportunity? Rising Inequality，Schools，and Children's Life Chances*，eds. Greg J. Duncan and Richard M. Murnane（New York：Russell Sage Foundation，2011）. 不同于我在本书中所介绍的测量儿童发育的许多指标，里尔登发现，当我们用父母的收入（而不是父母的教育）来界定阶级时，阶级鸿沟的扩张是最显著的，虽然迄今为止，因父母受教育程度所导致的鸿沟本身仍大于因父母收入所致的鸿沟。此处所概括的证据指向的是，在家庭收入前 10% 和后 10% 之间孩子的差距。

18. 认知能力（以学习和考试成绩为指标）和非认知能力可以预测成年后的表现，关于这一点的详细讨论，参见 James J. Heckman，"Schools，Skills，and Synapses"，*Economic Inquiry* 46（July 2008）：289 - 324，以及该文所引用的资料。

19. James J. Heckman，"Promoting Social Mobility"，*Boston Review*，September 1，2012，accessed June 16，2014，http：//www.bostonreview.net/forum/promoting - social - mobility - james - heckman. 赫克曼补充指出："类似的模式也出现在社会情感技能上。在测度这种技能的发展方面，一项指标就是所谓的'反社会分

数'——这是一项有关行为问题的指标。同样地，阶级鸿沟很早就出现了，而且持续存在。同样地，学校的不平等并不是造成这种模式的主因。" Greg J. Duncan and Katherine Magnuson，"The Nature and Impact of Early Achievement Skills，Attention Skills，and Behavior Problems"，in *Whither Opportunity? Rising Inequality，Schools，and Children's Life Chances*，eds. Duncan and Murnane，57. 相反，两位作者认为，注意力和行为问题上的阶级差距在读小学期间始终在增长。

20. 暑假期间拉大的主要是阶级鸿沟，而不是种族鸿沟。David T. Burkam，Douglas D. Ready，Valerie E. Lee，and Laura F. LoGerfo，"Social - Class Differences in Summer Learning Between Kindergarten and First Grade：Model Specification and Estimation"，*Sociology of Education* 77（January 2004）：1 - 31；Douglas B. Downey，Paul T. von Hippel，and Beckett A. Broh，"Are Schools the Great Equalizer? Cognitive Inequality During the Summer Months and the School Year"，American Sociological Review 69（October 2004）：613 - 35；Dennis J. Condron，"Social Class，School and Non - School Environments，and Black/White Inequalities in Children's Learning"，*American Sociological Review* 74（October 2009）：683 - 708；David T. Burkam，"Educational Inequality and Children：The Preschool and Early School Years"，in *The Economics of Inequality，Poverty，and Discrimination in the 21st Century*，ed. Robert S. Rycroft（Santa Barbara：Praeger，2013），381 - 97；Seth Gershenson，"Do Summer Time - Use Gaps Vary by Socioeconomic Status?"，*American Educational Research Journal* 50（December 2013）：1219 - 48；Flavio Cunha

第四章

and James Heckman, "The Technology of Skill Formation", *American Economic Review* 97 (May 2007): 31 – 47; Heckman, "Promoting Social Mobility".

21. Kendra Bischoff and Sean F. Reardon, "Residential Segregation by Income, 1970 – 2009", in *Diversity and Disparities: America Enters a New Century*, ed. John Logan (New York: Russell Sage Foundation, 2014), https://www.russellsage.org/publications/diversity – and – disparities.

22. Joseph G. Altonji and Richard K. Mansfield, "The Role of Family, School, and Community Characteristics in Inequality in Education and Labor – Market Outcomes", in *Whither Opportunity? Rising Inequality, Schools, and Children's Life Chances*, eds. Duncan and Murnane, 339 – 58. James E. Ryan, *Five Miles Away, a World Apart: One City, Two Schools, and the Story of Educational Opportunity in Modern America* (New York: Oxford University Press, 2010). 这本书指出，大多数孩子都是就读于他们所在社区的学校，即便是那些参加选校计划的孩子，通常也选择就近读书。

23. Annette Lareau and Kimberly Goyette, eds., *Choosing Homes, Choosing Schools: Residential Segregation and the Search for a Good School* (New York: Russell Sage Foundation, 2014).

24. Jonathan Rothwell, "Housing Costs, Zoning, and Access to HighScoring Schools", Brookings Institution (April 2012). 好学校会给周边房产造成溢价，相关的估算可参见 Sandra E. Black and Stephen Machin, "Housing Valuations of School Performance", in *Handbook of the Eco-*
nomics of Education, vol. 3, eds. Eric Hanushek, Stephen Machin, and Ludger Woessmann (Amsterdam: Elsevier, 2011), 485 –519, accessed June 16, 2014, http://EconPapers.repec.org/RePEc: eee: educhp: 3 –10.

25. David M. Brasington and Donald R. Haurin, "Parents, Peers, or School Inputs: Which Components of School Outcomes Are Capitalized into House Value?", *Regional Science and Urban Economics* 39 (September 2009): 523 – 29.

26. Lareau and Goyette, eds., *Choosing Homes, Choosing Schools*. 关于自主择校的项目能否缩小阶级和种族鸿沟，学者的观点相互冲突，参见 Mark Schneider, Paul Teske, and Melissa Marschall, *Choosing Schools: Consumer Choice and the Quality of American Schools* (Princeton: Princeton University Press, 2000); Tomeka M. Davis, "School Choice and Segregation: 'Tracking' Racial Equity in Magnet Schools", *Education and Urban Society* 46 (June 2014): 399 –433.

27. Jaap Dronkers and Rolf van der Velden, "Positive but Also Negative Effects of Ethnic Diversity in Schools on Educational Performance? An Empirical Test Using PISA Data", in *Integration and Inequality in Educational Institutions*, Michael Windzio, ed. (Dordrecht: Springer, 2013), 71 – 98, 也包括它们所援引的文献。

28. 关于这一问题的论著浩如烟海，比较好的入门之作包括 James S. Coleman et al., *Equality of Educational Opportunity* (Washington, DC: U.S. Department of Health, Education & Welfare, Office of Education, OE – 38001, and supplement, 1966), 325; Gary Orfield and Susan

E. Eaton, *Dismantling Desegregation* (New York：New Press, 1996)；Claude S. Fischer et al. , *Inequality by Design：Cracking the Bell Curve Myth* (Princeton：Princeton University Press, 1996)；Richard D. Kahlenberg, "Economic School Integration", in *The End of Desegregation*, eds. Stephen J. Caldas and Carl L. Bankston Ⅲ (Hauppauge, NY：Nova Science, 2003), esp. 153 – 55；Russell W. Rumberger and Gregory J. Palardy, "Does Segregation Still Matter？ The Impact of Student Composition on Academic Achievement in High School", *The Teachers College Record* 107 (September 2005)：1999 – 2045；John R. Logan, Elisabeta Minca, and Sinem Adar, "The Geography of Inequality：Why Separate Means Unequal in American Public Schools", *Sociology of Education* 85 (July 2012)：287 – 301. 近期的综述研究，可参见 Gregory J. Palardy, "High School Socioeconomic Segregation and Student Attainment", *American Educational Research Journal* 50 (August 2013)：714 – 54. Reyn van Ewijk and Peter Sleegers, "The Effect of Peer Socioeconomic Status on Student Achievement：A Meta – Analysis", *Educational Research Review* 5 (June 2010)：134 – 50. 这些研究发现，班级同学的社会经济构成对考试分数的影响是学校校友社会经济构成的影响的 2 倍。这一谱系的研究是在 20 世纪 60 年代出现的，源自于对种族隔离之后果的关切，在那个时代，阶级隔离相对于种族隔离来说显然不可同日而语。但在过去半个世纪，阶级隔离与日俱增，种族隔离却日益衰减，现在我们可以比较种族和阶级隔离的逆向效果。虽然种族隔离仍是一个全国性的问题，但几乎所有的相关研究都得出了结论，阶级隔离至少会对学生成绩造成同样的恶果。参见 Richard D. Kahlenberg, "Socioeconomic School Integration", *North Carolina Law Review* 85 (June 2007)：1545 – 94.

29. 如同任何讨论环境之作用力的研究，这方面的文献也注定要陷入有关方法论的争议，特别是选本偏差的问题。比如说，因为穷孩子并不是被随机分配学校的，所以那些最终进入高收入人群学校的孩子，他们身上可能有某种品质促使他们取得更好的成绩，而这同学校以及同学是没有关系的。Douglas Lee Lauen and S. Michael Gaddis, "Exposure to Classroom Poverty and Test Score Achievement：Contextual Effects or Selection？", *American Journal of Sociology* 118 (January 2013)：943 – 79. 近期，一项研究在处理这个问题时仍然发现，学校的社会经济组成有很大的影响力，参见 Victor Lavy, Olmo Silma, and Felix Weinhardt, "The Good, the Bad, and the Average：Evidence on the Scale and Nature of Ability Peer Effects in Schools", NBER Working Paper No. 15600 (Cambridge：National Bureau of Economic Research, 2009).

30. 关于学校财政问题的研究不在少数，争议也非常激烈。比较 Eric A. Hanushek and Alfred A. Lindseth, *Schoolhouses, Courthouses, and Statehouses：Solving the Funding – Achievement Puzzle in America's Public Schools* (Princeton：Princeton University Press, 2009)；和 Rob Greenwald, Larry V. Hedges, and Richard D. Laine, "The Effect of School Resources on Student Achievement", *Review of Educational Research* 66 (Autumn 1996)：361 – 96.

31. Eric A. Hanushek, John F. Kain, and Steven G. Rivkin, "Why Public Schools Lose Teachers", *Journal of Human Resources* 39 (Spring 2004)：326 – 54.

32. 基于美国85%的公立中小学的学校品质指标数据（2011 至 2012 年），卡尔·弗里德里希进行了分析，2014 年经美国教育部民权办公室整理并发表，可访问 http：// ocrdata. ed. gov. 这项分析控制了许多可能的介入变量，包括高中生的种族构成，最终发现：申请午餐费用减免的学生比例（这是广泛运用的学生贫困率的指标）同辅导员/学生的比例并无关联，而同师生比有关——午餐费用减免的比例越高，则每 100 名学生也对应着更多的教师。这一正相关不仅适用于高中，还适用于初中和小学。

33. Palardy, "High School Socioeconomic Segregation and Student Attainment"，根据这篇文章，在社会经济隔离和学生成就之间，学校的学习氛围和同辈压力是两个关键的介入因素，同时提供了相关著作的概览。

34. Anne T. Henderson and Nancy Berla, *A New Generation of Evidence: The Family Is Critical to Student Achievement* (Washington, DC: National Committee for Citizens in Education, 1994), 1. 关于父母参与的作用，近期的文献综述包括 William H. Jeynes, "The Relationship Between Parental Involvement and Urban Secondary School Student Academic Achievement: A Meta - Analysis", *Urban Education* 42 (January 2007): 82 - 110; Nancy E. Hill and Diana F. Tyson, "Parental Involvement in Middle School: A Meta - Analytic Assessment of the Strategies That Promote Achievement", *Developmental Psychology* 45 (May 2009): 740 - 63; William Jeynes, "A Meta - Analysis of the Efficacy of Different Types of Parental Involvement Programs for Urban Students", *Urban Education* 47 (July 2004): 706 - 42; Frances L. Van Voorhis, Michelle F. Maier, Joyce L. Ep-stein, and Chrishana M. Lloyd with Therese Leung, *The Impact of Family Involvement on the Education of Children Ages 3 to 8: A Focus on Literacy and Math Achievement Outcomes and Socio - Emotional Skills* (New York: MDRC, 2013), accessed June 16, 2014, http://www. mdrc. org/sites /default/files/The_ Impact_ of_ Family_ Involvement_ FR. pdf; and Mikaela J. Dufur, Toby L. Parcel, and Benjamin A. McKune, "Does Capital at Home Matter More than Capital at School? The Case of Adolescent Alcohol and Marijuana Use", *Journal of Drug Issues* 43 (January 2013): 85 - 102. 关于父母参与的作用是否被夸大，一个近期的辩论可参见 Keith Robinson and Angel L. Harris, *The Broken Compass: Parental Involvement with Children's Education* (Cambridge: Harvard University Press, 2014); and Mai Miksic, "Is Parent Involvement Really a Waste of Time? Recent Polemic Versus the Research Record", CUNY Institute for Education Policy (Policy Briefing, April 23, 2014), accessed June 16, 2014, http://ciep. hunter. cuny. edu/is - parent - involvement - really - a - waste - of - time - recent - polemic - versus - the - research - record.

35. Kyle Spencer, "Way Beyond Bake Sales: The MYM1 million PTA", *New York Times*, June 3, 2012, MB1; Rob Reich, "Not Very Giving", *New York Times*, September 5, 2013, A25. 虽然我们没有家长为这些"公立中的私学"捐赠的长时段证据，但在过去十年间，私立学校的家长捐赠中值从548 561 美元增加至 895 614 美元，增幅为 63%。Jenny Anderson, "Private Schools Mine Parents' Data, and Wallets", *New York Times*, March 26, 2012.

36. Russell W. Rumberger and Gregory J.

Palardy，"Test Scores，Dropout Rates，and Trans-fer Rates as Alternative Indicators of High School Performance"，*American Educational Research Journal* 42（Spring 2005）：3 – 42；Palardy，"High School Socioeconomic Segregation and Student Attainment". 也许，好学校在救治和惩戒上的开支要少于差学校，因此它们可以投入更多的经费在学术课程上，但关于这一问题，我还没有找到证据。

37. 参见本章注 32。在本章中，图 4 – 1、4 – 2 和 4 – 4 按照贫困度区分了四类学校，每一类大致对应了四分之一的学校。更详细的分析可以表明，一个学校提供多少门的大学预科课程，关键的决定因素是父母的收入，而不是种族；如果控制了贫穷率、都市化程度、学校规模以及其他因素这些变量，则以少数种族为主的学校实际上提供的大学预科课程要多于白人为主的学校。来自有钱人家的孩子比起穷人家的孩子来说，更有可能参加大学预科考试，但这一阶级鸿沟在过去十年有所缩减。College Board，"10th Annual AP Report to the Nation"，February 11，2014，6. 此外，在小学和初中的八年义务教育阶段，"天才教育计划"同学校的贫困率完全无关；而到了高中阶段，在贫困率更高的高中里，这一计划反而更普遍。

38. 参见 Palardy，"High School Socioecomic Segregation"，741 – 42 以及该文所引文献，还有 Robert Crosnoe，*Fitting In，Standing Out：Navigating the Social Challenges of High School to Get an Education*（New York：Cambridge University Press，2011）.

39. Palardy，"High School Socioeconomic Segregation"，esp. 735.

40. Greg J. Duncan and Richard J. Murnane，*Restoring Opportunity：The Crisis of Inequality and the Challenge for American Education*（New York：Russell Sage Foundation，2014），esp. 47 – 49；Toby L. Parcel and Joshua A. Hendrix，"Family Transmission of Social and Cultural Capital"，in *The Wiley Blackwell Companion to the Sociology of Families*，eds. Judith Treas，Jacqueline Scott，and Martin Richards（London：John Wiley and Sons，2014），374.

41. Scott E. Carrell and Mark L. Hoekstra，"Externalities in the Classroom：How Children Exposed to Domestic Violence Affect Everyone's Kids"，*American Economic Journal：Applied Economics* 2（January 2010）：211 – 28.

42. David S. Kirk and Robert J. Sampson，"Crime and the Production of Safe Schools"，in *Whither Opportunity? Rising Inequality，Schools，and Children's Life Chances*，eds. Duncan and Murnane.

43. Simone Roberts，Jana Kemp，Jennifer Truman，and Thomas D. Snyder，*Indicators of School Crime and Safety：2012*（Washington，DC：National Center for Education Statistics，2013），accessed June 16，2014，http：// nces. ed. gov/ pubs2013/2013036. pdf. 在学校的贫困率和黑帮数量或校园暴力之间是否有正相关，我们至今还没有统计数据上的证据。

44. 参见本章注 32。在多变量分析中，停学率是由学校的贫困率、黑人注册人数、城市环境和校园规模所共同决定的。测量校园的纪律状况可以有多种指标，但仅从停学率这个指标来看，我们不能判断出有多少是因为行为失当，还有多少是因为纪律的标准，但根据我们对学生的调查，再加上罗拉和索菲亚的访谈，我们不可能认为图 4 – 2 中的模式完全是因为在学校纪检中的歧视。

45. Greg J. Duncan and Katherine Magnuson, "The Nature and Impact of Early Achievement Skills, Attention Skills, and Behavior Problems", in *Whither Opportunity? Rising Inequality, Schools, and Children's Life Chances*, eds. Duncan and Murnane, 65.

46. John Rogers and Nicole Mirra, *It's About Time: Learning Time and Educational Opportunity in California High Schools* (Los Angeles: Institute for Democracy, Education, and Access, University of California, Los Angeles, 2014).

47. Raj Chetty, John N. Friedman, and Jonah E. Rockoff, "The Long-Term Impacts of Teachers: Teacher Value-Added and Student Outcomes in Adulthood", NBER Working Paper No. 17699 (Cambridge: National Bureau of Economic Research, 2011), accessed June 16, 2014, http://www.nber.org/papers/w17699; Martin Haberman and William H. Rickards, "Urban Teachers Who Quit: Why They Leave and What They Do", *Urban Education* 25 (October 1990): 297–303; Hanushek, Kain, and Rivkin, "Why Public Schools Lose Teachers", 326–54; Donald Boyd, Hamilton Lankford, Susanna Loeb, and James Wyckoff, "Explaining the Short Careers of High-Achieving Teachers in Schools with Low-Performing Students", *American Economic Review* 95 (May 2005): 166–71; Palardy, "High School Socioeconomic Segregation and Student Attainment"; Duncan and Murnane, *Restoring Opportunity*, 49–50; Eric A. Houck, "Intradistrict Resource Allocation: Key Findings and Policy Implications", *Education and Urban Society* 43 (May 2011): 271–95.

48. George Farkas, "Middle and High School Skills, Behaviors, Attitudes, and Curriculum Enrollment, and Their Consequences", in *Whither Opportunity? Rising Inequality, Schools, and Children's Life Chances*, eds. Duncan and Murnane (2011), 84–85. 我们所分析的数据,来自于对全国高中毕业生每年一度的"畅想未来"调研。从分析中可以看出,在修读大学预科班的高中生中,父母拥有大学学历的比例数十年来都维持基本稳定,从1976到2012年都在60%上下,而父母仅受过高中教育的比例则从30%一路增加至超过40%。简言之,虽然阶级之间的分班鸿沟仍然存在,但过去几十年来已经缩减了大约1/3,而与此同期,机会和成绩鸿沟的其他指标则在急剧扩张。过去十多年来,小学生在课堂上按照能力分组的做法有所增加,但我们并没有找到证据证明这种分组会对穷孩子不利。Tom Loveless, "The Resurgence of Ability Grouping and Persistence of Tracking: Part II of the 2013 Brown Center Report on American Education", Brookings Institution Report, Brown Center on Education Policy, 2013, accessed October 3, 2014, http://www.brookings.edu/research/reports/2013/03/18-tracking-ability-grouping-loveless; Courtney A. Collins and Li Ga, "Does Sorting Students Improve Scores? An Analysis of Class Composition", NBER Working Paper No. 18848 (Cambridge: National Bureau of Economic Research, 2013).

49. National Center for Education Statistics, "Advance Release of Selected 2013 Digest Tables, Table 201. 20: Enrollment in Grades 9 through 12 in Public and Private Schools Compared with Population 14 to 17 Years of Age: Selected Years, 1889–90 through Fall 2013", Institute of Education Sciences, U. S. Department of Education, Washington, DC, accessed October 3, 2014, http: //nces. ed. gov/programs/digest/d13/tables/dt13 _ 201. 20. asp; Thomas D. Snyder and Sally A. Dillow, "Digest of Education Statistics 2012", Table 41 (NCES 2014 – 015), National Center for Education Statistics, Institute of Education Sciences, U. S. Department of Education, Washington, DC, December 2013.

50. 这方面的文献浩如烟海，包括某些类型课外活动之间的相关性，有代表性的论著包括 Jacquelynne S. Eccles, Bonnie L. Barber, Margaret Stone, and James Hunt, "Extracurricular Activities and Adolescent Development", *Journal of Social Issues* 59 (December 2003): 865 – 89; Jennifer A. Fredericks and Jacquelynne S. Eccles, "Is Extracurricular Participation Associated with Beneficial Outcomes? Concurrent and Longitudinal Relations", *Developmental Psychology* 42 (July 2006): 698 – 713; Amy Feldman Farb and Jennifer L. Matjasko, "Recent Advances in Research on School – Based Extracurricular Activities and Adolescent Development", *Developmental Review* 32 (March 2012): 1 – 48; Nancy Darling, "Participation in Extracurricular Activities and Adolescent Adjustment: Crosssectional and Longitudinal Findings", *Journal of Youth and Adolescence* 34 (October 2005): 493 – 505; Susan A. Dumais, "Cohort and Gender Differences in Extracurricular Participation: The Relationship Between Activities, Math Achievement, and College Expectations", *Sociological Spectrum* 29 (December 2008): 72 – 100; Stephen Lipscomb, "Secondary School Extracurricular Involvement and Academic Achievement: A Fixed Effects Approach", *Economics of Education Review* 26 (August 2007):

463 – 72; Kelly P. Troutman and Mikaela J. Dufur, "From High School Jocks to College Grads: Assessing the Long – Term Effects of High School Sport Participation on Females' Educational Attainment", *Youth & Society* 38 (June 2007): 443 – 62; Beckett A. Broh, "Linking Extracurricular Programming to Academic Achievement: Who Benefits and Why?", *Sociology of Education* 75 (January 2002): 69 – 95; Daniel Hart, Thomas M. Donnelly, James Youniss, and Robert Atkins, "High School Community Service as a Predictor of Adult Voting and Volunteering", *American Educational Research Journal* 44 (March 2007): 197 – 219, 以及以上论著所引用的文献。

51. Jonathan F. Zaff, Kristin A. Moore, Angela Romano Pappillo, and Stephanie Williams, "Implications of Extracurricular Activity Participation During Adolescence on Positive Outcomes", *Journal of Adolescent Research* 18 (November 2003): 599 – 630. 这项研究控制了多项变量，包括学习能力、校园失序、家庭结构、父母教育、家庭的社会经济地位、种族以及同辈影响。

52. Robert K. Ream and Russell W. Rumberger, "Student Engagement, Peer Social Capital, and School Dropout Among Mexican American and Non – Latino White Students", *Sociology of Education* 81 (April 2008): 109 – 39.

53. Peter Kuhn and Catherine Weinberger, "Leadership Skills and Wages", *Journal of Labor Economics* 23 (July 2005): 395 – 436.

54. Thomas Fritsch et al., "Associations Between Dementia/Mild Cognitive Impairment and Cognitive Performance and Activity Levels in Youth", *Journal of the American Geriatrics Society*

第四章

53（July 2005）：1191－96. 如果将参加两项或两项以上课外活动的归为一组，参加不到两项活动的为另一组，则第一组老人患上老年痴呆的可能性是第二组的三分之一。

55. Zaff, Moore, Pappillo, and Williams, "Implications of Extracurricular Activity Participation During Adolescence on Positive Outcomes"; Betsey Stevenson, "Beyond the Classroom: Using Title IX to Measure the Return to High School Sports", *Review of Economics and Statistics* 92（May 2010）：284－301; Vasilios D. Kosteas, "High School Clubs Participation and Earnings"（unpublished manuscript, March 22, 2010）, accessed December 15, 2014, http：//ssrn. com/abstract＝1542360. 还可参见 J. M. Barron, B. T. Ewing, and G. R. Waddell, "The Effects of High School Athletic Participation on Education and Labor Market Outcomes", *Review of Economics and Statistics* 82（2000）：409－21, and E. R. Eide, and N. Ronan, "Is Participation in High School Athletics an Investment or a Consumption Good？: Evidence from High School and Beyond", *Economics of Education Review* 20（2001）：431－42.

56. Eccles, Barber, Stone, and Hunt, "Extracurricular Activities and Adolescent Development", 865－89.

57. Christy Lleras, "Do Skills and Behaviors in High School Matter？ The Contribution of Noncognitive Factors in Explaining Differences in Educational Attainment and Earnings", *Social Science Research* 37（September 2008）：888－902; Flavio Cunha, James J. Heckman, and Susanne M. Schennach, "Estimating the Technology of Cognitive and Noncognitive Skill Formation", *Economet-rica* 78（May 2010）：883－931; Elizabeth Covay and William Carbonaro, "After the Bell: Participation in Extracurricular Activities, Classroom Behavior, and Academic Achievement", *Sociology of Education* 83（January 2010）：20－45.

58. Christina Theokas and Margot Bloch, "Out－of－School Time Is Critical for Children: Who Participates in Programs？", Research－to－Results Fact Sheet No. 2006－20（Washington, DC：Child Trends, 2006）.

59. Kristin Anderson Moore, David Murphey, Tawana Bandy, and P. Mae Cooper, "Participation in Out－of－School Time Activities and Programs", Child Trends Research Brief No. 2014－13（Washington, DC：Child Trends, 2014）. 这些数字既包括校园活动，也包括社区活动。

60. Kaisa Snellman, Jennifer M. Silva, Carl B. Frederick, and Robert D. Putnam, "The Engagement Gap: Social Mobility and Extracurricular Participation Among American Youth", *ANNALS of the American Academy of Political and Social Science*（forthcoming, 2015）; Kaisa Snellman, Jennifer M. Silva, and Robert D. Putnam, "Inequity Outside the Classroom: Growing Class Differences in Participation in Extracurricular Activities", *Voices in Urban Education* 40（forthcoming, 2015）.

61. Ralph B. McNeal, Jr., "High School Extracurricular Activities: Closed Structures and Stratifying Patterns of Participation", *Journal of Educational Research* 91（January/February 1998）：183－91.

62. 参见本章注 32。在多变量的分析中，运动队的数量，会因为学校贫困率、少数种族学生人数、位于城区而减少。换言之，在富裕

第四章

的、白人的、郊区的或农村的学校里，有组织的体育活动更为普遍。学校的规模并不会造成影响。

63. Pamela R. Bennett, Amy C. Lutz, and Lakshmi Jayaram, "Beyond the Schoolyard: The Role of Parenting Logics, Financial Resources, and Social Institutions in the Social Class Gap in Structured Activity Participation", *Sociology of Education* 85 (April 2012): 131 – 57; Elizabeth Stearns and Elizabeth J. Glennie, "Opportunities to Participate: Extracurricular Activities' Distribution Across and Academic Correlates in High Schools", *Social Science Research* 39 (March 2010): 296 – 309; Palardy, "High School Socioeconomic Segregation and Student Attainment", 737.

64. Kate I. Rausch, "Pay – to – Play: A Risky and Largely Unregulated Solution to Save High School Athletic Programs from Elimination", *Suffolk University Law Review* 39 (2005 – 2006): 583 – 611.

65. Bob Cook, "Will 'Pay to Play' Become a Permanent Part of School Sports?", *Forbes*, August 22, 2012, accessed June 17, 2014, http://www.forbes.com/sites/bobcook/2012/08/22/will – pay – to – play – become – a – permanent – part – of – school – sports.

66. "Pay – to – Play Sports Keeping Lower – Income Kids out of the Game", C. S. Mott Children's Hospital National Poll on Children's Health, Vol. 15, no. 3 (Ann Arbor: University of Michigan, May 14, 2012); "Huntington Bank Annual Backpack Index 2007 – 2013", accessed May 11, 2014, http://mms.businesswire.com/media/20130723005089/en/376266/1/ 2013HuntingtonBackpackIndexSupplyList.pdf?download = 1.

67. Eric Dearing et al., "Do Neighborhood and Home Contexts Help Explain Why Low – Income Children Miss Opportunities to Participate in Activities Outside of School?", *Developmental Psychology* 45 (November 2009): 1545 – 62; Bennett, Lutz, and Jayaram, "Beyond the Schoolyard: The Role of Parenting Logics, Financial Resources, and Social Institutions in the Social Class Gap in Structured Activity Participation", 131 – 57.

68. Jeremy Staff and Jeylan T. Mortimer, "Social Class Background and the School – to – Work Transition", *New Directions for Child and Adolescent Development* 119 (Spring 2008): 55 – 69; Jeylan T. Mortimer, "The Benefits and Risks of Adolescent Employment", *Prevention Researcher* 17 (April 2010): 8 – 11; Kelly M. Purtell and Vonnie C. McLoyd, "A Longitudinal Investigation of Employment Among Low – Income Youth: Patterns, Predictors, and Correlates", *Youth & Society* 45 (June 2013): 243 – 64.

69. Altonji and Mansfield, "The Role of Family, School, and Community Characteristics in Inequality in Education and Labor – Market Outcomes", 339 – 58. 该文发现，虽然家庭因素要比社区和学校因素重要得多，但社区和学校因素也绝不可小觑。但是，两位作者并没有思考一个问题：较之于同辈压力、学习氛围这些学校不可控的因素，那些学校可控的因素（如班级人数或教师经验）到底有多重要。Palardy, "High School Socioeconomic Segregation and Student Attainment", 740. 这篇文章发现，"控制家庭、学习背景以及学校投入这些变量，

学生如果就读于富人子弟为主的学校，则他们被四年制大学录取的可能性会比就读于穷人学校高出68％"。简言之，即便不考虑学生的个人背景和学校可用的资源，两类高中之间的差异也能形成大不同。如何解释这一模式，关键因素在于教师的士气、同学之间的压力以及学校对成绩的重视。

70. 我们亟需这种类型的思考，这方面的一次宝贵尝试，参见 Duncan and Murnane, *Restoring Opportunity*.

71. Richard J. Murnane, "U. S. High School Graduation Rates: Patterns and Explanations", *Journal of Economic Literature* 51 (June 2013): 370–422. 还可参见 Russell Rumberger and Sun Ah Lim, "Why Students Drop Out of Schools: A Review of 25 Years of Research", Policy Brief 15 (University of California, Santa Barbara: California Dropout Research Project, October 2008). 正如默奈尔详细解释的，如何测量高中的辍学率和毕业率，在技术上并无定数，因此我们务必带着怀疑的眼光去审视本节所给出的具体数据，但无论如何，基本的图景还是非常准确的。

72. Murnane, "U. S. High School Graduation Rates", 370–422; James J. Heckman, John Eric Humphries, and Nicholas S. Mader, "The GED", NBER Working Paper No. 16064 (Cambridge: National Bureau of Economic Research, June 2010). 默奈尔在文中指出，如果不考虑 GED 证书在 20 世纪末的快速增长，美国高中的退学率从 1970 到 2000 年基本上都没有变化，进入 21 世纪后，退学率开始下降，而常规的高中毕业率也开始了其在 1970 年前的增长。为什么 2000 年后出现了这一发展？具体原因仍不得而知，同时我们也不清楚它在多大程度上闭合了阶级鸿沟。

73. David Autor, *The Polarization of Job Opportunities in the U. S. Labor Market: Implications for Employment and Earnings*, The Center for American Progress and the Hamilton Project, accessed May 13, 2014, http://economics.mit.edu/files/5554.

74. Martha J. Bailey and Susan M. Dynarski, "Gains and Gaps: Changing Inequality in U. S. College Entry and Completion", NBER Working Paper No. 17633 (Cambridge: National Bureau of Economic Research, December 2011); Mark E. Engberg and Daniel J. Allen, "Uncontrolled Destinies: Improving Opportunity for Low-Income Students in American Higher Education", *Research in Higher Education* 52 (December 2011): 786–807.

75. Robert Bozick and Erich Lauff, *Education Longitudinal Study of 2002 (ELS: 2002): A First Look at the Initial Postsecondary Experiences of the High School Sophomore Class of 2002* (NCES 2008–308), U. S. Department of Education (Washington, DC: National Center for Education Statistics, October 2007). 这份报告运用了更新的数据，度量方法也略有不同，两位作者指出，截止到 2006 年，在来自低收入家庭的高中毕业生中，只有 40％ 的学生在高中毕业后当年即进入高等学校，而家庭年收入超过 100 000 美元的学生，其同比数据有 84％。

76. "Bridging the Higher Education Divide: Strengthening Community Colleges and Restoring the American Dream", The Century Foundation Task Force on Preventing Community Colleges from Becoming Separate and Unequal (New York: The Century Foundation Press, 2013), 3–4.

77. Michael N. Bastedo and Ozan Jaquette, "Running in Place: Low - Income Students and the Dynamics of Higher Education Stratification", *Educational Evaluation and Policy Analysis* 33 (September 2011): 318 - 39; Susan Dynarski, "Rising Inequality in Postsecondary Education", *Brookings Social Mobility Memo* (February 13, 2014), accessed June 17, 2014, http: //www. brookings. edu/blogs/social - mobility - memos/posts/2014/02/13 - inequality - in - postsecondary - education; Sean Reardon, "Education", in State of the Union: The Poverty and Inequality Report, 2014, Stanford Center on Poverty and Inequality, Stanford University, 2014, 53 - 59, accessed October 3, 2014, http: //web. stanford. edu/group/scspi/sotu/SOTU_ 2014_ CPI. pdf.

78. Sandy Baum and Kathleen Payea, "Trends in For - Profit Postsecondary Education: Enrollment, Prices, Student Aid and Outcomes", College Board, Trends in Higher Education Series. 根据这份报告, 就读于盈利性大学的全日制本科生, 能在 6 年内毕业的仅有 22%, 相比之下, 公立大学的同比数据是55%, 非盈利大学是65%。David J. Deming, Claudia Goldin, and Lawrence F. Katz, "The For - Profit Postsecondary School Sector: Nimble Critters or Agile Predators?", *Journal of Economic Perspectives* 26 (Winter 2012): 139 - 64. 这篇论文表明, 即便控制学生家庭背景这一变量, 盈利性大学的毕业率也是惨不忍睹的。还可参见 Suzanne Mettler, *Degrees of Inequality: How the Politics of Higher Education Sabotaged the American Dream* (New York: Basic Books, 2014)。

79. 这幅图中的数据估算, 参见 "Family Income and Unequal Educational Opportunity, 1970 to 2011", *Postsecondary Education Opportunity* 245 (November 2012)。图 4 - 5 显示出的基本趋势, 还可参见 Bailey and Dynarski, "Gains and Gaps", 这项研究在方法上更可靠, 但局限是它仅限于两个时间点 (大约是 1982 年和 2003 年)。应当指出, 图 4 - 5 中的数据很可能高估了上层阶级孩子的大学毕业率 (大约高估了 10 个百分点), 但即便有此偏差, 我还是运用了这组数据, 因为它对长期变动的趋势给出了更为连续的图景。还可参见 Patrick Wightman and Sheldon Danziger, "Poverty, Intergenerational Mobility, and Young Adult Educational Attainment", in *Investing in Children: Work, Education, and Social Policy in Two Rich Countries*, eds. Ariel Kalil, Ron Haskins, and Jenny Chesters (Washington, DC: Brookings Institution Press, 2012), 208 - 36.

80. 图 4 - 6 的资料取自 "教育追踪研究" (2002 至 2012 年)。2002 年时, 研究者从全国范围内的高中二年级学生中抽取了一个代表性的样本, 然后对他们进行了 10 年跟踪调查。http: //nces. ed. gov/surveys/els2002 以及 Erich Lauff and Steven J. Ingels, *Education Longitudinal Study of 2002* (*ELS*: 2002): *A First Look at 2002 High School Sophomores 10 Years Later* (NCES 2014 - 363), U. S. Department of Education (Washington, DC: National Center for Education Statistics, 2013), accessed June 17, 2014, http: //nces. ed. gov/pubs2014/2014363. pdf. 在这项调研中, 研究者综合了父母收入、父母受教育程度和父母的职业地位这三个指标, 以此测量社会经济地位。2002 年的原始数据进行了一定的调整, 因为相当一部分出身贫穷家庭的孩子在高中二年级之前就辍学了。有项研究关注的是 12 年前的学生, 也即 1988 年的初中学

生，结果表明，上层阶级的孩子在高中二年级前退学的只有3%，而下层阶级的孩子却高达14%。参见 Steven J. Ingels et al., *Coming of Age in the 1990s: The Eighth - Grade Class of 1988 12 Years Later* (NCES 2002 - 321), U. S. Department of Education (Washington, DC: National Center for Education Statistics, 2002), accessed June 17, 2014, http://nces. ed. gov/pubs2002/2002321. pdf.

81. 根据"教育追踪研究"的原始数据，在2002年读高二的下层阶级孩子当中的辍学率为7%，但这一数据低估了真实的辍学率。原因很简单，同龄的穷孩子很多早在高二进入样本之前就已经辍学。

82. 大学财政是一个单独的问题，近年来激发了广泛的讨论，我们这里无力处理这个大问题，一个浅尝辄止的讨论可参见本书第五章；参见 Michael Hout, "Social and Economic Returns to College Education in the United States", *Annual Review of Sociology* 38 (August 2012): 379 - 400. 还可参见 Duncan and Murnane, *Restoring Opportunity*, 16 - 17, citing James J. Heckman and Alan B. Krueger, *Inequality in America: What Role for Human Capital Policies?* (Cambridge: MIT Press, 2005). 这篇文章指出："在我们国家中，富家子和穷孩子的大学毕业率越来越大，但到底是什么造成了这一阶级鸿沟，是大学学费让穷人子弟望而却步，还是穷孩子从学术上没有作好准备，分析家在讨论这一问题时莫衷一是。"

83. 考试成绩是指初中生的数学测验成绩。家庭的社会经济地位是根据父母受教育程度、职业和家庭收入做综合测算的。研究者按照考试的分数以及社会经济地位的综合得分，将学生和家庭分为四档。所谓"高"，就是指考

分或经济地位在前四分之一的学生和家庭；所谓"低"，是指最后四分之一的学生和家庭；而"中游"是指考分或经济地位居于中间两档的学生和家庭。大学毕业，指的是在高中毕业后10年内获得了学士学位。资料来源：MaryAnn Fox, Brooke A. Connolly, and Thomas D. Snyder, "Youth Indicators 2005: Trends in the Well - Being of American Youth", U. S. Department of Education, National Center for Education Statistics, 2005, p. 50, based on date from National Education Longitudinal Study of 1988 的数据 (NELS: 88/2000), Fourth Follow - up.

84. Philippe Belley and Lance Lochner, "The Changing Role of Family Income and Ability in Determining Educational Achievement", *Journal of Human Capital* 1 (Winter 2007): 37 - 89.

第五章　邻里社区

1. H. G. Bissingher, "Main Line Madcap", *Vanity Fair*, October 1995, 158 - 60, 165 - 82.

2. U. S. Census Bureau, accessed through Harvard University Library.

3. Kristen Lewis and Sarah Burd - Sharps, "Halve the Gap by 2030: Youth Disconnection in America's Cities", Social Science Research Council, Measure of America project, 2013, accessed October 3, 2014, http://ssrc - static. s3. amazonaws. com/moa/MOA - Halve - the - Gap - ALL - 10. 25. 13. pdf.

4. 虽然我创造了"安全气囊"在这个语境内的概念，但我并不是观察到这一现象的第一人。人类学家雪莉·奥特娜曾经指出："从中上阶级的父母以及长大成人后的子女那里，我都听说了许许多多有趣的、我眼中的'挽救机制'（rescuing mechanism），可以让那些遇到

麻烦的孩子们迅速脱离困境：心理咨询、诊疗、矫正项目、教导、强化课程、女儿怀孕后的堕胎、儿子如果触犯法律后的昂贵律师费。" Sherry B. Ortner, *Anthropology and Social Theory: Culture, Power, and the Acting Subject* (Durham: Duke University Press, 2006), 99.

5. 在我们研究费城市的内城区时，我的同事凯瑟琳·艾丁 (Kathryn Edin) 可以说是引导人，引领我们进入这里的社区，帮助我们理解当地文化，同时慷慨地分享她对此地的深入理解以及未发表的手稿。

6. Melody L. Boyd, Jason Martin, and Kathryn Edin, "Pathways to Participation: Youth Civic Engagement in Philadelphia", unpublished manuscript (Harvard Kennedy School, 2012). 还可参见 Kathryn Edin and Maria J. Kefalas, *Promises I Can Keep: Why Poor Women Put Motherhood Before Marriage* (Berkeley: University of California Press, 2005).

7. 关于正文所述的钟摆效应，经验面向的研究参见 Robert D. Putnam, *Bowling Alone: The Collapse and Revival of American Community* (New York: Simon & Schuster, 2000); 哲学面向的研究参见 E. J. Dionne, Jr., *Our Divided Political Heart: The Battle for the American Idea in an Age of Discontent* (New York: Bloomsbury USA, 2012).

8. 关于这类文献的一个概述，可参见 Putnam, *Bowling Alone*, 287–363.

9. Peter V. Marsden, "Core Discussion Networks of Americans", *American Sociological Review* 52 (February 1987): 122–31; Claude S. Fischer, *To Dwell Among Friends: Personal Networks in Town and City* (Chicago: University of Chicago Press, 1982); Karen E. Campbell, Peter V. Marsden, and Jeanne S. Hurlbert, "Social Resources and Socioeconomic Status", *Social Networks* 8 (March 1986): 97–117; Marjolein I. Broese Van Groenou and Theo Van Tilburg, "Network Size and Support in Old Age: Differentials by Socio-Economic Status in Childhood and Adulthood", *Ageing and Society* 23 (September 2003): 625–45; Ivaylo D. Petev, "The Association of Social Class and Lifestyles: Persistence in American Sociability, 1974 to 2010", *American Sociological Review* 78 (August 2013): 633, 651.

10. 这项调查的具体问题如下："你最近大约有多少个密集来往的朋友？这样的朋友指的是，那些你同他们在一起时感到自在、会和他们讲私事、会打电话给他们寻求帮助的朋友。"这一项覆盖全国的调查在 2000 年访问了 30 000 名受访者；更多的细节以及如何获得原始数据，参见 http://www.hks.harvard.edu/saguaro/communitysurvey; http://www.ropercenter.uconn.edu/data_access/data/datasets/social_capital_community_survey.html. 还可参见 Campbell, Marsden, and Hurlbert, "Social Resources and Socioeconomic Status", 97–117.

11. 参见 Mark S. Granovetter, "The Strength of Weak Ties", *American Journal of Sociology* 78 (May 1973): 1360–80; Mark Granovetter, *Getting a Job: A Study of Contacts and Careers* (Cambridge: Harvard University Press, 1974); Nan Lin, Walter M. Ensel, and John C. Vaughn, "Social Resources and the Strength of Ties: Structural Factors in Occupational Status Attainment", *American Sociological Review* 46 (August 1981): 393–405; Joel M. Podolny and James N. Baron, "Resources and Relationships: Social Networks and Mobility in the Workplace", *American Socio-*

logical Review 62（October 1997）：673–93.

12. 感谢皮尤民调研究中心的李·瑞尼和凯斯·汉普顿，他们两位提供了这些数据。研究者的清单总共涉及 22 个不同的职业，从最终数据可以看出，受教育程度最能决定社会关系网络的广度，其次是年龄（最高的是中年接近老年那段时间）和居住于小镇。一个人的种族和性别，则与她或他的社会关系网络之广度无关联。

13. Annette Lareau, "Invisible Inequality: Social Class and Childrearing in Black Families and White Families", *American Sociological Review* 67（October 2002）：747–76.

14. Ann L. Mullen, *Degrees of Inequality: Culture, Class, and Gender in American Higher Education*（Baltimore：Johns Hopkins University Press, 2010）；Jenny M. Stuber, *Inside the College Gates: How Class and Culture Matter in Higher Education*（Lanham, MD：Lexington, 2011）；Elizabeth A. Armstrong and Laura T. Hamilton, *Paying for the Party: How College Maintains Inequality*（Cambridge：Harvard University Press, 2013）；Anthony Abraham Jack, "Culture Shock Revisited: The Social and Cultural Contingencies to Class Marginality", *Sociological Forum* 29（June 2014）：453–75.

15. 美国联邦缉毒局对未成年人涉毒状况的年度调查，还可参见 Jennifer L. Humensky, "Are Adolescents with High Socioeconomic Status More Likely to Engage in Alcohol and Illicit Drug Use in Early Adulthood?", *Substance Abuse Treatment, Prevention, and Policy* 5（August 2010）：19；and Megan E. Patrick, Patrick Wightman, Robert F. Schoeni, and John E. Schulenberg, "Socioeconomic Status and Substance Use Among Young Adults: A Comparison Across Constructs and Drugs", *Journal of Studies on Alcohol and Drugs* 73（September 2012）：772–82.

16. Putnam, *Bowling Alone*；Miller McPherson, Lynn Smith-Lovin, and Matthew E. Brashears, "Social Isolation in America: Changes in Core Discussion Networks Over Two Decades", *American Sociological Review* 71（June 2006）：353–75. 针对麦克弗森等人的发现在方法论上的批评，参见 Claude S. Fischer, "The 2004 GSS Finding of Shrunken Social Networks: An Artifact?", *American Sociological Review* 74（August 2009）：657–69；and Claude S. Fischer, *Still Connected: Family and Friends in America Since 1970*（New York：Russell Sage Foundation, 2011）. 有些研究已经找到证据证明了"萎缩"假说（虽然有所相关，但并不必然等同于社会原子化的命题），参见 Miller McPherson, Lynn Smith-Lovin, and Matthew E. Brashears, "Models and Marginals: Using Survey Evidence to Study Social Networks", *American Sociological Review* 74（August 2009）：670–81；and Anthony Paik and Kenneth Sanchagrin, "Social Isolation in America: An Artifact", *American Sociological Review* 78（June 2013）：339–60.

17. Petev, "The Association of Social Class and Lifestyles", 633, 651.

18. Jeffrey Boase and Barry Wellman, "Personal Relationships: On and Off the Internet", in *The Cambridge Handbook of Personal Relationships*, eds. Anita L. Vangelisti and Daniel Perlman（Cambridge：Cambridge University Press, 2006）, 709–23；Lee Rainie and Barry Wellman, *Networked: The New Social Operating System*（Cambridge：MIT Press, 2012）.

19. Kathryn Zichuhr and Aaron Smith,"Digital Differences", Pew Internet and American Life Project（April 13, 2012）, August 21, 2014, http：//pewinternet. org/ ~/media//Files/ Reports/ 2012/PIP_ Digital_ differences_ 041312. pdf.

20. Eszter Hargittai and Amanda Hinnant, "Digital Inequality：Differences in Young Adults' Use of the Internet", *Communication Research* 35（October 2008）：602 - 21；Fred Rothbaum, Nancy Martland, Joanne Beswick Jannsen, "Parents' Reliance on the Web to Find Information About Children and Families：Socio - Economic Differences in Use, Skills and Satisfaction", *Journal of Applied Developmental Psychology* 29（March/April 2008）：118 - 28；Eszter Hargittai and Yuli Patrick Hsieh, "Digital Inequality", in *The Oxford Handbook of Internet Studies*, ed. William H. Dutton（Oxford：Oxford University Press, 2013）, 129 - 50.

21. Danah Boyd, *It's Complicated：The Social Lives of Networked Teens*（New Haven：Yale University Press, 2014）, 172 - 73.

22. Eszter Hargittai, "The Digital Reproduction of Inequality", in *Social Stratification*, ed. David Grusky（Boulder：Westview, forthcoming）, 936 - 44.

23. 关于指导老师效果的证据，可参见 Jean Baldwin Grossman and Joseph P. Tierney, "Does Mentoring Work？：An Impact Study of the Big Brothers Big Sisters Program", *Evaluation Review* 22（June 1998）：403 - 26；David L. DuBois, Bruce E. Holloway, Jeffrey C. Valentine, and Harris Cooper, "Effectiveness of Mentoring Programs for Youth：A Meta - Analytic Review", *American Journal of Community Psychology*

30（April 2002）：157 - 97；David L. DuBois et al., "How Effective Are Mentoring Programs for Youth? A Systematic Assessment of the Evidence", *Psychological Science in the Public Interest* 12（August 2011）：57 - 91；Lance D. Erickson, Steve McDonald, and Glen H. Elder, Jr., "Informal Mentors and Education：Complementary or Compensatory Resources?", *Sociology of Education* 82（October 2009）：344 - 67. David L. DuBois and Naida Silverthorn, "Characteristics of Natural Mentoring Relationships and Adolescent Adjustment：Evidence from a National Study", *Journal of Primary Prevention* 26（2005）：69 - 92，该文指出，非正式的指导会改进青少年的许多正面或负面行为：高中毕业、大学入学、每周工作10 小时及以上、纵酒、吸毒、抽烟、参加帮派、打架斗殴、冒险、自尊、生活满意度、抑郁、自杀倾向、健康、体育活动、感染性病、采用避孕措施、使用避孕套。

24. Civic Enterprises in association with Hart Research Associates, "The Mentoring Effect：Young People's Perspectives on the Outcomes and Availability of Mentoring", report for MENTOR：The National Mentoring Partnership（January 2014）, accessed August 21, 2014, http：// www. mentoring. org/images/uploads/Report _ TheMentoringEffect. pdf. 这份报告提供了广泛的证据，证明了正式和非正式的指导对问题孩子的作用。我们要感谢公民创业者的约翰·布里奇兰德和哈特研究中心，他们允许我们运用调查数据做第二手的分析，他们在全国范围内抽取了年龄在 18 至 21 岁之间的 1109 名青年作为样本，当然分析结论的责任在我们。在他们的调查中，受访者听到的问题如下："年轻人可以获得指导的一种方式就是通过正规的项

目……兄弟姐妹帮扶会就是这样的正规指导项目。第二种类型的指导是这样的，一位成年人走进了年轻人的生活，他们自然而然地形成了非正式的指导关系。这样的成年人，可以是父母家人的一位朋友，或者是年轻人在班级以外所认识的老师。无论在正规还是非正式的指导关系中，成年人都是一种支持的力量，并且同年轻人共同建立了一种关系，提供引导、支持和鼓励，帮助这位年轻人在很长一段时间内健康、充满正能量地发展。"受访者需要回答他是否曾有以上两种类型的指导老师，如果有的话，还要具体回答每一段指导关系。

25. Erickson, McDonald, and Elder, "Informal Mentors and Education: Complementary or Compensatory Resources?", 344 - 67. 这篇文章是目前为止在统计方法上最复杂的研究。研究者发现，非正式指导对出身贫穷的孩子能发挥更大的影响力，但由于在优越家庭长大的孩子能有更多的机会获得非正式指导，所以就冲销了之前的事实，双方的阶级差距依然存在。

26. 根据这项调查，正式指导关系大多是与学校有关联的。而通过教堂所形成的正式指导，不仅更少见，而且主要集中在社会经济上层而非下层的孩子，最后一点对于我们的研究尤其重要。

27. 在我们讨论指导这个问题时，"富裕"和"贫穷"分别指在社会经济地位综合指数上排最上层和最下层四分之一的家庭。

28. Robert J. Sampson, *Great American City: Chicago and the Enduring Neighborhood Effect* (Chicago: University of Chicago Press, 2012), 356, 楷体加粗表强调，原文即有。关于邻里社区效应的研究，长期以来都受困于复杂的方法论问题，尤其是所谓的"样本偏差"。因为一般而言是人选择住在哪儿，如果某一社区的居民具有某种特定的性格，一种可能当然无法否认，这就是他们把这些特征随他们带到了所居的社区，而不是社区的环境而"导致"了这些特征。当然，目前最好的研究已经因应这种风险而做出了策略调整，我们在正文中的讨论所依据的都是面对着这一方法难题而相当稳健扎实的研究发现。事实上，横截面研究因为只能聚焦于一个时点，无法顾及长期效应的影响，所以实际上可能会低估真实的社区效应。关于方法问题，参见 Sampson, *Great American City*，特别是 12 章和 15 章；Robert J. Sampson and Patrick Sharkey, "Neighborhood Selection and the Social Reproduction of Concentrated Racial Inequality", *Demography* 45 (February 2008): 1 - 29; and Tama Leventhal, Véronique Dupéré, and Elizabeth Shuey, "Children in Neighborhoods", in *Handbook of Child Psychology and Developmental Science*, 7th ed., Vol. 4, eds. Richard M. Lerner, Marc H. Bornstein, and Tama Leventhal (Hoboken, NJ: Wiley, forthcoming 2015). 这些辩论的焦点之一就是 20 世纪 90 年代的"走向机会"的社会实验，首先随机选择一组贫困家庭，让他们搬到贫困率更低的社区，同时设定一个控制组，是没有搬家的类似家庭，然后跟踪对比。关于这一实验的复杂结果，参见 Jens Ludwig, et al., "Neighborhood Effects on the Long - Term Well - Being of Low - Income Adults", *Science* 337 (2012): 1505 - 10; and Lisa Sanbonmatsu et al., "Moving to Opportunity for Fair Housing Demonstration Program—Final Impacts Evaluation" (Washington, DC: U.S. Department of Housing and Urban Development, 2011).

29. Velma McBride Murry et al., "Neighborhood Poverty and Adolescent Development", *Jour-

nal of Research on Adolescence 21（March 2011）：114 - 28. 此外，还可参见拉杰·切蒂（Raj Chetty）、纳撒尼尔·亨德伦（Nathaniel Hendren）以及其合作者的未发表成果，他们运用了前注中讨论的"走向机会"研究的证据，证实了邻里效应对更年幼的儿童影响最大。

30. Patrick Sharkey and Felix Elwert, "The Legacy of Disadvantage：Multigenerational Neighborhood Effects on Cognitive Ability", *American Journal of Sociology* 116（May 2011）：1934 - 81.

31. 根据马里兰州一项随机取样的研究发现，贫穷的邻里社区会产生对儿童的影响，其中三分之二的效应要归因于当地贫穷的学校。Heather Schwartz, *Housing Policy Is School Policy：Economically Integrative Housing Promotes Academic Success in Montgomery County, MD*（New York：Century Foundation, 2010）. 还有一项研究精心控制了多项变量，研究者发现，成长于贫困率高的社区内，会增加孩子的高中辍学率：David J. Harding, "Counterfactual Models of Neighborhood Effects：The Effect of Neighborhood Poverty on High School Dropout and Teenage Pregnancy", *American Journal of Sociology* 109（2003）：676 - 719. 关于学校—社区联系网，参见 Anthony S. Bryk, Penny Bender Sebring, Elaine Allensworth, Stuart Luppescu, and John Q. Easton, *Organizing Schools for Improvement：Lessons from Chicago*（Chicago：University of Chicago Press, 2010）；and Mark R. Warren, "Communities and Schools：A New View of Urban Education Reform", *Harvard Educational Review* 75（2005）：133 - 73.

32. 邻里社区对孩子的影响，一个近期的概括，可参见 Leventhal, Dupéré, and Shuey, "Children in Neighborhoods".

33. Cynthia M. Duncan, Worlds Apart：Poverty and Politics in Rural America, 2nd ed.（New Haven：Yale University Press, 2014）.

34. 关于集体效能，参见 Sampson, *Great American City*, Chapter 7, 正文引语 at p. 370.

35. 图 5 - 4 展示出了在信任和贫穷之间的相关性。即便我们控制了各种可能的变量，包括个人财务、教育水平、公民身份、族群、犯罪率、收入不平等、种族多样性、民族多样性、语言、上下班时间、居住流动性、房屋产权、性别、宗教、年龄，这种相关性仍是稳定的，也相当充分。参见 Robert D. Putnam, "E Pluribus Unum：Diversity and Community in the 21st Century：The 2006 Johan Skytte Prize Lecture", *Scandinavian Political Studies* 30（June 2007）：137 - 74, especially Table 3. 这一模式也适用于邻里之间见面聊天的频度。

36. 参见 Putnam, *Bowling Alone*, 138；and Orlando Patterson, "Liberty Against the Democratic State：On the Historical and Contemporary Sources of American Distrust", in *Democracy and Trust*, ed. Mark E. Warren（Cambridge：Cambridge University Press, 1999）, 187 - 91.

37. Putnam, *Bowling Alone*；Wendy M. Rahn and John E. Transue, "Social Trust and Value Change：The Decline of Social Capital in American Youth, 1976 - 1995", *Political Psychology* 19（September 1998）：545 - 65；April K. Clark, Michael Clark, and Daniel Monzin, "Explaining Changing Trust Trends in America", *International Research Journal of Social Sciences* 2（January 2013）：7 - 13；Jean M. Twenge, W. Keith Campbell, and Nathan T. Carter, "Declines in Trust in Others and Confidence in Institutions Among American Adults and Late Adolescents, 1972 -

2012", *Psychological Science* 25 (October 2014): 1914 – 23.

38. Sampson, *Great American City*; Leventhal, Dupéré, and Shuey, "Children in Neighborhoods"; Dafna E. Kohen, V. Susan Dahinten, Tama Leventhal, and Cameron N. McIntosh, "Neighborhood Disadvantage: Pathways of Effects for Young Children", *Child Development* 79 (January 2008): 156 – 69; Gopal K. Singh and Reem M. Ghandour, "Impact of Neighborhood Social Conditions and Household Socioeconomic Status on Behavioral Problems Among U. S. Children", *Maternal and Child Health Journal* 16 (April 2012): 158 – 69; Véronique Dupéré, Tama Leventhal, and Frank Vitaro, "Neighborhood Processes, Self – efficacy, and Adolescent Mental Health", *Journal of Health and Social Behavior* 53 (June 2012): 183 – 98; Elizabeth T. Gershoff and Aprile D. Benner, "Neighborhood and School Contexts in the Lives of Children", in *Societal Contexts of Child Development: Pathways of Influence and Implications for Practice and Policy*, eds. Elizabeth T. Gershoff, Rashmita S. Mistry, and Danielle A. Crosby (Oxford: Oxford University Press, 2014), 141 – 55.

39. Leventhal, Dupéré, and Shuey, "Children in Neighborhoods"; Rand D. Conger and M. Brent Donnellan, "An Interactionist Perspective on Socioeconomic Context of Human Development", *Annual Review of Psychology* 58 (2007): 175 – 99; Glen H. Elder, Jr. , Jacquelynne S. Eccles, Monika Ardelt, and Sarah Lord, "Inner – City Parents Under Economic Pressure: Perspectives on the Strategies of Parenting", *Journal of Marriage and Family* 57 (August 1995): 771 – 84;

Véronique Dupéré, Tama Leventhal, Robert Crosnoe, and Eric Dion, "Understanding the Positive Role of Neighborhood Socioeconomic Advantage in Achievement: The Contribution of the Home, Child Care, and School Environments", *Developmental Psychology* 46 (September 2010): 1227 – 44; Candice L. Odgers et al. , "Supportive Parenting Mediates Neighborhood Socioeconomic Disparities in Children's Antisocial Behavior from Ages 5 to 12", *Development and Psychopathology* 24 (August 2012): 705 – 21.

40. Frank F. Furstenberg et al. , *Managing to Make it: Urban Families and Adolescent Success* (Chicago: University of Chicago Press, 1999).

41. Gershoff and Benner, "Neighborhood and School Contexts in the Lives of Children", 143; Jason M. Bacha et al. , "Maternal Perception of Neighborhood Safety as a Predictor of Child Weight Status: The Moderating Effect of Gender and Assessment of Potential Mediators", *International Journal of Pediatric Obesity* 5 (January 2010): 72 – 79; Beth E. Molnar, Steven L. Gortmaker, Fiona C. Bull, and Stephen L. Buka, "Unsafe to Play? Neighborhood Disorder and Lack of Safety Predict Reduced Physical Activity Among Urban Children and Adolescents", *American Journal of Health Promotion* 18 (May 2004): 378 – 86; Deborah A. Cohen, Brian K. Finch, Aimee Bower, and Narayan Sastry "Collective Efficacy and Obesity: The Potential Influence of Social Factors on Health", *Social Science & Medicine* 62 (2006): 769 – 78; H. Mollie Greves Grow, Andrea J. Cook, David E. Arterburn, Brian E. Saelens, Adam Drewnowski, and Paula Lozano, "Child Obesity Associated with Social Disadvantage of

Children's Neighborhoods", *Social Science & Medicine* 71 (2010): 584 – 91.

42. Centers for Disease Control and Prevention (CDC), "Physical Activity Levels Among Children Aged 9 – 13 Years – United States, 2002", *Morbidity and Mortality Weekly Report* 52 (August 22, 2003): 785 – 88; Penny Gordon – Larsen, Melissa C. Nelson, Phil Page, and Barry M. Popkin, "Inequality in the Built Environment Underlies Key Health Disparities in Physical Activity and Obesity", *Pediatrics* 117 (February 2006): 417 – 24; Billie Giles – Corti and Robert J. Donovan, "Relative Influences of Individual, Social Environmental, and Physical Environmental Correlates of Walking", *American Journal of Public Health* 93 (September 2003): 1583 – 89; Jens Ludwig et al., "Neighborhoods, Obesity, and Diabetes – A Randomized Social Experiment", *New England Journal of Medicine* 365 (2011): 1509 – 19.

43. Paul A. Jargowsky, "Concentration of Poverty in the New Millennium: Changes in Prevalence, Composition, and Location of High Poverty Neighborhoods", report by Century Foundation and Rutgers Center for Urban Research and Education (2013), accessed August 21, 2014, http://tcf. org/assets/downloads/Concentration_ of_ Poverty_ in_ the_ New_ Millennium. pdf; Ann Owens and Robert J. Sampson, "Community Well – Being and the Great Recession", *Pathways Magazine* (The Stanford Center on Poverty and Inequality, Spring 2013): 3 – 7; Patrick Sharkey and Bryan Graham, "Mobility and the Metropolis: How Communities Factor into Economic Mobility", Pew Charitable Trust report (December 2013), accessed August 21, 2014, http://www. pewtrusts. org/ ~/ media/legacy/uploadedfiles/pcs _ assets/2013/Mobilityandthe Metropolispdf. pdf; Jonathan T. Rothwell and Douglas S. Massey, "Geographic Effects on Intergenerational Income Mobility", *Economic Geography* 90 (January 2015): 1 – 23.

44. Robert D. Putnam and David E. Campbell, *American Grace: How Religion Divides and Unites Us* (New York: Simon & Schuster, 2010), especially Chapter 13. 本段落的统计数据来自于 2006 年在全国范围内进行的"信仰是重要的" (Faith Matters) 调查, 详见前引书。

45. John M. Wallace and Tyrone A. Forman, "Religion's Role in Promoting Health and Reducing Risk Among American Youth", *Health Education and Behavior* 25 (December 1998): 721 – 41; Mark D. Regnerus and Glen H. Elder, Jr., "Staying on Track in School: Religious Influences in High – and Low – Risk Settings" (paper presented at the annual meeting of the American Sociological Association, Anaheim, CA, August 2001); Chandra Muller and Christopher G. Ellison, "Religious Involvement, Social Capital, and Adolescents' Academic Progress: Evidence from the National Education Longitudinal Study of 1988", *Sociological Focus* 34 (May 2001): 155 – 83; Christian Smith and Robert Faris, "Religion and American Adolescent Delinquency, Risk Behaviors, and Constructive Social Activities", a research report of the National Study of Youth and Religion (Chapel Hill, NC, 2002), accessed August 21, 2014, http://eric. ed. gov/? id = ED473128; Jonathan K. Zaff, Kristin A. Moore, Angela Romano Pappillo, and Stephanie Williams, "Implications of Extracurricular Activity Participation During Adolescence on Positive Outcomes", *Journal of Adoles-*

cent Research 18（November 2003）：614；Jennifer L. Glanville，David Sikkink，and Edwin I. Hernandez，"Religious Involvement and Educational Outcomes：The Role of Social Capital and Extracurricular Participation"，*Sociological Quarterly* 49（Winter 2008）：105 – 37. 这些研究控制了许多可能制造虚假相关性的变量。在宗教案例中，现有最好的研究指出，即便有样本偏差，这种偏差也往往是遮蔽而不是彰显出宗教的作用。Mark D. Regnerus and Christian Smith，"Selection Effects in Studies of Religious Influence"，*Review of Religious Research* 47（September 2005）：23 – 50；Jonathan H. Gruber，"Religious Market Structure，Religious Participation，and Outcomes：Is Religion Good for You?"，*Advances in Economic Analysis & Policy* 5（December 2005）.

46. Eric Dearing et al.，"Do Neighborhood and Home Contexts Help Explain Why Low – Income Children Miss Opportunities to Participate in Activities Outside of School?"，*Developmental Psychology* 45（November 2009）：1545 – 62. 作者对 2000 年的社会资本社群调研的数据进行了分析；在 17 种不同类型的社会组织中，仅有自助团体、退伍老兵和老年团体的阶级偏见低于宗教团体。

47. Putnam and Campbell，*American Grace*，252 – 53. 在"社会普查"（General Social Survey）、"国民教育研究"（National Educational Studies）和"罗普政治与社会趋势档案"中，美国人参与教堂活动的阶级鸿沟越来越大，无论是以教育还是以经济收入作为社会经济地位的指标，结果都是一样，只是以教育为指标时，趋势更明显而已。在不同的社会调查数据中，调查者以何种指标来测度参与是各有不同的，但由教育程度来做区分，以此看到的总体趋势是相似的。阶级差距的拉大，较之于女性，在男性身上更显著；较之于白人，在黑人群体内更显著；较之于其他文化传统的人群，在福音派新教徒中更显著。如果我们不区分种族，也即将所有种族放在一起分析，则这一趋势就会被遮蔽起来，因为有色种族往往更穷、受教育程度更低，也更为宗教化，但是如果分开来考虑，则阶级鸿沟的扩展在每个种族内都能有所见。

48. 参见 Barrie Thorne，"The Crisis of Care"，in *Work – Family Challenges for Low – Income Parents and Their Children*，eds. Ann C. Crouter and Alan Booth（Mahwah，NJ：Lawrence Erlbaum，2004）：165 – 78；and Markella B. Rutherford，*Adult Supervision Required：Private Freedom and Public Constraints for Parents and Children*（New Brunswick，NJ：Rutgers University Press，2011）.

第六章　路在何方

1. Raj Chetty，Nathaniel Hendren，Patrick Kline，and Emmanuel Saez，"Where is the Land of Opportunity? The Geography of Intergenerational Mobility in the United States"，*Quarterly Journal of Economics* 129（November 2014）；Raj Chetty，Nathaniel Hendren，Patrick Kline，Emmanuel Saez，and Nicholas Turner，"Is the United States Still a Land of Opportunity? Recent Trends in Intergenerational Mobility"，*American Economic Review Papers & Proceedings* 104（May 2014）：141 – 47. 还可参见本书第一章注 48。

2. Isabel V. Sawhill，"Trends in Intergenerational Mobility"，in *Getting Ahead or Losing Ground：Economic Mobility in America*，eds. Ron Haskins，Julia B. Isaacs，and Isabel V. Sawhill

（Washington，DC：Brookings Institution，2008）．

3. 在这些为人父母者中，克林顿港的温蒂是唯一自己也出身富贵的。西蒙娜的父亲读过纽约大学；厄尔的父亲读过一年大学，然后就投身建筑业，当厄尔要上大学时，家里的生意就垮了，厄尔必须自食其力。

4. Arthur M. Okun，*Equality and Efficiency：The Big Tradeoff*（Washington，DC：Brookings Institution Press，1975）．

5. Claudia Goldin and Lawrence F. Katz，"The Legacy of U. S. Educational Leadership：Notes on Distribution and Economic Growth in the 20th Century"，*American Economic Review* 91（May 2001）：18 – 23；Eric A. Hanushek and Ludger Woessmann，"The Role of Cognitive Skills in Economic Development"，*Journal of Economic Literature* 46（September 2008）：607 – 68；Elhanan Helpman，*The Mystery of Economic Growth*（Cambridge：Harvard University Press，2010）；Martin West，"Education and Global Competitiveness：Lessons for the United States from International Evidence"，in *Rethinking Competitiveness*，ed. Kevin A. Hassett（Washington，DC：AEI Press，2012）．

6. Claudia Goldin and Lawrence F. Katz，*The Race Between Education and Technology*（Cambridge：Harvard University Press，2008），98；Michael Handel，"Skills Mismatch in the Labor Market"，*Annual Review of Sociology* 29（2003）：135 – 65；James J. Heckman et al.，"The Rate of Return to the HighScope Perry Preschool Program"，*Journal of Public Economics* 94（February 2010）：114 – 28；Pedro Carneiro and James J. Heckman，"Human Capital Policy"，in *Inequality in America：What Role for Human Capital Policies?*，eds.

James J. Heckman，Alan B. Krueger，and Benjamin M. Friedman（Cambridge：MIT Press，2003）．

7. Daron Acemoglu and David Autor，"What Does Human Capital Do? A Review of Goldin and Katz's The Race Between Education and Technology"，*Journal of Economic Literature* 50（June 2012）：426 – 63.

8. Harry J. Holzer，Diane Whitmore Schanzenbach，Greg J. Duncan，and Jens Ludwig，"The Economic Costs of Childhood Poverty in the United States"，*Journal of Children and Poverty* 14（March 2008）：41 – 61.

9. Clive R. Belfield，Henry M. Levin，and Rachel Rosen，*The Economic Value of Opportunity Youth*（Washington，DC：Corporation for National and Community Service，2012），accessed October 6，2014，http：//www. dol. gov/summerjobs/pdf/EconomicValue. pdf. "等待机会的青年人"，包括的是就准备工作和生活而言力度最差17%的美国青年。

10. Katharine Bradbury and Robert K. Triest，"Inequality of Opportunity and Aggregate Economic Performance"，（paper prepared for the conference on Inequality of Economic Opportunity，Federal Reserve Bank，Boston，October 2014）．"都会地区"是指那些在中心城市周边的"通勤地带"。我要感谢布拉德伯里和特里斯特，他们的定量研究涉及更多方面，在这里他们进行了比较具体的效果评估。其他近期相关研究，参见 Chang – Tai Hsieh，Eric Hurst，Charles I. Jones，and Peter J. Klenow，"The Allocation of Talent and U. S. Economic Growth"．Working Paper 18693（Cambridge：National Bureau of Economic Research，2013）；and Gustavo A. Marrero

第六章

and Juan G. Rodriguez, "Inequality of opportunity and growth", *Journal of Development Economics* 104 (2013): 107 – 22.

11. James J. Heckman, "An Effective Strategy for Promoting Social Mobility", *Boston Review* (September/October 2012); James J. Heckman, Seong Hyeok Moon, Rodrigo Pinto, Peter A. Savelyev, and Adam Yavitz, "The Rate of Return to the High/Scope Perry Preschool Program", Forschungsinstitut zur Zukunft der Arbeit/Institute for the Study of Labor Discussion Paper No. 4533 (Bonn, Germany: IZA, October 2009), accessed September 26, 2014, http://ftp.iza.org/dp4533.pdf. 很多研究者, 一方面同意幼儿教育的回报率是相当可观的, 但另一方面, 他们也认为赫克曼的估算可能太过乐观, 因为赫氏的样本非常单一, 就是一项起始于20世纪60年代在密歇根州伊普西兰蒂的佩里学前教育项目的调查, 即便这一调查本身是里程碑式的。

12. 收入不平等 (有别于机会不平等) 会如何影响经济, 关于这一问题, 从前的教科书理论就是收入不平等可以促进经济发展, 因为它可以激励人们更加努力, 拉动投资, 促进增长。但近期的证据却证明这种此前的标准理论是大错特错的——高度的不平等会阻碍经济的可持续发展, 这方面的研究已经有很多, 参见Alberto Alesina and Dani Rodrik, "Distributive Politics and Economic Growth", *Quarterly Journal of Economics* 109 (May 1994): 465 – 90; Andrew G. Berg and Jonathan D. Ostry, "Inequality and Unsustainable Growth: Two Sides of the Same Coin?", IMF Staff Discussion Note 11/08 (Washington, DC: International Monetary Fund, April 8, 2011); Joseph E. Stiglitz, *The Price of Inequality: How Today's Divided Society Endangers*

Our Future (New York: W. W. Norton, 2012); and Jonathan D. Ostry, Andrew Berg, and Charalambos G. Tsangarides, "Redistribution, Inequality, and Growth", IMF Staff Discussion Note 14/02 (Washington, DC: International Monetary Fund, February 2014). 2014年年中, 标准普尔评级 (Standard and Poor's) 就是因为美国的贫富两极分化, 而将其对美国经济增长的预判下调了0.3个百分点, 同时预测, 不平等在未来还会造成更多的经济动荡。Peter Schroeder, "S&P: Income Inequality Slowing Economy", *The Hill*, August 5, 2014, accessed October 6, 2014, http://thehill.com/policy/finance/214316 – sp – income – inequality – slowing – economy. 至于极端的不平等为什么会有碍经济增长, 经济学家目前尚无定论——也许是富人阶级的高储蓄率会限制社会总体的需求, 也许是因为熟练技术劳工的供给不足, 也许是因为高度的不平等有可能触发经济风险, 也有可能是因为政治扭曲和民众不安全阻碍经济发展。

13. Robert A. Dahl, *On Democracy* (New Haven: Yale University Press, 1998).

14. Meira Levinson, *No Citizen Left Behind* (Cambridge: Harvard University Press, 2012); Sidney Verba, Kay Lehman Schlozman, and Henry E. Brady, *Voice and Equality: Civic Voluntarism in American Politics* (Cambridge: Harvard University Press, 1995); Kay Lehman Schlozman, Sidney Verba, and Henry E. Brady, *The Unheavenly Chorus: Unequal Political Voice and the Broken Promise of American Democracy* (Princeton: Princeton University Press, 2012); Andrea K. Finlay, Constance Flanagan, and Laura Wray – Lake, "Civic Engagement Patterns and Transitions over 8 Years: The AmeriCorps National Study", *Develop-*

mental Psychology 47（November 2011）：1728 –
43；Jonathan F. Zaff, James Youniss, and Cynthia
M. Gibson,“An Inequitable Invitation to Citizen-
ship：Non – College – Bound Youth and Civic En-
gagement”, Report prepared for PACE（Washing-
ton, DC：Philanthropy for Active Civic Engage-
ment, October 2009）.

15. 2008 年和 2010 年公民参与的数据来自
美国人口调查局的“当前人口调查”（Current
Population Survey）；基于研究的目的，我们将
“受过大学教育”界定为年龄在 20 至 25 岁之
间的年轻人，目前正就读于高等教育机构或取
得了高等教育的证书。我们在正文中提到了六
个问题，在研究中，我们只是统计了这六种类
型活动的参与次数。还可参见“Understanding
a Diverse Generation：Youth Civic Engagement in
the United States”, CIRCLE Research Report
（Tufts University, November 2011）, accessed Oc-
tober 6, 2014, http：//www. civicyouth. org/wp –
content/uploads/2011/11/CIRCLE_ cluster_ re-
port2010. pdf.

16. Laura Wray – Lake and Daniel Hart,
“Growing Social Inequalities in Youth Civic En-
gagement？Evidence from the National Election
Study”, *PS*：*Political Science and Politics* 45（Ju-
ly 2012）：456 – 61；Amy K. Syvertsen, Laura
Wray – Lake, Constance A. Flanagan, D. Wayne
Osgood, and Laine Briddell,“Thirty – Year Trends
in U. S. Adolescents' Civic Engagement：A Story
of Changing Participation and Educational Differ-
ences”, *Journal of Research on Adolescence* 21
（September 2011）：586 – 94. 2008 年和 2010 年
选举投票率的数据，来自美国人口调查局的
“当前人口调查”。

17. Wray – Lake and Hart,“Growing Social

Inequalities in Youth Civic Engagement？Evidence
from the National Election Study”, 根据这篇文
章，在竞选参与的其他指标上，也同样存在着
这种因普遍“下行”而导致的鸿沟缩减。

18. 卡尔·弗里德里希对“观察未来”就
高中毕业生所做的调查数据的分析，时间为
2005 至 2012 年。

19. Kay Lehman Schlozman, Sidney Verba,
and Henry E. Brady,“Weapon of the Strong？Par-
ticipatory Inequality and the Internet”, *Perspectives
on Politics* 8（June 2010）：487 – 509.

20. Schlozman, Verba, and Brady, *The Un-
heavenly Chorus*, 引语 at p. 83.

21. Larry M. Bartels, *Unequal Democracy*：
The Political Economy of the New Gilded Age
（Princeton：Princeton University Press, 2008）；
Martin Gilens, *Affluence and Influence*：*Economic
Inequality and Political Power in America*（Prince-
ton：Princeton University Press, 2012）；Jan E.
Leighley and Jonathan Nagler, *Who Votes Now？
Demographics, Issues, Inequality, and Turnout in
the United States*（Princeton：Princeton University
Press, 2013）.

22. Dahl, *On Democracy*, 76.

23. American Political Science Association
Task Force on Inequality and American Democra-
cy,“American Democracy in an Age of Rising Ine-
quality”, *Perspectives on Politics* 2（December
2004）：651.

24. William Kornhauser, *The Politics of Mass
Society*（Glencoe, IL：Free Press, 1959）, 212.
关于群众社会理论家的一个文献综述，参见
Christian Borch, *The Politics of Crowds*：*An Alter-
native History of Sociology*（New York：Cambridge
University Press, 2012）.

25. Hannah Arendt, *The Origins of Totalitarianism* (*New York: Harcourt, Brace*, 1951), 310, as quoted in Borch, *The Politics of Crowds*, 181.

26. Pope Francis, in "Apostolic Exhortation *Evangelii Gaudium* [The Joy of the Gospel], to the Bishops, Clergy, Consecrated Persons and the Lay Faithful on the Proclamation of the Gospel in Today's World", Vatican Press, 2013, October 6, 2014, http://w2. vatican. va/content/dam/francesco/pdf/apost_ exhortations/documents/papa - francesco_ esortazione - ap_ 20131124_ evangelii - gaudium_ en. pdf; 教宗方济各在巴西里约热内卢的一次采访: John L. Allen, "Pope on Plane: No to a 'Throw - Away' Culture", *National Catholic Reporter*, July 22, 2013, accessed October 6, 2014, http://ncronline. org/blogs/ncr - today/pope - plane - no - throw - away - culture.

27. 关于机会不平等的道德哲学, 基本文献包括 Lawrence A. Blum, "Opportunity and Equality of Opportunity", *Public Affairs Quarterly* 2 (October 1988): 1 - 18; John H. Schaar, "Equality of Opportunity, and Beyond", in *Equality: Selected Readings*, eds. Louis P. Pojman and Robert Westmoreland (New York: Oxford University Press, 1997), 137 - 47; William Galston, "A Liberal Defense of Equality of Opportunity", in *Equality*, eds. Pojman and Westmoreland, 170 - 81; Bernard A. O. Williams, "The Idea of Equality", in *Equality*, eds. Pojman and Westmoreland, 91 - 101; John Rawls, *A Theory of Justice*, rev. ed. (Cambridge: Belknap Press of Harvard University Press, 1999); John E. Roemer, *Equality of Opportunity* (Cambridge: Harvard University Press, 2000); Will Kymlicka, *Contemporary Political Philosophy: An Introduction*, 2nd ed. (New York: Oxford University Press, 2002), 53 - 101; T. M. Scanlon, "When Does Equality Matter?" (paper presented at a conference on equality at the John F. Kennedy School of Government, Cambridge, MA, April 2004), accessed October 6, 2014, http://www. law. yale. edu/documents/pdf/Intellectual_ Life/ltw - Scanlon. pdf; and Richard Arneson, "Equality of Opportunity", *The Stanford Encyclopedia of Philosophy*, October 8, 2002, accessed October 6, 2014, http://plato. stanford. edu/entries/equal - opportunity.

28. Serena Olsaretti, "Children as Public Goods?", *Philosophy and Public Affairs* 41 (Summer 2013): 226 - 58. 这是一篇很有趣的文章, 作者主张, 我们所有人都负有一份对社会上为人父母者的责任, 要帮助他们抚养他们的孩子, 因为这些孩子将会促进我们未来的福利。我的观点有所不同, 在我看来, 我们的道德义务所对应的是这些**孩子**, 而不是他们的**父母**。

29. 分析机会鸿沟问题的多种方法之综合, 参见 Lane Kenworthy, "It's Hard to Make It in America: How the United States Stopped Being the Land of Opportunity", *Foreign Affairs* 91 (November 2012): 103 - 9. 我要特别感谢汤姆·桑德 (Tom Sander), 全面评论了处理机会鸿沟所能用的各种政策选项。

30. 关于不断扩张的阶级鸿沟, 在叙述上与我观点相近, 但所开出的药方又完全不同, 参见 Charles Murray, *Coming Apart: The State of White America, 1960 - 2010* (New York: Crown Forum, 2012).

31. 宗教社群对其成员的态度和行为都会产生强有力的影响, 相关的证据参见 Robert D. Putnam and David E. Campbell, *American*

Grace：*How Religion Divides and Unites Us*（New York：Simon & Schuster, 2010），especially chapter 13.

32. Isabel V. Sawhill, *Generation Unbound*：*Drifting into Sex and Parenthood Without Marriage*（Washington, DC：Brookings Institution Press, 2014），91 – 93，citing Robert G. Wood, Sheena McConnell, Quinn Moore, Andrew Clarkwest, and JoAnn Hsueh,"The Effects of Building Strong Families：A Healthy Marriage and Relationship Skills Education Program for Unmarried Parents", *Journal of Policy Analysis and Management* 31（Spring 2012）：228 – 52；JoAnn Hsueh, Desiree Principe Alderson, Erika Lundquist, Charles Michalopoulos, Daniel Gubits, David Fein, and Virginia Knox,"The Supporting Healthy Marriage Evaluation：Early Impacts on Low – Income Families", SSRN Electronic Journal（2012），accessed October 11, 2014, www. ssrn. com/ abstract = 2030319；Adam Carasso and C. Eugene Steuerle,"The Hefty Penalty on Marriage Facing Many Households with Children", *The Future of Children* 15（Fall 2005）：161；Ron Haskins,"Marriage, Parenthood, and Public Policy", *National Affairs*（Spring 2014）：65 – 66；Maria Cancian and Ron Haskins,"Changes in Family Composition：Implications for Income, Poverty, and Public Policy", *ANNALS of the American Academy of Political and Social Science* 654（July 2014）：42 – 43.

33. Sawhill, *Generation Unbound*, 3.

34. 以下两段的证据，来自 Sawhill, *Generation Unbound* 9, 105 – 44. 另有一种略微不同的观点，参见 Andrew J. Cherlin, *Labor's Love Lost*：*The Rise and Fall of the Working Class Fami-* *ly in America*（New York：Russell Sage Foundation, 2014），Chapter 7.

35. Elizabeth O. Ananat, Anna Gassman – Pines, and Christina M. GibsonDavis,"The Effects of Local Employment Losses on Children's Educational Achievement", in *Whither Opportunity? Rising Inequality, Schools, and Children's Life Chances*, eds. G. Duncan and R. Murnane（New York：Russell Sage, 2011），299 – 315.

36. Kenworthy,"It's Hard to Make It in America", 97 – 109；Greg Duncan, Pamela Morris, and Chris Rodrigues,"Does Money Matter? Estimating Impacts of Family Income on Young Children's Achievement with Data from Random – Assignment Experiments", *Developmental Psychology* 47（September 2012）：1263 – 79. 还可参见 Rebecca A. Maynard and Richard J. Murnane,"The Effects of a Negative Income Tax on School Performance：Results of an Experiment", *Journal of Human Resources* 14（Autumn 1979）：463 – 76；Neil J. Salkind and Ron Haskins,"Negative Income Tax：The Impact on Children from Low – Income Families", *Journal of Family Issues* 3（June 1982）：165 – 80；Pamela Morris et al. , *How Welfare and Work Policies Affect Children*：*A Synthesis of Research*（New York：MDRC, 2001）；Gordon B. Dahl and Lance Lochner,"The Impact of Family Income on Child Achievement", *American Economic Review* 102（August 2005）：1927 – 56；and Greg J. Duncan, Ariel Kalil, and Kathleen M. Ziol – Guest,"Early Childhood Poverty and Adult Achievement, Employment and Health", *Family Matters*（Australia Institute of Family Studies）93（2013）：26 – 35, accessed October 11, 2014, http：//www. aifs. gov. au/institute/pubs/

fm2013/fm93/fm93c. pdf.

37. 关于低收入者所得税抵扣、子女税收抵免以及其他可能的改革, 参见 Thomas L. Hungerford and Rebecca Thiess, "The Earned Income Tax Credit and the Child Tax Credit: History, Purpose, Goals, and Effectiveness" (report, Economic Policy Institute, September 25, 2013), accessed October 10, 2014, http://www.epi.org/publication/ib370 - earned - income - tax - credit - and - the - child - tax - credit - history - purpose - goals - and - effectiveness.

38. Jeremy Travis, Bruce Western, and Steve Redburn, eds., *The Growth of Incarceration in the United States: Exploring Causes and Consequences* (Washington, DC: National Academies Press, 2014).

39. Jane Waldfogel, *What Children Need* (Cambridge: Harvard University Press, 2006), 45 - 62, quote at 45. 作者强调指出, 真正对婴儿造成伤害的是在出生后**第一年**内母亲外出**全职工作**, 换言之, 在一岁以后出去全职工作, 或者在一岁以内兼职工作, 并不会造成伤害。

40. 2008 年的一份报告统计了 21 个高收入国家, 美国的产假薪水政策在其中是最严苛的, 而在父母所能享受的产假时间上, 美国排名倒数第二。参见 Rebecca Ray, Janet C. Gornick, and John Schmitt, "Parental Leave Policies in 21 Countries: Assessing Generosity and Gender Equality" (Washington, DC: Center for Economic and Policy Research, 2008). 最近的证据也确证了美国的排名远远落在后面: OECD Family Database, PF2. 1 Key characteristics of parental leave systems, October 14, 2014, http://www.oecd.org/els/soc/PF2_1_Parental_leave_systems_1May2014. pdf.

41. 关于日托质量之证据的评述, 参见 Waldfogel, *What Children Need*, 72 - 81, and Lisa Gennetian, Danielle Crosby, Chantelle Dowsett, and Aletha Huston, "Maternal Employment, Early Care Settings and the Achievement of Low - Income Children", Next Generation Working Paper No. 30 (New York: MDRC, 2007).

42. Educare Learning Network, "A National Research Agenda for Early Education", April 2014, accessed October 10, 2014, http://www.educareschools. org/results/pdfs/National_ Research_ Agenda_ for_ Early_ Education. pdf. "幼儿早教"项目的初期反馈是非常乐观的, 参见 N. Yazejian and D. M. Bryant, "Promising Early Returns: Educare Implementation Study Data, March 2009" (Chapel Hill: FPG Child Development Institute, UNC, 2009) and "Educare Implementation Study Findings - August 2012", accessed December 16, 2014, http://eln. fpg. unc. edu/sites/eln. fspg. unc. edu/files/FPG - Demonstrating - Results - August - 2012 - Final. pdf.

43. Jane Waldfogel and Elizabeth Washbrook, "Early Years Policy", *Child Development Research* 2011 (2011): 1 - 12; Amy J. L. Baker, Chaya S. Piotrkowski, and Jeanne Brooks - Gunn, "The Home Instruction Program for Preschool Youngsters (HIPPY)", *The Future of Children* 9 (Spring/Summer 1999): 116 - 33; Darcy I. Lowell, Alice S. Carter, Leandra Godoy, Belinda Paulicin, and Margaret J. Briggs - Gowan, "A Randomized Controlled Trial of Child FIRST: A Comprehensive Home - Based Intervention Translating Research into Early Childhood Practice", *Child Development* 82 (January 2011): 193 - 208; "Policy: Helping Troubled Families Turn Their Lives Around", Department for Communities and Local Government, October 10, 2014, https：//www. gov. uk/government/policies/helping－troubled－families－turn－their－lives－around/activity. 还可参见 Tondi M. Harrison, "Family Centered Pediatric Nursing Care：State of the Science", *Journal of Pediatric Nursing* 25 （October 2010）：335－43.

44. OECD, *Education at a Glance：OECD Indicators* 2014 （OECD Publishing, 2014）, 图表 C. 21, p. 320.

45. James J. Heckman, "Skill Formation and the Economics of Investing in Disadvantaged Children", *Science* 312 （June 2006）：1900－1902; Arthur J. Reynolds, Judy A. Temple, Dylan L. Robertson, and Emily A. Mann, "Age 21 Cost－Benefit Analysis of the Title I Chicago Child－Parent Center Program", Executive Summary （National Institute for Early Childhood Education Research, June 2001）.

46. 评估幼儿早教的文献层出不穷，近期的研究包括 David Deming, "Early Childhood Intervention and Life－Cycle Skill Development：Evidence from Head Start", *American Economic Journal* 1 （July 2009）：111－34; Jens Ludwig and Douglas L. Miller, "Does Head Start Improve Children's Life Chances? Evidence from a Regression－Discontinuity Design", *Quarterly Journal of Economics* 122 （2007）：159－208; and Alexander Gelber, "Children's Schooling and Parents' Behavior：Evidence from the Head Start Impact Study", *Journal of Public Economics* 101 （2013）：25－38. "婴幼儿健康培育项目"（Infant Health Development Program）反馈的成果也令人鼓舞，参见 Greg J. Duncan, Jeanne Brooks－Gunn, and Pamela K. Klebanov, "Economic Deprivation and Early－Childhood Development", *Child Development* 65 （April 1994）：296－318; John M. Love and Jeanne Brooks－Gunn, "Getting the Most Out of Early Head Start：What Has Been Accomplished and What Needs To Be Done", in *Investing in Young Children：New Directions in Federal Preschool and Early Childhood Policy*, eds. W. Steven Barnett and Ron Haskins （Washington, DC：Brooking Institution, 2010）, 29－37.

47. Greg J. Duncan and Richard J. Murnane, *Restoring Opportunity：The Crisis of Inequality and the Challenge for American Education* （New York：Russell Sage Foundation, 2014）, 53－69.

48. William T. Gormley, Deborah Phillips, and Ted Gayer, "Preschool Programs Can Boost School Readiness", *Science* 320 （June 27, 2008）：1723－24; William T. Gormley, Jr. , Ted Gayer, Deborah Phillips, and Brittany Dawson, "The Effects of Universal Pre－K on Cognitive Development", *Developmental Psychology* 41 （November 2005）：872－84; William Gormley, Jr. , Ted Gayer, Deborah Phillips, and Brittany Dawson, "The Effects of Oklahoma's Universal Pre－K Program on School Readiness：An Executive Summary" （Georgetown University：Center for Research on Children in the U. S. , November 2004）.

49. Douglas S. Massey, Len Albright, Rebecca Casciano, Elizabeth Derickson, and David N. Kinsey, *Climbing Mount Laurel：The Struggle for Affordable Housing and Social Mobility in an American Suburb* （Princeton：Princeton University Press, 2013）, 195.

50. Bruce D. Baker, David G. Sciarra, and Danielle Farrie, "Is School Funding Fair? A National Report Card" （The Education Law Center and Rutgers Graduate School of Education, 2012).

51. U. S. Department of Education, "For Each and Every Child—A Strategy for Education Equity and Excellence", a report to the Secretary (Washington, DC: The Equity and Excellence Commission, 2013), accessed October 11, 2014, http://www2. ed. gov/about/bdscomm/list/eec/equity - excellence - commission - report. pdf.

52. Steven Glazerman, Ali Protik, Bing - ru Teh, Julie Bruch, and Jeffrey Max, "Transfer Incentives for High - Performing Teachers: Final Results from a Multisite Experiment (NCEE 2014 - 4003)" (Washington, DC: National Center for Education Evaluation and Regional Assistance, Institute of Education Sciences, U. S. Department of Education, November 2013), accessed October 11, 2014, http://ies. ed. gov/ncee/pubs/20144003/pdf/20144003. pdf.

53. Duncan and Murnane, *Restoring Opportunity*.

54. Erika A. Patall, Harris Cooper, and Ashley Batts Allen, "Extending the School Day or School Year: A Systematic Review of Research (1985 - 2009)", *Review of Educational Research* 80 (September 2010): 401 - 36.

55. 关于特许学校之效果的关键研究, 参见 Caroline M. Hoxby and Sonali Muraka, "Charter Schools in New York City: Who Enrolls and How They Affect Their Students' Achievement", NBER Working Paper No. 14852 (Cambridge: National Bureau of Economic Research, April 2009); Atila Abdulkadiroglu, Joshua Angrist, Susan Dynarski, Thomas J. Kane, and Parag Pathak, "Accountability and Flexibility in Public Schools: Evidence from Boston's Charters and Pilots", NBER Working Paper No. 15549 (Cambridge: National Bureau of Economic Research, November 2009); Philip Gleason, Melissa Clark, Christina Clark Tuttle, and Emily Dwoyer, "The Evaluation of Charter School Impacts: Final Report (NCEE 2010 - 4029)", National Center for Education Evaluation and Regional Assistance, 访问于 accessed October 11, 2014, http://ies. ed. gov/ncee/pubs/20104029; Ron Zimmer et al., "Charter Schools: Do They Cream Skim, Increasing Student Segregation?", in *School Choice and School Improvement*, eds. Mark Berends, Marisa Cannata, and Ellen B. Goldring (Cambridge: Harvard Education Press, 2011); and Joshua D. Angrist, Susan M. Dynarski, Thomas J. Kane, Parag A. Pathak, and Christopher R. Walters, "Who Benefits from KIPP?", *Journal of Policy Analysis and Management* 31 (Fall 2012): 837 - 60.

56. Mark R. Warren, "Communities and Schools: A New View of Urban Education Reform", *Harvard Educational Review* 75 (Summer 2005), accessed October 12, 2014, http://www. presidentsleadershipclass. org/images/uploads/ca _ files/Communities _ and _ Schools. pdf. 社区的社会资本可以促进有效的学校改革, 参见 Anthony S. Bryk, Penny Bender Sebring, Elaine Allensworth, Stuart Luppescu, and John Q. Easton, *Organizing Schools for Improvement: Lessons from Chicago* (Chicago: University of Chicago Press, 2010).

57. "What is a Community School?", Coalition for Community Schools, accessed October 12, 2014, http://www. communityschools. org/aboutschools/what_ is_ a_ community_ school. aspx.

58. Colleen Cummings, Alan Dyson, and Liz Todd, *Beyond the School Gates: Can Full Service and Extended Schools Overcome Disadvantage?* (London: Routledge, 2011); Colleen Cummings et al., "Evaluation of the Full Service Extended Schools Initiative: Final Report", Research Brief No. RB852 (Department for Education and Skills, June 2007), accessed October 12, 2014, http://webarchive. nationalarchives. gov. uk/20130401151715/http://www. education. gov. uk/publications/eOrderingDownload/RB852. pdf; Joy G. Dryfoos, "Evaluation of Community Schools: Findings to Date" (report, 2000), accessed October 12, 2014, http://www. communityschools. org/assets/1/asset manager/evaluation%20of%20 community%20schools_ joy_ dryfoos. pdf; Martin J. Blank, Atelia Melaville, 和 Bela P. Shah, "Making the Difference: Research and Practice in Community Schools" (report of the Coalition for Community Schools, May 2003), accessed October 12, 2014, http://www. communityschools. org/assets/1/page/ccsfullreport. pdf; Child Trends, "Making the Grade: Assessing the Evidence for Integrated Student Supports" (report, February 2014), accessed October 12, 2014, http://www. childtrends. org/wp − content/uploads/2014/02/2014 − 07 ISSPaper2. pdf.

59. Will Dobbie and Roland G. Fryer, Jr., "Are High Quality Schools Enough to Close the Achievement Gap? Evidence from a Social Experiment in Harlem", NBER Working Paper No. 15473 (Cambridge: National Bureau of Economic Research, November 2009).

60. James S. Coleman and Thomas Hoffer, *Public and Private High Schools: The Impact of Communities* (New York: Basic Books, 1987); Anthony S. Bryk, Peter B. Holland, and Valerie E. Lee, *Catholic Schools and the Common Good* (Cambridge: Harvard University Press, 1993); G. R. Kearney, *More Than a Dream: The Cristo Rey Story: How One School's Vision Is Changing the World* (Chicago: Loyola Press, 2008). 还可参见 Derek Neal, "The Effects of Catholic Secondary Schooling on Educational Achievement", *Journal of Labor Economics* 15 (January 1997): 98 − 123, and William H. Jeynes, "Religion, Intact Families, and the Achievement Gap", *Interdisciplinary Journal of Research on Religion* 3 (2007): 1 − 24.

61. Don Peck, "Can the Middle Class Be Saved?", *Atlantic*, September 2011, accessed October 11, 2014, http://www. theatlantic. com/magazine/archive/2011/09/can − the − middle − class − be − saved/308600; Ron Haskins and Isabel Sawhill, *Creating an Opportunity Society* (Washington, DC: Brookings Institution Press, 2009).

62. James J. Kemple, "Career Academies: Long − Term Impacts on Work, Education, and Transitions to Adulthood", MDRC Report (June 2008), accessed October 12, 2014, http://www. mdrc. org/publication/career − academies − long − term − impacts − work − education − and − transitions − adulthood.

63. Harry J. Holzer, "Workforce Development as an Antipoverty Strategy: What Do We Know? What Should We Do?", *Focus* 26 (Fall 2009), October 11, 2014, http://www. irp. wisc. edu/publications/focus/pdfs/foc262k. pdf; William C. Symonds, Robert Schwartz, and Ronald F. Ferguson, "Pathways to Prosperity: Meeting the Challenge of Preparing Young Americans for the 21st Century" (report for the Pathways to Prosperity, Harvard School of Graduate Education, 2011); Ben Olinsky and Sarah Ayres, "Training for Success: A Policy to Expand Apprenticeships in the United States" (report for the Center for American Progress, December 2013), October 12, 2014, http://cdn. ameri-canprogress. org/wp-content/uploads/2013/11/apprenticeship_report. pdf; Robert I. Lerman, "Expanding Apprenticeship Opportunities in the United States" (report for the Hamilton Project, Brookings Institution, 2014); David Card, Jochen Kluve and Andrea Weber, "Active Labour Market Policy Evaluations: A Meta - Analysis", *Economic Journal* 120 (November 2010): F452 - F477; Katherine S. Newman and Hella Winston, *Learning to Labor in the 21st Century: Building the Next Generation of Skilled Workers* (New York: Metropolitan, forthcoming 2015). "青年能力培养计划"(Youth Build)也结出了积极的果实,例如参见 Wally Abrazaldo et al. , "Evaluation of the YouthBuild Youth Offender Grants: Final Report", Social Policy Research Associates (May 2009). 劳工部委托 MDRC 组织主持一项随机取样的实验,在"青年能力培养计划"的83个站点进行观察。实验研究还在许多此类项目上发现了积极的结果,参见 MDRC, "Building Better Programs for Disconnected Youth", February 2013, accessed November 24, 2014, http://www. mdrc. org/sites/default/files/Youth_020113. pdf.

64. Arthur M. Cohen and Florence B. Brawer, *The American Community College*, 5th ed. (San Francisco: Jossey - Bass, 2008), 444. 还可参见 Sandy Baum, Jennifer Ma, and Kathleen Payea, "Trends in Public Higher Education: Enrollment, Prices, Student Aid, Revenues, and Expenditures", Trends in Higher Education Series, College Board Advocacy & Policy Center (May 2012): 3 - 31; Clive R. Belfield and Thomas Bailey, "The Benefits of Attending Community College: A Review of the Evidence", *Community College Review* 39 (January 2011): 46 - 68; and Christopher M. Mullin and Kent Phillippe, "Community College Contributions", Policy Brief 2013 - 01PB (Washington, DC: American Association of Community Colleges, January 2013). 关于社区大学近期的蓝带工程报告,参见 American Association of Community Colleges, "Reclaiming the American Dream: Community Colleges and the Nation's Future", report from 21st Century Commission on the Future of Community Colleges (April 2012), accessed October 12, 2014, http://www. insidehighered. com/sites/default/server_files/files/21stCentReport. pdf; and Century Foundation Task Force on Preventing Community Colleges from Becoming Separate and Unequal, "Bridging the Higher Education Divide: Strengthening Community Colleges and Restoring the American Dream" (New York: Century Foundation Press, May 2013), accessed October 12, 2014, http://tcf. org/assets/downloads/20130523 - Bridging_ the_ Higher_ Education_ Divide - REPORT - ONLY. pdf.

65. 关于如何做到最佳的指导,可参见 MENTOR, "Elements of Effective Practice for Mentoring", 3rd ed. , report of National Mentoring Partnership, October 12, 2014, http://www. mentoring. org/downloads/mentoring_ 1222. pdf.

66. 正文中的例子包括，波士顿地区的 Tenacity 项目，这是一个由学校提供的非常有效的指导项目，运用网球作为组织的名片；还有丹麦人的 Skateducate，这个指导项目是建立在滑板运动基础上的；还有新英格兰地区的 Quest，这是一个由当地扶轮社所组织的暑期学校项目，通过钓鱼这样的户外活动把成年人和穷孩子集合在一起。

67. Nancy Andrews and David Erikson, eds. , "Investing in What Works for America's Communities: Essays on People, Place and Purpose", report by Federal Reserve Bank of San Francisco and Low Income Investment Fund, 2012, October 12, 2014, http: //www. frbsf. org/community – development/files/investing – in – what – works. pdf; Tracey Ross and Erik Stedman, "A Renewed Promise: How Promise Zones Can Help Reshape the Federal Place – Based Agenda", report of the Center for American Progress, May 2014, accessed October 12, 2014, http: //www. americanprogress. org/issues/poverty/ report/2014/05/20/90026/a – renewed – promise.

68. Patrick Sharkey, "Neighborhoods, Cities, and Economic Mobility" (paper prepared for the Boston Federal Reserve conference on Inequality of Economic Opportunity, Boston, October 17 – 18, 2014), Greg J. Duncan, Aletha C. Huston, and Thomas S. Weisner, *Higher Ground: New Hope for the Working Poor and Their Children* (New York: Russell Sage, 2009); Johannes Bos et al. , "New Hope for People with Low Incomes: Two – Year Results of a Program to Reduce Poverty and Reform Welfare" (New York: MDRC, 1999); Aletha C. Huston et al. , "New Hope for Families and Children: Five – Year Results of a Program to Reduce

Poverty and Reform Welfare", Manpower Demonstration Research Corporation, 2003; Aletha C. Huston et al. , "Work – Based Antipoverty Programs for Parents Can Enhance the School Performance and Social Behavior of Children", *Child Development* 72 (2001): 318 – 36; Howard S. Bloom, James A. Riccio, Nandita Verma, and Johanna Walter, "Promoting Work in Public Housing. The Effectiveness of JobsPlus. Final Report". Manpower Demonstration Research Corporation, New York: 2005.

69. Patrick Sharkey, "Neighborhoods, Cities, and Economic Mobility"; Xavier de Souza Briggs, Susan J. Popkin, and John Goering, *Moving to Opportunity: The Story of an American Experiment to Fight Ghetto Poverty* (New York: Oxford University Press, 2010); Leonard S. Rubinowitz and James E. Rosenbaum, *Crossing the Class and Color Lines: From Public Housing to White Suburbia* (Chicago: University of Chicago Press, 2000); Micere Keels, Greg J. Duncan, Stefanie Deluca, Ruby Mendenhall, and James Rosenbaum, "Fifteen Years Later: Can Residential Mobility Programs Provide a Long – Term Escape from Neighborhood Segregation, Crime, and Poverty?" *Demography* 42 (February 2005): 51 – 73; Jens Ludwig, Brian Jacob, Greg Duncan, James Rosenbaum, and Michael Johnson, "Neighborhood Effects on Low – Income Families: Evidence from a Housing – Voucher Lottery in Chicago" (working paper, University of Chicago, 2010); Jennifer Darrah and Stefanie DeLuca, " 'Living Here Has Changed My Whole Perspective': How Escaping Inner – City Poverty Shapes Neighborhood and Housing Choice", *Journal of Policy Analysis and*

第六章

Management 33（Spring 2014）：350 – 84.

70. Ralph Waldo Emerson，"Self – Reliance"，in *Essays：First Series*（1841）. 感谢托马斯·斯帕洛格思（Thomas Spragens）提醒我注意爱默生的这段话。

71. Yvonne Abraham，"Doing Right by the Children in Chelsea"，*Boston Globe*，August 31，2014.

索引

（条目后的数字为原书页码，见本书边码）

A

absolute mobility, 绝对流动, 8, 41 - 43

academic achievement, 学术成绩

affluenza and, 富裕病与, 139 - 48

aspirations and, 理想与, 169

and college success, 与大学成功, 184, 276

family background and, 家庭背景与, 169

as indicator of earnings, 作为收入的指标, 162, 165

K - 12 test scores and, 12 年义务教育考试成绩, 161 - 62, 246

Low - vs. high - income schools and, 穷学校 vs. 富学校, 137, 138, 250

poverty and, 贫穷与, 148 - 58

sports and, 体育与, 175

Acemoglu, Daron, 达伦·阿西莫格鲁, 231

ADHD (Attention Deficit Hyperactivity Disorder), 多动症, 111, 114, 195 - 96, 206, 209, 211

advanced placement (AP) classes, 优生班, 39, 143, 168, 168, 173

Adverse Childhood Experiences Scale, 恶性童年经历指标库, 112 - 13, 113

affluence, 财富:

in Atlanta, Ga. , 佐治亚州, 亚特兰大, 80, 82 - 92

in Bend, Oreg. , 俄勒冈州, 本德镇, 50 - 54

informal mentoring and, 非正式指导, 214 - 15, 215

in Lower Merion Township, Pa. , 宾夕法尼亚州, 下梅里昂镇, 192 - 98, 205 - 206, 217, 221, 370

neighborhoods and, 邻里社区, 217 - 18, 219

in Orange County, Calif. , 加利福尼亚州, 橘子郡, 135, 139 - 143, 264 - 65, 270 - 71

parental spending and, 父母开支, 125 - 26, 126

in Port Clinton, Ohio, 俄亥俄州, 克林顿港, 5 - 6, 24 - 26

savvy gap and, 见识差距, 157, 216

social networks and, 与社会关系网络, 209 - 10, 209

affordable housing, 经济适用住宅, 251 - 52

African Americans, 美国黑人:

affluent, 富裕的, 82 - 92

educational reform and, 教育改革, 161

in PCHS class of, 59, 克林顿港高中的 1959 届, 12 - 19

poor, 贫穷的, 101 - 108

O

P

《雅理译丛》编后记

面前的这套《雅理译丛》，最初名为"耶鲁译丛"。两年前，我们决定在《阿克曼文集》的基础上再前进一步，启动一套以耶鲁法学为题的新译丛，重点收入耶鲁法学院教授以"非法学"的理论进路和学科资源去讨论"法学"问题的论著。

耶鲁法学院的师生向来以 Yale ABL 来"戏称"他们的学术家园，ABL 是 anything but law 的缩写，说的就是，美国这家最好也最理论化的法学院——除了不教法律，别的什么都教。熟悉美国现代法律思想历程的读者都会知道，耶鲁法学虽然是"ABL"的先锋，但却不是独行。整个 20 世纪，从发端于耶鲁的法律现实主义，到大兴于哈佛的批判法学运动，再到以芝加哥大学为基地的法经济学帝国，法学著述的形态早已转变为我们常说的"law and"的结构。当然，也是在这种百花齐放的格局下，法学教育取得了它在现代研究型大学中的一席之地，因此，我们没有理由将书目限于耶鲁一家之言，《雅理译丛》由此应运而生。

雅理，一取"耶鲁"旧译"雅礼"之音，意在记录这套丛书的出版缘起；二取其理正，其言雅之意，意在表达以至雅之言呈现至正之理的学术以及出版理念。

作为编者，我们由法学出发，希望通过我们的工作进一步引入法学研究的新资源，打开法学研究的新视野，开拓法学研究的新前沿。与此同时，我们也深知，现有的学科划分格局并非从来如此，其本身就是一种具体的历史文化产物（不要忘记法律现实主义的教诲"to classify is to disturb"），因此，我们还将"超越法律"，收入更多的直面问题本身的跨学科作品，关注那些闪耀着智慧火花的交叉学科作品。在此标准之下，我们提倡友好的阅读界面，欢迎有着生动活泼形式的严肃认真作品，以弘扬学术，服务大众。《雅理译丛》旨在也志在做成有理有据、有益有趣的学术译丛。

第一批的书稿即将付梓，在此，我们要对受邀担任丛书编委的老师和朋友表示感谢，向担起翻译工作的学者表示感谢。正是他们仍"在路上"的辛勤工作，才成就了我们丛书的"未来"。而读者的回应则是检验我们工作的唯一标准，我们只有脚踏实地地积累经验——让下一本书变得更好，让学术翱翔在更广阔的天空，将闪亮的思想不断传播出去，这永远是我们最想做的事。

六部书坊

《雅理译丛》主编 田雷

2014 年 5 月

《雅理译丛》已出书目

民主、专业知识与学术自由
——现代国家的第一修正案理论
［美］罗伯特·C.波斯特 著
左亦鲁 译

林肯守则：美国战争法史
［美］约翰·法比安·维特 著
胡晓进 李丹 译

兴邦之难：
改变美国的那场大火
［美］大卫·冯·德莱尔 著
刘怀昭 译

司法和国家权力的多种面孔
——比较视野中的法律程序
［美］米尔伊安·R.达玛什卡 著
郑戈 译

摆正自由主义的位置
［美］保罗·卡恩 著
田力 译 刘晗 校

战争之谕
胜利之法与现代战争形态的形成
［美］詹姆斯·Q.惠特曼 著
赖骏楠 译

创设行政宪制：
被遗忘的美国行政法
百年史（1787~1887）
［美］杰里·L.马肖 著
宋华琳 张力 译

事故共和国
——残疾的工人、贫穷的
寡妇与美国法的重构（修订版）
［美］约翰·法比安·维特 著
田雷 译

数字民主的迷思
［美］马修·辛德曼 著
唐杰 译

同意的道德性
［美］亚历山大·M.毕克尔 著
徐斌 译

林肯传
［美］詹姆斯·麦克弗森 著
田雷 译

罗斯福宪法：
第二权利法案的历史与未来
［美］凯斯·R.桑斯坦 著
毕竞悦 高瞰 译

社会因何要异见
［美］凯斯·R.桑斯坦 著
支振锋 译

法律东方主义
——中国、美国与现代法
［美］络德睦（Teemu Ruskola）著
魏磊杰 译

无需法律的秩序
——相邻者如何解决纠纷
［美］罗伯特·C.埃里克森 著
苏力 译

美丽新世界
《世界人权宣言》诞生记
［美］玛丽·安·葛兰顿 著
刘轶圣 译

大屠杀：
巴黎公社生与死
［美］约翰·梅里曼 著
刘怀昭 译

自由之路
"地下铁路" 秘史
［美］埃里克·方纳 著
焦姣 译

黄河之水：
蜿蜒中的现代中国
［美］戴维·艾伦·佩兹 著
姜智芹 译

我们的孩子
［美］罗伯特·帕特南 著
田雷 宋昕 译

起火的世界
［美］蔡美儿 著
刘怀昭 译

军人与国家：
军政关系的理论与政治
［美］塞缪尔·亨廷顿 著
李晟 译

林肯：在内战中
（1861–1865）
［美］丹尼尔·法伯 著
邹奕 译

正义与差异政治
［美］艾丽斯·M.杨 著
李诚予 刘靖子 译

星球大战的世界
［美］凯斯·R.桑斯坦 著
张力 译

财产故事
［美］斯图尔特·班纳 著
陈贤凯 许可 译

乌托邦之概念
［美］鲁思·列维塔斯 著
李广益 范轶伦 译

法律的文化研究
［美］保罗·卡恩 著
康向宇 译

鲍勃·迪伦与美国时代
［美］肖恩·威伦茨 著
刘怀昭 译